東洋文庫 840

新訳 日本奥地紀行

イザベラ・バード

金坂清則 訳

平凡社

装幀　原　弘

日光東照宮　陽《ヨ》明《メイ》門

凡例

一、本書は一八八五年にロンドンのアルバマール通りにあったジョン・マレー社から出版された Isabella L. Bird, *Unbeaten Tracks in Japan: An Account of Travels in the Interior, Including Visits to the Aboligines of Yezo and The Shrine of Nikkô, New Edition, Abridged*, 1 vol.（以下、簡略本原著という）を完訳したものである。原題は『日本の未踏の地――蝦夷の先住民および日光東照宮訪問を含む内地旅行の報告　新版、簡略本』であるが、邦題は『新訳　日本奥地紀行』とした。新訳としたのは、簡略本原著を底本として同じ東洋文庫に収められている高梨健吉訳『日本奥地紀行』平凡社、一九七三と区別するためである。この邦訳には索引その他について削除があるが、本書では一切の削除をしていない（新たに本書を刊行する意義については巻末の解説を参照されたい）。

一、簡略本原著の原題はその五年前の一八八〇年に刊行された二巻本の原著（以下、完全本）の原題の最後の二語 and Isé が除かれているだけであるが、元の分量を半減させるためのきわめて複雑な削除によって、完全本原著とは異なる、蝦夷に至る「旅の見聞記」という性格の書物に改変された。一九七一年以来世界各地の出版社から多数刊行されてきている復刻本のほとんどすべてはこの簡略本であり、世界中で読み継がれ、定着してきているのはこれである。

一、簡略本原著はその構成を完全本原著に従って LETTER Ⅷ というように数字だけで示している。

しかし、たとえば簡略本原著のⅧという数字は完全本原著ではLETTER Ⅺであり、LETTER Ⅳ、LETTER Ⅴ、LETTER Ⅶを省略した結果LETTER Ⅷとなっているのであり、本来の流れが断ち切られているために、このような数字だけで記したのでは、完全本原著の場合よりもいっそうわかりにくくなっている。そこで、本書では完全本原著数字を小さな活字で並記し、かつ、先に刊行した『完訳 日本奥地紀行』では、完全本原著のうちパトナム本では数字に変わって表題だけが記されている点に着目して両者を併記したのに従い表題も記した。このような処置は、本の「柱」にも施したから、読者は旅の流れ―展開を視覚的にもいっそう実感でき、読み易さが増し、本書の特質の理解にも資するに違いない。

一、LETTERを信でなく報とした理由については解説を参照されたい。

一、小見出しは簡略本原著では目次にだけ記されているが、本書ではやはり読みやすさを考慮し、各報の冒頭にも記した。また、原著の右頁上部に記されている見出しについては、小見出しと重なるものもあるが、やはり読みやすくなるように本文中に挿入した。

一、原文の" "と[ ]はそれぞれ「 」と《 》にした。[ ]は出版に際してバードが補った文である。

一、原文イタリック体の語は〈 〉を付した。ただし、書籍・雑誌名の場合は『 』を付した。また植物の学名の場合はカタカナ、日本の貨幣や距離の単位は漢字で表記し、船名の場合と同様〈 〉は付さなかった。

一、1や2という数字を付して当該頁の最後に記されている原注については、＊を付した上で、当該段落の後に記した。

一、訳注については一部を『完訳 日本奥地紀行』の記述を簡略化して本文中に［　］を付して補うに止めた。ただ、完全本原著の挿入箇所とまったく異なるところに挿入されている挿絵九点（うち八点は当該報の末尾に収載）についてはその挿絵の下に注記を付し、行程表についても『完訳 日本奥地紀行』の注記をそのまま記載した。本書を実感をもって読むには訳注が不可欠である。『完訳 日本奥地紀行』を参照いただければと思う。

一、英語に同義語のない日本語や地名・人名のようなローマ字表記の日本語については、その読み（発音）をルビで訳本に反映させることが望ましいが、地名・人名は原則的には読み（発音）が間違っているか、現在とは異なっている場合に限りカタカナのルビを付した。その際、漢字の左側には正しい読みをひらがなのルビで付したが、正しい読み（発音）が自明の場合にはひらがなのルビは省き、たとえば伊藤《イト》のように、カタカナのルビだけとした。ローマ字表記の発音（読み）の正誤については、バードが、長音記号の使用など、ヘボンの辞書（J. C. Hepburn, *A Japanese-English Dictionary*, Shanghai, American Presbyterian Mission Press, 1872）に原則依拠していることを明らかにできるので、それによって判断した。

一、外国人人名のうちヘボンやシーボルトのように日本語表記が定着しているものはヘップバーンやジーボルトとはしなかった。またアイヌをバードは Ainu でなく Aino という古い表記で記しているが、逐一アイノ［アイヌ］とすると煩雑になりすぎるので、アイヌと表記した。

一、アイヌ語のカタカナ表記については、北海道ウタリ協会『アコㇿ イタㇰ AKOR ITAK アイヌ語テキスト』一九九四年に従った。

一、動植物の名称は原則として漢字で表記した。学名の場合はカタカナ表記である。

一、マイル、フィート、ヤード、インチ、ポンドなどの尺度ではイメージをつかみにくく、ポンド、シリング、ペンスなどの貨幣単位では一層わからないので、尺度についてはキロメートル、メートル、センチメートル、キログラムに、貨幣単位については円銭厘に換算し、その値を〔　〕を付して併記した。キロメートルとキログラムは判別がつくのでキロと略記し、センチメートルはセンチと略記した。また、華氏で表示されている気温については同じ理由から摂氏に換算し、〔　〕を付して併記した。

一、原題のうち、副題の中の内地旅行、特に内地の意味はきわめて重要であり、これについては巻末の解説に記す。

一、本書には、今日からみて人権上問題のある差別的な表現が含まれるが、当時の社会的背景と作品の歴史的意義にかんがみ、原文に基づいて訳出した。

目次

凡例……5

はしがき……29

第一報［第一報　第一印象］……33

初めて見る日本の眺め——夢のように美しい富士山《フジサン》——〈艀《ジャパニーズ・サンパン》《はしけ》〉——「人力車《プルマン・カー》」——みっともない移動姿——紙幣——日本の旅の障害

第二報［第二報　旧きもの、新しきもの］……42

パークス卿《サー・ハリー》——「大使の乗り物」——荷車ひき

第三報［第三報　江戸］……45

江戸と東京《トウキョウ》——横浜鉄道——似合わないこととの影響——江戸平野——容姿の特徴——東

京の第一印象――英国公使館――英国式の暮らし

第四報［第六報　中国人と従者］……52
「中国人《ジョン・チャイナマン》」――従者の雇い入れ――伊藤《イト》の第一印象――正式契約――食料問題

第五報［第八報　参拝］……61
浅草観音《クワンノン・テンプル》［浅草寺《せんそうじ》］――寺院建築の均質性――〈人力車《クルマ》〉による遠出――日々これ縁日――〈仁王《ニオウ》〉――虚しきお堂《リンボ》――参拝者――賓頭盧《びんずる》――邪鬼の一群――楊弓場――新生日本《ヤング・ジャパン》――〈貴婦人《エレガント》〉

第六報［第九報　旅の始まり］……76
さまざまな恐怖心――旅の装備――内地旅行免状《パスポート》――車夫《クーリー》の服装――江戸のジオラマ――稲の栽培――茶屋《ティーハウス》――旅人の受け入れ――粕壁《カスカベ》の宿屋――プライバシーの欠如――騒音の只中――夜の恐怖――巡査の様子――江戸［東京］から届いた手紙の束

第六報（続）［第九報（続）　粕壁から日光へ］……92
病に倒れた車夫《クーリー》――農民の服装――さまざまな脱穀法――栃木の〈宿屋《ヤドヤ》〉――農村――

美しい地方――例幣使《「イン・メモリアル」》街道《アヴェニュー》――人形の町通り――日光《ニコウ》――旅の終わり――車夫《クーリー》の優しさ

第七報　[第十報　金谷邸《カナヤズ・ハウス》]……103
日本的な田園風景――音楽的な静けさ――私の部屋――生け花――金谷《カナヤ》とその家族――お膳の食器

第八報　[第十一報　日光]……107
日光《ニコウ》の美しさ――家康《イエヤス》の葬儀――大神宮[東照宮]への参道――陽明《ヨメイ》《ようめい》門――豪華絢爛たる装飾――簡素な御霊屋《みたまや》――家光《イエミツ》の霊廟[大猷院《たいゆういん》]――日本とインドの宗教美術――地震――木彫の美しさ

第九報　[第十二報　温泉場]……118
日本の駄馬と荷鞍――〈宿屋《ヤドヤ》〉と女中――地元の湯治場――硫黄泉――「ピン撥《は》ね」

第十報　[第十三報　家庭生活]……124
平穏なる単調さ――日本の学校――陰鬱な歌[以呂波歌《いろは》]――折檻――子供の集まり

――可愛い少女――女性の名前――女の子の遊び［ごっこ遊び］――裁縫――書道――
華道――金谷《カナヤ》――日々の仕事――晩の娯楽――計画ルート――神棚
第十報（続）［第十三報（続）　夜なべ仕事］……133
暗い照明――日光《ニコウ》の店屋――娘と既婚女性――夜と眠り――親の愛――子供のおとなし
さ――髪型――皮膚病
第十報（完）［第十三報（完）　買物］……138
店屋と買物――床屋――［油］紙製の雨合羽《あまがっぱ》《ペーパー・ウォーター・プルーフ》――伊藤《イト》の虚栄心――旅の支度――輸送と
運賃――貨幣と距離の単位
第十一報［第十四報　貧相な身なり］……142
安楽な生活の終わり――美しい風景――驚き――農家――変わった身なり――馬勒《ばろく》――
女の衣類と醜さ――赤ん坊――私の〈馬子《マゴ》〉――鬼怒川《キヌガワ》の美しさ――藤原《フジハラ》――私の従者
――馬の草鞋――ばかげた過ち
第十二報［第十五報　不潔と病気］……159

幻のごときごちゃ混ぜ――貧乏人の「子沢山」――分水嶺――一層の悪化――稲作農民の休日――病気の群衆――素人医者――清潔の欠如――早食い――早老

第十二報（結）［第十五報（結）　高度な農業］……165
日本の渡し場――でこぼこ道――山王《サンノ》《さんのう》峠――雑多な植生――魅力のない下草――男性の卓越

第十三報［第十六報　マラリアがはやる所］……168
若松平野［会津盆地］――軽装――高田《タカタ》《たかだ》の群衆――教員会議――おずおずした群衆――悪路――癖の悪い馬――山岳風景――絵に見るような宿――喉に刺さった魚の骨――貧困と自殺――宿の炊事場［台所］――知られざるイングランド！――幻の朝食

第十四報［第十七報　あまりもの汚さ］……178
悪名高い道――一面の緑――底なしの汚さ――どん底の暮らし――津川の〈宿屋《ヤドヤ》〉――品のよさ――積出港――「毛唐《バーバリアン・デヴィル》」

第十五報［第十八報　川の旅］……182

大あわて——津川の定期船——急流下り——すばらしい風景——川面《かわも》の活動——葡萄［梨］畑——大麦干し——夏の静けさ——新潟の町外れ——伝道所
日光《ニコウ》から新潟への旅程（鬼怒川ルート）……188

第十六報 ［第二十報 新潟］……189
最悪の天気——いろんな害虫——存在しない外国貿易——手に負えない川——進歩——日本的な街——水路——新潟の［家の］庭——ルース・ファイソン——冬の気候——綿入れを着る住民

第十七報 ［第二十二報 苦痛の種］……197
新潟の堀の岸辺——ひどい寂しさ——優遇措置——パーム医師が乗る二人びき人力車——やかましい〈祭《マツリ》〉——ガタガタと揺られる旅——山間《やまあい》の村々——冬のわびしさ——類いなき寒村——大家族居住——牛に乗って——「泥酔者」——止むなき休息——現地で聞いた水をさす言葉——重い荷物——いない乞食——のろのろとした旅

第十八報 ［第二十三報 繁栄する地方］……208

美しい牝牛――外国人の慣習についての日本人の批評――楽しかった休憩――親切の再来――米沢平野［盆地］――とんでもない勘違い――母親の追悼――小松到着――堂々たる宿――癖の悪い馬――アジアのアルカディア――人気の温泉場――とびきりの美女――「蔵《ゴウダウン》」
第十九報［第二十四報　日本人の医者］……221
繁栄――囚人労働――新しい橋――山形――身体に悪いまがい物――県関係の建物――無作法――雪をかぶる山々――うら寂《さび》れた町
第二十報［第二十五報　恐ろしい病気］……230
鶏肉の効果――ひどい食事――のろのろとした旅――関心の的――〈脚気《カツケ》〉――不治の病――大火事――〈蔵《クラ》〉の耐火性
第二十報（続）［第二十五報（続）　葬儀］……234
人前での昼食――ばかげた出来事――巡査の尋問――男？　それとも女？――もの悲しげな目つき――癖の悪い馬――不快きわまりない町――期待外れ――〈鳥居《トリイ》〉

第二十報（結）［第二十五報（結）　巡査］…… 242
思いがけない招待――おかしな出来事――礼節をわきまえた巡査――わびしい日曜日
――無礼千万な侵入――特権にものをいわせた凝視《ぎょうし》

第二十一報［第二十六報　病院訪問］…… 246
必要だった強い決意――困惑させられるにせ情報――滑るような川下り――町外れの住
宅［侍屋敷］――久保田病院［秋田病院］――公式の受け入れ――師範学校

第二十二報［第二十七報　警察署］…… 252
機業場――女性の雇用――巡査の護衛――日本の警察

第二十三報［第二十八報　伊藤の長所と短所］…… 255
「ひどい長雨」――頼りになる従者――伊藤《イト》の日誌――伊藤の長所――伊藤の短所――
日本の将来についての予言――おかしな質問――最良の英語――倹約の旅――またもや
日本の駄馬

第二十四報［第二十九報　婚礼］…… 261

昆布［熨斗昆布］の象徴的意味——午後の来客——神童——書道の妙技——子供礼賛——貸衣裳——〈嫁入り衣裳《トゥルーソウ》〉——家具——婚礼

第二十五報　［第三十報　祭の日］……268
祭の日の光景——〈祭《マツリ》〉——祭の呼び物——曳山《マツリ・カー》——神と悪魔——見込みのある港——村の鍛冶《かじ》屋——繁盛する造り酒屋——「不思議な光景」

第二十六報　［第三十一報　危機一髪］……275
旅の労苦——豪雨とぬかるみ——むっつりした伊藤《イト》——盲《めしい》の按摩《あんま》——猿回しとの誤解——不通になった渡船——困難を極める輸送——米代川《ヨネツルガワ》《よねしろがわ》の種々の危険——溺れ死んだ船頭——夜の大騒ぎ——うるさい〈宿屋《ヤドヤ》〉——嵐で足止めを喰った旅人たち——〈はい〉！〈はい〉！——さらなる夜の大騒ぎ

第二十七報　［第三十二報　白沢］……287
ほろ酔い機嫌——陽射しの効果——果てしない口論——夜なべ仕事——やかましい会話——井戸端会議《ソーシャル・ギャザリング》——公平を欠く比較

第二十八報［第三十三報　河川の氾濫］……293
滝のような雨——いやになる足止め——洪水による惨状——矢立《ヤダテ》《やたて》峠——水の威力——増幅する困難——しがない〈宿屋《ヤドヤ》〉——川の増水

第二十八報（続）［第三十三報（続）　子供の遊び］……302
ささやかな気晴らし——日本の子供——子供の遊び——利口さの見本——凧《たこ》あげ競争——わが身の窮乏

第二十九報［第三十四報　七夕《タナバタ》］……307
先送りされた願い——洪水の影響——巡査の行動——変装してのそぞろ歩き——〈七夕《タナバタ》〉祭《フェスティバル》——サトウ氏の令名

第三十報［第三十五報　民衆の迷信］……311
婦人の化粧——髪結《ゆ》い——白粉《おしろい》と化粧品——午後の来客——キリスト教への改宗者

第三十一報［第三十六報　飾り気のない素朴さ］……315
もの珍しき旅人——粗末な民家——飾り気のない素朴さ——共同浴場《パブリック・バスハウス》［外湯］

第三十二報［第三十七報　旅の終わり］……320
つらい旅の一日――転倒――近づく大海《オーシャン》――喜び勇んで――すべて灰汁色《グレー》――遅れをとった巡査――嵐の航海――荒っぽい歓待――強風下の上陸――旅の終わり
新潟から青森への旅程……326
第三十三報［第三十八報　伝道活動］……328
形状と色彩――風の強い主都――家の屋根にある奇妙なもの
第三十四報［第三十九報　函館］……331
伊藤《イト》の背信行為――「宣教師のマナー」――予想がつく失敗
第三十五報［第四十報　風景の変化］……334
美しい夕焼け――公文書［証文《ショモン》《しょうもん》］――「先導馬」――礼儀正しい日本人――連絡汽船――車夫《クーリー》の逃亡――未開人の一隊――馬の疾走――草花の美しさ――未踏の地《アンビートゥン・トラック》――お化け屋敷のような建物――孤独と不気味

第三十五報(続) [第四十報(続) 遭遇] …… 356
自然の調和――すばらしい馬――唯一の不調和――森――アイヌの渡し守――「蚤《レ・ピュス》だよ、蚤《レ・ピュス》!」――失敗した探検家たち――伊藤《イト》のアイヌ蔑視――紹介されたアイヌ[ペンリウク]

第三十六報 [第四十一報 アイヌとの生活] …… 360
未開の人々の暮らし――森の踏み分け道――清潔な集落――歓待――酋長《しゅうちょう》[ペンリウク]の母――夕食――未開の人々の〈集い〉――神々への献酒――夜の静寂――アイヌの礼儀正しさ――酋長[ペンリウク]の妻

第三十六報(続) [第四十一報(続) アイヌのもてなし] …… 373
礼拝行為との勘違い――親の愛情――朝の訪問――ひどい耕作――正直で気前のよい人々――「丸木舟」――女の仕事《しゅうちょう》――古《いにしえ》の運命の三女神――新参者――一か八《ばち》かの処方――義経《ヨシツネ》社[義経神社]――酋長[ペンリウク]の帰村

第三十七報 [第四十二報 未開の人々の暮らし] …… 387
未開の人々の暮らしの味気なさ――矯正できない未開の人々――アイヌの身体的特徴

――女性の整った顔立ち――苦痛と装飾――子供の生活――素直さと従順

第三十七報（続）［第四十二報（続）　衣類と習俗］……397
アイヌの衣類――晴れ着――家屋の建築――家の神々――日本の骨董――生活必需品
――粘土で作る汁――毒矢――仕掛け矢――女の仕事――樹皮で作った着物――織物の技術

第三十七報（続々）［第四十二報（続々）　アイヌの信仰］……412
素朴な自然崇拝――アイヌの神々――祭の歌――信仰としての酩酊――熊崇拝――年に一度の熊祭［熊送り］――来世――結婚と離婚――楽器――作法――酋長《しゅうちょう》の地位――死と埋葬――長老――道徳的特質

第三十八報［第四十三報　酔っ払いの現場］……429
餞別――ご馳走――気前のよさ――海辺の集落［コタン］――ピピチャリの忠言――泥酔する人々――伊藤《イト》の予言――戸長《コウチョウ》《こちょう》の病気――特許薬

第三十九報［第四十四報　火山探訪］……435

うれしい贈り物――最近の［地形］変化――火山現象――興味深い凝灰岩丘《ぎょうかいがんきゅう》――免れた絞め殺し――熊の落とし穴への転落――白老《シラオウイ》《しらおい》アイヌ――調教と虐待

第三十九報（続）［第四十四報（続）　雨の中の旅］……445
万国共通の言葉――蝦夷《エゾ》［北海道］の〈囲い柵〉――「台風性の雨《タイフーン・レイン》」――難路――うらやむまでもない馬の旅――衣服の乾燥――［アイヌ］女性の慈悲

第四十報［第四十五報　驚愕］……449
「至福の安らぎ」――地勢の厳しさ――有珠岳《ウスタキ》《うすだけ》――泳いで渡った長流川《オシャル》《おさる》――夢のような美しさ――夕陽の効果――夜中の驚愕――海辺のアイヌ

第四十報（続）［第四十五報（続）　ぽつんと建つ家］……459
海岸――「毛深いアイヌ」――馬の喧嘩――蝦夷《エゾ》［北海道］の馬――「ひどい山道」――ちょっとした事故――最高の景色――色の褪《あ》せた宿――かび臭い部屋――アイヌの「礼儀正しさ」

第四十一報［第四十六報　失われた環］……468

父親たち——礼文華《レブンゲ》アイヌ——銀杏《サリスブリア・アディアンティフォリア》——ある家族——失われた環《かん》——
長万部《オシャマンベ》——始末に負えない馬——遊楽部《ユラップ》《ゆうらっぷ》川——海辺——アイヌの丸木舟［チㇷ゚］——最
後の朝——避けたいヨーロッパ人
蝦夷［北海道］の旅程 …… 479

第四十二報 ［第四十八報　挨拶状］…… 480
最後の印象のよさ——帆掛船——伊藤《イト》との別れ——私の礼状

第四十三報 ［第四十九報　台風《サイクロン》］…… 483
好天との予報——惨めな失望——遭遇した台風——濃霧——人騒がせな噂——東京《トウキョウ》での
歓迎——反乱者たちの最期

第四十四報 ［第五十九報　火葬］…… 487
好天——日本における火葬——東京《トウキョウ》［府］知事——答えにくい質問——しがない建物
——葬式費用の節約——簡便な火葬の手順——日本の見納め

解説 …… 493

挿絵一覧

新訳《しんやく》　日本《にほん》奥地紀行《おくちきこう》

イザベラ・バード

金坂《かなさか》清則《きよのり》訳

日本の未踏の地

蝦夷の先住民および日光東照宮
訪問を含む内地旅行の報告
新版　簡略本

イザベラ・L. バード著
『サンドイッチ諸島の六カ月』
『英国女性ロッキー山脈滞在記』などの著者

その優しさと友情が日本の至福の思い出の
中心をなす、今は亡きパークス夫人を偲び
感謝と敬意の念を込め本書を捧ぐ

はしがき

母国を離れて、以前に効果的だった方法で健康を回復するよう勧められた私は、一八七八年［明治一一］四月、日本を訪れることにした。気候がすばらしいという評判に惹かれたというよりは、日本には目新しいことや興味をひくものが特別に多くあり、これらが健康になりたいと思う孤独な旅人に大きな楽しみと元気を与えてくれると確信したからである。気候には失望したが、この国が私を有頂天にさせるというより、調査研究の対象になる国であることがわかった。その興味深さには予測をはるかに超えるものがあった。

本書は「日本研究書」ではない。日本での旅の記録《ナラティヴ》であり、この国の現状に関する知識を幾分なりとも豊かにしようとの試みである。集めた資料が目新しく、日本の理解に十分役立つと確信するに至ったのは、数カ月にわたって本州《メインランド》の内地［五つの開港場と二つの開市場から半径一〇里の範囲＝外国人遊歩区域を外れる地域］と蝦夷《エゾ》［北海道］を旅し終えた後のことだった。日光《ニコウ》以北では私のルートは［外国人に］よく知られた所《ビートゥン・トラック》を完全に外れていたし、それを全行程踏破したヨーロッパ人はだれ一人いなかった。私はといえば、日本人の中で過ごし、ヨーロッパ人との接触による影響のない地域における日本人の暮らしぶりを目のあたりにした。女性の一人旅だった上に、ルートの中にはヨーロッパ人の女性を見るのが初めてという地方もいくつかあったから、私が経験したことは、これまでの旅人たちの経験とは多少とも異なる。また、蝦夷の先住民［アイヌ］については知り合いになって直接話を聞くことができたので、これまでよりもっと詳しく説明できる。ほぼ以上のような理由によって本書を公刊する次第である。

やや不本意ではあったが、私は本書を旅先で妹［ヘンリエッタ］と親しい友人たちに宛てて書いた書簡《レター》［形式の報告］を中心とする形にした。不本意だったのは、こうすると芸術的な脚色や文学的な修辞を犠牲にすることになるし、どうしても自己中心的になるからである。しかしその反面、読者は旅人の立場に身を置き、旅先でのよいことや悪いこと、つまり物珍しさや楽しみだけでなく不満や困難や退屈さをも共有できる。「［外国］人がよく行く所《ビートウン・トラックス》」については日光を別としてごく簡単にすませたが、東京（江戸）のようにこの数年間に状況が激変した所については多少なりとも説明した。重要な事柄でも多くのことをやむをえず省いた。

本州北部《ノーザン・ジャパン》では他に情報源がまったくなかったので、すべてのことを現地の住民自身から、通訳［伊藤鶴吉］を介して聞き出さねばならなかったし、いいかげんなものもある山のような雑多な情報から一つ一つ事実を掘り起こすには慎重な作業が必要だった。アイヌの習俗・習慣や宗教についてはアイヌの人々から教えてもらったものではあるが、自分の覚書を、機会を得てオーストリア公使館のハインリッヒ・フォン・シーボルト氏が同じ頃に得たものと比べたところ、あらゆる点できわめて満足すべき一致をみた。

本書の書簡《レター》［報］には、農民が置かれている状況を通常言われているよりも酷《ひど》く描いているものがあるので、読者のなかには、これほどまで生々しく書くことはなかったのにと思う人がいるかもしれない。

しかし、そのような状況が一般的に存在するのであり、私の作り話でもなければ、そのような状況を求めて出かけたわけでもない。事実を明らかにしようとしただけである。日本政府が新しい文明を築き上げる上で取り組むべきものが何であるか、その大半はこのような状況の例示から得られるのである。

私は何よりも正確であることを旨としてきたが、依拠した情報が誤っていることも少なくあるまい。それで、たとえ私が注意を払ったのに誤りを犯したとしても、細心の注意を払って日本のことを調べ、さまざまな難しさのあることを熟知している人は、大いなる寛容をもって見てくださると思う。

日本にある英国とドイツのアジア協会紀要［ドイツ東亜博物学・民族学協会紀要、日本アジア協会紀要］や、『ジャパン・メイル』、『トウキョウ・タイムズ』の「日本雑録」などに掲載された日本の諸問題に関する論文はたいへん役立った。また、バス上級勲爵士ハリー・S・パークス卿、英国公使館のサトウ氏、［工部大学校の］ダイアー教頭、海軍兵学校のチェンバレン氏、F・V・ディキンズ氏その他の方々にも、種々の面で援助くださったことに対し、深謝申し上げる。これらの方々が私の仕事に心から関心を示してくださったことは、力不足のためにともすれば挫《くじ》けがちな私にとって一再ならず励ましとなった。ただ、ここに述べた見解は、それが正否を問わずすべて私自身のものであり、その責任はすべて私が負うべきことを明記し、これらの人々をはじめとする親切な知人に対し、公正を期しておく。

挿絵は、三点だけはある日本人画家の手になるが、他はすべて自分で描いたスケッチか日本人が撮った写真を木口木版にしたものである。

本書の欠点については重々承知しているが、あえて公刊するのは、欠陥があるとはいえ、本書が一四〇〇マイル［二二五〇キロ］以上に及ぶ日本の陸路の旅で知りえたことをありのまま真摯《しんし》に記さんとしたものとして受け入れられると思うからである。

〔本書のうちの〕報告《レター》の部分が印刷に回ったあとで、たった一人のいとしき妹〔ヘンリエッタ〕がこの世を去った。これらの報告は何よりも妹に宛てて〔書簡形式で〕書かれた〔旅先から送られていたわけではない〕ものであり、それらがこのような形になったのは、彼女のすぐれた、そしてきめ細かな批評に負うところが大きい。妹が心から関心をもってくれたことは私が旅を続け、旅の記録を綴《つづ》る大きな励みだった。

ISABELLA L. BIRD〔イザベラ・ルーシー・バード〕

第一報［第一印象］

初めて見る日本の眺め——夢のように美しい富士山《フジサン》——〈艀《ジャパニーズ・サンパン》《はしけ》〉——「人力車《プルマン・カー》」
——みっともない移動姿——紙幣——日本の旅の障害

五月二一日［火曜日］　横浜　オリエンタルホテルにて

一八日間ずっと揺れながら「陰鬱な雨の多い海原」を進んだシティ・オブ・トキオ号は、昨日の早朝キング岬［野島崎］に到達した。そして昼前には江戸湾［東京湾］を岸に沿うように進んでいた。穏やかながら青空には雲がかかって少しかすんでいた。日本の海岸はたいていのところよりははるかにすばらしいとはいえ、色も形状も、およそ驚くようなものではなかった。木々に覆われた山の尾根が分断されて次々と突出して水際から立ち上がり、それらの間の湾入部の奥の方には、土色《グレー》の廂《ひさし》の深い屋根をもつ家々からなる集落があった。また斜面は、英国の芝生を思わせるような緑輝く棚田がたいへん高いところまで続き、その上は深い緑の森になっていた。海辺の人口稠密《ちゅうみつ》なことが印象深い。どの入江も漁船が一杯で、私たちの船は五時間の間に何百いや何千という漁船のそばを過ぎた。岸辺も海も、そして漁船までもおぼろにかすんで見えた。木造の船体にはペンキが塗られておらず、木綿の厚布《ズック》でできた帆も真っ白だった。時折、船尾が高くなった帆船が幽霊船のように傍らをゆっくりと通っていった。私たちの乗った船が、四角い白帆を張った三艘編成の漁船との接触を避けようと速度を落とすこともあった。

富士山《フジサン》

こんなふうにして何時間もの間、船は音のない陰気な海を進んでいった。

私はといえば、甲板の至る所から歓声が聞こえてくるので、長い間富士山《フジサン》「挿絵」を探してみたが見つけられなかった。だが、ふと陸の方向ではなく空の方向を見やった時、遠くの空の思いもかけない高い所に、頂きが途切れた巨大な円錐状の山が見えた。鉛色をした山はすばらしい曲線を描いてうす青色の空に向かって海の上にそびえ、「ブラントン日本図によると」海抜一万三〇八〇フィート「三九八七メートル。正しくは三七七六メートル」の頂きには真っ白い雪がかぶっていた。そして麓および麓と海との間は薄ねずみ色《ペール・グレー》の靄《もや》に包まれていた*。夢のように美しい光景だった。だが、すぐに夢のように消えてしまった。

＊　これは大気の状態がたいへん例外的なもとできわめて例外的な富士山の姿である。普

段の富士山はもっと裾野が広がりかつ低く見え、逆さまにした扇によく譬えられる。

　これまた円錐形をし雪をかぶったトリスタン・ダ・クーナ山［喜望峰の西二八〇〇キロに位置］のことは知っているが、これを別とすれば、これほど雄大にそそり立つ独立峰を見たことは一度としてなかった。この高度と荘厳さを損なうものは、近くにも離れたところにも皆無である。富士山が聖なる山であることは疑問の余地がない。日本人にとってきわめて大切でいとしいものであるために、繰り返し繰り返し飽きることもなく絵に描かれてきている。初めてその姿を見た時、山は船からほぼ五〇マイル［八〇キロ］の距離にあった。

　大気も海水も静止したように動かず、靄《もや》がかかり、青みを帯びた空には灰色《グレー》の雲が静かに浮かんでいた。水に映る漁船の白帆もほとんど揺れなかった。すべてがおぼろで、弱々しく、幽霊のようだったので、私たちの船がやかましい音をたて、振動しながら進んでいき、その背後に砕け散る泡を残していくさまは、さながら眠りについているアジアに荒々しく侵入していくかのようだった。

　湾が狭まり、上方が森林に覆われた低い山々、段々畑が広がる小さな谷間、土色《グレー》の絵のように美しい集落、静かな沿岸の暮らし、そしてそれらの背後の薄青色をした山々が、だんだんはっきり見えるようになった。富士《フジ》は靄の彼方に引っ込み隠れてしまった。靄は夏の間ほとんど、その雄大さを包み隠してしまうのである。私たちの船はレセプション湾［久里浜湾］、ペリー島［猿島］、ウェブスター島［夏島］、サラトガ岬［富津崎《ふっ》］、ミシシッピ湾［本牧《ほんもく》鼻の南の湾入部。根岸湾］を通過した。いずれもアメリカ外交の成功を永く記念するアメリカ風の地名である。トリーティ岬《ポイント》［本牧鼻］を少し過ぎたところで一艘の赤い灯船に出くわしたが、それには「本牧鼻《トリーティ・ポイント》」という文字が大きく書かれていた。ここより外側には、外国船は一切停泊できないのである。

〈艀《ジャパニーズ・サンパン》《はしけ》〉　私が乗った船の乗客は多くが［中国への］帰国者で、またその全員が友人に出迎えてもらえることになっているので大騒ぎだった。その中にあって私だけは、不案内な横浜の味気ない風景や眼前に広がるおぼろな土色《グレー》の陸地をぼんやり眺めながら、一人として知人のいないこの土地でどんな運命が待ち受けているのだろうと、少し沈んだ気持ちで思いをめぐらしていた。船が停泊すると、外国人が〈サンパン〉と呼ぶ日本の小舟、艀が多数、ワッとやってきて船を取り巻いた。そこへ私のヒロ［ハワイ島の主邑。東岸に位置］の友人たちの近親者であるギューリック医師［ラザー・ハルゼー・ギューリック］が自分の娘を迎えるために上船してきた。そして私を温かく迎え、上陸までの世話を万事してくださった。これらの小舟は見かけはとても不細工ながら、船頭たちは実に巧みにそれを操り、互いに当たったり当たられたりすることはしょっちゅうでも大して気にせず、船頭が怒鳴ったり罵ったりすることも、通常はよくあることなのに、まったくなかった。

　やや三角形的な形をしたこの小舟の形状は、英国の一部の川で見られる平底の鮭漁船に似ている。床板が張ってあるので外観は完全な平底船のように見えるが、すぐ傾くものの安全性は非常に高い。造りがしっかりしている上に、たくさんの木螺子《もくねじ》と少数の銅製の留め具を実に整然と打ってあるからである。小舟は二人ないし四人の男が船外張出材に取り付けられた非常に重い二本の木製の櫓《オール》を漕《こ》いで進むのだが、私たちの言い方だと櫓を漕ぐというより、〈櫂《スカル》〉で水をかくという感じである。男たちは腿《もも》を櫂の支えにして立ったまま水をかく。彼らはみな、袖の幅が広く青い木綿の粗末な単衣《ひとえ》の上着を、腰の部分を帯で絞めないままに着ている。また、足の親指と他の指の間に留紐《とめひも》［鼻緒］のある草鞋《わらじ》をはいている。かぶりものを被っていることもあるが、青い［正しくは紺］木綿の布切れ［手拭《てぬぐい》］を前結びにしているだけである。上着といっても申しわけ程度のものであり、痩せて［猫背のために］凹《へこ》んだように見える胸ははだけ、痩せてはいるが筋肉質の手足も剝《む》き出しになっている。皮膚は真っ黄色で、多くの者は一面に怪獣の刺青《いれずみ》をしている。〈艀《ジャパニーズ・サンパン》〉の料金は運賃表で決められているので、上陸する時に法外な料金を要求されいらいらすることがない。

上陸してまず印象的だったのは浮浪者が一人もおらず、通りにいる男たちが、小柄で、不恰好で、顔は人が良さそうだがしわくちゃで貧相で、蟹股《がにまた》で、猫背で、胸がへこんだように見えるものの、みな自分の仕事をもっていることだった。上陸用の階段をあがった所に屋台［挿絵］が一つあった。小ぎれいで、実にこぢんまりとまとまり、炭火を使う七輪《しちりん》と調理器具と食器が揃っていた。ただ、あたかも人形が人形のために作ったものであるかのように見えた。屋台の男の背丈も五フィート［一五二センチ］に届かず、小人のようだった。税関ではヨーロッパ風の青の制服を着、革の長靴をはいた小柄な役人の検査を受けたが、非常に礼儀正しく、トランクを開け注意深く調べた後、紐《ひも》で縛り直してくれた。同じ仕事をするニューヨークの税関のあの横柄で貪欲な連中とは対照的で、面白かった。

人力車《プルマン・カー》　［税関の］外には、〈人力車《ジンリキシャ》〉という今やよく知られている車が約五〇台並んでいた。その数だけの男が粗野な言葉を口々に早口でまくしたてるので、辺りはとてもやかましかった。この乗り物は、あなた［妹ヘンリエッタ］も知っているように、日本を特徴づけるものとなっており、日ごと重要性を増してきている。たった七年前に発明されたばかりなのにすでに一都市に二万三〇〇〇台近くもある。そして、これを引けば他のほとんどの熟練労働よりも金になるので、何千という元気な若者が農

屋台

業を棄てて町に集まってきて、車夫になる［という］。しかし、この稼業についてからの寿命は平均五年にすぎず、その多くが仕事の犠牲になって重い心臓病や肺病に罹《かか》ると言われている。うまい車夫だと、平坦な道なら、時速約四マイル［六・四キロ］で一日に四〇マイル［六四キロ］走ることができる。彼らは登録されており、二人乗りの場合は年に八シリング［二円二三銭］、一人乗りの場合は年に四シリングの税金を払う。また、時間と距離に応じた運賃が定められている。

〈車《クルマ》〉と言われる人力車《ジン・リキ・シャ》*は、乳母車のような軽い車体に、油紙でできた可動式の幌《ほろ》がつき、ビロードか平織の布で内張りされ、座席には座布団が敷かれ、座席の下には手荷物を置くための凹みがあり、背が高くてほっそりした車輪が二つ付いている。そして一対の梶棒の先端は横棒で連結されている。車体には普通、漆を塗った上に持ち主の好みに応じた飾りが施されている。光沢《つや》だしをした真鍮をあしらっただけのものもあるが、ヴィーナスの耳として知られている貝［マルスダレ貝］を一面ちりばめたものや、うねった龍や牡丹、紫陽花《あじさい》、菊や架空の人物をけばけばしく描いたものもある。値段は最低でも二ポンド［約一一円一七銭］する。人力車に乗る時には車夫《ランナー》は梶棒の先を下にぐっと傾けて地面につける。やすやすとまた格好よく乗れるようになるには、場数を踏まねばならない。客が乗ると、車夫は二本の梶棒の間に入り、梶棒を揚げて車体をぐっと後に傾け、軽快な足取りで走りだす。客が求めるスピードに応じて、二人、三人で引くこともある。雨が降ってくると車夫は幌をかけ、幌ともども油紙［桐油紙］できっちりと覆うので、客の姿は外から見えなくなる。夜には、走っている時も停まっている時も、愛らしい絵を描いた長さ一八インチ［四六センチ］の提灯をぶら下げている。恰幅《かっぷく》も血色もよく、どっしりとした貿易商人や、男や女の宣教師、招待状入れを手にもつ華やかに着飾った淑女、中国人の買弁、日本人の農民の男女が、まるで英国の、訪れる人とてないような多くの田舎町のよく整った大通り《ハイ・ストリート》のごとき［横浜の］大通り《メイン・ストリート》［馬車道］を疾走していく様子ほど滑稽なものはない。彼らは自分たちの様子がどれほど滑稽か幸いにも気づいていないのである。車は抜きつ抜かれつしながら、またすれ違いながら疾走し、それを引く痩せて礼儀正しく愛想もいい車夫たちは、大鉢を逆さにしたような形の笠をかぶり、とても奇妙な藍色の股引《タイツ》をはき、紋章や字を白く染め抜いた藍色の丈の短い半纏《オーバーシャツ》《はんてん》を着、黄色の顔には汗を滴らせ、笑い、大声を出し、そして間一髪衝突を避けながら、次々と疾駆していくのである。

＊　以後私は〈人力車《ジン・リキ・シャ》〉という漢語ではなく〈車《クルマ》〉という日本語を用いる。文字どおり、車輪や乗り物の意味である〈車《クルマ》〉という呼び名は〈人力車《ジン・リキ・シャ》〉を引く男がよく用いるものだし、それ以外の日本人も「人の力で動

く車」に対してこのように〈車《クルマ》〉と言うし、この方が確実に響きがよい。〈車《クルマ》〉から〈車〉引《クルマ・ランナー》きを意味する言葉として〈車屋《クルマヤ》〉という言葉が自然と生まれた。

領事館を訪れた後、私はこの〈車《クルマ》〉に乗り込み、同道する二人の婦人は別の二台の車に乗った。よく笑う小柄な車夫は猛烈なスピードで大通り［馬車道］を走り下った。その通りは幅は狭いものの、舗装の行き届いたすばらしい街路で、釣り合いのとれた歩道と縁石と側溝が付いていた。また、ガス灯用の鉄製の街灯柱と外国人の商店がずっと続いていた。そして車はそこを過ぎてこの静かなホテル［オリエンタルホテル］に到着した。ここは、ワイヴィル・トムソン卿［一九世紀スコットランドの動物学者］が、同じ船に乗っていた客たちの鼻にかかった話し声から逃れるのによいと勧めてくださったところである。彼らはすべて海岸通《バンド》に面した大きなホテル［グランドホテル］に向かったのである。宿の主人はフランス人だが、一人の中国人に任せっきりにしていた。従業員は日本人の「ボーイ」で、着物を着ていた。「給仕頭」も日本人だったが、英国風の服を見事に着こなしたこの人物の実に洗練された物腰には、まったく驚いてしまった。

紙幣　着いたと思う間もなく、私は居留地にあるフレーザー氏の店［ファーレー・フレーザー商会］を探しに出かけねばならなかった。今、〈探し〉にと記したのは、［英国とは異なり］通りに名前がない上に、地番も連続的には付されていないからである。そして、歩いていて、困っている私を助けてくれるようなヨーロッパ人にはだれ一人出会わなかった。横浜はますますもってわからなくなる町である。半分死んだようだし、万事が不揃いで、美しさに欠け、空も海も家屋も屋根もすべてが灰汁色《グレー》で、雰囲気もそれに見合って沈んでいる。通用する外貨はメキシコ・ドルだけであり、フレーザー氏［フレーザー商会」の買弁は私の英国金貨を〈札《サツ》〉と言われる日本の紙幣とぴかぴかに光った銅貨にすぐに両替してくれた。紙幣には目下ほぼ一ドルに相当する一円札と、五〇銭札、二〇銭札、一〇銭札があってそれぞれ束ねられ、銅貨は紙に巻いて細長く密封されていた。紙幣は色・大きさともに違っているので教えてもらえばすぐにだれでも識別できるということだけれど、今の私にはよくわからず、悩ましかった。紙幣は紙質が堅く、四隅に漢字が記され、そのそばには金額が英語でも表示されている。その字は目が特別よいか虫眼鏡を使えばやっと読めるほどの大きさである。また、この帝国を象徴する天皇《ミカド》の菊の紋章と絡み合う龍が見事にあしらわれている。

私は本当の日本へと入っていきたくて仕方がない。英国代理領事のウィルキンソン氏が昨日訪ねてこられ、実に親切にしてくださった。氏によれば、内地《インテリア》を旅するという私の計画はどちらかと言えば野心的にすぎるものの、「私のような外国の」女性が一人で旅してもまったく安全ではある、ということだった。そして、日本の旅では蚤《ノミ》の大群と馬の貧弱なことが大きな障害になるという点では、他のだれの考えとも同じだった。

I. L. B.［イザベラ・ルーシー・バード］

第二報［第二報　旧きもの、新しきもの］

パークス卿《サー・ハリー》――「大使の乗り物」――荷車ひき

五月二二日［水曜日］横浜にて

今日は、初対面の人に会ったり、［これからの旅の］従者と馬《ポニー》を探し始めたり、おおぜいの人から援助の申し出を受けたり、いろんな質問をしたり、互いに矛盾する返事をもらったりしているうちに過ぎてしまった。ここではみな朝早くから仕事をする。午前中だけで一三人の来客があった。婦人でも〈別当《ベット》《べっとう》〉といわれる馬丁が伴走する小型馬車に乗って町なかを移動する。外国の商人は玄関に〈人力車《クルマ》〉をいつも確保している。働くのを嫌がり、手に負えず、気紛れな日本の馬《ポニー》よりも、意欲があり頭の働く車夫《クーリー》の方がもっと役に立つとわかっているのである。「特命大使兼全権公使」の威厳をもってしてもこのようなレベルの低い乗物以上のものは使えない。そのことを今日私はこの目で見た。最後の来客ハリ《サー・》ー・パークス卿夫妻《ハリー・アンド・レディ・パークス》がそうだった。お二人のおかげで部屋は明るくなり、温かい雰囲気に包まれた。今もそれが残っている。パークス卿《サー・ハリー》は中年になったかどうかの年頃［満四九歳］で、若々しくほっそりとし、快活さと公正さを兼ね備え、目は青く、髪も微笑みも太陽のように明るい、完全なるアングロ・サクソン人である。物腰にも明るい愛想のよさがあった。三〇年にわたって東洋で公務に就いてきたとか、かつて北京で投獄された［一八六〇年］とか、日本で何度も暗殺されかけた［一八六六年。六八年は三度］

日本の荷車［大八車］

といったことは微塵もうかがえなかった。

二人とも本当に親切で、内地《インテリア》を旅するという私の一大計画を心から励ましてくださった。それで、従者さえ確保できれば、すぐにでも出かけたいと思った。お二人は部屋から出るやいなや、二台の〈人力車《クルマ》〉に飛び乗られた。英国を代表する人物が車夫がひく乳母車のようなものに乗り、前後に連なって通りを大急ぎで去っていく様子は、見ていてこの上なくおかしかった。

荷車ひき　窓の外を眺めると、四人の男［車力］が重たそうな二輪車［大八車］を押したりひいたりしているのが見えた［挿絵］。荷台には建材用の石その他あらゆる物が載っている。前の男は重い長柄の先端に付いた横棒に腕と腿を押しつけるようにして引っ張り、後の男は後に飛び出た横木に肩を押しつけるようにして押している。

重い荷物を積んで坂を上がっていく時には、ツルツルに剃った重そうな頭も使って押すのである。その掛け声はもの悲しげで心に沁みる。こうして信じがたいほど重い荷物を運ぶ。そして一息ごとにあえいだりうめいたりしてもまだ効果がなさそうな時には、喉の奥底から搾り出すような品のない声で叫ぶ。私には〈ハッ・フイダ、ホッ・フイダ、ワァホ、ハッ・フイダ［ハイッドォ！ ハイッドォ、ワッホ、ハイッドォ］〉などと叫んでいるように聞こえる。

I. L. B.

第三報［第三報　江戸］

江戸と東京《トウキョウ》――横浜鉄道――似合わないことの影響――江戸平野――容姿の特徴――東京の第一印象――英国公使館――英国式の暮らし

五月二四日［金曜日］　江戸　英国公使館にて

私は英国公使館の慣例にならい今この報《レター》で江戸と記したが、一般には、東の首都を意味する東京という新しい名が使われている。それで、かつて天皇《ミカド》が住んでいた京都は西の首都の意味である西京《サイキョウ》という名になったが、都と見なされる資格はまったくない。江戸［という名］は旧体制と幕府にふさわしいのに対し、東京［という名］は新体制と一〇年の歴史をもつ維新政府にふさわしい。だから、鉄道で〈江戸〉に行くというと違和感を感じるけれど、目的地は東京であるといえばまったくおかしくない。

二つの都市［東京と横浜］の間は鉄道によって一時間で結ばれている。このすばらしい鉄道はバラスがきちんと敷き詰められた長さ一八マイル［二九キロ］の複線で、鉄橋や小ぎれいな停車場があり、終端駅《ターミナル》［新橋停車場・横浜停車場］はかなり広々としている。英国人技師たちが造ったこの鉄道は一八七二年［明治五年九月一二日］に天皇《ミカド》の臨幸を得て開業したが、その総工費は政府にしかわかっていない。横浜停車場は鉄道によくマッチした石造りの堂々たる建物で、広々とした車庫、英国式の切符売場、等級別になった広い待合室があり、日刊紙が販売されている。ただ、待合室に絨毯《じゅうたん》は敷かれていない。日本人が下駄をはくのを考慮してのことである。手荷物の目方を計って荷札を付ける荷物取扱所もある。二つの終端駅には屋根が付き石を敷き詰めた広いプラットホームがあり、回転式改札口が設けられ、特別に認められた者以外は乗車券なしでは通れない。改札方は中国人、汽車監察方と汽車機関方［機関士］は英国人だが、職員は日本人で、洋式の制服を着ている。停車場の外には［英国のような］辻馬車でなく〈人力車《クルマ》〉が待っていて、人だけでなく荷物も運ぶ。［鉄道では］無料なのは手荷物だけで、その他の手回り荷物は重さを計り数を数えて運賃を課され、荷物の主には引渡請取証書が渡される。持ち主はそれを目的地で渡して荷物を受け取るのである。運賃は下等が一分《イチブ》約一シリングで、中等は六〇銭約二シリング四ペンス、そして上等は一円すなわち三シリング八ペンスになっている。乗車券は旅客が列車を降り改札を出る時に回収される。車両は英国製だが英国のものとは違って車両の両側に座席がある。またドアは車両の両端にあり、プラットホームに面するドアが開く。車両の設《しつら》えは英国風というよりむしろ［ヨーロッパ］大陸風である。上等車は座席が赤いモロッコ革で、クッションがよく効いているが、運べる乗客はごく少ない。中等車の座席［定員二二人］もいいマットで表面を覆った快適なものだが、客が座っている座席はまばらである。けれども下等車［定員三〇～三六人］は日本人で一杯である。彼らは〈人力車《クルマ》〉になじんだように、鉄道にもすでになじんでいる。この鉄道線だけで年間約八〇〇万ドル［八〇〇万円］の収入がある。

　日本人は洋服を着ると本当に小さく見える。どの服も似合わない。その貧相な〈体格〉や内側にへこんだように見える胸、蟹股《がにまた》といった欠陥がすべての国民に等しく見られる。顔には「つや」がなく、髭も生やしていないので、男の年齢を顔から判断するのは不可能に近い。全員一七、八歳の若者かと思っていた鉄道員は二五歳から四〇歳の男たちだった。

江戸平野［関東平野］　英国の六月のようなうららかな日だったが、もっと暑かった。日本の春を美しく飾る〈桜《サクラ》〉（野性の桜）とその仲間の花は終わっていたが、どの木も新緑の若葉をつけ、生気あふれる美しさに満ちている。横浜を出るとすぐに美しい景色となる。木々に覆われた切り立った小山と絵のように美しい小さな谷が交互に展開するのである。だが、神奈川［停車場］を過ぎると汽車は広大な江戸平野［関東平野］に入る。北から南へ九〇マイル［一四五キロ］にわたって続くと言われている。その北と西の端には、非常に高い山並みが、薄靄《うすもや》のかかる青空の上に青く浮かび上がり、幻想的だった。また、その東には、江戸［東京］湾の紺碧の海がさざ波をたてながら何マイルにもわたって美しく広がり、無数の漁船の白帆がそれに映えて鮮やかだった。肥沃にして実り豊かなこの平野には一〇〇万人の人口を擁する首都［東京］だけでなく、人口の多いいくつもの都市や数百の繁栄する農村がある。汽車から見渡す限りは一片の土地までも鋤《すき》によってこの上なく入念に耕されている。またその多くは灌漑されて稲田になっている。小さな川がたくさんある。茅葺《かやぶ》きの木造の家からなる村や不思議な曲線を描く屋根をもつ寺院が密度高く、あたり一面に展開している。家も、茅葺きの屋根も、寺院もすべてが灰汁色《グレー》をしている。どこも健全で住みやすそうで美しい。勤勉なる人々の土地である。雑草はまったく見かけない。ただ、たくさんの人の姿が至る所に見えるということ以外には、一見して人目を特にひくく特徴や変わったものがあるわけではまったくない。

東京《トウキョウ》へ行く時には、乗車券を、東京までと言わず、品川までとか新橋までと言って買わねばならない。首都の発展によって多くの村がそれに組み込まれたが、品川も新橋もそんな村の一つである。汽車が品川に着くまでは江戸［東京］はほとんど見えない。［工場の］煙も高い煙突もないし、寺社《テンプル》にも公共建造物にも背の高いものはほとんどないからである。また、前者［寺社］はたいていの場合、深い木立に包まれ隠れているし、普通の家も二〇フィート［六メートル］の高さがあるものはめったにないからである。［車窓の］右手には海が広がり、防御工事を施された小島や嵩《かさ》高い擁壁で囲まれた木々の多い庭園が複数見える［芝離宮庭園、浜離宮庭園］。何百という漁船が水路に浮かんだり、岸辺に引き上げられたりしているのも見える。また［車窓の］左手には、一本の幅広い道［東海道］が走って〈人力車《クルマ》〉が忙《せわ》しく行き交い、道の両側には背の低い家並が続いている。灰汁色《グレー》のその家々はたいていが茶屋と店屋である。そして私が「江戸はどこ？」と尋ねたまさにその時、汽車は終端駅に到着して停まった。新橋停車場である。そして二〇〇人の日本人乗客が汽車から吐き出されるように降り、四〇〇［一二〇〇足］の下駄のカタカタという音がした。初めて耳にする音だった。下駄をはいているために三インチ［七・六センチ］高くなるが、それでも五フィート七インチ［一七〇センチ］ある男性や、五フィート二インチ［一五七・五センチ］あるような女性はごくわずかだった。ただ、和服《ナショナル・コスチューム》を着ているのでずっと大きく見える。日本人の体つきの欠点を覆い隠すのである。とても痩せ、とても黄色く、またとても不恰好であるが、それでいて表情はとても明るい。［着ているものは］色彩に乏しく、目をひかない。女性はとても小柄な上に、［小股で］ちょこちょこ歩く。ところが子供には改まった感じが目立ち、大人をもったいぶって真似ているようである。彼らのすべてに以前出会ったことがあるかのように感じられた。そう感じるほどに彼らは、絵皿《トレイ》や扇子や急須《ティー・ポット》に描かれた日本人の姿そのままだった。女性は髪をすべて梳《す》いて後ろで髷《まげ》を結《ゆ》っている［丸髷］。また男たちは、約三インチ［七・六センチ］ほどの毛髪を分けもせず見苦しくもじゃもじゃにしている［散切《ざんぎり》頭］か、前髪を剃り、残した髪を奇妙に束ねて前にもっていき、剃った部分に置いている［丁髷《ちょんまげ》頭］。

公使館の当番兵であるデヴィスが［停車場まで］私を迎えにきていた。彼は、初めて天皇《ミカド》に謁見するために参内《さんだい》する途中のH［ハリー］・パークス卿が一八六八年［慶応四］三月、京都《キョウト》の通り［縄手通］で襲われた際に斬りつけられ大怪我を負った護衛隊の一人だった。停車場の外には、何百台もの〈人力車《クルマ》〉や、一頭のみすぼらしい馬がひく複数の幌付き馬車が待機していた。この馬車は東京の一部の地区で乗り合い馬車として走っている。また、私のためには英国式の一頭立て四輪箱馬車と伴走する〈別当《ベット》《べっとう》〉が待っていた。英国公使館は麹町《コウジマチ》にあり、歴史的な「江戸城」の内濠《うちぼり》の先の高台に建っている。しかし、そこへ行く途中に見たものについて話せることといえば、暗く、静まり返った兵舎のような建物と、草が生えた高い土手や高さ五〇フィート［一五メートル］もの巨大な石垣で画された濠《ほり》が何マイルにもわたって続いていたということに尽きる。他には何もなかった。その建物にはとても装飾的な門があり、葦で編んだ網［すだれ］のかかった張り出し窓が連なっていた。江戸の大名屋敷群だった。また、濠には、四阿《キオスク》《あずまや》のような塔［隅櫓《すみやぐら》］がその角にあったほか、屋根付きの変わった門が接していたり、多くの橋がかかったりし、一面蓮の葉で覆われていた。内濠に沿って回り込むと急な上り坂となり、その右手は緑色をした深い水面をなし、草の生えた大きな堤防のその上にはものすごい城壁がそびえ、そこに将軍《ショウグン》の宮殿を囲むように植えられている松の木の枝が覆いかぶさっていた。他方、坂の左手は、かつては〈大名《ダイミョウ》〉の邸宅を意味する〈屋敷《ヤシキ》〉がいくつもあったが、今は大部分が病院や兵営や政府の建物の用地になっている。殊の外目立つ高台の上には、ある〈屋敷《ヤシキ》〉の大きな赤い門があった。今はフランス陸軍教師団が入っているこの屋敷は、かつては井伊《イイ》掃部頭《カモンノカミ》すなわち、近年の一連の歴史的事件の中で最も重要な役割を演じ、［江戸］城の桜田《サカルダ》《さくらだ》門外で暗殺された人物［井伊直弼《なおすけ》］の屋敷だった。他に見えたものといえば、兵営や練兵場［陸軍練兵場］、警察官、〈人力車《クルマ》〉や、荷車引きが引いたり押したりしている荷車、草鞋《わらじ》をはいた駄馬、そして、洋服姿の小柄でだらしない感じの兵士だけだった。以上が、新橋［停車場］から公使館に至るまでの東京で見たもののすべてである。

英国公使館　英国公使館はよい場所にある。外務省をはじめとする政府の諸省や大臣たちの官邸に近い。これらの建物は大半が英国の郊外の大邸宅風の煉瓦造りである。公使館は入口に英国王室の紋章の付いたアーチ門があり、敷地の中には、公使官邸や公使館事務局、公使館付きの書記官二名の官舎そして護衛兵の宿舎がある。

ここは英国の公館であり、英国の本拠でもあるのだが、英国人の使用人は立派な乳母が一人いるだけである。使用人頭［老師劉］と召使は中国人で、ともに背が高く弁髪をし、黒い繻子《サテン》の帽子［瓜皮帽］をかぶり、丈の長い青色の上着［馬褂《ばかい》］を着ている。一人いる料理人も中国人である。それ以外の使用人は全員が日本人で、女性も一人《ガール》いる。背丈が四フィート五インチ［一三四・六センチ］ほどのこの女性は「手伝い」頭の妻で、女中をし、可愛らしく礼儀正しく親切である。使用人たちはいずれもこの上なく腹立たしい「ピジン」英語［中国語と英語の混成語］しか話せないけれど、護衛兵が利口で忠実に仕えてくれるので、使用人たちの英語の不完全さは問題にはならない。彼らは玄関の戸口のそばをめったに離れず、来客名簿を受け付けたり届けられる書信やことづけをすべて受けている。六歳と七歳になるこれぞ英国人という子供［四女リリアンと五女フランシス］がおり、子供部屋や庭という限られた範囲で無邪気な遊びに興じている。またきれいでかわいいスカイテリア一匹が飼われている。「ラッグス」と名づけられたこの犬は「一家水いらず」だと寛《くつろ》いだ様子なのだが、普段は、大英帝国の威厳を代表しているのは飼い主ではなく自分だぞといわんばかりのいばった振る舞いをしている。

公使館の日本語書記官はアーネスト・サトウ氏［一八六二年来日、六八年日本語書記官。この時三四歳］である。氏の学識、とりわけ歴史分野におけるその名声は、日本人自身が日本における最高権威だと言っているほどである。* 一五年の間たゆみなく頑張ってきた賜物であるこの名声は、一英国人にとって大変な誉れである。しかしながら、ここの英国人文官の学識はサトウ氏の専売特許ではない。領事職にある数人もいろいろなレベルの通訳生試験に合格してきており、日本語の日常会話に長けているだけでなく、日本の歴史・神話・考古学そして文学といったさまざまな分野の研究に長けている。実際、日本の青年層が自国の上代文学のみならず今世紀［一九世紀］前半の風俗習慣に関する知識でさえそれを保持できるのは、何よりも、彼ら［英国人文官］とその他若干の英国人やドイツ人の努力あってこそなのである。

I. L. B.

＊　日本滞在の後半の月［九月中頃～一二月中頃］に、日本の歴史や宗教あるいは古来の慣習について教育を積んだ日本人に尋ねると、「サトウ氏に尋ねるのがよいですよ。あの方ならお答えできるでしょう」とはぐらかされるのが常だった。

第四報 ［第六報　中国人と従者］

「中国人《ジョン・チャイナマン》」――従者の雇い入れ――伊藤《イト》の第一印象――正式契約――食料問題

六月七日［金曜日］　江戸　英国公使館にて

私は一週間の予定で横浜に出かけた。ブラフ［山手《やまて》］に住むヘボン医師夫妻訪問のためだった。香港のバードン主教［一八七四年に香港主教に聖別された英国教会伝道協会の重要宣教師 J. S. Burdon。同協会の日本での第一回宣教師会議のみならずバードに会う目的もあって来日］夫妻も来ておられ、とても楽しい滞在だった。

「中国人《ジョン・チャイナマン》」　横浜では、小柄で薄着で一般には貧相に見える日本人とはまったく異質な東洋人を見ずには一日が終わらない。日本に居住する二五〇〇人の中国人のうち一一〇〇人以上がここ横浜にいる。もし突然彼らが追い払われるようなことがあれば、商業活動はただちに停止してしまうだろう。どこでもそうだがここでも、中国人移民［華僑］はなくてはならないものになっている。通りを行く彼らの足取りは軽く、このうえなく自己満足しているような雰囲気を漂わせ、まるで自分が支配する側の民族の一員であるかのようである。背が高く大柄なうえ、重ね着し、立派な錦織の上着［馬褂《ばかい》］を着、足首のところで絞った繻子《サテン》のズボン［套褲《とうこ》］を覗かせ、爪先が幾分上に反《そ》った黒繻子製の踵《かかと》の高い靴をはいているので、実際よりももっと背が高く大柄に見える。また頭は後頭部の髪だけを残して剃り、その髪の毛は、財布の口を縛る黒い撚《よ》り糸をたくさん使って編み、膝まで届く弁髪にしている。そして頭には椀を伏せたような帽子［瓜皮帽］を後ろ寄りにかぶっている。糊《のり》のきいた黒色の帽子をかぶっていない中国人はまったく見かけない。顔の色は真っ黄色で、切れ長の黒い目と眉毛はこめかみに向かってつり上がっている。また、髭を剃った跡はまったくないのに、［顔の］皮膚はつるつるである。見るからに「裕福」そうである。いやな顔つきではないとはいえ、中国人を見た人は、我は中国人《セレスティアル》なるぞといった感じで見下されているかのように感じるだろう。またもしある商会で何か尋ねたり、金貨を〈札《サツ》〉［紙幣］に両替しようとしたり、汽車や汽船の切符を買ったり、さらには店で釣銭をもらおうとすると、必ずや中国人《チャイナマン》が現れる。通りでは、用があるんだと言わんばかりの顔つきで威勢よく通り過ぎていく。〈人力車《クルマ》〉に乗って急いで通り過ぎていくのに会えば、それは仕事に精出しているのである。謹厳で信頼もできるが、雇い主から金をくすねるというより、金を「ピン撥《は》ね」して満足する。人生の目的は唯一金なのである。というわけで勤勉で忠実で、自己抑制的であり、それによって報われるのである。

新しく知り合いになった人々のうちの幾人かが、従者兼通訳［通弁］を一人確保するという〈私にとって〉の重要問題に関心をもってくださった。それで「その仕事を求め」多くの日本人がやってきた。〈必要条件〉は理解可能な英語を話せることなのに、［話せる］ほんのわずかの言葉の発音が悪かったり、単語をでたらめにつなぎ合わせるのに、自分は十分な資格をもっていると志願者が考えていることがわかり、びっくりした。英語を話せますかと尋ねると「はい」と答え、給料はいくらほしいですかと尋ねると、だれもが何の屈託もなく、しかも［雇ってもらえるという］希望を抱いて、「月に一二ドル［一二円］」と答えたのである。また、だれと一緒に住んでいましたかと尋ねると、聞いたこともない外国人の名前が返ってきた。さらに、どこに旅したことがありますかという、普通なら日本語ですべき質問を[英語で]したところ、ほぼ一様に、無数の旅行者が訪れるよく知られた所、つまり「東海道《トカイド》」とか「中山道《ナカセンド》」とか、「京都《キョウト》へ」とか、「日光《ニコウ》へ」という答えが返ってきた。本州北部《ノーザン・ジャパン》や北海道《ホッカイド》について何か知っていますかと尋ねると、なぜそんなことを尋ねるのだろう、わけがわからないといった表情で、「いいえ」という答えが返ってきた。この質問までくると、決まったようにヘボン医師が同情のあまり通訳をかって出てくださった。志願者の英語の蓄えが底をつくからだった。三人は見込みがあると見なされた。その一人は元気な若者で、明るい色のツイード地の仕立てのよい背広に身を包み、衿《えり》は折衿にし、糊のよくきいた白いカッターシャツを着、ネクタイにはダイヤモンド(?)のピンをつけてやってきた。カッターシャツの糊がきつすぎるため、ヨーロッパ式に軽くお辞儀するのに身をかがめることさえつらそうだった。ロケットの付いた金メッキの時計鎖をつけ、胸ポケットからは真っ白のキャンブリック[薄地の上等亜麻布]のハンカチを覗かせ、手にはステッキとフェルト帽を持っていた。日本人としては第一級の伊達男《ダンディ》だったが、私は哀れみをもってこの若者を見つめた。私からすれば、糊のきいた衿などは向こう三カ月の[旅の]間、計り知れない贅沢品になるし、外国製の上等の衣類を着て内地《インテリア》に出かけたら、至る所で高い料金を請求されることになる。さらには、こんな洒落者に従者としてのいろんな仕事を頼もうとすると、たえず困難を覚えるにちがいない。それで、二つ目の質問に対してこの若者が英語できちんと答えられなかった時、ほんとうにほっとした。

二人目はたいへん立派な風采の三五歳の人物で、立派な和服を着ていた。推薦状の評価は高く、その英語は最初は見込みがありそうだった。だが、実際にはごくわずかの英語しか知らなかった。この男は、大勢の随員を伴って、また従者を先に送り込んで準備させるような旅をした裕福な英国人の官吏に仕えて料理人をしていたのである。それで今回の旅には「男の雇い主」がおらず、女中もいないようであることを知って非常に狼狽したので、この男が断ったのか私がこの男を断ったのかよくわからないほどだった。

三人目はウィルキンソン氏が送ってよこした人物で、質素な和服を着、素直そうで知的な顔立ちをしていた。ヘボン医師はこの人物には日本語で話したが、自分は他の人よりもっと英語を知っているし、これほど上《あが》っていないなら、そのことをもっと示せるのにと考えていた。また私が話したことをどうやら理解したようだった。それで、［立場が逆転して］この人物が「雇い主」のようになるのではないかという懸念はあったものの、人にたいへん好印象を与えそうに思われたので、すんでのところでこの人物をその場で雇うところだった。他の志願者にはとり立てて言うほどのことは何もなかったのである。

伊藤《イト》　しかしながら、この人物に決めかけていたまさにその時、ヘボン医師の使用人の一人と知り合いだというだけで、いかなる推薦状も持たない男が現れた。年齢はほんの一八だが、この年齢は英国人の場合の二三、四歳にあたる。背はわずか四フィート一〇インチ［一四七・三センチ］で、蟹股《がにまた》でもあったが均整はよくとれているし、丈夫そうだった。顔は丸顔で非常にのっぺりしており、歯は健康そうで目はとても細長かった。そして重そうにたれた目蓋《まぶた》は日本人の一般的な特徴をこっけいに誇張したようだった。こんなにぼうっとした表情の日本人には会ったことがなかったものの、時折すばやく盗み見るような目つきをすることからすると、ぼんやりしているように装っているようにも思われた。この男は、かつて米国公使館にいたことがありますとか、大阪鉄道の職員だったこともありますとか、植物採集家のマリーズ氏［英国の植物学者。一八七七年北海道を探検調査］に同行し、東のコースをとって本州北部《ノーザン・ジャパン》を抜け、蝦夷《エゾ》を旅したことがありますとか、それで、植物の乾かし方を知っていますとか、料理も少しできますとか、英語を書くこともできますとか、日に二五マイル［四〇キロ］は歩けますとか、内地《インテリア》を通り抜けることにかけては完璧にわかっています！　とさえ答えた。だが、この自称模範者の男は推薦状は一通も持っていなかった。［そしてこの点については］先般父の家で火事があって全部燃えてしまいましたと弁解した。マリーズ氏にすぐに問い合わせるわけにはいかなかったし、それ以上に、この若者《ボーイ》に疑惑を覚え気に入らなかった。しかし、この男は私の英語がわかったし、私もこの男の英語がわかった。しかも私は早く旅に出たくて仕方がなかった。それで、この男を月に一二ドル［一二円］という条件で雇うことにした。するとこの男は、ほんの少し経った後で一通の契約書をもって戻ってきた。それには、合意した給与で誠心誠意仕えることを天地神明に誓いますとの文言があった。そこで男はこの契約書に押印し、私はそれに署名した。また翌日には、一カ月分の給与を前払いしてもらえませんかと頼んできたので、そのようにした。だがヘボン医師が私を慰めるかのようにおっしゃった言葉は、二度とあの男の顔をみることはないと思いますよ！　というものだった。

　契約書に署名した重大な夜以来ずっと心配で仕方がなかったが、昨日［六月六日］、指示した時間きっかりに、男はやってきた。それで私は正真正銘の「海の老人」［『千夜一夜物語』の登場人物］が私の肩に取りついたかのような気がした。この男は猫のように音も立てずに階段を駆け上ったり廊下を歩いたりする。私がすべての所持品を置いている場所もすでにわかっている。この男には驚いたりまごついたりするということがまったくない。パークス卿夫妻に出くわせばうやうやしく深々とお辞儀するが、公使館でも「まるでわが家のようにしている」ことは明らかである。唯一《ゆいいつ》人に教わったのは、メキシコ式の鞍《くら》と英国式の頭部馬具のつけ方を当番兵の一人から教わったことであり、それとて私の願いを聞き入れてのことにすぎない。どうやらとても賢い、つまり「頭が切れる」らしく、私の旅の初めの三日間の手筈をもうすでに整えてしまった。名前をイト［伊藤鶴吉］というが、これからこの男についてきっとしばしば触れることになる。向こう三カ月にわたって、私を守ってくれたり、私に不都合をもたらしたりするだろうからである。

食料問題　英国の女性で内地《インテリア》を一人で旅した人はこれまで皆無だったので、知り合った人々は、私の計画に対し、当然ながら一様に強い関心をもったが、たいていの人は警告を発して思い止まらせようとした。励ましてくれた人はわずかだった。最も強く思い止めようとしたのはヘボン医師で、最も理性的なものでもあった。氏はこの旅は行うべきではないし、津軽《ツガル》海峡にまでは到達できないと思っておられる。私への忠告の多くを受け入れ、最低でも六頭の駄馬を連ねて行かねばならなくなってしまう！　また、日本人の女中を一人連れていくことにでもすれば、缶詰の肉やスープ、赤ワインを持参し、寝るときは袋に入って首のところをしっかり結んでおくように勧める人もあれば、除虫菊の粉をベッド一面に大量にまくことを勧める人もいる。また皮膚一面に石炭酸油を塗りたくることを勧める人や、蚤除草《のみよけそう》の乾燥粉末を大量に用いることを勧める人もいる。ところが、こんなことをしてもほんの気休めにすぎないという点ではみな同意見である。しかも、残念ながらハンモックは日本の家では使えない。本を夏に旅すると蚤《のみ》が大敵になるという点では、遺憾ながらだれの意見も同じである。

「食料問題」はすべての旅行者にとっての最重要問題であるというわけで、びっくりするほど熱のこもった議論が、私の旅だけに限らない形で延々と続いた。他の話題には関心のない人も、この問題についてはたちまち興味を示した。すべての人が困ったことを経験していたし、将来経験するかもしれないからである。だれもが自らの経験を伝えたがり、他の人の経験を知りたがったりした。公使から教授・宣教師・商人に至るまでだれもが生死を分ける問題として議論し、どんどん真剣になっていくのである。多くの人はこれがそのような問題だと見ているのである。［人々の話では］実際、評判の保養地に外国人用に設立された少数のホテルを別とすると、パン、バター、牛乳、肉、鶏肉、コーヒー、ワイン、ビールなどは手に入らないし、鮮魚も珍しい。普段は米、茶［日本茶］、卵だけで過ごし、時折、風味のない数種の生鮮野菜を加えれば暮らしていける人でもなければ、食料を持参しなければならない。「日本の食べ物」として知られている魚や野菜は、飲み込まざるをえないものである。しかも若干の人々だけが、それも長く経験したあとやっと喉《のど》を通るようになる［という］*。

* 内地《インテリア》の最も大変な地域を数カ月にわたって旅した経験に照らせば、健康状態が普通の人なら、リービッヒ社製牛肉エキスは別として、他のもの、つまり缶詰の肉やスープや赤ワインなどの食べ物や飲み物を持参して荷物をかさばらせる必要などないし、健康状態が普通でない人は日本の旅をしないほうがよいと申し上げたい。

これに比べれば些細なものながら、多くの人が力説したやっかいなことがもう一つあった。それは道中、料金の支払いのたびに日本の従者《ネイティブ・サーバント》が「上前《うわまえ》」を撥《は》ねる行為［ピン撥《は》ね］をごく一般的に行うために、旅の費用がしばしば二倍になり、従者の能力や腕次第では三倍になることさえあるという問題である。これまであちこち旅してきた三人の紳士が、私が払うべき料金の値段表をくださった。それは地域によってまちまちで、［外国人］旅行者がよく訪れるところでは非常に跳ね上がる。そこでウィルキンソン氏は伊藤《イト》にその値段表を読んできかせたが、伊藤は「それに対して」時々不服を述べた。伊藤とは日本語で会話した同氏はその後で私に、「金銭に関しては十分に気をつけ」ねばならないと思いますよ、と注意してくださった。耳の痛い見通しだった。というのも、これまでの人生で人を上手に使えたためしがなかった上に、この、頭の回転が早く抜け目のない日本の若者を監督することなどきっとできないし、この若者はほとんどの局面で私を意のままにだますことができると思われたからである。

ここ［英国公使館］に戻ってみると、パークス夫人《レディ・パークス》は私のための必要な手筈をほとんどすべてし終えてくださっていた。用意したもののなかには、表を桐油紙で覆った軽い籠《かご》［柳行李《やなぎごうり》］二つのほかに、折り畳み式旅行用ベッドと折り畳み椅子、弾性ゴム製の浴槽も各一つあった。夫人は［私のような］健康に不安のある人間が長期の旅をするに際してはこれらのすべてが必需品になると考えておられる。今週は東京で何人もの人と知り合いになったり、東京らしい名所をいくつか訪ねたり、私の旅に関する知識を得ようとして過ごした。しかし外国人が本州北部《ノーザン・ジャパン》について知っていることはほとんどないようだった。また、私がとりたいと考えているルートについての照会を受けていた日本のある省［外務省］は、そのうち一四〇マイル［約二二五キロ］については「情報不足」を理由に、何の書き込みもない旅程［表］を返してきた。それを見てパークス卿《サー・ハリー》は私を元気づけるようにこうおっしゃった。「情報は旅を進めていきながら［ご自分で］得ていかなければなりませんね。その方がかえって面白いじゃありませんか」と。なるほど！　でも、どうすればそれができるのか？

I. L. B.

琵琶湖［正しくは金沢八景平潟湾］の茶屋［原著2巻本では第57報に収載（『完訳　日本奥地紀行4』148頁）］

第五報［第八報　参拝］

浅草観音《クワンノン・テンプル》［浅草寺《せんそうじ》］――寺院建築の均質性――〈人力車《クルマ》〉による遠出――日々これ縁日――〈仁王《ニオウ》〉――虚しきお堂《リンボ》――参拝者――賓頭盧《びんずる》――邪鬼の一群――楊弓場――新生日本《ヤング・ジャパン》――〈貴婦人《エレガント》〉

六月九日［日曜日］　江戸　英国公使館にて

寺院建築　ある仏教寺院［金龍山浅草寺《せんそうじ》］について一度だけ記してみる。ここは浅草にある評判の寺院のようであり、年がら年中、祭のような縁日で、「千本の腕をもった」観音《クワンノン》［千手観音］が祀《まつ》られているとのことである。観音とは慈悲の女神の意味である。概して言えば、日本の寺院は、意匠から屋根、外観に至るまですべてにわたって、どれも似たり寄ったりだと言ってよい。宗教建築の考え方がほとんどいつも同じ形式で具現されているのである。門［山門］の屋根は一重か二重かのいずれかであるし、その両側の袖《ニッチ》には色鮮やかな彫像［仁王像］がある。境内には砂利《じゃり》がしかれ、石や青銅の灯籠がある。その数は多かったり少なかったりする。石造の台座には、天の犬と書く〈天犬《アマイヌ》〉がのっていて、これも石造である。また、上に屋根があったりなかったりはするが、石棺の形をした石造物［手水舎《ちょうずや》］があり、清めの水がたたえられている。その先には階段があり、上ったところは縁［輪堂椽］になり、建物［本堂］の回りをベランダのようにぐるりと取り巻いている。その屋根はおそろしいほど不釣り合いに大きくて重そうで、独特の反《そ》りをもっている。正方形ないし長方形のお堂《ホール》には「内陣」があって、手摺《てす》りで回り［外陣］と仕切られている。そしてそこには上下二段の須弥壇《しゅみだん》と厨子《ずし》があり、本尊である仏像［観世音菩薩］が安置されている。香炉その他若干の宗教的装飾品［什具《じゅうぐ》］も置かれている。象徴［本尊］、偶像、装飾は、寺院が属す宗派や信者の豊かさや僧侶の好みによって異なる。いろんな仏像や厨子、幟《のぼり》、青銅製品、真鍮《しんちゅう》製品、銘板その他の装飾品が所狭しとある寺院もあれば、門徒宗の寺院［真宗寺院］のようにきわめて簡素な寺院もある。後者の場合は、ほとんど手を加えなくとも、明日にでもキリスト教の礼拝に利用できそうである。

基礎には四角の石が用いられ、その上に通柱《とおしばしら》が立っている。通柱の材は欅《けやき》《エルム》で、通柱と通柱の間にも柱がある。すさまじく重く巨大な屋根は、一番下の骨組を一番大きくし、上層に向かって順次その面積を狭くしていく桁組み《トラス》構造によって可能になっている。主要な梁《はり》には元の木の形状を残した巨大な材木が用いられている。屋根は、とても重い瓦を美しく葺いた瓦葺《かわらぶ》きや、金をあしらった銅板葺き、また、厚さが一、二フィート［三〇～六〇センチ］もある茅葺き、あるいは美しい板葺きや檜皮《ひわだ》葺きになっている。外壁には通常、欅の厚い張板が組まれており、漆塗《うるしぬ》りになっていたり、素木《しらき》のままだったりする。他方、内壁にはみごとに鉋《かんな》がけし、面どりを施した美しい檜《ひのき》［原文レティノスポラ・オブツサは旧学名］の薄板が組まれている。また、屋根の内側は平らに板張りされ、何本もの柱で支えられている。その柱はすべて円柱《まるばしら》であり、材は真っすぐな檜の幹で、木目がすばらしい。屋根の先端は突き出している。その曲線の造りはみごとで、廂《ひさし》の部分には鈍《にぶ》い赤の漆が塗られたり、銅板で覆われたりしている。銅板は梁の接合部にも施されている。釘はほとんどまったく使われず、各部材は枘穴《ほぞあな》と蟻掛《ありかけ》で実にみごとに継がれている。他の継ぎ方は知られていない。

チェンバレン氏と私はお決まりの服装をした三人の車夫が引く一台の〈人力車《クルマ》〉に乗り込み、浅草《アサクサ》へと急いだ。途中、［英国］公使館から浅草までの三マイル［五キロ］の道はどの通りも人で一杯だった。浅草はかつては村だったが、今ではこの巨大都市に組み込まれている。車はやがて吾妻《アヅマ》橋に至る大通り［広小路］へと進んだ。隅田川に架かり、東京の東部と浅草とを結ぶこの橋は、東京にはごくわずかしかない石橋の一つである。東京の東部は、東京の一部ではあるが掘割が多く、全域が倉庫や木場、下《しも》〈屋敷《ヤシキ》〉であり、興味をひかない。ただ、この大通りには歩行者と〈人力車《クルマ》〉がびっくりするほどひしめいている。多数ある東京の「乗合馬車路線」の終点の一つになっているのである。この時も、幌《ほろ》のついたみすぼらしい馬車が二〇台、馬車以上にみすぼらしい馬《ポニー》とともに客を求め、通りの真ん中で列をなしていた。まさにここ［浅草］でこそ、東京のさまざまなほんとうの姿と暮らしぶりを見られるはずである。多くの人々が参拝にやってくる霊廟《シュライン》の近傍には公認されたり、そうでない歓楽街［遊里］が必ず広がっているし、この寺院［浅草寺《せんそうじ》］の近くには料理屋・茶屋・芝居小屋や、歌ったり踊ったりする少女［芸妓］のいる店［置屋］があふれているからである。

日々これ縁日　この大通りからは、二階建で屋根が二重になった朱塗の〈門《モン》〉を構える［寺域の］大きな入口まで、歩行者専用の石敷きの広い道［参道］が続いている。門［仁王門］の色は鈍い赤だった。道の両側には、さまざまな商品を賑々《にぎにぎ》しく飾る屋台店［仲見世］が列をなし、玩具や煙草道具、簪《かんざし》を売る店が目立つが、門に近づくと種々の仏具を商《あきな》う店になる。その品物は、数珠《じゅず》、袂《たもと》や懐《ふところ》に入れておく小さな厨子に納まった真鍮や木製の仏像、お守り袋、楽しそうな表情をした大黒《ダイコク》像、神棚、位牌、安価な〈奉納物〉、鈴《りん》、蠟燭立、線香立などに及び、寺院や家庭での仏教信仰にかかわる種類の多さには際限がない。このうち富の神である大黒は、日本における家の神様の中で最も人気が高い。浅草では毎日が縁日である。この寺院［浅草寺］にはいろんな重要な仏像の中でも人々が最も好きなもの［観音］が祀られているために、最も人気のある霊地になっている。この都［東京］に初めて来た人は、仏教徒だろうと、神道信者だろうと、キリスト教徒だろうと、必ずや、参拝者で込み合うこの寺院［浅草寺］のいくつもの堂宇を訪れ、心誘われる屋台店［仲見世］で買物をする。私もその例に漏れず、束になった花火を五〇本買った。それで二銭だった。たった一ペンスである。その花火はゆっくりと燃えていってきらきらと閃光を放つ。形がこの上なく美しい雪の結晶のようだった。私は一つが二銭で買える小箱も買いたくなった。それは水中に入れると、中に入っている植物の髄のくずのようなものがパッと開いて膨らみ、木や花の形になるのである［水中花］。

参道を右に折れて石敷の道を少し行くと小川があり、水はよく澄み、弓形の一枚石の橋が架かっていた。そこから階段を上ると、青銅の堂々たる鐘がぶら下った小さな堂［鐘楼］があり、入口のところで数人の女性がお祈りをしていた。またその先に二体のすばらしい仏像があった。ともに青銅の坐像で、眉間には「白毫《びゃくごう》」がついている。一体［勢至菩薩像］は手を組み合わせ、もう一体は蓮を手にしていた［観音菩薩像］。朱塗の大きな門［仁王門］をくぐると、そこからが本当の境内になる。この門は、それ自体がきわめて強い印象を与える。その上、寺院自体がこれまで見たことがなかったような大きな異教の寺院［仏教寺院］であり、これはその正門なのである。これを見て私には、ある別の神殿《テンプル》と、売り手と買い手でごった返すその敷地で「縄で作った鞭《むち》」を手にし、ここは神殿なり、境内は「父の家」［『新約聖書』「ヨハネによる福音書」」であると苦言を呈す神［キリスト］のことを、思い起こした。仏教の寛容なる創始者［仏陀］は浅草《アサクサ》［浅草寺］のこの不浄な境内を同じような義憤をもって清めようとしておられるのだろうかと思われた。日中は何百人もの老若男女が一年を通してこの門［山門］を行き交うし、大〈祭〉［三社祭］の折にはその数が何千人、何万人にもなるという。またその時には、御神体を収めた〈神輿《ミコシ》〉といわれる聖なる乗物が姿を現し、清めの儀式と舞が演じられた後に、古式ゆかしい立派な隊列に伴われて海辺まで運ばれ、再び戻ってくるとのことである。門［仁王門］の両脇には二人の王という意味の〈仁王《ニオウ》〉が立っている。長く垂れた衣を身にまとった巨大な像である。その一つ［左輔《さほ》金剛］は赤く口を開け、易学の男性原理である〈陽《ヨウ》〉を象徴し、もう片方［右弼《うひつ》金剛］は緑色で口を閉じ、その女性原理である〈陰《イン》〉を象徴している。目をかっと見開いて忿怒《ふんぬ》の表情をし、身体も歪め、極度に誇張した激しい動きを顕わにした見るも恐ろしい姿である。ちょっとした寺院の門［山門］にはたいていこのような像があって寺院を守っており、家々の門口にはそれを小さくして刷った札［護符］が泥棒除けに貼られる［という］。正面の格子戸にはたくさんの草鞋《わらじ》がぶら下げられていた。自分の脚が〈仁《ニ》王《オウ》〉の脚のようにたくましくあってほしいと願う人々が掛けたのである。

　この門をくぐった私たちは寺院［浅草寺］の本堂［観音堂］の境内に出た。正面にあるこの建物は高さ、規模ともにすばらしく、鈍《にぶ》い朱色に塗られていた。大きな屋根には重そうな鉄灰色の瓦が葺かれ、その流れるような曲線によって、屋根には雄大さと優美さが兼ね備わっている。材木も土台も堅牢で大きい上に、神社《シントウ・テンプル》であれ、寺院《ブディスト・テンプル》であれ、日本の宗教建造物《ジャパニーズ・テンプル》は、すべて木だけで造られている。踏み板の奥行が浅く、その手前側を真鍮張りにした急勾配の幅広の階段を昇ったところが［本堂の］入口で、何本もの円柱《まるばしら》が並んで立って非常に高い天井を支えており、天井からは長さが一〇フィート［三メートル］もあるような提灯がいくつもぶら下っている。本堂の回りには縁がめぐらされ、その上は廂《ひさし》に覆われている。また、本堂は格子によって内と外に二分され、外側［外陣］には畳が敷かれておらず、参拝者は金を払いさえすれば内側［内陣］に入り、あまり見られることもなく祈ったり、自分たちのために僧侶にお経をあげてもらうことができる。

止《や》むことのない人の動き　本堂の外側［外陣］の、騒がしさと混雑と止むことのない人の動きには当惑するばかりである。たくさんの人が下駄をカタカタいわせながら出入りするし、本堂の入口をねぐらにしている何百羽もの鳩が頭上を飛びかう。そして、そのせわしない羽ばたきの音が、チリンチリンという宝鈴の音や太鼓や銅鑼《どら》を打つ音、読経《どきょう》する僧侶の甲高《かんだか》い声、祈る人のつぶやくような声、娘たちのさざめくような笑い声、男たちのがさつな話し声、さらには群衆が生み出すざわめきと混り合うのである。一見したところとても変なものが非常に多い。男たちは床の上にあぐらをかきお守りや数珠、経典、線香などを売っている。壁や大きな円柱には実にさまざまな奉納物［額］がかけてあるが、その多くは粗末な日本画［絵馬］である。隅田川で一〇〇人が命を落とした汽船の爆発を主題にしたものもあった。この事故の折に観音の慈悲のおかげで命を救われた人が奉納した［という］。ここで祈願したおかげで健康を取り戻せたり、貧乏から脱却できた人々が記念に奉納したものが多かったが、常に命の危険にさらされている和船《ジャンク》［弁才船］の船乗りが奉納したものもあった。男の髻《もとどり》の毛［髪を上に集め束ねたところ、ちょんまげの毛］がたくさんあったほか、紐《ひも》で結ばれた埃《ほこり》まじりの女の髪の毛も少しあった。これらは、普通は病気の親族のための願掛けとして捧げられたのである。たくさんある奉納物の左手には、金縁の枠に収められた大きな鏡や、額装した太平洋郵船会社のチャイナ号の絵もあった！　このような似つかわしくない奉納物の上にはすばらしい木の彫り物や天女の絵馬《フレスコ》が飾ってあるが、これらの隙間は鳩の安全な住みかになっていた。

［本堂の］入口の近くにりっぱな香炉があった。青銅製の古いもので、このうえなくどっしりとし、上に二本の後ろ足で立ち上がった一頭の怪獣が付いている。また、回りには、鼠、牛、虎、兎、龍、蛇、馬、羊、猿、鶏、犬、猪《いのしし》［子丑寅卯辰巳午未申酉戌亥］からなる十二支の高浮彫がめぐらされている。縁をめぐるように打ち抜いた孔からは香煙が止むことなく立ち上り、一人のお歯黒の女性が香の火が消えないようにしながら、参拝者から小銭を受け取っている。参拝者はこの女性に小銭を払った後で、須弥壇の前に進み、お祈りをする。これこそまさしく聖堂だと思われるこの背の高い須弥壇の回りには、目の粗い金網が張りめぐらされそれを守っている。この最も神聖な場所には、厨子《ずし》や、偶像、巨大な燭台、本物の蓮の二倍もある銀メッキの蓮、供物、灯明、漆器、経典、木魚、太鼓、鈴や、さらには、この信仰［仏教信仰］にまつわるありとあらゆる神秘的な象徴物があふれている。この信仰は、学問のある人や儀式を経てこの道に入った人［僧侶］にとっては道徳と形而上学の体系であるが、大衆にとっては偶像崇拝的迷信なのである。この内陣は燃えている灯明《ランプ》の光が弱いために薄暗く、線香の匂いが強くたち込めていた。そして、香煙に包まれて、袈裟《けさ》と法衣を身につけた剃髪の僧侶が、観音を祀ってある高い須弥壇の回りの畳の上を、蠟燭に火をつけたり、鈴を鳴らしたりお経をあげたりしながら、音もたてず動いていた。金網の前には、幅が一四フィート［四・三メートル］、奥行が一〇フィート［三メートル］の［賽銭を入れるための］隙間のある木の箱［賽銭箱］が置かれていた。参拝者は必ずやこの箱に銅銭を

投げ入れるので、チャリンチャリンという音は止むことがなかった。

ここでもまた参拝者はお祈りをする。ただ、祈りと呼んでよければの話であり、何を言っているのか皆目わからない口調で、わけのわからないある成句を闇雲に繰り返し、頭を垂れ、両手を胸の前で摺《す》り合わせ、二言三言つぶやき、数珠をつまぐり、両手をたたき［拍手《かしわで》をうち］、今一度頭を垂れるのである。そしてここを出ていった後も別の堂宇で同じことを繰り返す。絹の着物を着た商人やフランスの軍服のお古を着た兵士、農民、「汚らしい服装の」［『新約聖書』「ヤコブの手紙」］人夫《クーリー》、母と娘、洋服姿のしゃれ者、さらには〈武士《サムライ》〉出身の巡査さえもが、この慈悲の女神［観音］の前で頭を垂れている。お祈りはたいていはそそくさとなされ、とめどもない気楽なおしゃべりの一瞬の合間にすぎない。ただ、本当に悩みがあってひたすら「祈っている」人もたしかにいる。

［この本堂にある］祠《シュライン》に一つの大きな偶像があるのだが、紙をまるめたもの［紙礫《かみつぶて》］の残骸が像一面に付着していた上に、像に付着しないようにする金網にもひっかかっていた。祈願する人は願い事を紙に［自分で］書いたり、僧侶にもっと上手に書いてもらったものを口に含んでかみ、どろどろしたものをその神［なる偶像］に向かって吐き飛ばすのである。もし紙礫が狙いどおり金網を突き抜けて像にくっつけば吉兆であり、金網にひっかかれば祈りが通じなかったということになる。〈仁王《ニオウ》〉やこの本堂の外にある偶像も、同じように汚れていた。この祠の左手にも網戸のついた祠があり、その柵にはおびただしい量の願い事［を書いた紙］が結ばれている。他方、右手には仏陀の一六人の門弟［一六羅漢］の一人である賓頭盧《ビンズル》《びんずる》の坐像があり、これにはだれでも近づける。その顔と姿にはかつては穏やかさと親しみやすさ、また、ジョージ三世時代の初老の郷紳《きょうしん》に備わった穏やかな品位のようなものも感じ取れた。

だが今では着衣がすり減り、外観が害《そこ》なわれ、目も鼻も口も、スフィンクスがそうであるように原形をあまりとどめていない。手と足の部分にもともとあった光沢のある赤い漆も消えてなくなってしまっている。というのも、賓頭盧は偉大な病気の神様であり、病人が何世紀にもわたってその顔や手足をさすり、そのあと自分の顔や手足をさすってから自分の首筋をさすってきたのである。この時も、若い娘が賓頭盧に近づいていき、その首筋をさすってから自分の首筋をさすっていた。次には瞼《まぶた》が［炎症で］赤く腫《は》れあがり、腕の麻痺《まひ》した老婆を連れた慎ましい身なりの少女が賓頭盧の瞼をさすり、その手で皺くちゃの老婆の閉じた瞼をそっと撫でていた。また、膝《ひざ》の腫れあがった人夫《クーリー》が賓頭盧の膝を強くさすった後、その手で自分の膝を優しくさすっていた。覚えておかねばならないのは、この大寺院が民衆の寺院であり、「金持ちも、家柄のよい者も、能力のある者も」［『新約聖書』「コリントの信徒への手紙」「同一」］、この薄暗くて汚く、人であふれる建物には「あまり」やって来ないということである。*

* 私はこの後一人で何度もこの寺院を訪れたが、訪れるたびにこの最初の感銘は深まっていった。変化ともの珍しさにいつも満ちているので、興味が薄れることがないのである。また日本中に広くゆきわたっている、ひどくはないものの真に迷信的な偶像崇拝の様子がここ［浅草寺］ほどよく現れているところは他になかったのである。

浅草の見もの

しかし、浅草の見ものはこの観音を祀る大きなお堂［観音堂］だけではない。この外にもさまざまな見物がある。まず、無数の祠やお堂、石造の大きな〈天犬《アマイヌ》〉、石や青銅でできたこれまた大きな水槽［手水舎《ちょうずや》］、最近奉納された鋳物《いもの》の〈天犬〉、青銅や石の灯籠［挿絵］、石の標柱をもつ石の転輪蔵《プレイヤー・ホイール》、そして労苦を解かれて、安らぎを得た［『新約聖書』「ヨハネの黙示録」］ような穏やかな表

石灯籠

情をしたいくつもの仏像がある。天犬《ヘブンリー・ドッグ》という意味の石造の天犬は粗造りの石組みの上に置かれ、鋳物の天犬は切り石の台座にのっている。水槽には屋根が付いていたりいなかったりするが、参拝者のための清めの水がたたえられている。また、いくつもの石像や、銘が漢字と梵語《ぼんご》で刻まれた切り石の石組みや八角形のお堂［六角堂］、屋根と壁面の上部が豊かに彩色されたお堂、内陣にある神道《シントウ》の円鏡、外側に鈴が一つ付いた青銅の賽銭《さいせん》箱、そして人目をひくすばらしい五重塔もある。このうち石像には、信者が祈りの言葉の記された紙のお札［護符］を貼り付けたり、その前に線香を立てたりしているが、それが立っている灰の上では、先に火を点した何百本もの線香がまだくすぶっている。また、八角形のお堂には「五百羅漢」が安置され、賽銭箱の鈴は［賽銭を入れる時に］鳴らされ神の注意をひくのである。朱の漆が塗られた五重塔は、屋根の梁《はり》の先端にみごとな彫刻が施され、重い庇には風鐸《ふうたく》がふさ飾りのように付いている。また最上層の屋根の上には、銅でできた非常に高くて優美な螺旋《らせん》状のもの［九輪《くりん》］が付いており、［先端には］「宝珠」が付き、その下に水煙がある。この五重塔の近くには奉納者の名前と金額を記した芳名札をはめ込んだ、白木の枠が直立していた。これはほとんどの寺院でも見かける。

邪鬼の一群　［浅草寺の］本堂の南東に、床が石敷きになった一つのみごとなお堂［輪蔵］があった。私たち以外には訪問者はだれもいなかった。装飾に富んだ堂々たる建物だった。その真ん中には回転する八角形の部屋、というよりも祠《ほこら》といった方がよいもの［転輪蔵］があった。朱の漆塗《うるしぬ》りで豪華な装飾が施され、彫刻のある黒い漆の台座の上に静止していた。回りには可動式の漆塗りの飾り縁《ギャラリー》がめぐり、装飾を凝らした扉が数枚開《あ》いていた。この飾り縁に二、三人が肩をあてがって押すと本体［転輪蔵］が回転する。これは実際には仏教経典［元版大蔵経］の回転書庫であり、一回まわすと経典のすべてを心を込めて一回精読するのと同じ功徳があるとされる。非常に古い漆工芸の見本であり、この上なく美しい。このお堂の奥には衣をまとった釈迦《ブッダ》像［阿弥陀如来立像］がある。真鍮製だが、片手を挙げた姿には神々しさがある。仏像の顔立ちはすべてヒンドゥー的で、着衣も優雅であり、オリエント的な安らぎが備わっている。これらはインドからもたらされたものであり、日本古来の考え方にあるこの上ない怪奇さとはまったく対照的である。このお堂にはぞっとするほど奇怪な、等身大の四体の木像もあった。足の指には鉤爪《かぎつめ》が付き、それぞれの口には歯に加えて二本の大きな牙があった。どの頭も火焔光背《フレイム》で包まれ、背中には金の輪が付いていた。着ているものは突拍子もなく、裾の長い衣類に身を包んだ姿は暴風に立ち向かっているかのようだった。兜《かぶと》をかぶり、身体の一部に鎧《よろい》をつけ、右手には帝王の笏《しゃく》とも僧侶の錫杖《しゃくじょう》ともつかないもの［矛《ほこ》や宝棒］を持っていた。目をカッと見開き、口を開けて忿怒《ふんぬ》の形相《ぎょうそう》だった。四体のうち、真っ赤に塗られた像［増長天《ぞうじょうてん》］は桃色の邪鬼を足で踏みつけて身悶えさせ、鮮緑色に塗られた像と藍《あい》色の怪物［のような像］はそれぞれ、海緑色の邪鬼と空色の邪鬼を踏みつけ、鮮やかな桃色の怪物［のような像、持国《じこく》天］は鉤爪のある足の下に肌色の邪鬼を踏みつけていた。その形相の醜悪さはどう表現すればよいかわからないが、無邪気に見える分、虐待され［踏みつけられ］ている邪鬼にむしろ同情したくなった。寺院にはしばしばこのような像がある。地獄の王である閻魔《エンマ》を［四体が］一緒になって苦しめているのだと言う人もいるし、「四方を守る神」［四天王］だと言う人もいる。

この寺院の境内の光景の風変わりなことといったら並大抵ではない。英国の市《フェア》ではその全盛期でもここほど多くの呼び物が揃うということはなかっただろう。寺の裏手にはたくさんの楊弓場があり、普段とほとんど変わらない質素な身なりの娘［矢取り女］たちが微笑んだり愛想《あいそ》笑いを浮かべたり、漆の盆にかわいらしい湯呑みに入った麦藁色のお茶とまずいお菓子をのせて持ってきたり、自分の小振りな煙管《きせる》で煙草を吸ったりしている。また、竹を裂いて作った長さ二フィート［六〇センチ］の細身の弓と矢と矢を置く台を差し出し、微笑みながら、腕だめしをしませんかと遠慮がちに言っている。桜の木でできた小さな弓には、骨でできた鏃《やじり》と赤・青・白三色の羽根がついている。的《まと》はがっしりした四角い太鼓の前にかかり、回りには危なくないように赤い座布団をはめ込んである。うまく的を射たかどうかは、カチンという音やブーンという音、またほとんど聞き取れないような「鈍い音」でわかる。弓を射っているのはほとんどが大人の男たちで、その多くがこの子供じみた遊び《スポーツ》に一時《いっとき》に何時間も興《きょう》じている。

境内の至る所にいろんな茶店《ブース》がある。そこには炭火を使う銅製の釜や珍しい造りの鉄瓶、また小さな［湯呑み］茶碗が置かれ、お茶のよい香りがし、しとやかで愛嬌のある娘たちが、休んでお茶を飲んでいきませんかと手招きする。食べてみたい気はあまりしないが、腹がふくれる軽食も食べられる。どの茶店にもかわいらしい提灯が列をなして飾ってある。写真場や［英国の］ティー・ガーデンの店を思わせるような茶屋、人形舞台、莫蓙《ござ》を敷いた休憩所、神さまに捧げたり、鳩や二頭の神馬《しんめ》にやる米や大豆や豌豆《えんどう》を皿に盛って売っている屋台、さらには寄席や芝居、見世物などの小屋もある。人形舞台では、一台の大きな車をギイギイ回すことによって、何組もの等身大の人形がふさわしい背景画の前で動くようになっている。また目［白目の部分］と鼻［の頭］がピンク色をした白馬である神馬は、忌まわしいほど食い意地がはっており、一日中食べてもまだ欲しがるという。寄席の一つ［金車亭］では講談師が超満員の客に向かって人気のある昔の泥棒物を講じていた。見世物小屋では、二、三厘《リン》払えば、とても醜く食い意地のはった猿に餌をやったり、坐って日本風に挨拶するよう仕込まれた汚らしい猿を見て楽しめる。

この報《レター》はあまりにも長いものになってしまった。しかし印象が鮮やかなうちに浅草とここでの珍しいことについて書いたおかげで、日本の最も興味深い名所の一つについて省くことにならずにすんだ。私たちはここから［英国公使館に］帰る途中、ロンドンのものと同じく赤い色をした何台もの郵便馬車や、ヨーロッパ風の制服を着、ヨーロッパ式の鞍にまたがった騎馬大隊、また海軍卿［川村純義］が乗った馬車や、英国式の馬具をつけた二頭だての箱馬車、それを護衛する六人の騎馬兵とすれ違った。騎馬兵が護衛するようになったのは、内務卿大久保《オクボ》［利通］が政治的理由で三週間前に暗殺［五月一四日］されて以後のことであり、うんざりするような予防措置である。このように、この大都市では新旧のものが対立しつつ併存している。天皇《ミカド》と諸卿、陸海軍の将官を含む軍人、そしてすべての文官と警官が洋服を着ているだけでなく、「新生日本《ヤング・ジャパン》」の象徴としての洋服が大好きな不真面目な若者もたくさんいる。馬車も住宅――絨毯《じゅうたん》、椅子、テーブルを含め――も英国式のものが非常に増えてきている。家を純日本風の調度で統一するというよい趣味も目立ちはするが、外国製の家具を買い揃えて設《しつら》えるという悪趣味も目立っている。だが幸いなことに、女性が着るものに関しては、このような金がかかるだけで見た目もよくない新奇なものの影響はほとんど及んできていない。洋装にした女性の中には、着心地がよくないし、面倒で複雑なことがいろいろあるという理由でやめてしまった人もいる。

〈貴婦人《エレガント》〉　皇后［昭憲皇太后］は、国事の場には深紅の繻子《しゅす》の〈袴《ハカマ》〉に袿《うちき》という装束［袿袴《けいこ》装束］で現れ、普段も必ず和服《ナショナル・コスチューム》を着ている。女官もそうである。私がこれまでに見た洋装の女性は二人だけである。ある晩餐会でのことであり、この二人、つまり進取的な外務大輔森［有礼《ありのり》］氏の夫人と香港駐在日本領事［安藤太郎］の夫人は、ともに外国暮らしが長かったので楽に洋装ができたのである。ある日、［ここ英国公使館を］訪ねてきた西郷《サイゴ》［従道《つぐみち》］文部卿夫人は鳩色の〈縮緬《ちりめん》〉のすばらしい着物を着ており、襟元と袖からちらりと見える襦袢《アンダードレス》も同じ縮緬で、淡いピンクのものだった。また絹の帯には、深みのある鳩色の地の一面に淡いピンクの花模様がうっすらとあしらわれていた。巻き髪には簪《かんざし》を一つ差しただけで余分な飾りは何も付いていなかった。美しく魅力的な顔立ちに着物がよく似合い、優美で気品があった。もし洋装だったらまったく逆に見えたことだろう。この国の衣類［和服］には私たちの衣類［洋服］にはないとてもよい点が一つある。女性でも着物と帯を各一つもっていさえすれば完全に〈身繕《みづくろ》い〉できるし、二つずつもっているなら、それこそ完全に〈着飾れる〉のである。ただ、名門の出の女性と中・下流階層の女性との間では容貌や表情に違いがあり、日本の絵師［浮世絵師］はそれをたいへん誇張する。私には、［浮世絵に描かれた］ふっくらした顔、しし鼻、厚い唇、目尻の釣り上がった切れ長の目、白粉《おしろい》と紅《べに》を塗りたくった顔をほめることなど到底できない。唇に赤黄色の顔料を塗ったり［紅をさしたり］、顔と首に白粉《おしろい》をこってりと塗る習慣にはぞっとする。しかし、身のこなしがたいへん淑《しと》やかな［日本の］女性を悪《あ》しくいうことは難しい。

I. L. B.

第六報［第九報　旅の始まり］

さまざまな恐怖心――旅の装備――内地旅行免状《パスポート》――車夫《クーリー》の服装――江戸のジオラマ――稲の栽培――茶屋《ティーハウス》――旅人の受け入れ――粕壁《カスカベ》の宿屋――プライバシーの欠如――騒音の只中――夜の恐怖――巡査の様子――江戸［東京］から届いた手紙の束

六月一〇日［月曜日］　粕壁《カスカベ》にて

日付からわかるように、私は長い旅に出た。ただ、まだ「未踏の地《アンビートウン・トラックス》」ではない。そこへは日光《ニコウ》を離れた後に入ることになると期待している。旅の第一夜をアジア人がうようよいる中、たった一人で過ごすのは不思議な気がし、恐ろしささえ感じる。一日中神経過敏になっていた。それは、怖い目に合わされるのではないかという恐怖心、アイレー島［スコットランド南西部の島］出身のキャンベル氏［ケルト民俗学の権威。一八七四年の世界航海の途次日本を訪れて出版していた本をバードは読み、アドバイスを得ていた］に脅されたように、暴徒に襲われるのではないかという恐怖心、日本人の礼儀作法を破って怒らせないかという恐怖心、そして、わけのわからない恐怖心によるものだった！　伊藤《イト》だけが頼りだが、この男も「折れかけの葦《あし》」［の杖］［『旧約聖書』「イザヤ書」］という結果になるかもしれない。というわけでこの計画を諦めたいと何度も思った。しかしその都度、自らの臆病を恥じた。旅の安全を確かな筋から保障してもらっていたからである。*

＊　以下の装備は、将来旅行する人、とりわけ日本の内地《インテリア》の長旅をしたいと思っている女性に役立つならという気持ちで掲げる。ただ、後にわかったことだが、柳行李《やなぎごうり》一つで十分である。

旅の装備　準備は昨日［六月九日］のうちに終えていた。私の荷物が一一〇ポンド［五〇キロ］。これに伊藤《イト》の荷物九〇ポンド［四一キロ］が加わった。日本の平均的な馬一頭でどうにか運ぶことができる重さである。私の荷物を入れた模様のある柳行李は二個で、紙で裏張りされ、表には防水カバーが付いている。駄馬の両脇腹にくくり付けることができ都合がよい。また、折り畳み式の椅子や空気枕、ゴム製の浴槽を各一つと、敷布数枚、毛布一枚、さらに折り畳み式ベッドを一台持参した。折り畳み式の椅子を持参したのは、日本の家では床の上しか座るところがなく、寄り掛かれるしっかりとした壁さえないからである。空気枕は〈人力車《クルマ》〉の旅で使う。ほっそりした柱に帆布を張った折り畳み式ベッドは、二分もあれば組み立てられる。これが他の何よりも重要なのは、地面からの高さが二・五フィート［約七六センチ］なので蚤《のみ》に刺される心配がなくなるからである。例の「食料問題」は、いただいた助言をすべて丁重にお断わりすることによって解決した！　リービッヒ製肉エキスを少々と、四ポンド［一・八キロ］の干し葡萄と、少量のチョコレートと少量のブランデーを持参しただけだった。チョコレートは食べるだけでなく飲むためにも持った。ブランデーはまさかの時のためのものである。鞍《くら》と馬勒《ばろく》はこれまで使ってきたものを持った。鞍はメキシコ鞍である。衣類はほどほどに持った。夜に着るゆったりした部屋着も一枚持った。さらに、蠟燭を少しと、ブラントン氏［灯台建設に尽くしたお雇い外国人］の大きな日本地図［一八七六年に編纂。四シートからなり、貼り合わせると約一四四×一一七センチだが、各シートを裁断して寒冷紗に貼り、折本にして持参］、英国アジア協会紀要［『日本アジア協会紀要』］数巻［第三巻二号、第六巻一号の他、第一巻、第二巻、第三巻一号、第三巻付録、第四巻、第六巻二号〕、サトウ氏の英和辞典も持った。旅行着は鈍《にぶ》いとび色のツイード地に縦縞《じま》のある丈の短い外套で、黒く塗っていない丈夫な革の編み上げ靴をはいた。頭には、大きな鉢を逆さにしたような形の笠《ジャパニーズ・ハット》をかぶった。これは竹を編んだもので軽く、外側には白い木綿のカバー、内側には非常に軽い枠がついている。枠があるので頭によくなじむうえに、笠との間に一・五インチ〔三・八センチ〕の隙間ができて通気がよい。重さはわずか二・五オンス〔七〇グラム〕で、重い日除け帽《ピッチ・ヘルメット》よりもずっとよい。本当に軽いのに頭をすっぽりと護《まも》ってくれる。〔今日は〕一日中陽《ひ》が陰らず気温は〔華氏〕八六度〔摂氏三〇度〕もあったのに、他には何の日除けもいらなかった。お金は、五〇円券と五〇銭券〔平円券〕、二〇銭券、一〇銭券の紙幣の束と、銅銭を束ね棒状にしたものを持った。内地旅行免状《パスポート》は専用の袋にしまい腰に下げた。足台にもする鞍は別として、他の手荷物はすべて一台の〈人力車《クルマ》〉に積み込んだ。また伊藤《イト》は一二ポンド〔五・四キロ〕に制限されている自分の手荷物はすべて自分で持った。

〈人力車《クルマ》〉は三台雇った。車夫を替えないで九〇マイル〔一四五キロ〕離れた日光まで三日で行くことになっている。料金は一台一一シリングほど〔三円〕になる。

ふつう外国人は〔内地でも〕内地旅行免状に記されたルート〔路筋〕以外を旅行できないのだが、今回はH・パークス卿が事実上何の制限もない旅行免状を入手してくださった。東京以北の日本《ジャパン》〔本州〕全域と蝦夷《エゾ》を、ルートを限定せずに旅ができるようになっているのである。この貴重な証書を所持していないと逮捕され英国領事のもとに移送される。この証書はもちろん日本語で認《したた》められているが、これを収める封筒には交付に際しての心得が英語で記されている。それは次のとおりである。この内地旅行免状は「病気療養、植物調査および学術研究」という理由で申請され、交付される。これを所持する者は森で焚火せぬこと。馬に乗って火事現場に行かぬこと。田畑・囲い地・禁猟区に立ち入らぬこと。寺社や塀に落書せぬこと。狭い道は馬で疾走せぬこと。「通行禁止」の掲示を無視せぬこと。また、当該者は「日本の当局および日本国民に対し従順かつ友好的に振る舞うこと」。「内地旅行免状《パスポート》の提示を求められる時にはいかなる役人にもそれを示すこと」。さもなくば拘束されること。また、内地《インテリア》にあっては「狩猟や取引を行ったり、日本人との売買取引および諸約定をなしたり、旅行に必要な以上に長期間家屋や部屋を賃借することはこれを禁じること」。

六月一三日［木曜日］日光《ニコウ》にて、――ここ［日光］は日本の楽園《パラダイス》の一つである！「日光見ずして結構《ケッコ》と言うなかれ」という諺《ことわざ》がある（結構とは壮麗で、楽しく、美しいという意味）が、ここについては後に詳しく記す。粕壁からあなた［妹ヘンリエッタ］に［宛てた形の］報告《レター》を書こうと思っていたがだめだった。蚤の大群が襲ってきたために、折り畳み式ベッドに引っ込むほかなかったし、あとの二晩もあれやこれやで書くどころではなかった。

私は月曜日［六月一〇日］の午前一一時に［英国］公使館を出発し、午後五時、粕壁に到着した。車夫は、しょっちゅう休んでは煙草を吸ったりものを食べたりしながらも、全行程二三マイル［三七キロ］を軽やかに走り通した。

〈車夫《クルマ・ランナー》〉は紺の木綿の短い股引《ももひき》をはき、帯に煙草入れと煙管《きせる》を差し込み、袖が広く丈の短い紺の木綿の半纏《はんてん》を、前は腰まではだけてはおっている。陽射しが非常にきつい時以外は、青［紺］の木綿の

〈人力車《クルマ》〉

日本手拭を頭に結び、陽射しが非常にきつい時だけは菅《すげ》を編んだ平べったい円盤状の笠［菅笠］をかぶっていた。直径二フィート［六一センチ］のこの笠はいつもは〈人力車《クルマ》〉［挿絵］の後にくくりつけてあり、日照りの中だけでなく雨の時にも紐で結んでかぶる。足には草鞋《わらじ》をはくが、途中で二回はき替えねばならなかった。梶棒《かじぼう》には白地に青［紺］の手拭《タオル》が下げてあり、日焼けして痩せた身体から吹き出る汗を拭くのに使っていた。上に羽織っているもの［半纏《はんてん》］はいつも身体の後ろでひらひらはためき、それで、胸から背中にかけて入念に施された龍や魚の刺青《いれずみ》が見えた。刺青は近年禁止になったのだが、飾りとして好まれているだけでなく、破れやすい衣類の代わりにもなっているのである。

見苦しい髪型　下層階級［平民］の男

たちの髪型はたいへん見苦しい。前頭部からてっぺんにかけて剃り、後ろと両側の長い髪を上に引き寄せて束ね、蠟で固めて束ね直し［髻《もとどり》を結い］、短く切り、固めた髷《まげ》を頭頂部の後ろ側で折り返し、前向きにしている。この丁髷《ちょんまげ》は丈の短い陶製パイプによく似た形をしている。髪の毛を剃ってこのように整えるには専門の髪結《かみゆ》いの手がいる。以前には〈侍《サムライ》〉が、兜をかぶった時に具合がよいようにこのような髪型をしていたのだが、今は下層階級の男が、全員ではないもののたいていがこの髪型をしているのである。

公使館の玄関で心優しい人々の見送りを受けた私たちを乗せた車夫《クーリー》は、軽やかな足取りでうれしそうに［半蔵門で］内濠《ぼり》を渡り、城内の径《こみち》に沿って進み、今なお残る巨石でできた石造の城壁の門をいくつか通過し、そのあと、もう一つの濠を渡った。それからは小さな家や店が軒を連ねるいくつもの通りを何マイルも進んだ。すべては灰汁色《グレー》だった。通りは道行く人や〈人力車《クルマ》〉、背に二、三フィート［六〇〜九〇センチ］もある荷を積んだ駄馬、車力《クーリー》、そして髪の毛を剃りぞっとするような頭をした子供たちでいっぱいだった。駄馬の鞍の弓形の部分は朱の漆塗《うるしぬ》りで、金の蒔絵《まきえ》があしらわれていた。そして赤い革ひもの額飾りを付け、「足」には藁靴［馬草鞋《わらじ》］をはき、頭は鞍用腹帯の両側としっかり結びつけられ、腹の下には青色の怪獣の模様のある大きな白の布が垂れ下っていた。重い荷をひく車力は〈ハイッドォ！　ハイッドォ！〉という喉《のど》から搾《しぼ》り出すような声を出していた。このような人込みの間を、立派な法衣に身を包んだ一人の僧侶、くぐもった声で読経を唱える人々、亡骸を入れ布で覆った棺《ひつぎ》、そして白い着物に青の裃《かみしも》を着た会葬者からなる葬列が通り過ぎていくこともあった。めまぐるしく変わる覗きからくりの真っ只中で教訓を垂れているかのような光景だった。やがて私たちは江戸［東京］のはずれにやってきた。ここではもう家が軒を連ねるということはなかったが、この日一日、家が完全に途切れることはほとんどなかった。どの家も正面が開《あ》いているので、仕事はもちろん「暮らし」までも丸見えだった。多くは路傍の〈茶屋《チャヤ》〉と言われる茶店《ティーハウス》で、ほとんどどの店でも、菓子・干魚・漬物や、［蒸して搗《つ》いた］米の塊りである〈餅《モチ》〉という焼いていないケーキ、また干柿・雨笠や、人間や馬がはく草鞋《わらじ》を売っていた。道は二台の馬車が並走できるだけの幅はあった（実際には馬車はまったく見なかった）ものの、よい道ではなく、両側の水路はたいていが汚れていやな臭いがした。書いておかねばならないだろうか？――家々はみすぼらしく粗末で、むさくるしく、しばしば醜悪でさえあった。悪臭は鼻を突き、人々は何らかの仕事をしてはいるものの、醜く、みすぼらしく、貧しげだった。

　この地方はまったくの平坦地で、大部分が人の手の加わった泥田か湿地になっている。この肥沃な低湿地ではいろいろな水鳥が動き回り、大勢の男女も膝まで泥水につかりながら農作業をしていた。大半が広大な一大水田地帯をなすこの江戸の平野［関東平野］では、今が繁忙な田植えの時期なのである。私たちには農民たちが「あなたのパンを水に浮かべて流」［『旧約聖書』「コヘレトの言葉」］しているかのように見えるが、そうではない。日本で主に栽培される八～九品種の稲は、陸稲の他はすべてが水稲で、その栽培には泥と水が必要であり、これを十分にかきまわすことをはじめとする汚らしい作業が求められる。だが米は日本の主要作物であるし、日本の富でもある。日本の税収は米で［何石《こく》と］算定されたし、灌漑のできるところはほとんどどこでも稲が栽培されている。

　田一枚一枚は非常に小さく、形は千差万別である。四分の一エーカー［約一反］もあれば、かなり大きい方である。稲は六月に植えられると一一月までは刈り取られないが、その間に三回「泥を掻き混ぜる」必要がある。農家の人が総出でぬかるみ［田］に入り、あらゆる雑草と稲株から稲株へと複雑に絡み付いていく水草を取り除きながら、稲株のまわりの泥を掻き混ぜ活性化する。稲は実るまでは水中で生育し、実ると田の水を抜く。収穫量はよい土地［上田《じょうでん》］では一エーカー［約四反］当たり約五四ブッシェル［約一二石《こく》］で、最も悪い土地［下々田《げげでん》］の場合だと約三〇ブッシェル［約六石一斗］になる。

江戸の平野［関東平野］では、幹線道路に沿って村［集落］がほぼ連続的に続く一方、木立に囲まれまるで島のようになった集落もある。その周りの耕地では刈り入れ間近の小麦や玉葱《たまねぎ》、黍《きび》、豆類、豌豆《えんどう》がたわわに実り、心地よいオアシスが何百もあるかのようである。蓮《はす》池もあり、そこではあの神々しい百合《ゆり》に似た　蓮《ネルンボ・ヌシフェラ》が、食用という冒瀆的な目的のために栽培されている！　そのみごとな葉［と茎］はすでに水面から一フィート［三〇センチ］も伸びている。

路傍の茶屋　車夫が数マイル元気に走ると、車はとある茶屋にすべり込み、彼らはそこで食事をとり［煙管《きせる》で］煙草を吸った。その間私は庭に座っていた。その庭は、乾き切った地面、つるつるの踏石、錦鯉の泳ぐ小さな池、本来の形を歪めた［盆栽仕立ての］松と石灯籠《どうろう》から成っていた。外国人は人をもてなす日本の家を十把《じっぱ》一《ひと》からげに「茶屋《ティーハウス》」と呼ぶが、誤りである。［英語で］ティーハウスと記す〈茶屋《チャヤ》〉とは、客が賄い付きの部屋で茶を飲んだり簡単な食事をすることのできる家のことである。ホテルにほぼ相当するのは〈宿屋《ヤドヤ》〉であり、宿泊設備と求めがあれば食事を提供する。二つは免許証が別である。茶屋といっても、上は大都会や人気の高い行楽地にあるような旗や提灯を飾った三階建てのものから、下は路傍の茶屋まで千差万別である。路傍の茶屋では、この版画［挿絵］に描かれているように、軒下に黒ずんだ床几《しょうぎ》が三つ四つあって、裸の車夫《クーリー》がほとんどいつも思い思いの姿勢で席をふさぎ休

路傍の茶屋

んでいる。茶屋の床は地面から約一八インチ〔約四六センチ〕高くなっていて、たいていは筵《むしろ》が敷いてある。そしてその奥は、真ん中が文字通り「土の間《アース・スペース》」である〈土間《ドマ》〉になり、回りに磨き立てた木でできた棚状のものがめぐっている。〔英語で〕「ボード・スペース」と記す後者は〈板間《イタマ》〉と呼ばれる。旅人たちはこの板間に腰を下し、座るや否や運ばれてくる水で汚れた足を洗う。汚れた足のままでは筵敷きの床には一歩も上がれない。外国の靴をはいている場合でもそうである。〈土間《ドマ》〉の片側は台所になっていて、そこには焚《た》き口が一つないし二つある竃《かまど》がある。土間の回りでは車夫《クーリー》たちが筵の上でくつろぎ、食事をとったり煙草を吸ったりしている。反対側ではその家の人々が甲斐甲斐しく働いている。どんなに小さな茶屋でもたいていは奥に一間ないし二間の部屋があるが、活気があり興味深いのは、開けっ放しになった表の部分である。小さな茶屋だと、たった一つの〈囲炉裏《イロリ》〉と食物や食器を入れておく棚［水屋］がいくつかあるだけである。〈囲炉裏〉とは床を四角く切って掘り下げ、砂や白っぽい灰を入れたもので、そこで炭火を燃やし食物を煮炊きするのである。しかし大きな茶屋には、いくつもの焚き口が連なった竈があり、壁は天井まで棚で飾られ、客用の漆塗りの膳や漆器《しっき》・陶磁器が備えられている。そして、〈襖《フスマ》〉と呼ばれる紙でできた壁板状《パネル》のものを敷居と鴨居に沿って滑らせて閉めれば、たちどころに多くの部屋に成り代わる。

日本茶　路傍の茶屋での休憩の間、私たちの車夫《ランナー》は足を洗い、口をすすぎ、ご飯・漬物・塩魚と「汚《けが》れた肉の汁」［『旧約聖書』「イザヤ書」、味噌汁のこと］からなる食事をとり、そのあと、小さな煙管《きせる》で煙草を吸った。三回吸っては一回詰めるという吸い方だった。どこの茶屋でも私が車［人力車］を降りるとすぐに少女がほほ笑みながら〈煙草盆《タバコボン》〉を持ってきた。木製［白木］か漆塗りの四角いこの盆には陶磁器か竹製の炭入れと灰入れがのっている。また別の少女が、高さ六インチ［一五センチ］ほどの小さな漆塗りの卓を差し出した。〈膳《ゼン》〉というこの卓には、急須《ティーポット》という容物《いれもの》と二つの湯呑み《カップ》がのっている。注ぎ口と直角に中空の柄《え》が付いた急須は英国の紅茶カップ一杯分ほどの茶が入る程度の小さなものだし、把手がなく受皿もない湯呑みも、数口でなくなりそうな小さなものだった。［急須の］茶葉に湯を注ぎ、ほんの一分おいてから［湯呑みに］移された茶は、透明感のある淡い黄色の液体で、香りも味もすばらしい。いつ飲んでもおいしく、さわやかな感じがする。日本茶［緑茶］は、［急須に］「入れたままにしておく」と、口当たりの悪い苦みと、身体によくない渋みが出てしまう。ミルクも砂糖も入れない。茶屋には清潔な感じのする蓋《ふた》付きの円筒形をした容器［櫃《ひつ》］が必ずある。木製か漆塗りのこの容器にはいつも冷飯が入っている。注文すれば別だが、温かいご飯は日に三度しか出てこない。車夫《クーリー》は冷飯に熱い茶を注ぎ、熱くして食べる。茶屋の女中は櫃を横に置いて食事する人の前に座り、その人が「もう十分です!」と言うまで何度でもよそってくれる。しかも、この街道［日光街道］沿いだと、一、二時間休憩し、茶を飲んでも、三、四銭《セン》を盆に置いておけばそれでよい。

どこまでも水田が続く中を抜ける人通りの多い街道をそのまま走り続けた私たちの人力車は、夕方、粕壁《カスカベ》に着いた。かなり大きな町ではあるが、みすぼらしい感じのする町だった。表通りでも東京《トウキョウ》のいちばん貧しげな通りのようだった。私たちはここの大きな〈宿屋《ヤドヤ》〉［髙砂屋］で一夜を過ごした。一階にも二階にも部屋があり、客がいっぱいで、実にさまざまないやな臭いが立ちこめていた。私たちが入っていくと、英語のハウスマスターやランドロード、つまり宿の主人である〈亭主《ティシ》《ていしゅ》〉が両手をつき、額《ひたい》が床につかんばかりのお辞儀を三度もして挨拶した。宿は大きいものの古くて造りにまとまりがない。〈台所《ダイドコロ》〉と呼ばれる大きな開けっ放しの炊事場《キッチン》では、優に三〇人はいる女中が忙しく立ち働いていた。私は深い庇《ひさし》の下に縁《バルコニー》側が付いた二階の部屋をとった。そこへの階段は《急勾配で黒光りのする木の段梯子《ばしご》》だった。階段を上がるとそこは通りに面した細長い一つの大部屋で、壁は両側面と正面だけにしかなかった。だが、［敷居の溝を］横に滑る仕切り［襖《ふすま》］を引くと、その部屋はたちどころに四つの部屋に分かれた。その仕切りに貼られた紙はくすんだ不透明の紙だった。ただ即席の背面は、わが国の薄葉紙に似た半透明の紙を格子状の枠組みに貼ったもの［障子《しょうじ》］であり、おびただしい穴が開《あ》いたり破れたりしていた。こうして準備が終わると私には一辺が一六フィート［四・九メートル］ほどの広さ［一二畳半］の部屋があてがわれた。部屋には物を置いたり掛けたりする棚や鉤《かぎ》、手すりなどは一切なかった。

敷物を敷いた床があるだけだった。今敷物という言葉を使ったが、誤解しないでほしい。〈畳《タタミ》〉といわれる日本の住宅の敷物は実にさっぱりし、風雅で、柔らかく、［わが国の］アクスミンスター・カーペットの最高級品に優るとも劣らない。長さが五フィート九インチ［一七五・三センチ］、幅が三フィート［九一・四センチ］、厚さが二・五インチ［六・四センチ］ある。ざわざわした稲わらを［重ね、糸で］きつく固めて土台［畳床］を作り、表面を非常にきめ細かく編んだ、ほとんど真っ白に近い敷物［畳表］で覆ってある。ふつうは一枚ごとに［二辺が］紺色の布で縁取られている。寺の大きさや部屋の広さは敷いてある畳の枚数によって示される。畳を部屋に合わせて切ることはないので、部屋は畳に合わせて作られているにちがいない。部屋には段差がまったくない。床［畳の面］と回りの磨かれた敷居との高さは同じである。畳は柔らかくて弾力性があり、上質のものはきわめて美しい。ブリュッセル産のカーペットの極上品ほどの値段がし、日本人はこの畳をとても自慢にしている。そのため軽率な外国人がよごれた深靴《ブーツ》で畳を踏み付けるなんてことをするとたいへん苦々しく思う。ただ、残念なことに畳は無数の蚤のすみかになっている。

夜の恐怖

私の部屋の外側には同じような多くの部屋とつながる開けっ放しの縁側《バルコニー》がめぐり、朽ちた板葺き屋根［の板］や天水桶が打ち棄てられ積み重ねられている。どの部屋にも人が入っていた。伊藤《イト》［鶴吉］はこの時だけは私の指示に従いながら、大きな蚊帳《かや》を広げたその下に折り畳み式ベッドを組み立てたり、これも持参の浴槽に湯をはったり、お茶とご飯、複数の卵を運んできたり、内地旅《パス》行免状《ポート》を宿の主人に写してもらいますと言って持っていったりした。今は姿がなく、どこに行ったのかわからない。目の粗い緑の麻布でできている蚊帳は黴《かび》臭い。私はあなた［妹ヘンリエッタ］に［旅について」書こうとした。けれど、蚤と蚊に邪魔されてできなかった。そのうえ、〈襖《フスマ》〉がしょっちゅう音もなく開けられ、その度に数人がわずかな隙間から細長い黒い目で私をしげしげと見つめた。右側の部屋には二組の日本人の家族がいたし、左側の部屋には五人の男がいたのである。私は「廊下・縁側と仕切る」〈障子《ショウジ》〉を閉め、ベッドに入った。横方向に滑るこれには半透明の紙が格子状の枠に貼ってあったとは言え、プライバシーの欠如は恐ろしいばかりだった。私には鍵も壁もドアもない状態で快適に過ごせるほど他人を信じることは、まだできない！　私の部屋の両側にはいくつもの目がずっと張りついたままだったし、一人の少女は私の部屋と廊下とを仕切っている〈障子《ショウジ》〉を二回にわたって引いた。また、あとになって盲《めしい》の按摩だとわかったのだが、一人の男が部屋に入ってきて何を言っているのか（もちろんのこと）わからない言葉を発した。初めて耳にするさまざまな騒音にはまったくもって当惑した。片方の「二組の家族のいる」部屋では一人の男が甲高い声でお経を唱えていたし、反対側の部屋では一人の女がギターの一種である〈三味線《サミセン》《しゃみせん》〉を弾いていた。宿には話し声とけたたましい声があふれ、宿の外からはいろんな太鼓を打つ音が聞こえてきた。表の道には大声があふれ、盲の按摩が笛を吹く音や日本のどの村でも巡回する「という」夜廻りが火事の警戒のために二本の棒「拍子木」を打ち鳴らす音が鳴り響いていた。その音は堪えがたかった。それは私のまったく知らない暮らしだった。不可解なことは、魅力的という以上に不安をかきたてた。所持金はそこら辺りに置いてあるから、〈襖《フスマ》〉を開けて手をすっと伸ばしてそれを盗むことはいとも簡単なことのように思われた。伊藤《イト》は井戸がひどく汚れていて悪臭がすさまじいと言った。盗難だけでなく病気まで心配せねばならない！　私はすっかり感情的になって、そんな判断をしてしまった！*

＊　私の恐怖心はただ一人の女性としては至極もっともなことだが、実際にはまったくの間違いだった。私はこののち、［本州の］内地《インテリア》と蝦夷を一二〇〇マイル［一九三〇キロ］にわたって旅したが、まったく安全であり恐怖心とはまったく無縁だった。今私は、世界中で日本ほど女性が危険にも無礼な目にもあわず安全に旅のできる国はないと信じるものである。

私の［折り畳み式］ベッドは一枚の帆布に二本の横木を渡し、鋲《びょう》で留めただけのものだったので、私が横になると、帆布は鋲の列の下の方から何本もの亀裂を生じながら裂けてしまった。それで身体が次第に沈んでいき、ついには前と後にある二組の架台をつなぐ角ばった棒の上に横たわる形になってしまった。そして、なすすべもなく蚤と蚊の餌食《えじき》になった。私は三時間もの間、微動だにせず横たわっていた。少しでも動けば帆布が完全に抜けてしまうと思ったからである。刻一刻と不安が高まっていった。とその時、伊藤《イト》が〈障子《ショウジ》〉越しに「バードさん、ぜひお目にかかってお話ししたいことがあります」と言った。それを聞いて私は、今度はどんな恐ろしいことが起きるのかと思った。そして「公使館の手紙配達人が来ました［挿絵］。また二人の巡査が話したいそうです」と付け加えた時も、心は穏やかではなかった。到着時にすでにきちんと手続きをとっていた。つまり内地旅行免状《パスポート》を宿の主人に渡し、主人は規則どおり宿帳に必要事項を書き写したあと、その控えを警察《ポリス》［幸手《さつて》警察署粕壁分署］に送っていた。なのにこんな真夜中近くに押し掛けてくるなど不当だし、一体どんな理由《わけ》なのかと思った。だが、目にした二人の小柄な男［巡査］がヨーロッパ風の制服を着て見覚えのある警棒と半球レンズ付きの手提げランプを持ち、うやうやしくはないが礼儀をわきまえた態度だったので、すぐにほっとした。このような男たちならたとえ二〇人で現れたとしても歓迎すると思った。彼らがやってきたおかげで、私は、自分がすでに登録され知られているという事実と、日本政府には特別の事情によって私の安全を確保する責任があり、しかも政府は自らの力と掌握ぶりを外国人に印象づけたがっているという事実を確認できたのである。

彼らがほの暗いランプの光で私の内地旅行免状《パスポート》を写し取っている間に、私は江戸［東京］から届いた小包を開けた。中にはレモンの砂糖漬一缶、ハリー・パークス卿からの思いやりに満ちた短い書簡、そしてあなたからの手紙の束が入っていた。私が手紙の封を切ろうとしていると、伊藤《イト》と巡査はランプを持って私の部屋から音もなく出ていった。私は、六週間もの間待ち望んでいた手紙と電報があるのにそれを開封もせずベッドの上に置いたまま夜明けまで、心が落ち着かぬまま、横たわっていた！

もうすでに私はさまざまな恐怖心や災難をものともしないでいることができるので、どうか安心してほしい。旅行家というものは自分自身の経験を贖《あがな》わねばならない。成功するのも失敗するのもその人次第という側面が強い。多くの問題が旅を重ねていく中で経験を通して軽減されていくだろうし、大丈夫だと感じる癖も身についていくようになるだろう。ただ、プライバシーの欠如とさまざまな悪臭、そして蚤と蚊という苦痛の種だけは、改善されることがないだろうと恐れている。

I. L. B.

H.《サー・ハリー》パークス卿の手紙配達人［原著2巻本では第9報に収載（『完訳　日本奥地紀行1』131頁）］

第六報（続）［第九報（続） 粕壁から日光へ］

病に倒れた車夫《クーリー》――農民の服装――さまざまな脱穀法――栃木の〈宿屋《ヤドヤ》〉――農村――美しい地方――例幣使街道《「イン・メモリアル」・アヴェニュー》――人形の町通り――日光《ニコウ》――旅の終わり――車夫《クーリー》の優しさ

病に倒れた車夫　翌朝［一一日、火曜日］七時にはすでに食事が終わっており、部屋は、だれも泊まっていなかったかのように空っぽになっていた。請求された宿賃は八〇銭だった。宿の主人と使用人たちは正座して深々と挨拶し、何度も〈サヨナラ〉と言った。私たちを乗せた〈人力車《クルマ》〉は勢いよく飛び出した。最初の休憩時に、たいへん不細工だが親切で気立てのよい車夫《ランナー》が、腹痛と嘔吐に襲われた。粕《カス》壁《カベ》で水当たりしたのだという。それで置いていくことにしたが、この男は契約を固く守り、律儀に、また他人に頼ることなく代わりの車夫を探してきたうえ、自分の病気が原因ですのでと言って心付けも求めなかった。この一連の行動は大変うれしかったと同時に、実に親切で役立つ男だったので、病気のままここに置いていくことに悲しみを覚えた――単に一人の車夫《クーリー》にすぎないし、この帝国［日本］の三四〇〇万人からすれば一原子《アトム》にすぎないとはいえ、天にましますわれらが父にとっては他の何人《なんぴと》と変わらぬ立派な人間なのである。本当にすばらしい天気だった。気温は日陰でも華氏八六度［摂氏三〇度］あったが、暑苦しさは感じなかった。正午に利根川に着いた。私は刺青をした人夫の肩にのって浅瀬を渡り、そのあとを、〈人力車《クルマ》〉やたちのよくない数匹の駄馬、たくさんの旅人と一緒に平底船に乗って渡った。船頭も旅人も田畑で働く人も裸同然の姿だったが、裕福そうな農民［百姓］だけは、大きさも形も傘のような竹製の帽子［菅笠《すげがさ》］をかぶり、大きな袖のついた〈着物《キモノ》〉をひもで結びもせずに田畑で働いていた。帯には大きな団扇《うちわ》を差していた。私たちが出会った旅人の多くはこのような笠をかぶらず頭の前に団扇をかざして陽をさえぎっていた。働く時に着物を着ていると不便なこともあって、着ないことが一般慣習になっていると思われる。歩く時でさえ［足にまとわりついて］邪魔なので、たいていの歩行者は〈着物《キモノ》〉の裾の真中をつまみ上げ帯にはさむように「裾をからげて」いる。このため、ぴったりして伸縮性があり踝《くるぶし》まで届く白木綿の股引を下に着ているのが見えることが多い。東京《トウキョウ》との間に蒸気船［通運丸］が通行しているある村［船渡町］のところで別の川［渡良瀬川］を渡船で渡り終えると、あたりの風景はいっそうすばらしくなった。水田が少なくなり、木々や家屋・納屋が大きくなり、遠くの方には低い山々がぼうっと霞んで見えた。パンでなくうどんの原料になる小麦は多くがすでに運ばれている。一〇フィート［三メートル］もの高さに積まれた小麦の束がゆっくりと動いていくのが見え、どうしたのだろうと思うまもなく、その下で四本の足が動いているのに気づく。穀物は、人の背でなければ、馬の背に載せて運ぶのである。私は脱穀場をいくつか見に行った。納屋の外の清潔な空地［庭先］がそれになり、筵《むしろ》の上に穀物［小麦］を置き、二〜四人の男が重そうな回転式の殻竿《からざお》で脱穀していた。女性には［二本の］割り竹［扱箸《こきばし》］を立て穀物の穂を叩くようにはさみ引く方法があるが、私はそれとはまた別の第三の方法が畑や庭先で行われているのを見た。この方法では女性が、鋭い鉄製の歯が斜め方向についた梳《そ》毛機のような道具［千歯］を使って、手いっぱいに持った麦穂を後ろに扱《こ》く。そうすると茎を傷めることなく穂先［籾《もみ》］を分離できるのである。これはおそらく［『旧約聖書』］「イザヤ書」に言う「鋭く、多くの刃をつけた打穀機《だこっき》」に当たる。そのあと穂先は両手で摺《す》り合わされる［籾摺り］。この地方では小麦はすべて手であおり分け、風によって籾殻を吹き飛ばした［風選］あと、粒を筵の上に広げ乾燥させる。［英国で使う］鎌は使わない。使うのは柄に直角に取り付けた真っすぐの短い直刀であり、これで片方の手で摘んだ小麦の茎の束の地面に近い部分を刈り取るのである。小麦は間隔を広くとって列状に作付けされ、その間に豆や他の穀物類が栽培される。そして小麦が刈り取られるとすぐに〈大根《ダイコン》〉（ラファヌス・サティヴス）、胡瓜《きゅうり》などの野菜類が植えられる。入念にまた非常に多くの肥料を与えて耕作されるので、二毛作どころか三毛作さえ行える。耕土は小麦の場合にも稲以外のすべての穀物の場合と同様、掘り返されるので、雑草は皆無である。それでどこもかしこもまるで手入れの行き届いた庭園のようである。この地方では土蔵もとても立派で、堂々としたその屋根の多くは仏塔ではよく見るような反《そ》り屋根になっている。庇《ひさし》は奥行が八フィート［二・四メートル］、茅葺《かやぶ》き屋根の厚さは三フィート［〇・九メートル］もあることがしばしばである。前庭の前に立派な門構えのある農家もあり、その門はまるでわが英国の教会付属墓地の一部にある古めかしい「屋根付き墓地門」を大きくしたもののようである。動物を搾乳や運搬のために、あるいは食肉用としても利用することはないし、草地も皆無である。それで、田園も農家の庭もこの上なく静かで、まるで死んだようである。貧弱な一匹の犬とわずかな鶏《にわとり》だけが各家で飼う動物や家禽を代表しているかのようである。私はモーモーという牛の鳴き声やメーメーという羊の鳴き声が恋しくなってくる。

旅でのいろんな経験

私たちは［午後］六時に栃木《トチギ》という大きな町に着いた。かつて〈大名《ダイミョウ》〉の城のあった町［城下町］である。さまざまな種類の縄が特産品になっており、近在では［原料の］麻が大量に栽培されている。多くの屋根が瓦葺きで、町のたたずまいはこれまで通ってきたどの町よりも重厚ですばらしい。しかし、栃木［の宿屋］の事態は粕壁よりいっそう悪かった。私は日本を旅するのを完全にあきらめかけた。もし事態が昨夜［六月一二日］大きく改善されなかったなら、面目もなく東京《トウキョウ》に戻っていたと思う。この〈宿屋《ヤドヤ》〉［長谷川四郎三郎家］は非常に大きかった。そして私たちより前に六〇人もの客が到着していたので、部屋を選ぶ余地もなかった。それで四方が〈襖《フスマ》〉でなく〈障子《ショウジ》〉で囲まれた部屋に甘んじざるを得なかった。しかも、ベッドと浴槽と椅子を黴《かび》臭い緑の蚊帳《かや》の下に置くともうそれでほとんど一杯になるような部屋だったし、蚊帳は完全に蚤《のみ》の巣だった。部屋の片側は廊下になっていて人がひっきりなしに通り、反対側は狭い庭に面していた。そして庭の反対側には別に三つの部屋があった。どの部屋も数人の礼儀をわきまえない旅人で一杯で、酔っ払いもいた。〈障子《ショウジ》〉は穴だらけで、どの穴からも人の目がしょっちゅう覗いていた。プライバシーなど、思い起こすことさえできないぜいたく品だった。〈障子《ショウジ》〉越しにひっきりなしに覗くのに加え、非常にやかましく不作法な女中たちが何の口実もないのに絶えず私の部屋を覗きにきた。元気で愛想のよさそうな宿の主人も同じことをした。曲芸師、楽師、盲《めしい》の按摩や瞽女《シンギング・ガール》《ごぜ》もだれもかれもが障子を開けた。それで私はキャンベル氏が言ったことは間違いでなく、日本は女一人で旅するところではないと思い始めた。私の隣の部屋にいる伊藤《イト》［鶴吉］は泥棒がいるかもしれないのでお金はこちらで預《あず》からせてくださいと言った――その夜のうちに預けた金をもって逃げていってしまうことはなかったけれども！　私は八時になる前に不安定な折り畳み式ベッドの上で横になった。しかし、夜が更けるにつれて宿の騒音は激しさを増し、まったく許しがたいものになり、［真夜中の］一時を過ぎるまで止むことがなかった。太鼓や鼓や銅鑼《つづみ》が打ち鳴らされ、〈琴《コト》〉と〈三味線《サミセン》〉がキーキー、ペンペンという音をたて、芸者（踊りと唄と楽器演奏の芸を仕事にする女性）が唄《しや》に合わせて踊った。頭に抜けるようなその音痴な声といったらまったくもってお笑い草だった。また、これも複数の講談師が甲高い声で話を読んで聞かせていた。私の部屋のそばを走り回ったり、飛び跳ねる行為も止むことがなかった。夜更けには私の部屋の立て付けの悪い［廊下側の］〈障子《ショウジ》〉が不意に倒れてしまった。それで大はしゃぎの光景が［庭越しに］目に入ってきた。おおぜいの人間が風呂に入り、湯をかけあっていたのである。

夜明けには出発の騒音が始まった。私はうれしいことに七時には出発できた。出かける前には〈襖《フスマ》〉が開けられ、自分の部屋だったところが畳敷きの大広間の一部になるのがわかった。こうして［風通しをよくし］、部屋が黴臭くなるのをうまく防ぐのである。道はゆるい上りになり、男たち［車夫］は疲れるので速くは進めなかった。九時間で三〇マイル［四八・三キロ］進んだ。彼らが私に対しても仲間うちでも、親切で礼を失することがないので、私はいつも気持ちが和《なご》んだ。笠と〈マロ〉［褌《ふんどし》］しか身につけていない男たちが丁寧な挨拶をするのを見るのは、とてもおもしろかった。互いに話をする時には必ず笠を脱ぎ、必ずや互いに三度深く頭を下げていた。

宿屋を出てまもなく、これまで私が見たことがなかったような大きくて立派な家々が両側に軒《のき》を連ねる幅の広い表通りを通過した。どの家も前が開けっ放しになっていた。磨きたてられた床も通路もまるで静かな水面のようだった。横壁に掛かっている〈掛物《カケモノ》〉という絵画はどれもこの上なく美しく、畳もすばらしく、白かった。家の裏は大きな庭になり、水の湧き出る池があり花が咲き、小さな流れには小さな石橋が架かっていた。その流れは時に家の中へと続いていた。私は看板からこれらの家が〈宿屋《ヤドヤ》〉だと思った。しかしなぜこのようなところに泊まらなかったのかと訊ねると、伊藤《イト》は、どれも〈貸付屋《カシツケヤ》〉［貸座敷］といういかがわしい茶屋なのですと答えた――とても悲しいことである。*

＊［この後の本州］北部の旅にあって私はしばしば粗末で汚い宿に泊まらざるをえなかったが、それは、もっとよい宿がこの種のものだったからである。［外国の］旅人をぎょっとさせる場面はほとんどないとはいえ、日本の男性を堕落させ虜《とりこ》にする諸悪の存在を示すものは目に見えるものに限ってさえ、多数存在するのである。

村の暮らしぶり

先を進むにつれて、辺りの景色はいよいよ美しくなっていった。木々の茂る丘陵［段丘］が不意に現れ、遠くには雲のかかった山並みが見えた。木々にこんもり包まれた村は目に心地よく、裕福な農民の住まいは、障壁といったほうがよいような生垣で囲まれ、その厚さは二フィート［六〇センチ］、高さはしばしば二〇フィート［六メートル］もあった。どの家にもそばに茶畑があり、筵《むしろ》には摘みとった茶の葉が干してあった。また、低い桑の木立［桑畑］が現れ始めて養蚕《ようさん》の存在を示し、道沿いでは白色や硫黄《いおう》色の繭《まゆ》の入った平たい盆が日向《ひなた》に並べられていた。家の表では多数の女たちが腰をおろし木綿布を織っていた。その幅は一五インチ［三八センチ］だった。ほとんどがイングランドから輸入される木綿糸の染色も、すべての村で行われていた。染料には国産の藍《あい》つまりポリゴヌム・チンクトリウムが使われていた。年とった女たちは糸を紡《つむ》いでいた。また老いも若きもたいていが背に赤ん坊をおんぶしながら仕事をしていた。赤ん坊は利口そうで、肩越しに覗く様子は可愛かった。七つ、八つの少女でさえ背に赤ん坊をおんぶして遊んでいた。また、小さすぎて本当の赤ん坊をおんぶできない女の子は大きな人形を同じように背にひもで結び背負っていた。おびただしい数の村、密集した家々、そして赤ん坊［の多さ］から、この地方が非常に人口稠密《ちゅうみつ》だという印象を受けた。

日差しが輝きを増すにつれて景色はますます変化に富み美しくなってきた。前山の奥には残雪の残る山並みが見え、前山の急斜面では、くすんだ青緑色をした松と杉が落葉樹の明るい春色に照らされていた。小山には杉の森があり、その頂きには神社が鎮座していた。そこへは石の長い階段を上っていく。収穫を迎えた畑［小麦畑］の黄金色は麻の葉の美しい新緑と見事な対照をなし、ピンクと白の躑躅《つつじ》は低い木々の木立の中に浮き立つように咲いていた。そして幅の広い道が荘厳な杉並木に入ると、私には日本が美しいと思え、江戸［関東平野］の泥田は悪夢にすぎなかった！かのように感じた。この並木道は日《ニ》光《コウ》の聖なる神社［東照宮］まで木陰をなし、揺らぐ木漏日《こもれび》が草をまだらに照らしていた。

日光へは二つの街道が通じている。私は通常利用される宇都宮《ウツノミヤ》経由の街道を避けた。そのため二つの並木道のうち、奥州《オシウ》街道《カイド》《おうしゅうかいどう》と呼ばれる大きな街道沿いに五〇マイル［八〇キロ］近くも続く最もすばらしい所は見られなかった。私がとった例幣使《レイヘイシ》街道《カイド》沿いには、並木道は三〇マイル［四八キロ］続いており、並木道は集落の部分ではしばしばなくなってしまっていた。この二つの街道は今市という村で一つに合し、ここから八マイル［約一三キロ、正しくは八キロ弱］先の日光の町の入口でようやく終点となる。並木道の杉は、日光に葬られている将軍《ショウグン》の神社［東照宮］に青銅の灯籠を一基奉納しようとしたが貧しくてできなかった一人の男が、その替わりに供物として植えたものだと言われている。今や思いもつかなかったような壮大な記念物になっている。この種の記念物としてはおそらく世界で最も壮大なものだと思われる。例幣使街道の並木道は立派な馬車道で［馬車でも通れそうな立派な道で］、両側には高さ八フィート［二・四メートル］の台形状の土手があって草と羊歯《しだ》で覆われ、てっぺんに杉が植えられている。また、［その外側の］脇は草の生えた歩道になり、歩道と耕地の間には若木や灌木が植えられ目隠しになっている。たいていの木［杉］は地面から四フィート［一・二メートル、約四尺］の部分で二股に分かれている。多くは幹回りが二七フィート［八・二メートル］もあり、高さ五〇〜六〇フィート［一五〜一八メートル］までは同じ太さで枝もない。そして、樹皮は赤みを帯びた幅二インチ［五センチ］ほどの縦長の細片からなっているので、木はひときわ高く見える。樹形はピラミッド型で、少し離れて見るとヒマラヤ杉に似ている。木陰が続くなかに木漏日がゆらぎ、高い山々がちらりと姿を見せるので、この見事な並木道［杉並木］は深い荘厳さに包まれている。これが続くその先もこれに優るとも劣らない壮大で美しいところに違いないと直感される。時々現れる小さな村［集落］や路傍の祠《ほこら》、石仏そして寺院があるところでだけは、並木が途切れている。集落には二本の柱の間に大きな鐘をぶら下げたもの［火の見櫓《やぐら》］があり、祠［の地蔵］には花と古い布切れが供えられている。また、仏陀《ブッダ》とその高弟の石像である石仏のほとんどは顔が磨《す》り減ったり倒れたりしているが、どの顔にも至福の安らぎと解脱《げだつ》の表情がある［地蔵］。柱が朽ちかけた漆《うるしぬ》塗りの寺院のこの上なく甘美な鐘の音が、夕暮の空に遠くまで響いていた。

人形の町通り　二つの荘厳な街道が合する今市《イマイチ》では、上り勾配の街路が長く続き、その真ん中を山からの澄み切った水の流れる石造りの水路が走り、石の平橋がいくつか架かっていた。そしてその流れの上にかぶさるように設けられた小さな建物《ルーム》には巡査が二人座り、書きものをしていた。そこからは通りを上にも下にも見通せた。ここ［今市宿］は人馬の往来も少なく沈んだところのように感じられた。そこからはまるでここから下手の街道と上手の神社［東照宮］の社の荘厳さに押し潰されたかのような雰囲気だった。しかしここには一軒の静かな〈宿屋《ヤドヤ》〉［住吉屋］があった。持参した折り畳みベッドは床に着かんばかりだったけれど、私はこの宿で一晩ぐっすりと休んだ。私たちは今朝［六月一三日、木曜日］早くに、小雨のなかを出発し、真っすぐのびる上り勾配の杉並木を八マイル［一三キロ］進んだ。夏はたいへん暑く湿度も高いうえに、山に近いために降水量が桁外れに多いことからすれば予想がつくように、草木がまことに豊かに生い茂り、どの石も苔むし、道の両側は緑藻《プロトコックス・ヴィリディス》とゼニゴケ属に属す数種の苔類で一面の緑である。急峻で、頂きまで木々が茂り、無数の細流が大きな音をたてながらぶつかるように流れ下ってきていた。私たちは高度一〇〇〇フィート［三〇〇メートル］、男体山《ナンタイザン》《さん》の山塊の前山にやってていた。勾配のきつい屋根と深い庇をもつ家々が続き、色合が温かく、所々に段差のある急勾配の道をなす鉢石《ハチイシ》《はついし》の長い表通りにはスイス的な美しさがある。ここに入る時には〈人力車《クルマ》〉を降りて歩かねばならない。乗ってきた〈人力車〉は段差の所で引っ張り上げられたり、持ち上げられたりする。ここのスイス的な美しさとの類似性は、急勾配の屋根と松と、球果植物が混じり合う山々からも感じられるし、勾配のきつい表通りを上っていき、木彫品や蔓《つる》や草を編んだ風変わりな籠《かご》が売られているのを見ても、なお完全には失われない。しかしたしかに風変わりで活気のない通りではある。人々は外に出てきて外国人［である私］をじっと見つめる。ハリー・パークス卿夫妻がヨーロッパ人としてはじめて日光《ニコウ》訪問を認められ、［輪王寺の］本坊に滞在した一八七〇年［明治三年］以来、外国人の来訪が珍しくなっているのに、まるでそうではないかのようである。家が小さくて低い上に、すばらしい畳が敷かれ、実に清潔で、度が過ぎるほどにきちんとし、軽やかできゃしゃなので、まるで人形の町通りである。それで、短靴を脱いで家に入っても、自分が「がさつ者」であるかのような気がした。私の重みだけで粉々に壊れるかのように感じたのである。この町通りは息が詰まるほどに清潔なので、［英国で］応接間の絨毯《じゅうたん》の上を泥靴で歩きたいなどと思わない以上に、ここを泥靴で歩くのがはばかられた。ここには静かな山の雰囲気があった。大半の店で売られているのは、漆器《しっき》や、黒豆と砂糖を原料とする箱入りの砂糖菓子、各種の箱、盆、湯呑み、磨いた白木で作った小卓や、木の根で作ったもっと奇怪な形をした置物などの特産品だった。

鉢石《ハチイシ》《はついし》にある外国人を泊める美しい〈宿屋《ヤドヤ》〉［鈴木ホテル］に泊まることは元は予定になかった。そこで私は、日本語で書かれた短い手紙を半マイル［〇・八キロ］先にある家の持主のもとへ伊藤《イト》に持っていかせた。私が今いる家である。その間私は町通りの先端にある岩の出っ張りに腰を下ろし、だれにも邪魔されることなく、最も偉大な二人の将軍《ショウグン》［家康・家光］が「礼を尽くして葬られ」［『旧約聖書』「イザヤ書」］ている山［日光山］の荘厳な杜《もり》を見やっていた。［背後の］下の方では、昨夜の雨で水嵩を増した大谷《ダイヤ》川《ガワ》の激流が、狭い谷間に轟音をとどろかせていた。［前方の］上の方では、途方もなく大きい石の階段が杉の杜《もり》の中へと続いていた。神秘的だった。その上方には日光連山《ニッコウサン・マウンテンズ》がそびえている。両岸の岸壁によって激流がその流れをゆるめる所に橋が一つ架かっている。長さ八四フィート［二五・六メートル］、幅一八フィート［五・五メートル］のこの橋には鈍《にぶ》い朱の漆が塗られ、両端はそれぞれ二つの石からなる橋脚に支えられ、二本の石の横梁《よこはり》で結ばれている。造り自体は堂々としているわけではないが、辺り一面を濃い緑とくすんだ灰汁色《グレー》が覆っている中にあって、このわずかの朱色は目に心地よい。また、一六三六年［寛永一三］に建造されたこの橋［神橋《しんきょう》］が興味をそそるのは、これが神聖なる橋という意味の神《ミ》橋《ハシ》であり、昔は将軍や天皇《ミカド》の使者［例幣使］のみが通り、一年に二度だけ参拝者に開かれていたという点である。両端の門には鍵がかけられている。日《ニ》光《コウ》は壮大にして人里離れた感じに包まれている。

雨と霧の世界である。〈人力車《クルマ》〉の道はここで終わる。ここから先へ行こうとすれば、歩くか馬に乗るか駕籠《かご》に乗るかのいずれかしかない。

伊藤《イト》は出かけたままなかなか戻ってこなかった。その間、車夫《クーリー》はずっと日本語で話しかけてきたので、私は途方に暮れ、孤独感を覚えた。だが、最後には私の荷物を肩に担いで階段状の道を下りていき、俗人が通る橋［仮橋］を渡った。するとまもなくして、わが宿の主人金谷《カナヤ》［善一郎］が［伊藤と］姿を見せた。とても快活で愛想のよさそうな人だった。頭を地面に着かんばかりに深々と垂れて挨拶した。段差のある道はどれもが杉並木を抜けていろんな方向から神社［東照宮］へと通じている。ただこの道だけは荘厳な禁域を通ったのちには寺社の堂宇から離れていく。人気のある参詣地の中禅寺《チウゼンジイ》《ちゅうぜんじ》［中宮祠《ちゅうぐうし》］や、人気のある行楽地の湯元その他いくつかの村に通じる街道の一部になっているのである。たいへんでこぼこ道で、少し進むたびに石段がある。それで馬に乗るか歩くしかないのである。

宿が見えるとすぐにうれしさがこみあげてきたが、ここで車夫《クーリー》と別れるのはつらかった。彼らは私に親身にそして忠実に仕えてくれた。また、たとえば私の衣服の塵をはらうとか、空気枕を膨らませるとか、花をもってきてくれるといったたくさんの細やかな気遣いをいつもしてくれた。私が［人力車から降りて］歩いて山を上ると、いつもそのことに感謝した。たった今も、私にさよならを言いたいといって、躑躅《つつじ》の小枝を手に現れた。遊びがてら山に出かけ、取ってきてくれたのである。

I. L. B.

第七報［第十報　金谷《カナヤズ》・邸《ハウス》］

日本的な田園風景――音楽的な静けさ――私の部屋――生け花――金谷《カナヤ》とその家族――お膳の食器

六月一五日［土曜日］　日光《ニコウ》　金谷邸にて

心地よい宿　今いる家についてどう記せばよいかよくはわからないが、日本的な田園風景の世界ではある。家の内にあるもの、外にあるもののすべてが目を楽しませてくれる。これまでの〈宿屋《ヤドヤ》〉の騒音とは違い、勢いのよい川の流れと小鳥のさえずりが聞こえてくるだけの音楽的な静けさには、本当に心が洗われる。家は簡素ながら出入りのある変わった造りの二階建で、石垣のある壇の上に建っており、石の階段を上っていくようになっている［挿絵］。上手《じょうず》に設《しつら》えられた庭では牡丹《ぼたん》や菖蒲《あやめ》、躑躅《つつじ》が満開で、とても鮮やかである。背後には山が間近に迫り、その裾《すそ》は一面赤い躑躅で覆われている。山から勢いよく流れ落ちてくる沢の一つが冷たくて澄み切った水をこの家に供給している。またもう一つの沢は、小さな作り物のような滝をなしたあと、家の下をくぐり池を通り、下手の方で川［大谷川］に注いでいる。池には岩の小島があり、魚が泳いでいる。道の反対側は灰汁色《グレー》をした入町《イリミチ》《いりまち》の集落になり、集落は流れの速い大谷川《ダイヤ》で終わっている。そして川の向こう側は木々の生い茂るでこぼこした低い山になり、山腹を急な沢や滝がいくつも刻んでいる。

金谷邸《カナヤズ・ハウス》[金谷カッテージ・イン]

とてもしとやかで上品な顔立ちの金谷《カナヤ》の妹[せん]が玄関で私を迎え、靴を脱がせてくれた。二つある縁側は実によく磨きたてられ、玄関と部屋に通じる階段も同様で、畳も実に肌理《きめ》が細かく[新しくて]白っぽいので、靴下をはいていることさえはばかられる。磨かれた階段を上がった先はこれも磨きたてられた広い縁側になっており、ここからは美しい景色が望まれる。そこから部屋に入るようになっているが、広すぎるのですぐに[襖《ふすま》で八畳間と六畳間の]二つに仕切られた。そして、これも磨きたてられた[別の]階段を四段下りると奥にすばらしい部屋があり、伊藤《イト》はここに泊まる。さらにもう一つある階段も磨きがかかっており、これを下りると浴室と庭に出る。私の部屋の正面[縁側側]はすべて〈障子《ショウジ》〉になっており日中は開けてある。天井には明るい色合の天井板が張られ、濃い色の桟《さん》を縦横に渡してある。天井を支える柱の色も濃く、磨きがかかっている。襖《ふすま》は空色の絞紙《しぼりがみ》に金粉をあしらったものである。部屋の一方の端は少し奥まって二つの〈床の間《トコノマ》〉になり、この床もきれいに磨かれている。その片方には〈掛物《カケモノ》〉といわれる壁絵［掛け軸］が掛かっている。満開の桜の花の小枝を白絹《しらぎぬ》に描いたもので、一級の芸術品であり、このおかげで部屋全体がすがすがしさと美しさに満ちている。これを描いた絵師は桜の花だけを描き、反乱《リベリアン》［戊辰戦争］で亡くなったという。もう一つのへこんだ所［床の間］の棚の上にはまことに見事な袋戸棚があって引き戸がつき、金地に牡丹《ぼたん》が描かれている。光沢のある柱の一つには真っ白な花器が掛かり、薔薇色の躑躅《つつじ》の小枝が一輪生けてある。もう一つの花器には一輪の菖蒲《あやめ》が生けられている。飾りはこれだけである。畳は非常に肌理が細かく白っぽい。調度品としては、風景のようなものを墨で描いた［山水画の］屏風が一つあるだけである。インクをこぼさないだろうか、畳を傷つけないだろうか、障子を破らないだろうかと常に心配になるので、こんなにも美しい部屋でなければよいのにと思うこともしきりである。階下にも同じように美しい部屋がひと間と一切の家事を行う空間［勝手］がある。家の向かって右手には、〈蔵《クラ》〉といわれる瓦屋根の防火倉庫がある。

金谷《カナヤ》の家族　金谷［善一郎］は神社［東照宮］で雅楽の伶人《れいじん》を率いている。しかししなければならないことはほとんど何もないので、家と庭に常に手を入れ美しくすることに専ら時間を費やしている。ここには母親［珠《たま》］と妹［せん］が同居しているが、母親は尊敬に値する老婦人であり、妹はとてもしとやかで上品である。これほどの日本の女性には一度しか会ったことがない。彼女が家の中を動き回る姿はまるで妖精が浮遊するかのようであり、声には音楽のような調べがある。他に知能の低い下男と妹の息子・娘がいる。金谷はこの村の長《おさ》をしており、知的で見るからに教養がある。妻とは離婚しており

〔バードの誤解〕、妹も夫と事実上離婚している〔バードの誤解〕。最近になって、収入を補うためにこれらのすてきな部屋を、紹介状のある外国人に貸しているのである〔明治四年（一八七一）にヘボンが逗留したのを機にその助言を得て同六年に開業。七年には公使パークスらが滞在〕。そして彼らの希望を熱心に叶《かな》えようとしてはいるが、趣味がよいので、この美しい家をヨーロッパ風に変えようとはしていない。

夕食が〈膳《ゼン》〉という高さが六インチ〔一五センチ〕の朱塗の小さな卓にのせて運ばれてきた。ご飯は朱塗の碗に盛られており、急須と湯呑みはすばらしい加賀の陶磁器〔九谷焼〕だった。二間《ふたま》続きの部屋代は食事代を含め一日に〔わずか〕二シリング〔五五銭九厘〕である。伊藤《イト》は私のための食料を調達してくれる。それで鶏が一羽一〇ペンス〔二三銭三厘〕、鱒《ます》は一皿六ペンス〔一四銭〕で時々手に入り、卵は一個一ペンス〔二銭〕でいつでも手に入る。個人の家に滞在し、日本の中流階級の家庭の暮らしの少なくとも外面を見ることができるのはとても興味深い。

I. L. B.

第八報［第十一報　日光］

日光《ニコウ》の美しさ――家康《イエヤス》の葬儀――大神宮［東照宮］への参道――陽明門《ヨメイ》《ようめい》――豪華絢爛たる装飾――簡素な御霊屋《みたまや》――家光《イエミツ》の霊廟［大猷院《たいゆういん》］――日本とインドの宗教美術――地震――木彫の美しさ

六月二一日［金曜日］　日光《ニコウ》　金谷邸にて

日光《ニコウ》に滞在して九日にもなるから、もう「結構《ケッコ》！」という言葉を使って［東照宮について記して］もよいだろう。

日光とは「日の輝き」の意味である。その美しさは詩歌［短歌や俳諧］や絵の形をとり日本中で讃えられている。神として崇められる男体山《ナンタイザン》を主峰としてその周りに折り重なるようにある山々。一年の大半をすっぽりとあるいは部分的に雪に覆《さん》われている山々。すばらしい樹木からなる森。人がほとんど分け入っていない峡谷や山道。無限の静寂の中に眠る暗緑色の湖水。中禅寺湖《チウゼンジイ》《ちゅうぜんじ》の水が二五〇フィート［七六メートル］落下する華厳《ケイゴン》《けごん》の滝の深い滝壺。霧降《キリフリ》滝の輝くばかりの美しさ。大日堂《ダイニチド》《どう》の庭の愛らしさ。大谷川《ダイヤ》が上流域から峡谷をなして流れ下ってくる川筋の陰鬱なる荘厳さ。目の覚めるような躑躅《つつじ》と朴《ほお》の木。そして、日本にはおそらく並ぶ所のない植生の豊かさ――これらすべては、最も偉大なる二人の将軍《ショウグン》［家康・家光］を祀《まつ》る社寺を取り巻いている見ものほんの一部にすぎない。

勝道上人《ショウドウショウニン》と呼ばれる仏教の聖者が、七六七年［正しくは七六六年（天平神護二）］に仏岩《ホトケイワ》の山腹の神々しい休息所を訪れ、この山の昔からの御神体は仏陀《ブッダ》の化身《けしん》なりと宣して以来のこの聖地に、徳川幕府二代将軍秀忠《ショウグンヒデタダ》は一六一七年［元和三］、父家康《イエヤス》の遺骸を遷《うつ》した。その埋葬の儀式［御鎮座の祭儀］は実に荘厳なものだった。一人の勅使［正しくは広橋大納言兼勝と三条西大納言実条《さねえだ》の二人］と一人の皇族の神官［梶井門跡最胤法親王《さいいんほっしんのう》］、京都《キョウト》の複数の公卿《くぎょう》、多数の〈大名《ダイミョウ》〉、武将から位のそれほど高くない貴族に至るまで、多数の人々が参列した。豪華な法衣をまとった大勢の僧侶が［四月一六日から］三日間にわたって一万回の読経《どきょう》を重ね、家康《イエヤス》は天皇《ミカド》の勅許《ちょっきょ》により「東照大権現」という神号が授けられ神となった。家康や家光《イエミツ》ほど重要ではない徳川家の将軍たちは、江戸の上野［寛永寺］か芝［増上寺］に葬られている。明治維新となり、いわゆる廃仏毀釈《きしゃく》が行われると、家康の社［東照宮］の栄光の儀式は停止され、仏教関係の装備も強引に除去された。そして、かつてその栄華に与っていた二〇〇名の僧侶は四散し、今やそれに代わって六人の神官が、神官としての職務を行う一方、僧侶が行っていた入山券を売る仕事もこなしている。

表参道《グランド・アプローチ》　ここでは道も橋も並木もすべてがこのいくつもの社殿や堂宇へと通じているが、最も重要な道は「朱塗の橋」［神橋］を通るものであり、これは、ところどころに階段のある幅の広い道［表参道］を上っていく。その両側には石の仕切りのある土手が続き、土手の上には杉が植えられ、杉並木をなしている。この坂道を上り切った所にすばらしい御影《みかげ》石の〈鳥居《トリイ》〉［石鳥居］がある。高さは二七フィート六インチ［八・四メートル］、円柱《まるばしら》の直径は三フィート六インチ［一・一メートル］で、筑前《チクゼン》の〈大名《ダイミョウ》〉［黒田長政］が一六一八年［元和四］に自分の領内の石切り場から切り出して奉納したものである。この先には、一一八基［正しくは一二三基］を数える銅製のすばらしい灯籠《とうろう》や清めの水を湛《たた》えた水盤［御水屋・御水舎］、銅の鐘、灯籠や、すばらしい造りの枝付き燭台《キャンデラブラ》などがある。このうち銅の灯籠はすべて〈大名《ダイミョウ》〉からの奉納物であり、台座の石は大きくてどっしりとし、［東照大権現という］〈家《イエ》康《ヤス》〉の贈名《おくりな》と奉納者の名前そして奉納の銘が刻まれている。また水盤はがっしりとした御影石の切石ででき、二〇本［正しくは一二本］の四角い御影石の柱が支える屋根で覆われている。銅の鐘や灯籠、枝付き燭台は朝鮮《コリア》と琉球《リウキウ》《りゅうきゅう》の王が奉納したものである。左手には高さ一〇四フィート［三一・七メートル］の五重塔がある。一面、木彫と金細工で覆われ、彩色も施され、下の方の層には十二支の彫刻がめぐっている。

〈鳥居《トリイ》〉から四〇ヤード［三七メートル］、［一八段の］立派な階段を上ると大きな表門［仁王門］があり、門口には天皇《ミカド》［正しくは皇室］の紋を黒く染め抜いた白い幔幕《まんまく》が掛かっている。この門はたいへん美しい。しかし、ここでゆっくりし、窪みにある金色の〈天犬《アマイヌ》〉や軒下にある虎［正しくは唐獅子］などの躍動感あふれる彫刻に目をやる人はだれ一人いない。その先に見える庭［境内］の壮観さと美しさに圧倒されるためである。全体の建築様式や建物の配置から、各種芸術、全体に流れている思想に至るまで、すべてが日本的である。仁王《ニオウ》門［表門］の眼前に、形といい色といい、これまで夢にも見なかったような美しさをもったものが思いもかけず現れるのである。

　明るい朱塗の木の塀［簓子《ささらこ》塀］で画され、丸石［栗石］が敷き詰められた境内の周りには、宮の宝物を収めた三棟の豪華な建物［三神庫《さんじんこ》］や、神様に仕えるのに飼われている三頭の神聖な白馬［神馬《しんめ》］のいる厩舎［神厩《しんきゅう》］、素麺滝《ソウメンダキ》の水を引いている花崗岩《かこうがん》でできた立派な水盤［御水屋］、そして、完全に揃った仏教経典［一切経］を収蔵しているきわめて装飾性に富んだ建物［輪蔵］がある。ここからさらに階段を上がるともう少し狭い境内になり、そこには、「細工も装飾も信じられないほどすばらしい」［中世フランスの歴史家シュジェルの言葉］鐘楼と、これほどには美しくない鼓楼、そして、一つのお堂［本地堂］や先に述べた枝付き燭台、鐘［朝鮮鐘］、灯籠、さらには数基の大きな銅の灯籠がある。

この境内から別の階段を上ると陽明門《ヨーメイ》《ようめい》［口絵挿絵］に至る。そのすばらしさについて考えていると、日ごと感嘆の念がつのってくる。門を支えている白い円柱《コート》には、赤い喉元《のど》を大きくみせた神秘的な霊獣〈麒麟《キリン》〉［正しくは唐獅子］の頭部を形どった柱頭がついている。軒縁《のきぶち》の上は、高欄のある回縁になって門の回りをめぐり、その四隅には龍頭《りゅうず》があしらわれている。正面では二匹の白い龍が果てしなき戦いを続けている。またその下には童子たちが遊ぶ姿［唐子《からこ》の遊び］の高浮彫《たかうきぼり》が配され、その下では極彩色の梁《はり》［四手先《よてさき》］が組み合わさっている。また、中国の賢人［聖賢］たちの彫刻が七組ある。門口の内側には白く塗られた側面壁龕《へきがん》［脇の間］が左右にあり、〈牡丹《ボタン》〉の花の浮彫（透かし彫り）に唐草模様が優雅にあしらわれている［正しくは唐草牡丹］。そこから左と右に回廊がめぐり［東回廊、西回廊］、これが三方を画す形で別の境内がある。その第四の辺［北側］は石垣になって最奥を画し、後は山裾になっている。回廊の外壁は二一に区画され、鳥や花や木のすばらしい彫刻で飾られている。右側の回廊には装飾的な建物が二棟ある。その一つ［神楽殿］には神聖な舞［神楽］が演じられる舞台があり、いま一つには杉の香［護摩木《ごまぎ》］を焚《た》く壇［護摩壇］がある［護摩堂］。左側の回廊には祭礼の折に用いられた三基の神輿《みこし》を収める建物［神輿舎《しんよしゃ》］がある。境内から境内へと進んでいくにつれて、そのすばらしさも次々と変化する。

それで、これが最後の境内だと思うとうれしいような気持ちにさえなる。感歎の連続で緊張の糸が切れんばかりになるからである。

当惑を覚えるすばらしさ

この境内の中央には、一辺一五〇フィート［四六メートル］の正方形をなす神聖な塀がめぐっている。上下に縁取りのある格子造りのこの塀［透塀《すきべい》］には金箔が施され、この塀に囲まれて〈拝殿《ハイデン》〉と呼ばれる礼拝のための建物がある。格子造りの下部には草を背景とする鳥の群れの木彫が配され、金箔と彩色がふんだんに施されている。印象的な［山内の］入口から、折れ曲がった杉並木［表参道］を通り、複数の境内や門・社殿・塔［五重塔］・銅の大きな鐘［朝鮮鐘］、そして金の象眼のある灯籠の間を抜け、さらには、そのすばらしさに当惑さえ覚えながらこの最後の境内を通り抜け、［複数の］門［陽明門・唐門］を通過して金色の社殿［拝殿］のほの暗い中に入っていくと、そこには何と金属製の丸い鏡が載った黒漆塗の机が一つあるだけだった！

［拝殿の］内部は、中央に立派な畳敷の広間［中央の間］があり、幅四二フィート［一二・八メートル］、奥行二七フィート［八・二メートル］のこの広間の両側には、立派な部屋［上段の間］がある。その一つ［向かって右側］は将軍《ショウグン》のための部屋［将軍着座間］、他方［向かって左側］は法親王のための部屋［法親王着座間］であるが、今はもちろんのことがらんどうである。この広間の天井は、一面に色鮮やかな彩色画《フレスコ》を施した格天井《ごうてんじょう》になっている。将軍の部屋［将軍着座間］の非常にすばらしい数枚の〈襖《フスマ》〉［杉戸］には金泥の地に〈麒麟《キリン》〉（伝説上の怪獣［霊獣］）が描かれ、縦八フィート［二・四メートル］、横六フィート［一・八メートル］の四枚の欅《けやき》の仕切板［額羽目］にはさまざまに仕上げされた鳳凰《ほうおう》のすばらしい浮彫が施されている。法親王の部屋［法親王着座間］にも同様の仕切板があり、鷹の躍動感あふれる浮彫が

施されている。このほの暗い拝殿には飾り聖具としては紋様のない金の〈御幣《ゴヘイ》〉があるだけである。背後の階段を下ると、［床下に］石を敷き詰めた礼拝堂《チャペル》［石の間］に通じる。その格天井には紺の地にすべて龍［正しくは鸞《らん》］があしらわれている。そして金蒔絵《まきえ》の扉［桟唐戸《さんからど》］の先は四つの部屋からなる主たる部屋《チャペル》［本殿］になっているが、ここへは入れない。ただ、内側が外側と対応する形になっているとすると、戸の外側［拝殿側］が黒光りのする漆塗《うるしぬり》［黒漆塗］の地に金の浮彫をあしらったものなので、内側［本殿］もさぞかし壮麗だと思われる。

　しかし、家康が自分の遺体の安置を命じたのはこれら壮麗な社殿のいずれでもない。［そこへ行くには］最後の境内に戻ったのち、それを囲っているもの［透塀］から離れ、東回廊に設けられている屋根付き門［坂下門］をくぐり、苔や雪割草［二輪草］の緑が目立つ石敷の参道に入っていくことになる。［門の］内にあっては富と芸術が黄金と極彩色の不思議な世界を生み出しているのに対して、［門の］外にあっては自然が偉大な将軍の荘厳な墓を、悲しみをたたえながらすっぽりと包んでいる。二四〇［正しくは二〇七］段の石段を上った山の頂きの一番奥の高いところ、家康を称えて建立されたすべての社殿を背後から見下ろすかのごとく、大きな石積みの上に青銅の壺がのる簡素な墓［奥社宝塔］があり、そこに家康の遺骸が眠っているのである。この［宝塔］の前には石の台が置かれ、その上には青銅の香炉、真鍮《しんちゅう》でできた蓮《はす》を生けた花瓶、そして青銅の蠟燭立てを口にくわえた青銅の鶴がのっている［唐銅三具足］。笠石が付いた背の高い石柵の柱石がシンプルにして荘厳なこの禁域を囲み、背後の山に生育する杉の大木は周りを昼なお薄暗くしている。木漏れ日が斜めに差し込むだけである。花も咲かず鳥も鳴かず、静寂と哀しみだけが、日本が生んだこの上なく有能で偉大な人物の墓を包んでいる。

私はこれまで木・青銅・漆の美術工芸のすばらしさに感銘を受けてきたが、とても大きな石垣や石敷の参道、石段や石柵の柱石にも、それらに劣らず感服した。これらはすべて漆喰《しっくい》やセメントを用いずに、しかもきわめて精密にぴったりと組み合わされているので、二六〇年も経っているのに、継目は雨にも湿気にも根付こうとする植物にもほとんど侵されていない。階段の石は見事な一枚石で、両側の立派な石柵とその上の笠石、また山の頂きの［宝塔の周りの］石柵の石も、長さが一〇〜一八フィート［三・〇〜五・五メートル］の硬い切り石である。清めの水をたたえた、花崗岩で作った大きな水盤［御水屋］もこれらに劣らずすばらしい造りである。台の上に周到に据え付けられていて、近くの滝［素麺滝］から引かれた水が水盤の縁で噴き出すその高さはどれも同じである。工夫がこらされている。「一つの石というより水の塊りのようである」とサトウ氏が言うとおりである。

きらびやか《ゴージャス・シュライン》な御宮殿《ごくうでん》

家光《イエミツ》を祀る廟［大猷院《たいゆういん》］の堂宇は家康《イエヤス》を祀る社［東照宮］の社殿の近くにある。荘厳さではいくぶん劣るが、驚きあきれるという点ではむしろまさっている。というのも、こちらは今も仏教徒が管理しているので、仏教の神［仏《ほとけ》］とすばらしい仏具類であふれており、その点で、まばゆいばかりの金と色彩に囲まれて神道《シントウ》の鏡［神鏡］だけがぽつんとあるのと好対照をなすからである。入口の大門［仁王門］には、巨大な〈仁王《ニオウ》〉像がある。仏教版のゴグとマゴグ［ロンドン市庁舎にある巨人像］であり、朱塗の体には、花模様の絹織物をまねたひだのよった布をまとっ［たようになっ］ている。この門のくぼんだところ［脇の間］にもう一対、体を赤色と緑色に塗られた仁王がある。これは家光の廟［正しくは東照宮］から移されたものである。階段を上ると別の門［二天門］に出るが、この豪華なくぼみ［脇の間］には、人の姿をしたぞっとするような怪物が立っている。風神《ふうじん》と雷神《らいじん》である。風神は水晶の目をもち、半ば陽気な、半ば悪魔のような表情をしている。緑色に塗られた体の背には風袋という細長く両端を縛った袋をかつぎ、その両端を肩越しに両手で握っている。体を赤く塗られた雷神は、紫色の髪を逆立て、手に雷電をもって雲の上に立っている。さらに階段を上ると天王《テンノウ》［四天王］という四方を守る神の彫像［四夜叉《よんやしゃ》］を納めるもう一つの門［夜叉門］に出、最後に大猷院金閣殿に至る。その門の長い牙をもった彫像は烈しい動きを大胆に表現している。最初の訪問時に私を案内した老僧は、風神・雷神のそばを通り過ぎながら「昔はこういうものを信じておりましたが、今は信じておりません」と言った。他の彫像について話すその態度にもいくぶん軽蔑した感があった。ところが、［金閣殿の］拝殿の入口では、私に、靴を脱ぎ笠も取ってくださいと言った。中にはきらびやかな御宮殿《ごくうでん》があった。侍者が金襴の内敷《うちしき》を両側にひくと、内側［本殿］はこれまた立派で、花弁が幾重にも重なった蓮の花の上で結跏趺坐《けっかふざ》を組んだ仏像［阿弥陀如来］と真鍮［正しくは木］でできた金色の二体の仏像［千手観世音菩薩、馬頭観世音菩薩］があった。その顔に浮かぶ永遠の安息の表情は、ごくありふれた路傍の地蔵の表情と瓜二つだった。厨子《ずし》の前では、お祈りしている数人の人が供えた数本の蠟燭が灯り、あたり一面が二つの提灯の鈍い光に浮かんでいた。須弥壇《しゅみだん》の上には服従させられたために異様な格好でうずくまった悪鬼《じゃき》があった。大きな香炉を肩に背負わされているのは、情け容赦ない皮肉である。この堂宇［大猷院］には一〇〇体を超える立ち姿の仏像が並んでいた。高さは人の背丈ほどもあり、一部には悪鬼を踏み付けているものもあった。どれもこれもぞっとするものだったが、それは、体が鮮やかな緑や朱、青色に塗られていることだけでなく、筋肉が驚くほどに盛り上がり、姿形がみな荒々しく、おしなべて誇張されていることによる。

この境内を横切っていた時に二度にわたって地震の揺れを感じ、屋根の軒に掛かっている金の風鐸《ふうたく》がいっせいに小さな音をたてた。すると大勢の僧侶がこの堂宇［大猷院］へと駆け込んでいった。そしてさまざまな太鼓を半時間もの間叩き続けた。家光の墓所はこの右手の階段を上がっていったところにあった。家康のものと同じ様式のものではあるが、奥院正面の門［鋳抜門《いぬき》］は青銅製で、大きな梵字があざやかな真鍮で刻まれている。ここ［大猷院］の一番上の門［鋳抜門］からの眺めは、［日光に］数多くある美しい風景の中でも随一だった。二度目に訪れた時には太陽が照り、その陽を浴びて仏岩《ホトケイワ》に茂る樹木は新緑に輝き、その周りを杉の暗緑色が唐草模様のように縁取っていた。

一部には銅板葺《ぶ》きの建物もあるが、大部分の建物の屋根は瓦葺きである［正しくは銅瓦葺き］。しかし、日本の瓦葺きには芸術といってもよいほどの品位があり、瓦自体は銅のような灰色《グレー》で、金属的な光沢がある［正しくは銅瓦］。また少し波うち、凹面が他の瓦の凸面と重なるように繋ぎ合わされているので、棟木《むなぎ》［大棟］から軒先に向かってまるで大きな管が伸びてくるように見える。そして軒先の瓦［軒先瓦］の円い面［瓦当《がとう》］には徳川家の紋所《もんどころ》［三葉葵《みつばあおい》］が金で飾られている。ここではどの建物にも、これを飾るにふさわしいとみられる部分には必ずやこの紋所がある。また、屋根が非常に大きくて重いのでそれを支える部材などのすべての材木は屋根の重みに耐えるものでなければならないのだが、ここにも彫刻がふんだんに施されており、金箔を張ったり、金色に塗られ、他のすべてのものと同じように光を放っている。

ここ［東照宮］の社殿は日本におけるこの種のもの［宗教建築］では最もすばらしい。地上三フィート［九〇センチ］のところで幹回りがほとんど二〇フィート［六メートル］はある堂々たる杉の木立に包まれた社殿は、西洋美術の美の法則とはまったく合致しない美しさによって［西洋］人をとりこにする。形態の面でも配色の面でも［西洋］人には従来知られてこなかった美の存在、そして漆を塗った木によって美術における叡知を表現できるということを認めないわけにはいかない。金はふんだんに用いられているし、黒色・朱色・白色［の胡粉］をたっぷりとかつ大胆に使うやりかたは実に独創的である。銅の雷門透かし彫りだけでも調べるに値する。木彫の意匠や細部についての専門的知識を理解するには何週間もまじめに調べねばならない。たった一つの羽目や壁にさえ長さ四フィート［一・二メートル］の板が六〇枚も用いられ、それぞれに孔雀、雉《きじ》［正しくは錦鶏］、鶴、蓮、牡丹、竹や葉の、まことに大胆で深い透かし彫りが施されている。鳥の姿や色が真に迫り、美しい動きが再現されている点については、これに優るものは何もない。

とはいいながら、私がもっと楽しんだのは花［の彫刻］である。これらの芸術家［彫物師と絵師］はきっと仕事に喜びを感じ、楽しみながら彫ったり彩色したにちがいない。蓮の葉には露ののった花がつき、牡丹には乳白色の陰影が施され、竹の葉は優美な茎の上でそよぎ、硬い松葉と好対照をなしている。そして生命感あふれる完全な色使いで彩色された無数の花冠は華麗な編目模様の葉の合間に開いている。これらの彫刻は一〇〜一五インチ［二五〜三八センチ］もの厚みをもって彫られており、雉［錦鶏］の一重の尾は、厚さは牡丹とあまり変わらないのに、それよりも優に六インチ［一五センチ］は突き出している。

雑多な思い出　一度《ひとたび》社殿を離れると、細部の記憶は日に日に薄らいでいき、それに変わって次のようなものが絵のように美しい塊りとなって蘇ってくる——黒と朱の漆塗りで金工を施された音もなく開く扉。とても軟らかいので足音もしない畳敷きの広間。薄暗いその広間の、鳥や花の彫刻のある装飾性豊かな壁や格子。また、手の込んだ絵を描いた格天井《ごうてんじょう》に差し込む日の光。金の厨子や金でできた六フィート［一・八メートル］もある百合《ゆり》の花や金襴《きんらん》の幕。線香の煙、すばらしい鐘や金色の棟木。また、草木の彫刻と不思議に交じり合う〈麒麟《キリン》〉・龍・〈鳳凰《ホウオウ》〉のような架空の動物や象・猿・虎［正しくは唐獅《からし》子《し》］の彫刻。金の編目模様や金貼りの［階段にある］菱形《ひし》の模様、漆塗りの羽目や仏塔、ずらりと並んだ銅の灯籠。あるいは、金襴の法衣を身にまとった剃髪の僧侶や黒漆塗りの帽子［烏帽子《えぼし》］をかぶった神官《シントウ・アテンダンツ》。あちらこちらでキラッと光る陽の光、簡素な造りの骨壺［宝塔］、そしてばら色の躑躅《つつじ》がくすんだ杉の木立に明るく浮かぶ山腹――これらが絵のように美しい塊りとなって蘇ってくる。

I. L. B.

第九報［第十二報　温泉場］

日本の駄馬と荷鞍――〈宿屋《ヤドヤ》〉と女中――地元の湯治場――硫黄泉――「ピン撥《は》ね」

六月二二日［土曜日］　日光連山　湯元　吉見屋《よしみや》《ヤシマヤ》にて

荷鞍　今日私は、馬に乗っていく旅を試験的に行った。そして途中休みをとらずに八時間かけて一五マイル［二四キロ］進んだ。日本の駄馬に乗るのはこれが初めてだった。この動物についてはおもしろくない話を多々聞かされてきたし、私にとって日本の駄馬は、これまでは〈麒麟《キリン》〉や龍と同じように空想上の動物だった。しかし、私は蹴られたり、噛まれたりせず、振り落とされることもなかった。この地方では［駄馬としては］雌馬だけが用いられている。性格がおとなしいからである。馬体は、体高が約一四手幅《ハンド》［約一四〇センチ］で、後軀が弱く、頭は毛深いたてがみと前髪でほとんど隠れんばかりになっている。鼻の回りに一本の縄をかけてひかれる。地面が石だらけの時だけは〈馬子《マゴ》〉という馬をひく男が足に草鞋《わらじ》をはかせるが、普段は何もつけない。荷鞍は、厚さが八インチ［二〇センチ］あって前方部と後方部に分かれた藁製の包み［下鞍《したぐら》］を赤い布切れで上張りしたもので、前方部と後方部は樫でできた丈夫な弓状の物［居木《いぎ》］でつながれている。これには優美な彩色や漆塗りが施されている。また、胴体の下に一本の紐を渡し腹帯《はるび》を結んでいる［挿絵］。積荷の安全は、鞦《しりがい》と首に廻されたもう一本の紐次第である。一片の竹でできた鞦は複数の紐で荷鞍に括り付けられており、その紐は木の対材とも

日本の駄馬

結ばれている。また、首の紐は荷鞍によじ登るようにして乗る時に足掛けとして使う。積荷のバランスをとるには注意が必要で、さもないと困ったことになる。それで〈馬子《マゴ》〉は最初に積荷をすべてのせ、左右の重さが同じにならない場合にはどちらか一方に石を一つ加える。この地では、大きな雨笠をかぶり、ぴったりした藍色の股引をはき、〈着物《キモノ》〉を帯で締めた女性が積荷を乗せたり馬をひいたりしている。私は塀に上り、そこから積荷をのせた馬に乗った。でこぼこをなくすために、背や横木、房、結んだ紐を含む全体を折り畳んだ〈布団《フトン》〉という綿入りキルト［座布団］で鞍を覆ってあったので、馬の背よりも一四インチ［三六センチ］も高かったし、馬の首のところに足を掛ける形で乗るからである。自分自身でバランスをとらないと、荷鞍ごと引っくり返ってしまう。しかし、すぐに自ず

茶屋《テイーハウス》［宿屋、吉見屋］の女中

とバランスがとれるようにはなる。馬がつまずきさえしないなら、平坦地だとこの荷鞍でがまんできる。しかし上り坂を進む時にはひどく背骨にこたえるし、下り坂だとがまんできなくなる。それで駄馬の首から泥の窪みに思わず滑り降りてしまった時には、ほっとしたほどである。また、たとえ馬勒《ばろく》があったとしても馬がその何たるかを知らないので、だれしもなす術《すべ》がない。駄馬は六フィート［一・八メートル］前をてくてくと歩く馬子の後をただついていくだけなのである。

人気の温泉場　強行軍だった今日の旅はすばらしい〈宿屋《ヤドヤ》〉［吉見屋］で終わった。内も外も美しく、旅で汚れた人間よりも妖精たちにこそふさわしい宿だった。〈襖《フスマ》〉は鉋掛《かんなが》けした軽い板戸でよい香りがするし、［真新しい］畳は白っぽく、縁側は松材でよく磨かれている。部屋に入ると一人の娘が微笑みをうかべながら、アーモンドのような香りがほのかにする、酸桃《すもも》の花の入ったお茶［桜湯］と、豆と砂糖で作った菓子と、かき氷の入った漆塗りの碗を運んできた［挿絵］。鶏肉料理は口に合わず苦労したが、なんとか食べたあと、寝るまでの間を戸外で過ごした。日本の温泉場がもの珍しく興味を覚えたためである。

手入れの行き届いたこぎれいな家々からなるこの絵のように美しい集落［湯元］は山と湖［湯ノ湖］の間にあり幅が狭いので、鉋掛《かんなが》けされたばかりの赤みがかった杉材で作られた家［宿屋］が折り重なるように建っている。冬には雪が一〇フィート［三メートル］も積もるので、住民は一〇月一〇日には美しい住まいを目の粗い筵《むしろ》ですっぽりと包み、屋根さえも覆ってしまい五月一〇日までは低地の地方で過ごす。この間は男たちが一週間交替で一人ずつ残る。もしこれらの家が私のものだとしたら、［雪でなく］雨が降るだけでも、その度に筵で包み［山を下りてしまい］たくなるだろう！　ここへ馬に乗ってやってきたのは失敗だった。〈駕籠《カゴ》〉という覆いのある乗物で連れてきてもらうべきだった。

この集落には幅八フィート［二・四メートル］の短い通りが二つあり、家はほとんどが〈宿屋《ヤドヤ》〉である。立派なものからそうでないものまでさまざまあり、道に面する部分も実に個性的だが、いずれも廂《ひさし》が深く、優美な縁側を有し、提灯が列状にぶら下がり、一階の表側は開けっ放しになっている。集落は人であふれ、四カ所ある温泉小屋［共同浴場］も人で一杯だった。元気のいい病人の中には日に一二回も湯に入る人がいる！［通りを］歩いている人は全員が藍《あい》色の手拭《てぬぐい》をぶら下げており、縁側の手摺《てす》りにはこの藍色の手拭がずらっと乾されている。娯楽はなきに等しい。集落の背後には山が迫り、鬱蒼とした樹林をなしているので、人々は短い通りや私が［ここに来るのに］通ってきた道を散歩するほかはない。湖［湯ノ湖］には遊覧用の屋形船が一艘浮かび、二、三人の〈芸者《ゲイシャ》〉が〈三味線《サミセン》《しゃみせん》〉を弾いていた。賭事は御法度《ごはっと》なので、温泉小屋［共同浴場］以外にはだれもが行ける憩いの場はない。それで人々は温泉に入り、眠り、煙草を吸い、食事をしてほとんど一日を過ごすのである。源泉は集落の先の方の柵で囲った四角い湯槽《ゆぶね》にある。強い悪臭を放ちながらボコボコと湧き出ている。柵の中には幅の広い板が隙間をあけて渡してあり、リウマチで身体の不自由な人々が硫黄を含む蒸気に当たるために、その板の上に何時間も横たわっている。温泉の温度は華氏一三〇度［摂氏五四・四度］あるが、ふたのない木製の樋《とい》で集落まで運ばれるうちに華氏八四度［摂氏二九度］まで下がってしまう。湯元は高度が四〇〇〇フィート［約一二〇〇メートル］もあり、たいへん寒いのである。

入町《イリミチ》《いりまち》［日光のうち神橋以西の西町の別称］にて──。湯元を離れる前に私は「ピン撥《は》ね」の手口を目にした。私が勘定書きをほしいと言うと［宿の］主人はそれをくれずに二階にかけ上がっていった。いくらにするのがよいか伊藤《イト》に相談しに行ったのである。そしてふっかけたその代金を二人で折半した。買物のたびに、また宿の支払いのたびに従者は「ピン撥ね」する。実に抜け目なく行われるので阻止できない。それで、とんでもないものでない限りは気をもまないのが賢明である。

I. L. B.

第十報［第十三報　家庭生活］

平穏なる単調さ――日本の学校――陰鬱な歌［以呂波歌《いろは》］――折檻――子供の集まり――可愛い少女――女性の名前――女の子の遊び［ごっこ遊び］――裁縫――書道――華道――金谷《カナヤ》――日々の仕事――晩の娯楽――計画ルート――神棚

六月二三日［日曜日］　日光　入町《イリミチ》《いりまち》にて

ここ［日光］での平穏にして単調な生活も終わろうとしている。人々はもの静かすぎはするが、とてもおとなしくて親切である。私はこの村の生活の外面的特徴を少し学び知った。そしてここがすっかり気に入った。

陰鬱な歌［以呂波歌《いろは》］　今の私にとって日本の村の暮らしの概要を知る縮図をなすこの入町《イリミチ》という村［集落］は、約三〇〇戸の家からなり、家は三本の道に面して軒を連ねている。そして道と道の間は所々に設けられた三、四段の階段［状の道］で結ばれている。三本の道にはいずれも真ん中を石造りの水路が走り、水が勢いよく流れている。それで子供たち、とりわけ男の子には飽くことのない楽しみが与えられる。よく工夫したいろんな模型や機械仕掛けの玩具を作り、水車《みずぐるま》で動かすのである。しかし午前七時に太鼓が打ち鳴らされると、子供たちは学校［鉢石学舎分校西町学校］に行く。その建物はわが母国のどの学務委員会でさえも面目をほどこすと思われる代物《しろもの》だった。私にはあまりにもヨーロッパ風だと思われる。子供たちは日本式に座らず、机を前に背の高い長椅子に腰掛け、その座り心地はとても悪そうである。ただ備品類はたいへんよく整い、壁には複数の立派な地図が掛かっている。年の頃二五歳ほどの教員［長沼銀蔵］は黒板を自在に使いながら、矢継ぎ早に生徒に質問していく。英国と同じで、一番よく答えられる者が級長になる。日本の社会秩序の基盤は従順さにあり、子供たちは家庭で絶対服従に慣れっこになっているので、教師が苦労せずとも生徒は静かにしており、よく話を聞き従順である。大人びた顔つきで教科書を見つめる子供たちの真剣さは痛々しいほどで、外国人［である私］が［教室に］入ってくるというめったにない出来事に出くわしてもよそ見一つしなかった。低学年の生徒の場合は実物授業［事物を見せて生徒の感覚に訴える授業］が主だったが、高学年の生徒は地理や歴史の教科書を音読していた。漢字とひらがなが混じる文章を非常に甲高い声で読むその調子は私にはこの上なく耳ざわりだった。算数と自然哲学［理科］の数部門の初歩も教えられる。子供たちはある歌謡［以呂波歌］を暗誦していたが、それには［いろはなどの］音節文字がすべて含まれているという。その歌謡を訳すと次のようになる――

「色も香《か》もいつかは消えてなくなる
この世に永遠なるものなど何もない
今日という日は何もなき深淵へと消えていく
それは過ぎ行く夢の一場面にすぎず
生まれ出ずる苦しみは些細なものでしかない」

これは、あの疲れ果てし好色家の「なんと空しいことか、すべては空しい」［『旧約聖書』「コレヘトの言葉」」という叫びのこだまのごときものであり、東洋独特の厭世観が表現されており、幼い子供が学ぶには陰鬱に過ぎる。かつて日本の教育の基礎をなしていた中国の古典［漢籍］は、今では主として漢字の知識を伝える手段として教えられている。漢字をある程度覚えるためにさえ、子供たちはたいへんな苦労を強いられる。

悪戯《いたずら》をすると罰として向脛《むこうずね》を二、三度鞭《むち》で叩いたり、人差し指に〈艾《モクサ》《もぐさ》〉でお灸《きゅう》をすえたりする――家ではこのような折檻が今もよく行われている。もっとも、［話を聞いた］教師によると、今は学校に居残りさせる罰だけによっているということだった。また余分の課題を課すというわが英国のやり方には賛成できないとも言った。一二時になると子供たちは男の子と女の子が別々に並びながら校庭を後にし、［各家へと］静かに散らばっていった。

家に帰った子供たちはまず食事［昼食］を摂る。夕方にはほとんどどの家からも、予習の音読をする単調な声が聞こえてくる。夕食後は［勉強から］解放されて遊ぶ。ただほとんどの女の子は、午後の間ずっと赤ん坊をおんぶしながら家の辺りでままごと遊びをしている。ある夕方のこと、私は六〇人の少年少女が手に手に白い旗を持ち、歌うというより大声を張り上げながら列をなして歩いていくのに出会った。旗竿の先には黒い球がついていたが、先頭の子供の球だけは金色だった。しかし他の遊びはいずれもきわめて動きの少ないものだった。私の興味を最もひいたのは、水路の中の水車《みずぐるま》によって動く機械仕掛けの玩具だった。

この家［金谷家］には子供たちのお祝いの会をする慣例があり、［今回は］この会［髪上祝］のために、一二歳の女の子の名前で正式の招待状が送られた。招かれた子供たちは午後三時頃に、たいていは御供《おとも》の者に連れられてやってきた。はるという名前のその女の子は石段を上がった所で招いた友達を迎え、一人ずつ客間へと案内した。そして招かれた子供たちは誰もがよく知っている約束事に従って席に着いた。はるの髪は、前髪を後にもっていって後頭部でまとめて二つの輪［桃割《ももわれ》］を結っていた。二つの輪には真っ赤な〈縮緬《ちりめん》〉が巻き付けられていた。顔から喉元にかけては白粉《おしろい》がこってりと塗られ、首の後［うなじ］は襟足まで白くなっていた。うなじの短い毛は毛抜きで丹念に抜かれている。唇には赤い紅がほんのりとさされ、まるで安っぽい人形のような顔だった。着ているのは青地に花柄の絹の〈着物《キモノ》〉で、その袖は地面すれすれまであり［振り袖］、青地の帯には真っ赤な帯紐《ひも》をし、白粉を塗った首と〈着物〉の間からはこれまた真っ赤な〈縮緬〉［の半襟］がのぞいていた。小さな足には〈足袋《タビ》〉といわれる木綿の真っ白の靴下［白足袋］をはいていた。これは親指の部分と他の指とが別々になり、下駄の鼻緒に指を通せるようになっている。このすばらしい塗の下駄の鼻緒も真っ赤である。彼女が石段の上に立って招いた友達を迎える時も、この下駄をはいていた。他の幼き令嬢たちも同じように着物姿だった。だれもかれもまるで仕上がりのよくない人形のように見えた。彼女はとても改まった、そしてとてもしとやかなお辞儀をして友達を迎えていた。

招いた客が全員揃うと彼女ととても上品な母親は各人の前に座って、一人一人に漆盆に載せたお茶と砂糖菓子［落雁《らくがん》］をふるまった。そのあと子供たちは夕方までとても静かにしとやかに、いろんな遊びをした。相手に声をかける時には、女性だけに使う〈お〉という尊称の意味の接頭辞と〈さん〉という敬意を示す接尾辞をつけて呼んでいた。それで、はるはおはるさんとなった。この場合の〈さん〉は「嬢《ミス》」の意味である。家を取り仕切る女性は〈お内儀さん《オカミサン》〉とか〈奥さま《オクサマ》〉と呼ばれる。これは「マイ・レイディ」に似た言葉であり、既婚の女性に対して用いられる。［既婚］女性は姓をもたない。それで、たとえば佐口夫人《ミセス・サグチ》とは言わず佐口〈さん〉の妻と言い、話しかける時には〈奥様《オクサマ》〉という言い方をする。子供［女の子］の名前には春という意味の〈はる〉、雪という意味の〈ゆき〉、花という意味の〈はな〉、菊という意味の〈きく〉、銀という意味の〈ぎん〉などがある。

おもしろい遊び　彼女たちの遊びの一つは見ていてとてもおもしろかった。元気よく、とてももったいぶって行われていた。この遊び［ごっこ遊び］では一人の子供が病人の真似をし、もう一人が医者の真似をする。医者役の子供の気取って威厳を装った感じ、患者役の子供の悩み苦しむ感じは真に迫っていた。医者が不幸にも患者を死なせてしまうと、白粉を顔に塗った患者は死の眠りにつくふりをする。実にうまく、そのあとは葬式と喪中の場面へと続いていった。こうして子供たちは結婚式や祝賀会その他生涯の主たる出来事の多くを演じていく。この子供たちのもったいぶった感じと役柄になりきった感じは見事である。実際のところ、子供たちは、しゃべることができるようになるとすぐに、日本人の礼儀作法として一般的に求められるすべてのことを学び始めるのである。それで一〇歳にもなれば、すでに、あらゆる状況の下で何をすべきか、何をしてはいけないかをきちんと判断できる。子供たちが帰っていく前には、もう一度お茶と砂糖菓子［落雁］がふるまわれる。それを断るのも、いただいたものを残していくのも礼儀に反するので、幼き令嬢の中には食べきれない砂糖菓子を大きな袖の中に忍ばせる者もいる。別れ際には訪れた時と同じように改まった挨拶が交わされた。

はるの母親のゆきの話しぶりや身のこなし、動きは上品で、うっとりする。夜と、知り合いが午後の《アフターヌーン・》お茶《ティー》によくやってくる時以外は、掃除・裁縫・料理や野菜づくり・草むしりのような家事にいそしむ。

日本の少女はみな裁縫を習い、自分が着るものを自分で縫う。私たち［英国女性］にとっては裁縫の稽古はむずかしくわからないことも多いので気が進まないが、日本の裁縫にはむずかしいことも秘伝のようなこともない。〈着物《キモノ》〉・〈羽織《ハオリ》〉・帯、そして振り袖さえも平行に縫っていくだけでできる。衣服としては仮縫いしただけである。洗うときにはばらばらにほどき、ほんの少し糊づけしたのち、板［張り板］の上に伸ばして乾かすのである。帯状のひもや縁飾り、襠《まち》やボタン穴のあるような下着はない。また貧しい［家の］女性は下着を着ないし、そうでない女性は、ゆきもそうだが、見るからに軽くて薄そうな絹の〈縮緬〉でできた肌着［襦袢《じゅばん》］を着る。これも上に着るものと同じように簡単な作りになっている。この地には、ほとんどの集落と同じように、貸本屋がある。夜には、ゆきもはるも［そこで借りてきた］恋物語や昔の英雄談・女傑談を読む。これらの本は大衆の好みに合うように脚色され、文体もごく簡単なものになっている。伊藤《イト》は自分の部屋に一〇冊ほどの小説［読本《よみほん》］をもっており、夜半までそれらを読んで過ごす。

　ゆきの息子は一三歳の少年だが、漢字を書く腕前を見せようとよく私の部屋にやってくる。とても利発で絵を描く腕前も相当である。実際、字を書くことと絵を描くことの間には相通じるものがある。この少年が書く漢字には、たとえジョット［フィレンツェの画家・建築家］がO《オー》という字を書いたとしても及ばなかったであろう雄大で力強いものがある。これらの字はペンではなく、駱駝《らくだ》色の［狸や鼬《いたち》の］毛でできた筆に墨をつけて書くのだが、二、三回力強く筆を運ぶだけで長さ一フィート［三〇センチ］もの漢字を書き上げていく。いろいろな店屋の外に、はめ込んだり掛けたりしてある看板の字のような文字である。ゆきは〈三味線《サミセン》《しゃみせん》〉を弾き、はるはこれを習いに毎日師匠のもとに通っている。三味線は日本の女性の国民的な楽器とみなされているようである。

華道は手引き書［花伝書］に基づいて教えられる。この習いごとは娘のたしなみの一部になっている。それで、私のいる部屋は毎日のように新しい花で飾られる。私にとっても勉強になった。一輪挿《いちりんざし》の得も言えぬ美しさがわかりかけてきた。床の間にはとても美しい満開の桜の小枝を一本描いただけの〈掛物《カケモノ》〉［掛軸］が掛かっている。屏風《びょうぶ》には一輪の菖蒲《あやめ》が描かれている。磨き柱に上品に掛けてある花器には牡丹《ぼたん》や菖蒲や躑躅《つつじ》がそれぞれ一輪ずつ、茎・葉・花冠とともに生けられているが、いずれも美しさにあふれている。これに対し、わが国の「花専門店」で売られている、さまざまの色の花を内から順に束ねていってその外側に羊歯《しだ》を配し、さらにそれらをごわっとしたレース紙で包んだ花束は、これ以上にグロテスクで粗野なものはないように思われる。その花束は、茎も葉も花びらさえもひどく押しつぶされ、一本一本の花の優美さも個性をもむざむざと殺しているのである。

金谷はこの集落の長であり、神社［東照宮］の祭の折に催されるキーキーと軋《きし》むような不調和な音楽［雅楽］の首席奏者［伶人《れいじん》］でもある。またどことなく怪しげな裏の方で薬を調合し、それを売ってもいる。私がここに滞在してからは、庭をきれいにすることに精を出しており、とても見栄えのよい滝や早瀬、小さな池、竹の丸木橋を一つずつこしらえたほか、土手もこしらえて草を植え、大きな木も数本移植した。また親切にも私を連れてよく案内してくれた。とても知的な人である。その上、伊藤《イト》も優秀にして忠実な通訳であるとわかったので、ここでの滞在は非常に心地よいものに感じられる。

娯楽の数々　人々は夜明けとともに起き、寝ていた〈布団《フトン》〉という綿入キルトを上下［掛け布団・敷布団］とも畳み、木枕とともに押入れにしまう。木枕は立体鏡にそっくりの形をしており、上に紙を丸めたものや詰め物［を布で包んだもの］を置いて使う。そのあと、念入りに畳を掃《は》き、すべての木製品や縁側の埃《ほこり》を拭《ふ》き取り、〈雨戸《アマド》〉を開け、障子も開ける――〈雨戸〉という木製の鎧戸《よろいど》は、縁側の端に沿って走る溝をすべらせて閉じることによって、夜には家全体を包み、日中は戸袋にしまい込まれる。そのあと朝食をとり、種々の家事をし、午後一時に昼食をとったあとは裁縫や庭仕事をしたり、出かけたりする。そして六時には夕食をとる。

夕食が終わるとほどなくして客がやってくることが多く、一一時、一二時までもいることがある。最初のうちは将棋をしたり、物語を話したり、〈三味線《サミセン》〉を楽しんだりするが、そのあとは、きまってある演技を楽しむ。これは私には堪え難い。謡《シンギング》と言われるこの演技は、［私からすると］声を震わせながら「ノー」という、長く尾をひくような言葉［ノォォー］を発するだけといってよいものであり、蛮風の極みのように感じられた。これを耳にするや否や蛮人の只中にいるがごとき感覚を覚えたものである。客には小さなコップ［盃《さかずき》］に入った米で造ったビールつまり〈酒《サケ》〉が必ず振る舞われる。その［盃の］底には福の神［正しくはお多福］が描いてある。〈酒《サケ》〉は燗《かん》をすると酔いやすくなる。わずか盃一杯の酒で、間抜けな下男は興奮して何かばかげた歌舞を演じた。私からすると書くに忍びないものなのだが、主人［金谷善一郎］も奥さん［正しくは妹］も下男のこのばかなまねを見て大喜びしているし、酒を絶対に飲まない主義の伊藤《イト》も腹を抱えて笑っている。

ある晩、私は誘われて家族の輪に加わり、見せてくれる絵入りの案内記［名所図会《ずえ》］を眺めて楽しんだ。日本ではほとんどの国《プロヴィンス》について、旅程や〈宿屋《ヤドヤ》〉の名前やその土地土地の情報とともに主たる名所を絵入りで木版印刷した案内記がある［名所図会のほか道中記の類を見ていた可能性がある］。また目にした絹本《けんぽん》仕立ての一冊の画帖は一世紀以上も昔のものだった。［金谷は］古い金蒔絵や陶磁器を各一点と、年代ものの錦織や実に美しい楽器も各数点、わざわざ出して見せてくれた。楽器は二世紀以上も昔のものということだった。これらの宝物はどれも住まいにはなく、隣［右隣］にある〈蔵《クラ》〉と呼ばれる防火倉庫にしまってある。人々は部屋を装飾品で飾り立てるようなことはせず、〈掛物《カケモノ》〉［掛軸］か美しい漆器《しっき》か陶磁器を一点だけ飾り、二、三日おきに取り替える。だから部屋は簡素な上に変化にも富み、それぞれの作品を他のものに気をとられることなく鑑賞できるのである。

　金谷［善一郎］とその妹［せん］は夜になるとよく私の部屋にやってくる。そして床［畳］の上にブラントンの地図を広げ、［私が］新潟に出るための道筋《ルート》について議論する。いずれもびっくりするような道筋《ルート》であり、どの道筋《ルート》にも山越の道などない山脈が連なっているのがわかるたびにすぐにあきらめてしまう。彼らは何不自由なく暮らしているように思えるが、金谷は金が足りないと嘆いている。もっと金持ちでありたいと願っている。外国人のためのホテルを建てようとしているのである［明治二五年末の金谷ホテルの開業はその願望の実現］。

　金谷家にある宗教の証しは、神の棚という意味の〈神棚《カミダナ》〉だけである。この上には神社を模した木製の社《やしろ》が置かれ、その中には亡くなった親族の位牌が収められている。毎朝常緑樹［榊《さかき》］の小枝を一本と、ごく少量のご飯と〈酒《サケ》〉が供えられ、夕方には毎日灯《ひ》がともされる。

第十報（続）［第十三報（続）　夜なべ仕事］

暗い照明――日《ニ》光《コウ》の店屋――娘と既婚女性――夜と眠り――親の愛――子供のおとなしさ――髪型――皮膚病

薄明かり　私には日本人が早起きするわけがよくわかる。照明が暗いので晩の楽しみがないのである。どの家の照明具も、角型か丸型の漆塗《うるしぬ》りの枠に白い紙を張ったもので、四本の脚がつき、高さは二・五フィート［七六センチ］ある。枠の中には油を満たした鉄皿［油皿］が吊るされており、皿には灯心草の髄が皿を横切るように、真ん中に重しをして置かれている。皿から突き出しているその先端に火を点《つ》けて点《とも》すのである。この貧弱な照明具は〈行灯《アンドン》〉と呼ばれる。この弱々しい「薄明かり」の回りに家族が集まり、子供は遊んだり勉強をし、女たちは裁縫をする。日本は［夏の英国に比べて］日が短く、家の中が暗いためである。もう一つの照明具である蠟燭《ろうそく》立てはもっと嘆かわしい。高さは〈行灯〉と同じくらいで、先端には大釘が突出し、木蠟で作った「安蠟燭」の底穴をその大釘に突き立てるようになっているのだが、紙を撚《よ》った太い芯は、燃えて黒くなった部分をたえず切らねばならないし、鈍《にぶ》くてちらちらする光を放つ時間は短く、しばらくするといやな臭いを残して消えてしまう。国産や輸入ものの石油を使うランプは大量に製造されてはいるが、その危険性はさておいても、田舎の地方への輸送費が非常に高くつく。一晩中灯の点った〈行灯〉を部屋に置かないで眠るなどということは、日本人には及びもつかない。

ここではどの集落にも店屋がいっぱいあり、何も売っていない家はほとんどない。客がどこからやってくるのかも、どうして儲けているのかも、私にはよくわからない。商品の多くは食品で、次のようなものがある。長さが一・五インチ［三・八センチ］ほどの串刺しの干し魚［目刺し。ただし、大きさは疑問］。米・小麦粉とごく少量の砂糖で作ったいろんな菓子。〈餅《モチ》〉と呼ばれる搗《つ》いた米を丸めたもの。塩茹《ゆ》でした根菜類。大豆で作った白いゼリー状のもの［豆腐］。食品以外では、縄紐《ひも》、人や馬がはく草鞋《わらじ》、蓑《みの》、傘《ペーパー・アンブレラ》《からかさ》、雨合羽《ウォーター・プルーフ》《あまがっぱ》、簪《かんざし》、つま楊子、煙管《きせる》、紙の〈ハンカチ〉［懐紙］の他、竹・藁・草木で作った雑貨類がある。商品は店先の台の上に並べてある。そして道に向かって開いた所［店《みせ》］の奥ではあらゆる家事が行われ、主婦は赤ん坊をねんねこでおんぶしながら、湯を沸かしたり、裁縫をしたりしているのがよく見える。またマッチ製造所が最近できたので、多くの家の玄関では男が木をマッチの長さに切っている。稲の籾殻《もみがら》をとっている男もいる。たいへん骨の折れる作業である。床下に据えた臼《うす》に入れた米粒「籾」を先の平らな杵《きね》で搗く。先端に杵の付いた水平の長いてこ［杵棹］の反対端に立ってそれを足で踏んで動かすその姿は、裸同然である。

女性が機織りしている家や、木綿を紡いでいる家もある。母親と長男の妻、そして一人か二人の娘の、合わせて三、四人が一緒になって仕事をしていることが多い。娘は一六歳で結婚する。すると、それまできれいで血色もよく健康そうだったのが、ほどなくしてやつれた中年女性の一人になってしまう。お歯黒にし、眉を剃っているせいで顔に表情がなくなるためである。婚約してすぐにするわけではないが、子供が生まれたら必ずする。畳の上の折り畳み式の台［鏡架《きょうか》］に付いた円い金属鏡の前で歯を染める女性のいる家や、上半身裸になって身体を拭《ふ》いている女性のいる家もある。この集落［入町《いりまち》］は子供たちが学校にいっている朝のうちはとても静かであり、子供たちが戻ってくると少しにぎやかになる。とはいえ、子供たちは遊んでいる時でさえも騒がしくはなく、夕暮れに男たちが外から戻るとようやく辺りが活気づく。風呂からはバチャバチャという湯の音が聞こえてくる。それが終わると男たちは幼な子を抱っこしたり一緒に遊んだりする。その間、年上の子供たちは明日の予習をする。高くて抑揚のない特徴的な口調で音読するのである。陽が落ちると障子窓をひき、〈雨戸《アマド》〉という、木でできた外側の戸を閉じる。そして、神棚《ファミリー・シュライン》に灯を点し、夕食を食べる。そのあと、子供たちは〈行灯《アンドン》〉の回りで静かにいろんな遊びをする。一〇時になると押入から布団と木枕を取り出し、〈雨戸《アマド》〉に閂《かんぬき》をかけ、家族全員が一つの部屋で寝る。寝ている大人の枕元には〈煙草盆《タバコボン》〉と食物の載った小さな盆が必ず置いてある。夜中には煙管《きせる》をたたいて灰を落とす音がときどき聞こえてくるが、そのうちには慣れっこになってしまう。子供たちは親が寝るまで起きていて、一緒になって話をしている。

親の愛情

私は、わが子をこれほどかわいがる人々、歩くときに抱っこしたり、おんぶしたり、手をつないだり、子供が遊ぶのを眺めたりその輪の中に入ったり、新しい玩具をしょっちゅう買ってやったり、行楽や祭に連れていったりする人々をこれまで見たことがない。彼らほど子供がいないと心満たされず、よその子供たちに対してさえそれなりの愛情と心づかいでもって接する人々も見たことがない。父親も母親もわが子を自慢にする。毎朝六時頃になると、一二〜一四人の男たちが低い垣《ウオール》［石垣］に腰掛け、二歳にもならない子供を抱いてあやしながら、どんなに発育がよく利口かをひけらかしている。その様子は、見ていてこの上なくおもしろい。どうやら、子供のことがこの朝の集まりの主な話題になっているようである。夜、戸締まりをした家の、引き戸を目隠ししている縄や藤《とう》［葦《よし》］製の長い簾《すだれ》越しに見えるのは、〈一家団欒の場〉なのに父親が〈褌《ふんどし》〉一つの姿で身を屈め、醜いながら人のよさそうな顔でおとなしそうな赤ん坊を覗き込んでいる光景や、〈着物《キモノ》〉を着てはいるがしばしば肩まで脱いだ母親が裸同然の二人の子供を抱っこしている光景である。人々はいくつかの理由で男の子の方が好きではあるが、女の子にも同じように慈しみと愛情を注いでいる。このことは明らかである。子供たちは、私たちからみるとあまりにおとなしく礼儀正しいが、顔つきにも振る舞いにもとても好感がもてる。また、実に素直で従順であり、自ら進んで両親を手助けし弟や妹をとても思いやる。子供たちが遊んでいるのをこれまで長く見てきたが、その間に口喧嘩したり、不機嫌な表情をしたり、悪いことをしたりするのを見たことは一度もなかった。とはいえ、彼らは男女を問わず子供というよりは小さな大人である。そのように大人びて見えるのは、以前にも記したように、子供たちが、大人が着ているものを小さくしただけのものを着ていることとも大いに関係する。

しかし、髪型は大人とは違う。娘の髪型にはいろいろあり、娘の年齢ならこれによってかなり正確に推定できる。そして結婚すると〈髪型〉ははっきりと変わる。男の子はみな頭でっかちに見え、特に幼児の場合、異常に大きく見える。それは、生まれて三年の間は丸坊主にするというぞっとする慣習のせいでもある。その後は髪を伸ばし、両耳の上とうなじに三つの房を結んでもよくなるが、後頭部の高い位置に髷《まげ》を一つ結《ゆ》う［芥子《けし》］ことも多い。一〇歳になると前髪を残しててっぺんを剃り、一五歳になって［元服し］、大人としての責任を担うようになると、髪の毛も大人と同じように伸ばすことを許される。大きな頭におかしな髪型をしたこのような［大人になりたての］少年の重々しくもったいぶった感じはこの上なく滑稽《こっけい》である。

　このように大半を剃った頭が、いつもツルツルで清潔なら問題ないのだが！〈疥癬《かいせん》〉［夜間に激しいかゆみを伴う伝染性皮膚病］、しらくも［頭の毛の生え際にできる、かゆみを伴う伝染性発疹］、たむし［陰部や股間に発生し激しいかゆみを伴う皮膚疾患］、めばち［目のふちにできる腫物］その他、気持ちの悪い発疹のような病《やまい》がはやっているのは、厭わしく、見るに忍びない。しかも、この集落の住民の優に三割には天然痘［高熱を発し、解熱後、主として顔面に発疹を生じ、あとにあばたを残す伝染病］のひどい痕がある。

第十報（完）［第十三報（完）買物］

店屋と買物――床屋――［油］紙製の雨合羽《ペーパー・ウォーター・プルーフ》《あまがっぱ》――伊藤《イト》の虚栄心――旅の支度――輸送と運賃――貨幣と距離の単位

満足感　これからの旅のために鉢石《ハチイシ》《はついし》で少し買物をしておかねばならなかった。知っておいてほしいことだが、店先は完全に開けっ広げになっていて、地面から二フィート［六〇センチ］ほどの位置に床［上框《あがりかまち》］が突き出し、客はこのぴかぴかに磨かれた木の床に腰を下す。店の女主人［女将《おかみ》］は燃えさしの炭を箸のような真鍮《しんちゅう》製の火箸を使って上手に動かしながら、青銅製の〈火鉢《ヒバチ》〉で湯を沸かしている。そして［おんぶしてもらっている］赤ん坊がその肩越しに、おとなしくまわりを見ている。しかし、女主人は客がきっと買うと感じるまでは知らん顔をしており、そう感じると［客である私の方に］寄ってきて床に手をつき深々と挨拶する。すると私も立って丁寧にお辞儀する。それから私か伊藤《イト》が品物の値段を尋ねると、彼女はそれに答える。六ペンス［一四銭］で売ればよい品だとたいていは四シリング［一円一一銭七厘］と吹っかける。そこでこちらが三シリング［八三銭八厘］でどうですと言えば、微笑みながら三シリング六ペンス［九七銭八厘］ですと答える。二シリング［五五銭九厘］でどうですと言えば、同じように微笑み、〈煙草盆《タバコボン》〉を差し出しながら、三シリングでどうですと答える。最後には一シリング［二七銭九厘］を払って交渉が決着する。こんな時女主人はとてもうれしそうである。互いに何度もお辞儀をし〈サヨナラ〉を繰り返しつつ店を出る。この商売熱心な女性に、彼女からすれば本来の値段［六ペンス。一四銭］の二倍もの金を払ってあげたし、自分からすればもっと高くてもよいものを安く買えたという満足感を覚えながら！

ここ［鉢石］には床屋が数軒あるが、床屋はどうやら夕方が書き入れ時らしい。散髪が店の開けっ広げの玄関の一段高くなったところで行われている。その様子からは、集落の人々の生活にプライバシーがまったく欠けていることの一端が見て取れる。石鹸を使わないので痛々しい。被害を受ける者［客］は着ているものを腰まで下ろし、左手には漆塗りの盆を持っている。刈ってもらった髪の毛を入れるのである。その間、日本人の不細工な顔には、ひたすら堪え忍ぶ得も言えぬ醜い表情が浮かんでいる。というのも、床屋は自分の作業の効果を確認するために、客の頭をあっちに向けたりこっちに向けたりしようと引っ張るのである。顔はつるつるピカピカになるまで剃り、最後に髷を切り揃え、鬢付油《びんつけあぶら》を塗り、撚《よ》り糸で結ぶ。日光《ニコウ》の夕方を代表する光景の一つである。

漆器と珍しい木彫品を扱う店はたいへん人気を博しているが、私には日本人の日常生活で使われる品物の方がもっと興味深い。実によく工夫され、形も細工も完璧である。一軒の種屋は毎日私をひきつける。いろんな種がまさに理想の形で売られている。台の上に形も色もさまざまな三〇種もの種がこの上なく美しく並べられ、一部の袋には根や葉や花が水彩で本物そっくりに描かれている。一人の若者がうしろの畳に寝そべってこの見事な絵を描いているのである。巧まず大胆な筆使いでさらりとした描きぶりである。この若者は屏風絵として描いた牡丹の絵を私に三銭で喜んで売ってくれた。私が買ったのはこれ以外はすべて必需品だった。つまり、紙［桐油紙］の雨《あま》合《がっ》羽《ぱ》《ペーパー・ウォーター・プルーフ・クローク》一つと、これと同じ材質の大きな包装紙数枚だけだった。包装紙は自分の荷物を梱包するためのものだった。雨合羽は四角い油紙を接着剤［膠《にかわ》］で張り合わせ円形にしたもので、内側は黄色く外側は黒かった。私は伊藤《イト》を説得して私が嫌いな広縁の黒いフェルトの中折帽をやめさせ私と同じ饅頭笠をかぶらせた。というのも、伊藤《イト》は私から見れば醜男《ぶおとこ》なのにたいへん見栄っぱりで、歯を白くしたり、鏡の前で念入りに白粉《おしろい》を塗ったり、陽焼けを心底から恐れて手にも白粉を塗る。爪も磨くし、外では必ず手袋をはめるのである。

輸送と料金　明日には〈贅沢《ぜいたく》〉ともお別れで、奥地《インテリア》に入っていく。何とかして日本海に出たいと思っている。ここで得られる新潟へのルートに関する情報は、私が採らないことに決めていたルートに関するものだけだった。そこでブラントンの地図をじっくり検討したのを踏まえ、一つの地点にじっと目を凝らし、「田島《タジマ》に向かいます」とはっきり言った。そこに着きさえすればその先は進んで行ける。しかし、教わったことといえば「そのルートはたいへんな悪路で、すべて山また山の道です」ということだけだった。伊藤《イト》は伊藤で自分自身の生活の快適さを重視するあまり、「そんなところに行けば大変な目にあいますよ」と言って、私がそこへ向かうのを思い止まらせようとした。しかし、この地の親切な人々は、帆布を二重にして［補強したうえで］それをベッドの側柱の穴に通してひもで結ぶようにして［折り畳み式］ベッドを修理し終えてくれていたし*、私は私で、この三日の間ご飯と卵と、色も太さも蚯蚓《みみず》そっくりの質の悪そうなパスタ［蕎麦《そば》］だけでやり過ごしてきたから、こんな予測で怖気づくこともなかった！　日本には〈陸運会社《リクウンカイシャ》〉［内国通運会社］と呼ばれる陸上輸送会社があり、本社を東京《トウキョウ》に置き、支店や継立所《つぎたてしょ》などを多数の都市や町・村に置いている。この会社は駄馬と車夫《クーリー》による人と物資の輸送を担っている。値段を取り決め、正式な領収書を発行する。農家から馬を借り、契約ごとに適切な利益を得るのだが、この会社のおかげで旅行者はやっかいなことも、遅れることも、法外な値段をふっかけられることもなくてすむ。料金は地方によってかなり異なる。秣《まぐさ》の値段や道路の状態、また雇える馬の数によって調整されるのである。二・五マイル［四キロ］に近い一里当たりの料金は、馬一頭と馬子一人につき六〜一〇銭、〈人力車《クルマ》〉一台と車夫一人につき四〜九銭、そして歩荷《ぼっか》《バゲッジ・クーリー》の場合もこれとほぼ同じである。《この輸送会社はみごとに組織化されている。私は一二〇〇マイル［一九二〇キロ］を超えるこの旅でこの会社を利用したが、いつも効率がよく信頼できた》。農民と［直接］取引して多額の「上前《うわまえ》」を撥《は》ねようとしていた伊藤《イト》の願いに反するが、私はいつもこの会社を利用するつもりである。

＊ 日本の未開地域を旅するすべての人にこのような折り畳み式ベッドと良質の蚊帳《かや》を持参することを奨める。この二つがあれば困るようなことはめったにない。

いよいよ私の旅はひたすら「未踏の地《アンビートゥン・トラックス》」を越えて行くものとなる。またいわゆる「古き日本」を通過していくことになり、金額と距離については、該当する英語がないので日本語を使う。それでこれについてここで記しておく。一円札は一ドル紙幣に相当し、英国の金に換算すると約三シリング七ペンスになる。一銭は半ペンスに少し足りない。一厘は鉄か銅でできた薄くて円い硬貨で真ん中に四角い孔が開いており、一〇枚で一銭、千枚で一円になる。〈天保《テンポウ》〉［天保通宝］はきれいな卵形の銅銭で、真ん中に孔が開いており五枚で四銭になる。距離は〈里《リ》〉、〈町《チョウ》〉、〈間《ケン》〉で計られる。六フィート［一・八メートル］が一間《ケン》、六〇間《ケン》が一町《チョウ》、三六町《チョウ》が一里《リ》で、これがほぼ二・五マイル［四キロ］に等しい。私が道路《ロード》と記す時は、幅四〜八フィート［一・二〜二・四メートル］の馬道のことであり、〈人力車《クルマ》〉道の場合はそのように明記する。

I. L. B.

第十一報［第十四報　貧相な身なり］

安楽な生活の終わり——美しい風景——驚き——農家——変わった身なり——馬勒《ばろく》——女の衣類と醜さ——赤ん坊——私の〈馬子《マゴ》〉——鬼怒川《キヌガワ》の美しさ——藤原《フジハラ》——私の従者——馬の草鞋——ばかげた過ち

六月二四日［月曜日］　藤原《フジハラ》にて

伊藤《イト》への複数の情報提供者が言ったとおりだった。安楽な生活は日光《ニコウ》で終わってしまった！

今朝［六月二四日］六時、小柄な女が元気のなさそうな二頭の雌馬を連れてきた。一頭に私の鞍《クラ》と馬勒《ばろく》を付け、もう一頭には伊藤《イト》が乗り、荷物を載せた。宿の人々と私は互いにお辞儀して心からの挨拶を交わした。そのあと私たちは日光のすばらしい社寺と荘厳な杉の木立を後にし、長く続く清潔な通りを下っていった。［私の乗った］哀れな雌馬はその女［馬子《まご》］が鼻の回りに手綱《たづな》をかけてひいた。そしてこの〈追悼の〉並木道［例幣使街道］の杉が最も鬱蒼《うっそう》と茂って暗いところで、左に折れて小川の河床のような道に入った。この道はこの先で実にひどい踏み分け道となって大谷川《ダイヤ》のぎざぎざの石の間をうねっていき、枝と土を覆っただけの一時しのぎの木橋を次々と渡っていった。日光連山の低い山脚の一つを越えたのち、私たちはいくつもの谷間をうねるように進んでいった。その切り立った両岸は楓《かえで》、水楢《みずなら》、朴《ほお》の木、春楡《はるにれ》、松［落葉松《からまつ》］や杉［鼠子か栂］に覆われ、それにあふれんばかりの藤《ふじ》（ウィスタリア・

チネンシス）の花が花綱となってからみつき、躑躅《つつじ》とはしどいの花があたりを明るくしていた。谷に沿って広がる景色は大きな山体によってさえぎられ、滝が雷鳴のようにとどろき、いくつもの細流が輝いて流れるのが木々の間から見えた。六月の光り輝く太陽の下、あたり一面この上なく美しかった。

奇妙な光景　私たちは一時間で一里《り》［四キロ］も進めなかった。岩の間や深いぬかるみの中をもがくように進むだけだったからである。着物の裾を帯までたくし上げ、草鞋《わらじ》をはいた女［馬子］は健気にも一歩一歩進んでいったが、突然手綱を放り投げ、大声を張り上げたかと思うと後へ逃げた。赤い斑点のある灰色《グレー》の大きな蛇が大きな蛙をくわえているのを見てびっくり仰天したのである。蛇は蛇で、人間が近づいてきたので習性上驚いてしまい、餌食を飲み込んで藪《やぶ》の中に逃げようと必死になっていた。三時間のろのろと進んだ後、私たちは小百《こびゃく》《コヒアク》という、水田の広がる河谷の縁辺に位置する山あいの農村《ファーム》で馬を下りた。すると、女は荷物の数を数え、なくなっていないことを確認すると、待って心付けを得ようともせず、馬を連れて帰ってしまった。私は、裕福な〈造り酒屋《サケ・メーカー》〉の蔵の前庭に建つ一軒の家の縁先に持参した椅子を置いた。この造り酒屋は、農民が大家族で住む数軒の貧しい家からは少し離れていた。一時間待って空腹になったので薄い茶と大麦の粥《かゆ》を少し口にし、また一時間、さらに一時間と待ち続けた。馬は山で草を食《は》んでおり、村には一頭もいなかったからである。少しざわめいたかと思うと、人々が大麦の束を背負って帰ってきた。そしてそれを軒下に積み重ねた。衣類と呼べるようなものもろくに身につけていない子供たちは突っ立って何時間も私を見つめていたし、大人たちも恥じらうことなくその輪に加わった。外国の女もフォークもスプーンもこれまで目にしたことなど一度もなかったからである。逆のことは私にもある。「何とも奇妙な光景を目にするだろう！」というマックレガー医師［インド医療局に勤め、旅行記も著した軍医」の最後の説教中の言葉を覚えている人もいようが、私が目にした光景もこれにまさるとも劣らない奇妙な光景だった。一人の上品そうな中年男性が、身につけているのは眼鏡だけという姿で縁側に腹ばいになり、肘《ひじ》をついて読書に耽っていたのである。奇妙な静物画はこれだけではなかった。女たちは、棹の先に桶［釣瓶《つるべ》］、反対側の先に石の付いた棹を柱に取り付けただけの原始的な装置［撥釣瓶《はねつるべ》］で、井戸の水を頻繁に汲んでいた。

馬がやってくると、男たちは自分たちには馬勒《ばろく》を付けられないと言った。しかし、だいぶ説明してようやく二人の男が馬の口を無理やり開け、もう一人の男がその好機をとらえて馬銜《はみ》を口の中に滑り込ませた。次の馬に乗り換えた際には、馬勒など言葉さえ耳にしたことがないということだった。馬の歯に馬銜を押しつけるようにすれば馬は自分から口を開けますよと言ってきかせると、そばに立っている男は「食べる時と噛《か》みつく時以外に口を開ける馬などいやしませんぜ」とあざけるように言い、私が自分で馬勒を付け終えるとやっとのことで自らの非を認めた。新しい馬は駱駝《らくだ》のように揺れる足取りで進んだから、小佐越《キサゴイ》《こさごえ》で御役御免にできた時にはほっとした。段丘上にあるこの小さな村は非常に貧しく、家はみすぼらしかった。子供たちは非常に汚い上にひどい皮膚病で苦しみ、女たちは炭焼きの酷《きび》しい仕事と煙のせいで顔色も表情もとてもひどく、身体つきも貧相だった。

女が着ているもの

私は目にしたままの事実を書いている。私の詳しい記述と東海道《トカイド》、中山道《ナカセンド》や琵《ビ》琶《ワ》湖や箱根についていろんな旅行者が書いていることとの間でたとえ食い違いがあるとしても、いずれか一方が間違っているというわけではない。だが、私にとってはこれが紛れもなく新しい日本なのであり、どの本からもこんなことは教わらなかった。ここはおとぎの国などではない。男たちは何も着ていないに等しいし［挿絵］、女たちも着ているものはほとんどが身体にぴったり巻き付けた丈の短い肌着［腰巻］か、上がだぶだぶで下が非常にぴったりした藍《あい》色のズボンのようなもの［もんぺ］と、腰のところまで開いたままで裾を帯に突っ込むようにして着る藍色の木綿の上衣［肌衣《はだこ》］だけであり、頭には木綿の手拭《てぬぐい》を巻き付けているが、その他に身につけていることはほとんどない。着ているものからは男女

夏と冬の服装

の見分けがつかないし、もし眉を剃ったりお歯黒にしていなかったら、顔からも見分けがつかない。丈の短い肌着［腰巻］は見るからに野卑である。そしてそのような女が裸の赤ん坊をおんぶしたり抱っこしたりしながら外国人［異人］をぽかんと見つめながら突っ立っているのを見ると、私には自分が「文明化した」日本にいるということがちょっと信じられない。首が十分据わるようになったかなり大きな赤ん坊は母親の肩越しに実にうれしげにあたりを見やりながら世の中のいろんなことを経験する。それはさておき、六、七歳ほどの小さな子供がまだ首の据《す》わっていない赤ん坊をひきずるように背負い、その赤ん坊が坊主頭を太陽にさらしつつ、落ちるにちがいないと思えるほどに「揺れ動いている」のを見るのは、いつだって私には耐えられない。赤ん坊がそうするのはその子守によれば「あたりをきょろきょろ見ている」からなのである。この地域ではたくさんの蚕《かいこ》が飼われており、だだっ広い部屋では、男たちは裸のままで、女たちも腰から上は何も身につけず、せっせと桑の葉を枝からむしりとっていた。家の造りはどの家も粗末で、住民は着ているものも身体も不潔だった。若い女たちの中には、石鹼《せっけん》と水を十分に使って顔を洗えばきれいな顔になりそうな人もいたが、石鹼を使わず、上着の洗濯といっても流水の中で砂を使ってこするだけなのである。人がどんなばかげた過ちを犯すか、その面白い例を一つ示しておこう。私は駄馬の癖が悪く気性が荒いという話をよく耳にしてきたが、それによると、馬に口輪をかけるのは仲間の尻に嚙みついたり、不埒《ふらち》にも人間に嚙みついたりしないようにするためということだった。しかし口輪をかけるのは、進行中に馬が何も食べないようにするためにすぎないことがわかった。また、この地域では雌馬がもっぱら利用されているが、これほどおとなしい馬はいない。もし荷物の重さが馬一頭分だと勘定されると、馬が弱くて一頭では重すぎるとわかっても、内国通運会社継立《つぎたて》所《しょ》はその荷物を二頭、場合によれば三頭にさえ分けてくれ、しかも料金は一頭分でよい。そんなわけで、わが〈一行〉が小佐越《キサゴイ》《こさごえ》を出発した時の駄馬は四頭で構成されていたが、私は一里当たり七銭で二頭分を支払っただけだった。その四頭はたてがみがもじゃもじゃの小柄な雌馬で、前髪が毛むくじゃらのために前方がほとんど見えない上、三頭の元気な子馬もいた。それを一人の女と三人の娘がひいていたのである。

私［が乗った馬］の〈馬子《マゴ》〉は、労苦の刻まれた実に人のよさそうな顔立ちながら、お歯黒のためにひどく醜く見える。草鞋《わらじ》をはき、藍色の木綿のもんぺに上衣［肌衣《はだこ》］という身なりで、上衣はもんぺにたくし込んでいる。ともに粗末な上に着古してぼろぼろで、頭には手拭をかぶっている。雲行きが怪しくなってくると、藁でできた雨合羽《あまがっぱ》［蓑《みの》］を身につけ、背中には直径が二・五フィート［七六センチ］もある平べったい笠［饅頭笠］を盾のように下げた。この雨合羽は連結式の二つの肩マントのものを頸《くび》と腰の二カ所で紐《ひも》結びにしたものである。坂を上ったり下ったり、石を跨《また》いだり、深い泥の中を通りながら、馬子はしっかりした足取りで歩を進め、時々、優しそうながら醜い顔で後を振り返り、娘たちがちゃんとついてきていることを確かめた。今では私は、窮屈な着物と［草鞋に比べ］高い下駄のせいで痛々しいちょこちょこ歩きをする［東京などの］文明化された女性の足取りよりも、見苦しい身なりのせいでそうなる大胆でしっかりした足取りの方がむしろ気に入っている。

道は小百《コヒアク》《こびゃく》からは、木の生い茂った山々の間に展開する河谷《かこく》平野を進んでいった。河谷平野は屈曲に富み、草に覆われていたが、ところどころに公園のような松や栗の木立もあった。ところが小佐越《キサゴイ》《こさごえ》を出発すると風景は一変した。峻《けわ》しい岩だらけの道を進んでいくと鬼怒川《キヌガワ》に出た。透きとおった水がほとばしり、色とりどりの岩の間を深くえぐって流れていた。そしてかなり高いところに一つの橋が恐ろしいほど急な曲線を描いて架かり、そこからは太古の神話伝説にまつわる二荒山《フタラヤマ》《さん》を含む高い山々［日光連山］のすばらしい景色を望めた。私たちは鬼怒川《キヌガワ》の流れの音を聞きながらしばらく馬の旅を続けた。その間、鬼怒川のすばらしい景色をしばしば垣間見ることができた。斑岩《はんがん》［斑状構造をもつ火成岩］からなる両岸の絶壁によって川幅を狭められて荒れ狂うように流れたり、川幅が広がってピンクや緑色の厚板状の巨岩の上を薄い青緑色《アクアマリン》の流れになって静かに流れたり、さんさんと注ぐ太陽の光を浴びて輝いたり、川の上に虹がかかったり、深い淵をなして緑陰の中をゆったりと流れたりしていた。いつも美しかった。川が峡谷をなす部分の山々は絶壁をなし、頂きまで針葉樹が生い茂っていた。それに対し、道が通っている側はそれほど急ではなく、道は曲がりながら緑の前山に入り込んでいった。その裾野では、まだほとんど開花していない栗の巨木や、秋と同様春にも色づきまだその深紅色を残している楓、初めて目にする多くの花木や灌木が交じりあっていた。そしてこれらの下方には赤色の躑躅《つつじ》、ハシドイ、真っ青の空のように青い紫陽花《あじさい》、黄色の木苺、羊歯《しだ》、仙人草、白や黄色の百合［山百合］、青い菖蒲《あやめ》が交じりあっていた。その他五〇種もの樹木や灌木には藤が絡まり花綱をなしていた。その美しい群葉は、私たちにとっての木苺《きいちご》の群葉と同じで珍しいものではない。あふれんばかりの豊かな植生はまさに熱帯的であり、やんだ雨に濡れているさまざまな草木は、午後の太陽の斜め上からの光線を浴びていっそう生き生きと輝いていていた。

私たちは二、三の小さな村［下滝、小原］を通り過ぎたが、どの村にも農家しかなく、廂《ひさし》の深い屋根の下に住居［主屋《おもや》］と納屋《なや》［物置］と馬小屋［馬屋《まや》］が一つ棟になっている［中門造り］。どの納屋でも人々が［褌以外］何も身につけない格好で、いろんな仕事をしていた。私たちは、米と〈酒《サケ》〉を積み、互いの鼻と尻尾をひもで結ばれた駄馬の列や、桑の葉を詰め込んだ大きな籠《かご》を運ぶ男女に出会った。峡谷はいよいよ美しくなっていった。矢のような形をした杉の薄暗い森を抜ける道を上っていくと、この上なくすばらしい場所に位置するこの村［藤原］に到着した。いくつもの小さな谷が鬼怒川の深い峡谷に落ち込み、あたりには棚田が丹精こめて拓かれていた。一一時間の旅で一八マイル［二九キロ］進んだだけだった！

六月二五日［火曜日］　五十里《イカリ》にて

藤原《フジハラ》

藤原には四六軒の農家と一軒の〈宿屋《ヤドヤ》〉がある。どの家も薄暗く湿っぽくて汚く、すきま風が入る。また住居［主屋］と納屋［物置］と馬小屋［馬屋］が一つ棟になっている［中門造り］。この〈宿《ヤド》屋《ヤ》〉は一階に〈台所《ダイドコロ》〉という開放的な炊事場《キッチン》と馬小屋［馬屋］があり、屋根裏になる二階は狭く仕切られるようになっている。散歩から戻ってみたら、そこを通らないと私の部屋［奥座敷］に入れない場所にこの上なく〈くつろいだ〉姿［裸同然］の日本人六人がたむろしていた。この状態が改まると、私は書きものを始めたがすぐに軒下の縁側に移らざるをえなくなった。無数の蚤《のみ》が、浜跳虫《はまとびむし》が海辺の砂の上に飛び出してくるように畳から飛び出してきたのである。その上、縁側にあっても報告《レター》を書いている紙の上にまで飛び上がってきた。藁混りの土でできた外壁［土壁］が二カ所にあったが、その隙間にはいろんな虫がうごめき、剝き出しの垂木《たるき》には蜘蛛《くも》の巣がかかっていた。畳は古びて茶色くなり汚かった。ご飯はかび臭かった。とぎ方が全く不十分だったのである。卵はかなり日が経ったもののように感じたし、お茶もかび臭かった。

熱心な勉強家　私は伊藤《イト》を伴って家の外をくまなく検分し、人々の勤勉さや集落立地のすばらしさ、夜なべ仕事やひっそりと静まり返った様子を確認した。また宿に戻ってからは縁側でその一部始終を思い返したり、この旅を思い立たせてくれた一文(『日本アジア協会紀要』中の論文の文章)を読んだりした。そこには「鬼怒川の流れに沿って進むコースはまさしく絵のように美しいが、困難でもあり、外国人だけでなく日本人にもほとんど知られていないと思われる」と記されていた。［眼前にあるのは］上は透き通ったレモン色の［夕暮の］空、下は深さ一フィート［三〇センチ］ものぬかるみだった。一面ぬかるみの道が集落を通り抜け、その道を流れの速い小川［水路］が突っ切り、あちこちに板が渡してあった。小川は「手洗い場」にも「水飲み場」にもなっている。仕事から戻ってきた村人は渡し板に腰を下ろし、泥だらけの衣類をぬぎ、流れのなかですすいだり足を洗ったりする。道の両側には家が並び、その前にはだいぶ腐った堆肥が積み上げられ、女たちは裸足の足でそれを崩しては踏み潰してどろどろにしていた。仕事の時にはみな上衣を着、股引をはいているが、家では短い下穿《したばき》［腰巻］一つである。私は、ちゃんとした家の母親ともあろう者がこの衣類［腰巻］だけの格好で不作法とも思わず道を横切り他の家を訪ねるのを何人か見た。幼い子供たちはお守りだけを首から下げた裸姿だった。身体にも衣類にも家にも害虫がうようよいた。自立した勤勉な人々に対して、もし不潔でみすぼらしいというひどい言葉を使うことが許されるならば、ここの人々はまさしくそうだった。暗くなると私の部屋ではさまざまの甲虫や蜘蛛《くも》、草鞋虫《わらじむし》がわがもの顔に動きまわるほか、馬も同じ家にいるので蝨蠅《しらみばえ》もたくさんいた。私は持参の折り畳み式ベッドに除虫粉をまきちらしたが、毛布は一分も経たぬうちに床に放り投げる始末だった。そして蚤のせいでほとんど眠れなかった。夜がとても長く感じられた。〈行灯《あんどん》〉が消えたあとには鼻をつく非常に強い油の臭いが残った。薄茶色で、狼に似た感じの原始的な日本の犬は、大きさはコリーほどだが非常にやかましく喧嘩好きで、弱い者いじめをする人間がそうであるように臆病なのだが、藤原《フジハラ》にはこのような犬がいっぱいいた。そしてこの役たたずの野良犬が吠えたり唸ったりして喧嘩する声が、間欠的ながら明け方まで続き、そうでない時には遠吠えしていた。雨が滝のように降ってきて、雨漏りから逃れるためにベッドをあちこちに動かさないといけなかった。五時に伊藤《イト》がやってきて「蚤がうようよいてほとんど一睡もできませんでした！」と泣き言を言い、出発を懇願した。「伊藤は」津軽海峡までは内地《インテリア》を抜ける別のコース［奥州街道］をとって旅したことがあったのだが、その伊《イ》藤《ト》が言うには、日本にこんなところがあるなんて思いもしませんでしたし、この地のことやこの地の女が着ているものについて話したって横浜の人には信じてもらえません、とのことだった。「こんな場所を外国人に見られて恥ずかしいです」とも言った。旅における伊藤《イト》の手際のよさと伊藤《イト》が類い稀な知性の持ち主であることに私は日々驚いている。この男は「品のない」英語とは区別される「真正なる」英語を話したいと強く願っているし、これまで知らなかった言葉の正確な発音と綴《つづ》りを身につけたいとも切望している。そして私が使う言葉のうちよく理解できない言葉はすべて帳面に毎日書き留め、晩になるとそれを私のところにもってきてその意味と綴りと対応する日本語を書き留める。通訳を仕事にしている多くの者よりもずっとうまい英語を話す。ただ、もしもそうでなかったらもっとうれしいのだが、遺憾なことに、アメリカの下品な言葉やいい加減な使い方をすでに聞き覚えてしまっている。私にとって非常に重要なことはよい通訳をもつことである。さもなければ、こんなに若くて経験の乏しい従者を雇いはしなかっただろう。しかるに、この男は非常に器用で、今では従者兼通訳の仕事をこなすだけでなく、料理・洗濯その他すべての雑事もこなす。もしもこんなに若くなかったら私にとってこれほどには気楽でないとも思う。また、とくに「ピン撥ね」の件でこの男が私を言いくるめるのを経験していたこともあって、この男をうまく使いこなそうともしてきている。この男はきわめて日本人的であり、その愛国心には虚栄心の短所と長所のすべてがある。外国のものはすべて劣っていると思っているのである。私たちの行儀作法も、ものの見方も、食べ方もこの男の目にはただただ忌まわしく映るようである。英国人の行儀作法の悪さについて言い触らすのが好きであり、次のように言う——曰《いわ》く、「英国人は道で会う人には見境なく〈オヒオ［オハヨ］〉と大声で言って」茶屋のうら若い娘たちを怖がらせると。曰く、自分の車夫《クーリー》を足蹴にしたり平手打ちにしたりすると。曰く、泥だらけの靴で白い畳のうえに上がり込むと。曰く、だれもかれもが育ちの悪い色気違い《サテュロス》［ギリシア神話中の怪物］のように振る舞い、このため素朴な田舎の人々にむき出しの嫌悪感を生むと。だから、英国人と英国が軽蔑され、あざけられるはめになると*——。伊藤《イト》は私が立派な振る舞いをすることを強く望んでいる。私も日本式に礼儀正しくありたいと、また日本人の礼儀作法を絶対に踏みにじるまいと常に心をくだいているので、こうしてくださいとか、こんなことはなさらないようにという［伊藤の］意見をほとんどそのまま受け入れている。それで日一日と深くお辞儀するようになってきている！

＊ こんなことは開港場《トウリーティ・ポート》からやってくる最低の旅行者についてのみあてはまる。

住民はたいへん親切だし礼儀正しいので、外国人も住民に親切で礼儀正しくしないと、人の道に外れることになってしまう。察しがつくだろうが、旅の用意に始まり、人にものを尋ねたり情報を得たりする際に、さらには、ある意味、旅の友としてさえも、私は伊藤《イト》に頼りきっている。この困難で冒険に満ちた旅に一緒に乗り出したことによって互いが親切で思いやりにあふれるようになることを願っている。この男は表向きは神道の信者だが、このことは何の意味もない。日光《ニコウ》で私は聖ルカについての初めの方の節を読んで聞かせたことがあるが、その折、放蕩息子の話［『新約聖書』「ルカによる福音書」］のところまでくると、伊藤《イト》は私をさえぎり、いくぶん軽蔑したように笑いながら、「何ですって、すべて私たちのお釈迦《しやか》さまとそっくりじゃありませんか！」と宣《のたま》った。

今日［六月二五日］の旅は苦しかったものの、幾分楽しい旅でもあった。雨が昼には小降りになったので、私はアメリカの［旅で用いた］「登山服」を着、ウェリントンブーツをはいて藤原《フジハラ》を徒歩で出発した——これは女性が日本を徒歩や馬で気持ちよく旅のできる唯一のいでたちである。肩にはこの地方の防水具である藁で作った軽いマット［蓑］をすっぽりと羽織った。そして荷物は二頭の駄馬に背負わせ、私たちは踝《くるぶし》まで入る泥道をとぼとぼと歩いた。やがて雨もすっかりあがり、霧の彼方に山々が姿を現した。下からは増水した鬼怒川の轟《とどろ》きも聞こえてきて、すきっ腹ではあるものの、旅を楽しめるようになった。私だけが最後には馬に乗り、私たちは高田山《タカダヤマ》の張り出した部分を通過した。高度は二一〇〇フィート［六四〇メートル］で、曲がりくねった道はうまくできていて、どの地点からも八カ所のつづら折りの道を見下ろすことができた。森はいつもほど鬱蒼とはしておらず、それほど高くない山の斜面には所々に栗の木がひときわ高くそびえていた。下り坂は急勾配で滑りやすかった。一頭の馬は足が弱かったので、ひどく躓《つまず》いて倒れてしまい私は前方に落馬してしまった。それで心優しい女の〈馬子《マゴ》〉は動転してしまった。馬がはく草鞋は繋《つなぎ》のところで藁をねじって結んであるが、たいへんはた迷惑なものである。この「沓紐《くつひも》」はいつもほどけてしまうし、地面が軟らかくても二里［八キロ］しかもたず、地面が堅いとその半分さえももたない。また、これをはくために馬の足［の裏］はたいへん軟らかくふわふわなので、馬は草鞋なしではまったく歩けない。草鞋が薄くなるとよたよたし始める。すると〈馬子《マゴ》〉は不安になり、しばらくすると止まってしまう。そして、鞍《くら》にぶら下げてある水浸しの四足の草鞋を、足を優に一インチ［二・五センチ。正しくは一〇インチ、二五センチ］もあげてなだめながらはかせるのである。これほどすぐに駄目になる上、扱いにくいものをよくも考え出したと思われる。馬の通る道には草鞋が散乱しており、子供たちはこれを拾い集めて積み上げている。腐らせて堆肥にするのである。一足《いっそく》が三、四銭《セン》もするので、どの村でも住民は暇な時間には草鞋作りをして過ごす。

勘違い　高原《タカハラ》という名の次の宿駅で私たちは荷物を乗せるために駄馬を一頭雇った。そして川［男鹿《おじか》川］を［右岸に］渡り、川に注ぐ谷を渡ったあと、険しい坂道を上った所［川治］にぽつんとある〈宿屋《ヤド》〉に辿り着いた。例のごとく正面が開いた構造になっており、〈囲炉裏《イロリ》〉があって、その周りには老いも若きもいろんな年齢の人々が多数座っていた。私が到着すると愛想のよさそうな娘たちはいっせいに逃げ出したが、伊藤《イト》が大人たちに一言説明すると、しばらくして呼び戻された。婦人用乗馬服を着て片鞍に乗ったパークス卿夫人は、髪の毛を目にするまでは男性と見られていたし、とても愛らしく、肌の色も美しい私の若い友人［グッドリッチ夫人］は、先頃、夫と旅行していた時、髭を剃った男性だと思われたとのことだった。私も、田畑で日差しや雨を避けるために女だけがかぶる笠《ハット》［雨会笠］をかぶり、眉を剃らず歯も黒く染め［お歯黒にし］ていなかったので、娘たちは私を外国の男だと勘違いしたのである。伊藤《イト》は「外国人を見るのが初めてですし、外国人は娘に不作法なことをするという噂話をいろんな人から聞かされているのでとても怖がったのです」と釈明した。口にできたものはごはんと卵だけだった。それを食べる私を、一八の黒い瞳がじっと目を凝《こ》らして見つめていた。川沿いには皮膚病に苦しむ人がおおぜいやってくる温泉が湧いている［川治温泉］。これは粗末な階段を下りきったところにある小屋の中にあるのだが、入口には戸が付いていない。私はたくさんの男女が湯に浸かっていたので、湯の温度を確かめることができなかった。人々は日に四回湯に入り、一回に一時間かける［という］。

私たちは降りしきる雨のなかを［次の宿駅の］五十里《イカリ》をめざして出発し、［前年一一月に］できたばかりの狭い道を五マイル［八キロ］歩いた。滝のように流れる鬼怒川の峡谷中のこの道は、岩肌から突き出す支柱に支えられ、上り下りしながら続いていた。日本でこれ以上魅力的なところを目にすることはないように思われた。

いつも水晶のように透き通った青や緑の川は、雨のためにたいへん増水し、明るい色をした岩の間をほとばしり流れていた。岩によって流れをしょっちゅうさえぎられながらも、よどむことなどめったになく、きらきら輝きながら勢いよく流れていった。両岸には樹木に鬱蒼と覆われた高い山が壁のように迫って薄暗い峡谷をなし、そこを奔流が泡立ち、轟音《ごうおん》をとどろかせながら転がるように流れ下っていくのである。そしてその轟音はやまびこによって幾重にもこだましていっそう大きくなった。どの峡谷部からもはるか彼方の山や断崖や滝が視界に入る。植生は灰色の絶壁やむき出しの岩を目にするとほっとするほどに豊かだった。狭い道沿いには、羊歯《しだ》や苔《こけ》、〈糸状緑藻《コンフェルベ》〉、菌類や蔓草《つるくさ》類のような湿った暖地を好む多種多様な小植物の緑が豊かで、目を楽しませてくれた。また、幾筋もの小さな谷川が、これらの陰に隠れるようになりながら、みごとな〈ハイホラゴケ〉［トゥリコマネス・ラディカンス］が羽のように茂る小さな洞穴に落ち込んだり、丸太造りの道に流れ落ちたり、川に向かって落ちたりしていた。頭上では、その葉に細かな刻みが入り羽毛のようにさえ見える数種の楓に日の光が当たり、まるで緑のもやがかかったようだった。その葉はまだ夏の濃い緑一色にはならずに、春のさまざまな淡い緑に包まれ、バラ色の躑躅《つつじ》がまだ咲いていて山の中腹を明るくし、鬱蒼と茂る杉が深い木陰をなしていた。ただ、これほど美しいにもかかわらず人［熱帯の森を旅したことのある外国人に］は何か物足りなさを感じ、熱帯のココヤシやバナナにあるような強烈な個性と形の優美さがあれば満足できるのにと、それを強く求める気持ちにもなるかもしれない。だが、その葉が羽毛のように軽やかな楓や、矢のように真っすぐに伸び尖塔のような形をした杉が、他の何よりも気に入っている私には、とてもではないがあらを探すなどできない。陽《ひ》が一〇分もさせば、あたり一面おとぎの国と化すのである。

家もなく人の姿も見えなかった。この美しい川を外れた私たちは、とても芳《かぐわ》しい忍冬《すいかずら》の白い花がすべての木にまとわりついて生えている山の張り出し部分を越えた後、静かな流れの川［湯西川］が轟音とどろく鬼怒川《キヌガワ》［男鹿川］に合流して河谷が広がったところに出た。そしてここからもう一マイル［一・六キロ］進むと、山と大川《オカワ》《おお》と呼ばれる谷川にはさまれた景色のよい場所を占め、二五戸の家からなる小さな村［五十里］に出た。日本の川の名前には連続性がないので名称から得られる地理的情報はごく限られる。一つの川なのに通過する地区が変わるにつれて三〇～四〇マイル［約五〇～六五キロ］の間に数回も名前を変える。これ［大川］は私がこれまで二日にわたって遡ってきた親しき友、鬼怒川のことである。［空間が狭く］場所が足りないせいで村の絵のような美しさはいや増している。五十里《イカリ》ではすべて［の家］が山の斜面［下の段丘上］に集まり、暖かい感じの茶と灰汁色《グレー》をなす通りは短く素朴ながら、「雨の後の陽の光」［『旧約聖書』「サムエル記下」］の下で魅惑に満ちている。私が泊まった宿［赤羽家］は内国通運会社継立所で段丘上の一番高いところにあった。大きな納屋のようなところで、一方の端に馬小屋［馬屋《まや》］があり、反対側の端が主屋《おもや》になっており、中央には輸送されるばかりの大量の荷物が置かれ、人々は桑の枝から葉をむしっていた。ここは近くの〈大名《ダイミョウ》〉が東京［江戸］に上る折に泊まったので、〈大名〉の間《ダイミョウズ・ルーム》と呼ばれる客間が二部屋あった。黒っぽい木の立派な天井板まで一五フィート［四・五メートル］もあり、〈障子《ショウジ》〉は雷文透細工［正しくは格子細工］の名に値するすばらしいもので、〈襖《フスマ》〉の装飾も芸術的だった。また畳は清潔で立派であり、床の間には古い金の蒔絵《まきえ》の刀掛が置かれていた。私の部屋は奥側で、伊藤《イト》は四人の客とともに外側の部屋に入った。非常に暗いながら、昨夜の部屋に比べれば立派だった。この家の他の部分はすべて養蚕《ようさん》に充てられていた。宿の主人は藤原《フジハラ》でもそうだったが内地旅行免状《パスポート》に慣れていなかった。それでいつも都会《まち》育ちの若者として振る舞う伊藤《イト》は、私の内地旅行免状《パスポート》について説明して書き写し、集まっている村人全員に声を出して読んで聞かせた。「学術調査」に当たる日本語を知らないものの、私を誇張することによって自分の重みを誇示しようという考えはあるので、住民に、このお方は〈学者《ガクシャ》〉ですと話していた。〈学者《ガクシャ》〉とは学問のある人という意味なのである！　ここには巡査派出所はないが、巡査が毎月このような人里離れた土地の〈宿屋〉にまでやってきて宿帳を調べるのである。

「みじめな境遇に在って」　この宿は昨日の［藤原の］宿に比べてずっと清潔ではあったが、住民は愚鈍で何にも関心がなさそうだった。〈大名《ダイミョウ》〉の〈体制〉［幕藩体制］と封建〈体制〉を打倒したり〈穢《エ》多《タ》〉に公民権を付与して、この帝国を西洋文明の道に乗せようと急いでいる人々のことをどう考えているのだろう！と思われた。

今まで板葺《ぶ》きだった屋根が茅葺きになったこともあり、村の佇《たたず》まいはぐんとよく、驚くばかりだった。急勾配の屋根、深い庇、縁側、暖かい枯葉色の屋根と壁をもつ農家が、椿《つばき》や石榴《ざくろ》の生け垣、竹藪・柿畑と入り混じって風変わりに佇む一方、(汚いし、いやな匂いはするものの) 農家の主《あるじ》たちの表情には、とりたてて何の不満もなさそうだったのである。

ここで手に入る食料は米と卵だけだった。それで［英国］公使館の「肉のたくさん入った鍋」［『旧約聖書』「出エジプト記」］は言うに及ばず、日光《ニコウ》で食べた鶏と魚、また

「――みじめな境遇に在って、

しあわせの時を想いおこすより悲しきは無し！」

［というテニソンの詩の一節までもが］脳裏にちらつき、つらかった。

気温は夜には［華氏］七〇度［摂氏二一度］まで下がるので、寒くなって午前三時にはきまったように目が覚めた。持ってきたのは夏用の毛布だけだし、［宿の］掛け布団や敷き布団には蚤がいるので使おうとも思わなかったからである。この頃には日没後の薄明かりがほとんどなくなるし、蠟燭や〈行灯《アンドン》〉をぼんやり点《とも》して起きていようなどという気にも到底なれないので、七時半頃にはいつも床についていた。馬の進み方が遅い上によく揺れ、躓《つまず》きもするので、この数日間に馬の旅がとても大変だということもわかった。もし自分がもっと健脚であれば、きっと徒歩の旅を選んだと思う。　I. L. B.

第十二報［第十五報　不潔と病気］

幻のごときごちゃ混ぜ――貧乏人の「子沢山」――分水嶺――一層の悪化――稲作農民の休日――病気の群衆――素人医者――清潔の欠如――早食い――早老

六月三〇日［日曜日］　車峠《クルマトゲ》《とうげ》にて

［日光から］六日間にわたって厳しい旅をしてきたあとの日曜日［六月三〇日］を、高所にあるこの静かな場所で過ごせるのは、ほんとうにありがたい！　山々と峠、谷間や森や集落、これらと併存する無数の水田、また、貧困や勤勉、不潔、荒廃した寺院、倒れた仏像、草鞋《わらじ》をはいた駄馬の列、長く続く何の変哲もない灰汁色《グレー》の道、さらには無言で見つめる群衆などが、ごちゃ混ぜになって私の記憶の中に幻のように浮かんでくる。五十里《イカリ》から横川［山王峠南端の下野の旧宿駅］までは晴天の下、美しい風景が続いた。横川では、茶屋《ティーハウス》のおびただしい蚤《のみ》を避けるため、道端で昼食をとった。村人のほとんどすべてが集まってきて私の周りに輪をつくった。子供たちははじめのうちは大きい子も小さな子も怖がって逃げ出したが、親の腰巻《スカート》（ここでのスカートとは比喩的表現）につかまるように、恐る恐る戻ってきた。しかし私が顔を向けると、その度《たび》に逃げ出した。人々は言いようもなく汚らしく、みすぼらしかった。このおとなしい裸の子供たちや古くさい格好をした子供たちの群れを見ていると、労苦を引き継ぎ、親と同じように虫に食われ、重税にあえぐためだけに生まれ出たような彼らが、なぜかくも多数いるのか、

なぜかくも「子沢山」［『旧約聖書』「詩編」］なのか、そのわけを尋ねたくなる。腹帯で締める前に馬が私の鞍《くら》を蹴落としたので、群衆は四方八方に散らばった。そして、外国人を眺めるために二時間の間ほったらかしにしていた仕事に戻っていった。

みじめな村　長い山道を上っていき、高度二五〇〇フィート［七六〇メートル］の峠［山王峠］の頂きに着いた。幅が三〇フィート［九メートル］もない頂きで、山々や渓谷、また、複雑な流路をとるいくつもの支流を一望できた。これらの支流はやがて合わさって一本の激流をなす。私たちはこの激流沿いを数時間進んだ。そののちは河幅が広がり、水田が続く地域を音もなく静かにゆったりと流れていった。［ブラントンの］地図ではこの地域は空白になっているが、私は、私たちが分水嶺を越え、川はもはや太平洋側ではなく日本海側に注ぐと判断した。また後になってこの判断でよかったことがわかった。糸沢《イトサワ》［山王峠の北の会津の旧宿駅］で提供された馬はどれも我慢できないほどよろめいたので最後の区間は歩いて川島《カヤシマ》《かわしま》［下野街道の旧宿駅。戸数は正確］という戸数五七戸のみじめな村に着いた。あまりにも疲れていてこれ以上先に進めなかったので、藤原《フジハラ》よりももっとひどい宿ではあったものの、また宿の厳しさを堪え忍ぶ力も萎えていたけれど、ここに泊まらざるをえなかった。

〈宿屋《ヤドヤ》〉［星家。旧問屋、内国通運継立所］はひどいの一言だった。〈台所《ダイドコロ》〉では、土間を溝状に掘り込んだもの［炉］に中で一本の大きな薪を燃やしているので煙が充満し、煙は数枚のガタピシする〈障子《ショウジ》〉で隔てられただけの私の部屋にも入り込んできた。垂木は煤《すす》と湿気で黒光りしていた。宿の主人は私の部屋の床に手をついて、家が汚いことを伊藤《イト》に追い返されるまでしつこく詫びた。それもむべなるかなと思われた。部屋は暗いうえに煙たく、息が詰まりそうだった。しかし、通りに群衆が集まっていたから窓の障子《ペーパー・ウインドウ》も閉めざるをえなかった。米もなければ醤油もなかった。自らが安楽であることを重視する伊藤《イト》は、宿の主人と使用人に向かって見境もなく大声で怒鳴り、私の荷物も放り出し始めたので、私はすぐにそのような振る舞いを止めさせた。一介の従者が礼を失し弱い者いじめをすることほど外国人［である私］にとって堪え難く、住民にとって冷たい仕打ちはない。しかも、この主人はとても礼儀正しく、私の前にくる時には正座の姿勢を崩さず、私が内地旅行免状《パスポート》を手渡すとそれを額に押しいただき、それから額が畳につくほどに深々と頭を下げる人だった。

私が食べられるものは黒豆と胡瓜《きゅうり》の煮物だけだった。遺憾ながら非常によくあることなのだが、部屋は暗く不潔で汚く騒々しく、その上、汚水の悪臭がひどかった。また、田植えが終わると二日間の休みになり、稲作農民にとっての神である稲荷《いなり》にたくさんの供物《くもつ》が捧げられるのだが、ちょうどその日に当たっていたために、人々は一晩中ドンチャン騒ぎをし、外では据え付けの太鼓［大太鼓］や練り歩く太鼓［小太鼓］が途切れることなく打ち鳴らされ、一睡もできなかった。

宿の主人の小さな息子がひどい咳で苦しんでいたが、持参のクロロダイン［液体麻薬鎮痛薬］を二、三滴与えると咳はすっかりおさまった。するとこの治療のことが翌朝夜も明けないうちから言い触らされ、五時になる頃にはほとんどの村人が、口々にささやき裸足の足をひきずりながら私の部屋の外に集まり、紙の仕切り《ペーパー・ウインドウ》のいくつもの穴から目を当てていた。その〈障子《ショウジ》〉を開けた時、私は目の前の痛々しい光景に当惑した。しらくもや輪癬《りんせん》のような皮膚病に罹《かか》った裸の子供を抱き抱えた父親や母親、ほとんど目の見えなくなった母の手をひく娘たち、ひどい腫物《はれもの》が外から見える男たち、蠅《はえ》がたかって目をしばたたかせたり眼炎に罹ってほとんど目の閉じた子供たちからなる村人が、押し合いへし合いしていたのである。病気の人もそうでない人も、すべてがまさしく「汚らしい服装」[『新約聖書』「ヤコブの手紙」]をしていた。嘆かわしいほどに不潔で、虫がたかっていた。病人は薬を求めて来たし、そうでない者は、病人を連れて来たか、冷やかしたいと思って来たかのいずれかだった。私は彼らに向かって悲しげに言った。皆さんの「ありとあらゆる病気や患《わずら》い」[『新約聖書』「マタイによる福音書」]についての知識を持ち合わせていませんし、たとえ持ち合わせているとしても、薬の余分はありません、と。また、私の国では、このような皮膚の病気を治したり罹らないようにするには、お医者さんも、衣類をいつも洗濯したり皮膚をよく水で洗ったあと清潔な布で摩擦するという方法を奨めます、と。そして[騒《ざわ》ついた]彼らを静めるために、獣脂と硫黄華《いおうか》で軟膏を作り、本当にひどい時にどのようにつけるのかを説明してやった。ある人が秘蔵していたのを[東京を発つ前に]やっとのことでもらってきていたのである。馬は腹帯に慣れていないので、鞍を着けられると苛立《いらだ》って群衆の中を〈逃げ惑《まど》った〉。それで、〈馬子《マゴ》〉は二度とその馬に触れようとしなかった。〈馬子《マゴ》〉たちは雌[牝]馬をまるで豹《ひょう》のように恐れている。子供たちは一人残らずかなりの距離をおいて私のあとについてきたし、大人たちも多くが同じ方向に行きますんでと言い訳しながらついてきた。

ここの人々は肌着を着ないし、上着はめったに洗わずに夜昼なく同じものを着ている。それを限界まで着続けるのである。夜には家全体をできる限り閉め切ってしまう。そして全員が寝室で寄り添って眠る。炭と煙草の煙で空気が汚れているうえに、汚い着物を着たまま、綿入り布団にくるまって眠るのである。綿入り布団は、昼間は閉め切った押入れにしまってあり、翌年の年末までの丸一年の間に洗われることはめったにない。〈畳《タタミ》〉は外側はそんなに不潔でないが、中には虫が巣食っているし、塵や有機物などの温床にもなっている。油や香油をたっぷり塗り込んだ髪は週に一度整えられるが、この地方ではそれより少ないことが多い。というわけで、どんな悲惨な結果が生じるかについてこれ以上立ち入る必要はない。あとはご想像に任せる。人間という人間、とくに子供たちには蚤などの害虫がたかっており、皮膚がただれたり腫れたりするのは、これが原因で痒《かゆ》くて掻《か》くからである。家の床板は筵《むしろ》で隠れているが、ぞんざいに張られていて隙間があるうえに湿った地面からわずか一八インチ～二フィート［四五～六〇センチ］しかないので、臭気や蒸気などのあらゆる発散物が筵を通して部屋にまで入り込んでくる。

この地方では（どこでもそうだと思うが）家は、夜には夏冬を問わず、閉めきってしまう。〈雨戸《アマド》〉には通風口が造られておらず、まさしく家を閉じ込めてしまうのである。それで、めったなことでは起こらないのだが、雨戸が壊れてしまわない限りは、多くの人間が吐く息や、身体や衣類から発する臭い、また欠陥のある家の仕組み［便所］の悪臭や〈火鉢《ヒバチ》〉の炭から立ち上る臭いによって汚れた室内の空気の換気ができない。自ら進んで運動することはめったにない。女たちは、田畑で働いていない時は、ずっと薪の煙に包まれながら料理をこしらえたり暖をとったりして過ごす。こんなことが一年のうちの五カ月も続く。農民がよく食べるおかずは、生魚［刺身］か半生の塩魚と、ぞんざいな漬け方なので消化しにくくなった野菜［漬物］である。だれも彼もがすごい速さで飲み込むようにして食べる。まるで、できるだけ短時間で食事をすますことが生活の目標の一つになっているかのようである。既婚の女性は青春期というものがなかったかのような表情をしており、その肌はなめし革のようであることが多い。川島《カヤシマ》《かわしま》で宿の主人の奥さんにおいくつですかと尋ねた（このような質問は日本では礼にかなう）ところ、五〇歳ほどに見えたその人は二二歳ですと答えた。驚かされた経験はいくつもあったが、これもその一つだった。彼女の息子は五歳になっているのにまだ乳離れしていない。

釈明　話は横道にそれたが、以上、住民の一面についてまとめてみた次第である。*

I. L. B.

＊　細々した多くのいやな事柄については止むをえず省略した。私がここや他のところで指摘してきたことに対し、たとえ読者から釈明を求められるようなことがあるとしても、それが、農民の生活について本州北部《ノーザン・ジャパン》で見聞したまままきちんと描き、この国に関する知識を増やす一助にしたいという願いによるものであるときっとわかってもらえることと思う。この願いは、また、ここの人々と同じように、文明化するのにまず必要なものを欠いている一般大衆を向上させようと努めている日本政府が遭遇しなければならないさまざまな困難を具体的に示して役立てたいとの願いでもある。

第十二報（結）［第十五報（結） 高度な農業］

日本の渡し場——でこぼこ道——山王《サンノ》《さんのう》峠越——雑多な植生——魅力のない下草——男性の卓越

私たちは田島で馬を替えた。ここはかつて〈大名《ダイミョウ》〉がいた所［城下町だったのは天正一八年（一五八〇）まで。以後は陣屋が所在。宿場町として賑わう］で、日本の町としてはかなり趣がある。下駄や焼物・漆《しっ》器《き》・籠を製造し移出しているが、焼物・漆器・籠はいずれも洗練されたものではない。

一枚が三〇平方ヤード［二七平方メートル、七・六歩（坪）］から四分の一エーカー［一〇〇〇平方メートル、一反］まであるさまざまな大きさの田が続くなかを進んだ私たちは、荒海《アラカイ》川［大川］という大きな川までやってきた。田の畦《あぜ》には大豆［畦豆］がずっと植えられていた。ここに出るまで私たちは二日にわたってその支流［荒海川］に沿ってとぼとぼと進んできたのである。そして、汚い身なりをして仕事にいそしむ人々であふれる、これまた汚い村々を通り抜けたのち、この川を平底船で渡った。川の両岸には高い杭《くい》がしっかりと打ち込まれ、数本の藤の蔓《つる》を編んで作った太い綱が結《ゆ》わえてあった。一人の男が両手でこの綱をたぐり、もう一人が船尾で竿《さお》を操り、あとは速い流れに委ねるのである。この後も私たちはこのようにしていくつもの川を渡った。どの渡し場にも、有料の橋と同じように料金を書いた立て札があり、一人の男が小屋に座って金を受け取るようになっていた。

手に負えない襲歩《ギャロップ》

この地方は実に実に美しかった。これまでは連日、頂きまで森に覆われた尖った山々が連なる中をたどり、山王《サンノ》《さんのう》峠の頂きからは夕焼けで黄金色に霞《かす》み、この世のものとも思えないほど美しい群山を眺めたのとは異なり、もっと広々としたもっとすてきな景色だった。私は大内《オウチ》という村にある養蚕場・郵便局・内国通運会社継立所《つぎたてしょ》を兼ねる家［阿部大五郎家］で泊まった。〈大名《ダイミョウ》〉が泊まった所［本陣］でもあった。この村は周りを山々で美しく囲まれた谷間《たにあい》にあった。翌日［六月二八日］は早朝に出発し、噴火口のような凹地《くぼち》にある大宅《オヤケ》《おおやけ》沼という小さな美しい湖の畔《ほとり》を通ったのち、市川《イチカワ》［市野］峠に至る長々と続く大変な峠道を上っていった。すごい馬の旅だった。私たちは皮肉にも慇懃《いんぎん》に本街道と呼ばれている道［西会津街道］をそれ、まったくひどい山道に入ったのである。起伏が波のように続く幅一フィート［三〇センチ］の道で、深さが一フィートもの凹《へこ》みがある。駄馬が他の駄馬が踏んだ跡をどうしても踏んでいくためにできた凹みである。どの凹みも粘り気のあるぬかるみだった。高度二四〇〇フィート［七三〇メートル］の峠への上りは非常にきつく、〈馬子《マゴ》〉は駄馬に向かって〈ハイ！　ハイ！　ハイ！〉と声をかけ通しだった。これは、特別気をつける必要があると駄馬に思わせる掛け声であるようである。駄馬の草鞋《わらじ》はすぐに紐《ひも》がほどけるし、四マイル［六・五キロ］歩くうちに二足はき潰してしまう。この峠［市川（野）峠］の頂きはほとんどの峠と同様、狭い尾根になっており、これを越えると道は一挙に急な下りとなり、ものすごい峡谷に入った。私たちはここを一マイル［一・六キロ］ほど下って行ったが、道の傍らを流れる川［藤川川］は雷のような音を轟《とどろ》かせ、何を話してもその声をかき消してしまった。眼下には木々が茂る断崖の先に木立の多い平野が藍色の影に包まれてうねるように広がるのが見え、その先は木々の茂る［緑の］山並みで画され、一際高い峰々には雪が［白く］かぶっていた。まことにすばらしい眺めだった！　植生には気候がこれまでより穏やかなことがうかがえた。朴《ほお》の木や笹が再び姿を現し、熱帯性の羊歯《しだ》が、美しい青の紫陽花《あじさい》や黄色の日本百合［日光黄萱《きすげ》］、すばらしい青色の釣鐘草《つりがねそう》に雑《ま》じりあっていた。樹海が広がり、木々には白っぽい葉をたわわにつけた木天蓼《またたび》が美しくまとわりついていた。その葉は遠くから見るとまるで白い花が群をなしているようだった。ただ、この地方の森に繁茂する下生えは魅力的ではない。大部分は雑草というしかないもので、猛々しくまとまりのない繖形《さんけい》花類や品のない羊蹄《ぎしぎし》、生い茂る刺草《いらくさ》その他見たこともなく二度と見たいとも思わないような草である。この下り道の終わりの方で私を乗せた雌馬は反抗し、手に負えない襲歩《ギャロップ》で市川の集落に突入した。ここは美しい場所にある崖っぷちの村［市野］で、背後の崖から形のよい滝が落下し、その飛沫のために集落全体が湿り気を帯びていた。そして木々にも道端にも緑藻《プロトコックス・ヴィリディス》が生え一面の緑だった。ここの内国通運会社継立所は女性がやっていた。女たちは〈宿屋《ヤドヤ》〉や店屋を営み、耕作も男たちに伍して行っていた。どの村［集落］にも男女別住民数や牛馬の頭数が掲示されており、それでこれまでのところがすべてそうだったように、市川でも男の数の方がずっと多いことがわかった。*

I. L. B.

＊　首都［東京］では男性が女性よりも三万六〇〇〇〇人多く、国全体ではこの数は五〇万人近くになる。

第十三報 ［第十六報 マラリアがはやる所］

若松平野［会津盆地］——軽装——高田《タカタ》《たかだ》の群衆——教員会議——おずおずした群衆——悪路——癖の悪い馬——山岳風景——絵に見るような宿——喉に刺さった魚の骨——貧困と自殺——宿の炊事場［台所］——知られざるイングランド！——幻の朝食

六月三〇日［日曜日］ 車峠《クルマトゲ》《とうげ》にて

若松《ワカマツ》と高田《タカタ》《たかだ》 市川を馬で出発した私たちはしばらくして幅一一マイル［約一八キロ］、長さ一八マイル［約二九キロ］の平野［盆地］に出た。その南端には若松［会津盆地の中心。会津藩の旧城下町。九～一〇年前の戊辰戦争で大被害］という大きな町があり、ほかにもいくつかの町や村々が点在している。また、さほど遠くない所に猪苗代湖《イニワシロ》《いなわしろ》という大きな湖がある。この平野は肥沃で、実り豊かである。木々の多い村々の急傾斜の屋根をもつ家はまるで絵のように美しい。普通の家には塀も門もどんな生け垣もないものの、富裕な農民の住まいには高い生け垣がある。

道が悪いうえに馬もひどいため、楽しむどころではなかった。良馬なら一時間でこの平野［盆地］を通過できただろうに、実際には七時間もかかり疲労困憊《こんぱい》した。天気は崩れてきて、今にも豪雨がやってきそうだった。空は重苦しく、稲妻が走った。また鞍《くら》が大きすぎるのでしょっちゅうずれたし、［馬の］草鞋《わらじ》はいつにも増してよく解《ほど》けたし、馬蝿にも苦しめられた。人も馬も這うように進んだ。水田はちょうど中耕［作物の生育の途中で根際の表土を浅く耕すこと］の時期で、多数の人々が笠をかぶり、帯に団扇《うちわ》をさしただけの格好で仕事をしていた。

道が杉並木になり、部分的に金箔を施した二つの立派な寺院［その一つは龍興寺］が現れたので、少し重要な町に近づきつつあることがわかった。高田《タカタ》は事実そのような町だった。生糸《きいと》・縄や〈人参《ニンジン》〉［朝鮮人参］の取引がかなり盛んな大きな町で、〈県《ケン》〉［福島県］の高官の一人［佐治与松］の地元《たかだ》である。通りは一マイル［一・六キロ］あり、すべての家が店屋だった。だが［戊辰戦争で被災したため］全般にうらぶれ、わびしい感じだった。よそ者がほとんど訪れない地方では、町外れまで来ると最初に出会った人がくるりと踵《きびす》を返し、「外国人！」という意味の日本語［異人］を叫びながら通りを駆け戻っていくのだが、ここでもそうだった。目が見える者も見えない者も、老いも若きも、着物を着た者も裸［同然］の者も、すべてがすぐに集まってきたし、〈宿屋《ヤドヤ》〉［坂内為五郎家か小林茂七家］に着いたら着いたで、ものすごい数の群衆が集まってきた。そのため宿の主人は中庭［の奥］にあるきれいな部屋［大名の間］に案内してくれた。ところが大人たちは屋根に上り、子供たちは庭の端の柵に上って庭を見下ろした。するとその重みで柵が壊れてしまったために、すべての者がどっと押し寄せてきた。それで、私はやむなく〈障子《ショウジ》〉を閉めたが、押し掛けてきた野次馬が外にいると思うと、休息している間もずっと心は休まらず疲れを覚えた。そんなところに、黒いアルパカのフロックコートと白いズボンに身を包んだ五人の巡査が入り込んできて、そうでなくとも心許ないプライバシーを侵害した。私の内地旅行免状《パスポート》を拝見したいという。こんな要求は一夜を過ごす場合は別としてこれまで一度もないことだった。洋服を着ているので［床に手をつく］日本式のお辞儀はできないが、非常に礼儀正しくはあった。そして群衆へのいらだちを口にし彼らを追い払ってくれた。しかしその後再び集まってきた群衆はいっこうに立ち退こうとしなかった。外に出た時、優に一〇〇〇人もの人間がいるのを見て、私は、昔奇跡を行う人［イエス］が［イスラエル北部の］ガリラヤからやってきた時に、人がうようよいるユダヤのいくつもの町から衣を身にまとったおびただしい群衆が現れた様子がわかったように思った――ただ、日がな一日福音を説かれたイエスが、騒々しい群衆のためにどれだけお疲れになったかまではわからない。［彼らとは違って］これら日本の群衆は静かでおとなしく、外国人［である私］に無礼を働くようなことは決してなかったからである。彼らについて愚痴をこぼしたのもあなた［妹ヘンリエッタ］だからこそである。四人の巡査が戻ってきて町外れまで付き添ってくれた。下駄をはいた一〇〇〇人もの人間が列をなしてちょこちょこ歩く折に立てるその音は、雹《ひょう》が激しく降ってくる時のやかましさに似ていた。

　この後は水田地帯を五時間にわたってとぼとぼと進んだ。気が滅入った。湿気の多い気候とこのような旅の仕方による疲れのために健康状態が悪くなってきており、日ごとにひどくなってきていた背骨の痛みは、続けて二〇分以上は馬に乗ったり歩いたりできないほどひどくなっていた。そのため進み方も非常にノロノロし、坂下《バンゲ》［会津盆地西部の交通の要衝《ようしょう》］に着いた時には［夕方］六時になっていた。人口五〇〇〇人を数えるこの商業町は水田地帯の真っ只中にあって、みすぼらしく汚らしくじめじめし、衰退しつつあるようだった。その上、真っ黒の泥だらけのどぶの強烈な悪臭が満ちていた。気温は［華氏］八四度［摂氏二九度］で、激しい雨が微風さえ伴わないで降りしきっていた。私たちは馬を下り、ある納屋《なや》に入った。そこは干し魚の入った俵《たわら》であふれ、強烈な悪臭を放っていた。そのうえ、雨に濡れた汚い住民が異人を見ようと群がってきたので息がつまりそうだった。

このようなところではあったが進歩の兆しはあった。教員会議が三日間の日程で開催中で、空席人事の候補者を選ぶ試験が実施されていた。長時間かけて教育論議が続いており、とくに学校教育で中国の古典［漢文］を扱うのに意味があるかどうかが論じられていた。それでどの宿屋も満員だった。

坂下《バンゲ》ではマラリアが流行っていた。あまりにもマラリア熱が多発するので県《ガバメント》が追加の医療援助を送ってきていたほどだった。しかも前方の山地までは一里［四キロ］しかなかったので、このまま進むのがよいと思われた。しかし、夜一〇時までは一頭の馬さえ手に入らないということだったし、道は道でこれまで通ってきたどの道にもましてひどかった。また痛みも疲れもいっそうひどくなってきた。そのため、ここ［坂下］に留まるほかなかった。うんざりする一時間だったが、この間に内国通運会社継立所の五人の使いが宿を探してくれていた。その結果、暗くなってからすっかり時間が経ってはいたが、宿が見つかった。古くてだだっ広い超満員の〈宿屋《ヤドヤ》〉だった。私の泊まった部屋の大部分が、［池の］澱《よど》んだ水面の上に高床式になって建っていた。そのためおびただしい蚊がおり、空が黒くなるほどだった。熱病［マラリア熱］に罹《かか》りそうな惨《みじ》めな一夜を過ごしたのち、朝早く起き出発できることになってほっとした。

大逃走　優に二〇〇〇人はいると思われる人々がすでに集まっていた。私は馬に乗り鞍の先端の角状突起に掛けてある容れ物からドロンド［社製双眼鏡］を取り出そうとした。するとその瞬間、まさしく大逃走が起こった。老いも若きも全速力で逃げ出し、子供たちはあわてふためく大人たちに押し倒された。伊藤《イト》の言うには、彼らは私が彼らを脅かして追っ払うために鉄砲を取り出そうとしたと勘違いしたのである。そこで私は伊藤《イト》にそれが本当はどんな物なのかを説明させた。それというのも彼らはおとなしく、悪意のない人々であり、そのような人々に迷惑をかけた以上はきちんと謝らねばならない。ヨーロッパの多くの国では、またわが国［英国］でも地方によっては、その土地のものとは違う服装をして一人旅する女性は危険な目にあわずとも、礼を失することをされたり侮辱されたり、金をゆすられることはある。ところが、［日本では］そんな失礼な目にあったこともなければ、過剰な料金をとられたこともこれまでまったくなかった。群衆でさえ礼を失しはしなかった。〈馬子《マゴ》〉は私が雨に濡れたり怖がったりしないようにたえず気を遣い、革帯や紐《ひも》で結んでいないいろいろな物がその日の行程が終わるまで、なくならないよう細心の注意を払っている。心付けをもらおうとぐずぐずすることもなければ、酒を飲んで雑談するために一服入れるということもない。馬の荷をさっさと解き、内国通運会社継立所《つぎたてしょ》から書類をもらって家路につくのである。つい昨日［二九日］も革帯が一つなくなったことがわかると、暗くなっていたのに、その〈馬子《マゴ》〉はそれを探しに一里も戻った。しかも、私が［お礼に］渡そうとした数銭《セン》を、「わしには旅の終わりにすべての物をきちんと引き渡す責任があるんでさ」と言って、この男［の馬子］は受け取ろうとはしなかった。〈馬子《マゴ》〉たちは仲がよく思いやりにあふれ、とても気持ちがよかった。伊藤《イト》は私にはこのような気持ちよく礼儀正しいそぶりはしない。ただ、同じ日本人に話しかける時には、その礼儀作法から逃れることができず、他の日本人と同じように、深々とお辞儀をするし丁寧な言葉遣いもする。

マラリアの発生しやすいこの平野［盆地］を一時間かけて通過すると、それからはずっと山また山の旅だった。この悪名高い道［束松《たばね》崎経由の越後街道］は非常に滑りやすかったので、私が乗った馬は数度ころんだし、伊藤《イト》が手荷物と一緒に乗った牡《おす》の駄馬はもんどり打つように倒れ、種々雑多な荷物は四方八方に散らばってしまった。立派な道路こそはこの日本が何よりも早急に必要とするものだといってよい。もし日本政府が英国の装甲艦を購入したり、西欧のくだらない贅沢品にうつつを抜かして国勢をそぐことなどせず、国内の物資輸送のためのまずまずの道路のような見返りの得られる出費をすることによってこの国を富ませるなら、はるかにすばらしいことと思われる。

このぞっとするような道に対して、幅の広い阿賀野川《アガノ》に架かった橋は実に立派だった。その対照には驚いた。この橋［舟橋］は一二艘の平底の廃船でできており、各舟は藤［の蔓《つる》］を編んで作った強靭な一本の綱で固定されている。そしてその綱が両岸で結ばれている位置は非常に高い。そのため廃船の上に厚板を渡してある橋は、水位が一二フィート［三・七メートル］上下しても通行できるのである。

伊藤《イト》は思いがけない災難で一時間の遅れをとったので、その間、私は［橋を渡った先の］片門《カタカド》の集落で米俵に腰を下ろしていた。阿賀野川［只見川］に臨む高処［段丘］にあるこの集落には急勾配の屋根をもつ家がごちゃごちゃと集まっていた。ここには二〇〇頭以上の駄馬が群れをなし、かみ合ったり激しく鳴いたり跳《は》ねたりしていた。私が馬から降りる前に一頭の癖の悪い馬が激しくぶつかってきたが、木製の大きな鐙《あぶみ》に当たっただけですんだ。しかし馬に蹴られたりかまれたりしないですむ場所を見つけるのは難しかった。私の荷物を乗せた馬も荷物を下ろすと、歯をむき出して攻撃し、人々を右往左往させたり、前脚で激しく突っかかったり後脚で蹴ったりと、大暴れし、果ては〈馬子《マゴ》〉が壁を背に身動きできないよう追い詰める始末だった。

山岳風景　この手に負えない現場を去った私たちは、再び山地に入っていった。山並みは果てしなく続き、一山越えるごとに視界はより壮大になっていった。というのも、私たちは今や会津連峰の高い山並みに近づいていたからである。そして二つの峰をもつ磐梯山《バンダイサン》や険しくそそり立つ飯豊山《イトヤサン》《いいで》、西南に見える明神ケ岳《ミョジンタケ》《みょうじんがだけ》という大きな山塊が、その広大な雪原や雪に覆われた峡谷とともに一望のもとに見えたのである。岩肌がむき出しになったり、まばゆい雪をいただいたりする峰々が、緑色に染まる低い山並みの上に爽快な青空に向かって一際高くそびえ立ち、個性と力強さを感じさせた。この二つこそは私が日本の風景に一般的に欠けていると思っているものである。馬に乗って先頭を進み野沢という小さな町に着いた私は群衆の好奇心の的となった。ここで少し休んだ後、私たちは徒歩による非常に快適な三マイル［五キロ］の旅を続けた。道は［阿賀川の］峡谷を眼下に見ながら山裾を縫うように続いていた。川の対岸には灰色《グレー》のすばらしい崖が展開し、その先に金色の夕陽に包まれて紫色に染まる会津の巨大な峰々からなる壮大な風景が見えた。

夕暮に私たちは、水田の広がる河谷《かこく》の縁にある野尻《ノジリ》という村にやってきた。絵に見るような集落だった。けれど私は安息日［六月三〇日］をひどい宿で過ごしたくなかったし、ここよりも一五〇〇フィート［四五七メートル］高い山の端《は》に一軒家があるということを探り出しており、そこが茶屋であるという情報も聞き出していたので、そこまで進むことにした。このすばらしい峠を越えるのに必要なつづら折りの険しい道を四五分かかって上っていった。空が急に暗くなり、雷が鳴り稲光が走った。そして宿に着いたまさにその時、青いすさまじい稲光の閃光が宿だけでなく宿の中まで照らした。このため焚火《たきび》の回りに大勢の人が座っているのがわかった。だがそのあとは再び真っ暗闇となった。びっくりするような変化だった。この宿は実にすばらしい場所にある。車峠の上、しかもナイフで切り裂いたような峠の頂きの端に張り出さんばかりに建っているのである。私がこれまで泊まった〈宿屋《ヤドヤ》〉のうち部屋から景色を眺められる宿はこれが初めてだった。［今まで泊まった］集落はほとんどいつも河谷に立地していたうえ、［私の泊まる］一番よい部屋は奥にあり、しかも、紋切型の庭の柵があるために集落の風景すら部分的にしか見えなかったのである。それで、もしうようよいるこの蚤《のみ》さえいなかったなら、もっと長くここに留まっていたかった。雪をかぶる会津の山々の眺めがすばらしいうえ、この宿以外には家が二軒しかないので、群衆に取り囲まれずに散策できるからである。

そのうちの一軒の家で、二つ半になる子供が昨日の晩、魚の骨を喉《のど》に詰まらせ、それからずっと苦しみ泣いていた。母親の嘆き悲しみを目にした伊藤《イト》は気の毒がり、私を彼女に引き合わせた。彼女は歩いて骨を取り除こうと一八時間もの間その子を抱いてうろうろしていたのに、喉を覗いてどうなっているのか見てみようとは思いもしなかったという。私がそうすることもたいそう嫌がった。しかし骨は見えるところにあったので、かぎ針を使って簡単に取り除けた。それから一時間後、その母親は、お礼ですといってたくさんの餅と駄菓子、それに贈り物には必ず添える干した海藻［熨斗昆布《のしこんぶ》］を一片盆に載せて届けてきた。夜になる前に、七人の足のただれた人が「診察」を求めてきた。そのただれはすべて表在性の炎症かそれに類するものだった。事実、彼らの言うには、そのただれは蟻に刺された痕をひっきりなしに掻いたためにできたものだった。

今日のような夏の日にはこの辺りは美しくもあり、繁栄しているようにも見える。屋根の勾配のきつい家々が低い山の麓《ふもと》に寄り添うように集まるこの野尻《ノジリ》の集落に深刻な貧困があるなどとだれも思うまい。しかしすぐ下に見える杉の木からぶら下がる二本の麻縄は、大勢の家族を養うことができないために二日前に首吊り自殺した一人の老人の悲話を物語っている。宿の女将《おかみ》と伊藤《イト》は、歳をとった時に子供がまだ小さかったり、自分の身体が弱くて働けなくなると、主人がよく自殺に走るのですと教えてくれた。

知られざるイングランド！　泊まった宿［茶屋］の女将は家族もちの未亡人で気立てがよく、働き者でとても話し好きでもある。家は一日中開けっ放しであり、壁はまったくない。天井も、ひと間だけの二階の部屋も柱だけで支えられている。私が使う梯子《はしご》段は竈《かまど》に触れんばかりになっている。日中は天井の下［一階］の茣蓙《ござ》敷きの大きな空間は仕切りがすべて取り払われ、そこに泊まり客や〈馬子《マゴ》〉がごろごろしている。車峠《クルマトゲ》《とうげ》をめざして両側から苦労して上ってきた人はみなここで一服し「茶を飲み食事をする」［『旧約聖書』『新約聖書』］のである。それで女将は一日中忙しい。竈の傍らには大きな井戸が一つある。家具はもちろん何もないが、天井の下には棚が横に長く掛かっていて神棚になっている。その中には二体の黒い彫像がある。その一つは人々の信仰を集めている富の神、大黒である。台所用品の入った戸棚のそばには台が一つあり、その上に茶色の大皿が六つ置かれ、売り物である食べ物を盛ってある。黒っぽい煮汁に浸した塩辛い貝［田螺《たにし》］、串に刺して干した鱒《ます》［正しくは串焼きにした岩魚《いわな》］、溜り醤油に漬けた海鼠《なまこ》［椎茸《しいたけ》か？］、根茎を磨り潰して作った練り製品［蒟蒻《こんにゃく》］、ぬるぬるした川海苔《のり》を薄く伸ばし乾燥させた緑色のもの［乾し海苔］などであり、どれもこれもいやな味と匂いがする食べ物である。今日の午後、宿では裸同然の男が茣蓙の上で［蕎麦《そば》］粉を足で踏んで生地を作ったり、青の絹の着物姿の泊まり客が寝そべって煙草をふかしたり、だらしない身なりの五人の女が囲炉裏《いろり》の回りに腰を下ろしていた。女たちはみな髷《まげ》を結《ゆ》い、お歯黒だった。女将に頼まれて私は宿からの眺めを誉め称える一文を記し、英語で読んだ。それを伊藤《イト》が日本語に直してやると、回りの者はみなとても満足した。さらに頼まれて、四つの扇子にも同じことを書いた。女将がイングランドという名を聞いたのはこれが初めてだった。この言葉はこのような未開の地では「魅力に富んだ名」ではない。アメリカという名も初耳だった［という］。ロシアが大国であることは知っているし、支那［中国］ももちろん知っているものの、東京にも京都にもいたことがあるというのに知っているのはそれだけだった。

七月一日［月曜日］――昨晩、蚊と蚤がいたものの眠りかけたまさにその時、外で大きな人の声と鶏のけたたましい鳴き声がして目が覚めた。すると、激しく鳴いて抵抗する雌鶏《めんどり》を手にした伊藤《イト》と、伊藤《イト》が金を渡してどうにかこうにか手放させた雌鶏の飼い主夫婦がベッド［折り畳み式ベッド］のそばにやってきた。私は茹でて明日の朝食に出してほしいと力なく言った。ところが起きてみると、伊藤《イト》は、実に申し訳なさそうな表情を浮かべながら、雌鶏を潰そうとした時、逃げ出して森に行ってしまいましたと言った！　その時の私の気持ちは、魚や肉や鶏《にわとり》を食べないで一〇日間過ごした者でなければわかるまい！　替わりに出されたのは複数の卵と、昨日男が茣蓙の上で足で踏んで作っていたものを細長く切って茹でたもの［蕎麦］だった。蕎麦粉と質の悪い小麦粉を混ぜ合わせたものだった！　好き嫌いを言っていては駄目だということが身にしみてわかった。

I. L. B.

第十四報［第十七報　あまりもの汚さ］

悪名高い道――一面の緑――底なしの汚さ――どん底の暮らし――津川の〈宿屋《ヤドヤ》〉――品のよさ――積出港――「毛唐《バーバリアン・デヴィル》」

七月二日［火曜日］　津川にて

昨日［七月一日］の旅はこれまでで最も厳しいものの一つだった。一〇時間もの大変な旅だったのに、わずか一五マイル［二四キロ］進んだだけだった。車峠《クルマトゲ／とうげ》から西に向かう道はたいへん悪名高い道なので、一部の宿駅は一マイル［一・六キロ］そこそこの間隔で設けられている。しかし、多くの町がある会津平野［盆地］とその奥の広大な地域の農・工産物の新潟への移出は、少なくとも津川川《ツガワ》［阿賀野川］に出るまではこの道によるしかない。この道は近代的なものの考え方をまったく無視し、山を、推測で言うのも怖いぐらいの急勾配で、真っすぐに上ったり下ったりしている。さらにぬかるみの連続になってしまっているうえに、大きな石が放り込まれて角だけが上に出たり、ぬかるみの中に完全に没したりしている。馬に乗って通った道でこんなにひどい道はこれまでなかった。よくも道などと言えるものである！　日光《ニコウ》を出発してからこれまでに高度二〇〇〇フィート［六一〇メートル］以上の峠を一七越えてきたが、車峠《クルマトゲ》はその最後のものだった。車峠と津川の間の景色は、スケールが小さいだけでこれまでの景色とよく似ていた。山々は頂きまで木に覆われ、時に峡谷に穿《うが》たれて奥山が姿をのぞかせる。辺り一面緑に埋め尽くされている。それでイライラした時などはついつい「生い茂りすぎた草木」と口走ってしまう。ただ一つの絶壁でも一条の灼熱砂漠でもよいから、何か形の目立つものや色の際立つものがこの単調な緑にくさびを打ち込んでくれないか、たとえ不調和でもよいから！と思うほどになる。

粗野な習性と無知　宝沢《ホザワ》［宝坂《ほうざか》］や栄山《サイカイヤマ》《さかえ》に着いた時、この地方の集落の汚らしさはここに極まれりと感じられた。人々は木を燃やす煙で黒く煤《すす》けた小屋に鶏《にわとり》や犬や馬と一緒に群がるように住まい［中門造り］、堆肥の山からは液体が井戸に流れ込み、男の子供たちはすっ裸だった。たいていの男は〈マロ〉［褌《ふんどし》］以外ほとんど身につけていなかった。女たちも上半身は裸で、腰から下に身につけているもの［腰巻］も非常に汚く、単に習慣によって身につけているだけのように思えた。大人たちには虫に刺された炎症が、子供たちには皮膚病が全身に広がっていた。家は汚かった。胡坐《あぐら》をかいたり、うつぶせになって寝ころんでいる姿を見ていると未開の民も同然だった。容姿の点でも生活習慣に上品さのかけらもない点でも、ひどいの一言で、とくに後者の点は私がこれまでそのなかで過ごしてきたことのある未開の人々に比べても際立っていた。もし私が、外国人がもっと短時間で訪れる日《ニ》光《コウ》・箱根・宮ノ《ミヤノ》下《シタ》などのような場所にじっとしていたなら、非常に違う印象をもったであろう。彼らの精神的な水準は肉体的な水準に比べて高いのだろうかと自問してしまう。彼らは礼儀正しいし心優しいし勤勉だし、重罪とは無縁ではある。しかし、日本人と談話してきた経験やここで今見ていることからすると、ここの人々の基本的な道徳水準は非常に低く、生き方が正直なわけでも清らかなわけでもないと判断するほかない。

ここ［津川。『二巻本』では前段落と本段落の間に約一・五頁にわたる記述があるが、省かれている］で私は満員の〈宿屋《ヤドヤ》〉［佐藤家］に泊まったが、私は野次馬の目に触れない庭にある気持ちのよい部屋を二間、用立ててもらった。伊藤《イト》はどこに着いてもすぐに私を部屋に閉じこめ、翌朝の出発まで厳重に監視された囚人のようにしておきたがった。しかしこの宿では自由を得、〈台所《ダイドコロ》〉に腰を下ろして楽しい一時《ひととき》を過ごした。この宿の主人は今や厳密にはなくなっている〈武士《サムライ》〉つまり二本差しの階級の人物である。低い階級の人々に比べて顔は面長で唇は薄く、鼻は高くて鼻筋がよく通っていた。また立ち居振る舞いにも明らかな違いがあった。私はこの人との興味深い会話を大いに楽しんだ。

　この開けっ放しの部屋には漆塗りの机に座って書き物をする番頭や裁縫をする一人の女性がいたほか、〈板間《イタマ》〉では人足が足を洗い、〈囲炉裏《イロリ》〉の回りでは数人の人が胡坐《あぐら》をかいて煙草を吸ったり茶を呑んだりしていた。番頭が書き物をしている机は横長で低く両端が反《そ》ったものであるが、この形状はごくありきたりのものである。また、下男が私の夕食のための米をといだり、女が夕食をこしらえたが、この仕事をする前に男は着ているものを脱ぎ［褌一つになったし］、女は〈着物《キモノ》〉を諸肌《もろはだ》に脱いだ。こうすることがちゃんとした女性の習わしになっているのである。宿の女将と伊藤《イト》は憚《はばか》ることもなく私についてしゃべっていた。何を話しているのかと尋ねた私に、伊藤《イト》は「女将はあなたがとても礼儀正しい方だと申しております」と答え、「異人さんにしては」と付け加えた。そこで彼女がそう思うわけを尋ねると、畳に上がる前に私が靴《ブーツ》を脱いだし、女将が〈煙草盆《タバコボン》〉を手渡した時にお辞儀をしたからですとのことだった。

　私たちは明日の川の旅で食べるものを見つけるために町じゅう歩いてみた。だが手に入れることができたのは、砂糖入りの卵白でこしらえた薄い軽焼き菓子［麩焼煎餅《ふやきせんべい》］と砂糖入りの麦粉でこしらえた団《だん》子《ご》、そして砂糖を絡めた豆［豆板］だけだった。美しく趣きのある茅葺《かやぶ》き屋根は姿を消した。津川の家の屋根は板葺きで大きな石で重しをしてある。しかし、切妻造りの家が通りに面して並び、庇《ひさし》の下が通路《プロムナード》［雁木《がんぎ》］となって続いており、しかも通りは二度直角に屈折し［鉤形《かぎ》をなし］、下手は川の堤防上にある宮［住吉神社］の境内で終わっているので、ほとんどの日本の町ほど単調ではない。人口は三〇〇〇人で、多くの物資がここから新潟に舟で送られる。今日は駄馬がたくさんいた。私は大勢の野次馬に囲まれたが、おとなしいのが通例になっている中で、たった一人の子供が「野蛮な悪魔」のことである中国語の〈番鬼《フエンクエイ》〉に当たる「毛唐」という言葉を浴びせた。しかし、この子供はきつく叱られ巡査がすぐにやってきて詫びた。［夕食に］出された鮭《さけ》［鱒《ます》］の切り身はこれまで味わったことがなかったほど美味《おい》しかった。私は陸路の旅の第一行程を終えることができた。新潟へは明日［七月二日］の朝、舟で向かう。

I. L. B.

第十五報［第十八報　川の旅］

大あわて――津川の定期船――急流下り――すばらしい風景――川面《かわも》の活動――葡萄［梨］畑――大麦干し――夏の静けさ――新潟の町外れ――伝道所

七月四日［木曜日］　新潟にて

雲泥の差　新潟行きの舟は八時に出ることになっていた［七月二日］が、伊藤《イト》は五時に、みんな出ていっています、舟が満員です、と言いながら私を叩き起こした。それで大あわてで出発した。宿の主人は私の大きな荷物の一つを背中に担いで川［常浪《とこなみ》川の船着場］まで走ってくれ、そこで「客の道中の安全を祈って別れを告げた」。二つが合流して一つになった川［阿賀野川］は、もっとゆっくりできればうれしいのにと思えるほどに美しかった。朝には［朝焼けのため］不思議なほど色彩豊かで柔らかかった陽の光は、昼にはギラギラと照りつけることのない輝くような美しい光へと変化した。暑さも酷《ひど》くはなかった。この「定期船」は造りのしっかりした舟［大艜《おおひらた》船］で、長さが四五フィート［一三・五メートル］、幅が六フィート［一・八メートル］あり、一人の男が船尾で艫櫂《ともがい》を使って漕ぐ一方、もう一人の男が幅広の水かきをもつ櫂《かい》を漕いで進んだ。その櫂は舳先《へさき》に取り付けた藤綱の留め具の中で動く。またこの櫂には長さ一八インチ［約四五センチ］ほどの小槌《こづち》の柄《え》が付いていて水をはじくようになり、一回かくたびに左右に動く仕掛けになっている。この二人の船頭は立ちっぱなしで、頭には雨笠をかぶってい

た。舟の前方部と真ん中には米俵と木枠に詰めた陶器が置かれ、後部は藁屋根で覆われ客席になってい
た。出発した時には二五人の日本人がいたが川沿いの集落で次々と下り、新潟に着いた時には三人だけになっていた。私は、積み荷の先端に持参の椅子を置いて腰を下ろし、この川の旅が、日に一五〜一八マイル［二四〜二九キロ］しか進めない、ぬかるみを這うような旅とは雲泥の差のある快適なものであることを実感していた。この旅は「津川［阿賀野川］の急流下り」と言われている。約一二マイル［一九キロ］にわたって両岸に高い絶壁が続き、水面に姿を現したり水中に没したりする岩が散らばり、幾度か鋭く曲流し浅瀬をなす［危険な］部分も多い川を、舟は木の葉のように下っていくからである。水難はよく起こり、死に至ることもあり、それを防ぐには船頭の長い経験や熟練、冷静さが必要だと言われている。だがいくつもの急流部がありはするものの、規模は小さく、手に負えないものでもない。現在のような水位なら舟は四五マイル［七二キロ］を八時間で下る。その料金はわずか一シリング三ペンスに相当する三〇銭《セン》にすぎない。ただ、［津川まで］遡《さかのぼ》る際には五日ないし七日もかかり、棹を使ったり岸から舟をひいたりという苛酷な労働を伴う。

赤銅《しゃくどう》色の船頭から藁《わら》葺きの屋根、帆柱にぶら下げられた乗客全員の笠に至るまで、舟はまさに「土着」のものだった。日がな一日、瞬時瞬時を楽しんだ。川を静かに下っていくのは贅沢な喜びだったし、空気はおいしかった。また、津川川［阿賀野川］が美しいとはまったく聞いていなかったので、うれしい驚きが湧き起こってきた。そのうえ、一マイル［一・六キロ］進むたびに待ち望んでいた母国からの手紙へと近づいていくのである。津川を出てすぐに、下ってゆく川の流れは幻想的な山々に行く手をさえぎられる感じになった。舟が通れるだけの幅で岩の門が開いたかと思うと、次には再び山にさえぎら

れるようになったのである。繁茂する木々の間から何も生えていない赤らんだ岩が、その尖塔のような姿を突如現した。まるで裸地なき［木立豊かな］キラン［スコットランドのスカイ島北端にある山］、廃墟なきライン川であり、美しさの点ではいずれにも勝っていた。馬の背ほどの幅もないような尖《とが》った小さな稜線が無数にある山々があるかと思えば、灰色《グレー》の巨岩がせり出した山々があったし、いくつもの細流が深い裂け目をなして流れ込み、高処《たかみ》には仏塔のある寺院が見えた。また、花の咲く木々の向こうには、勾配のきつい茅葺《かやぶ》き屋根の民家が明るい陽ざしを浴びて見え隠れし、近くの山々の隙間からは雪をかぶる高い［遠くの］山々がちらっと見えた。

安息の一日　うっとりするような風景が一二マイル［一九キロ］にわたって続いた急流下りが終わると、津川川［阿賀野川］は、川幅の広い水量豊かな流れとなって木立の多いほとんど真っ平らな農村地帯を大きくうねるように流れた。背後が雪をかぶる山々によって画されているところもあった。川面に展開する活動は、見ていてとても心地よかった。多くの丸木舟が野菜や小麦を積んだり、学校から家路につく少年少女を乗せたりしながら往き交っていた。白帆をたたみ一二艘が一体となって水深の深い川をゆっくりと進んでいったり、陽気に大声をかけあう船頭にひかれて浅瀬を進んでいく平底舟《サンパン》の姿もあった。その後、川は幅が広く水深が深くなり、浮遊する大量の水草が発する沖積平野特有の匂いを漂わせながら堤防［自然堤防］の間を静かに流れるものへと変化した。堤防には木々や竹が茂り、また辺りの田園を隠すほどに高かったから、家はほとんどと言ってよいほど見えなかったけれど、人がたくさんいる気配はずっと感じられた。ほぼ百ヤード［約九〇メートル］ごとに狭い小道が［堤防の］茂みを抜けて川まで通じ、その傍らには一艘の丸木舟がつながれていた。また、桶と、石が両端に付き上下に動く竹棒を備えた絞首門のような構築物［撥釣瓶《はねつるべ》］が途切れることなく姿を見せるので、給水を川に依存する家が近くにあることがわかった。さらに、堤防のうち川に出られる所では馬が柄杓《ひしゃく》で水をかけて背中を洗ってもらったり、子供たちがぬかるみの中でころげ回ったりする光景をいつも目にするし、鶏のけたたましい鳴き声や人間の話し声、活動に伴ういろんな音が草木の茂る岸辺の向こうから私たちの舟に向かって流れてきた。このため、たとえ姿は見えずとも岸辺にたくさんの住民が住んでいることを感じ取れた。暑く静かな午後、起きている者は船頭と私を除いてだれ一人いなかった。まるで夢を見ているような心地よい午後だった。ゆったりと下っていくと、時折、葡萄［正しくは梨《なし》］の枝が水平な棚に這うようにされた葡萄［梨］畑が見えるようになった。竹を横木にしたその棚は四〇フィート［一二メートル］もの長さがあり、杉の棒を真っすぐに立てて釘で固定した支柱の高さは二〇フィート［六メートル］あった。そして棚がまだ葡萄［梨］の枝でいっぱいでなかったので、大麦の小さな束が横木にまたがるように掛けて乾してあった。

　木立が増え、どんどん夢見るような風景になっていったのが、そのあと木立も豊かな植生もともに姿を消すと、川の両岸は砂と砂利からなる堤防のある低地が展開するようになり、［午後］三時には新潟の町外れにやってきた。屋根に石を並べた背の低い家々が広々とした砂地の上に列状に続き、その背後は樅《もみ》［正しくは松］の林の砂丘になっていた。堀［西堀］沿いにはたくさんの張り出し縁側のある茶屋が並び、〈芸者《ゲイシャ》〉をあげて〈酒《サケ》〉［酒宴］に興じる人々の姿が見えた。しかし、川沿いの通りは全般にみすぼらしく寂れていたし、内側の通りも本州西岸《ウエスタン・ジャパン》［日本海側］の大きな都市とはいえ、思ったほどではなかった。海は見えず、領事館の旗がどこにもひるがえっていなかったから開港場だとは信じがたかった。私たちの乗った舟は産物や製品の輸送路になっているたくさんの堀の一つを、何百という荷舟の間を縫いながら棹を使って進み、町の真ん中で上陸した。それから何度も人に尋ねたあげく、ようやくにして伝道所［宣教師館］にたどり着いた。県関係の建物に近接してあるここで、私たちはファイソン夫妻［英国教会伝道協会の宣教師。バードは来日一週間後に東京で会っている。『完訳 日本奥地紀行1』第四報］のこの上ない歓迎を受けた。この建物は木造で、張り出し縁側もなく木も植えられていなかった。

建物は簡素で造りも単純なうえ、不便なほどに狭かったが、［西洋風の］扉と壁はとても贅沢に思えた。いつまでもがやがやとうるさく不作法な日本人の下で過ごしてきたあとで、洗練されたヨーロッパ人の家庭の暮らしがどれほどありがたいものであったか、読者には想像もつかないと思う。 I. L. B.

僧侶［原著２巻本では第19報に収載（『完訳 日本奥地紀行２』33頁）］

日光《ニコウ》から新潟への旅程（鬼怒川ルート）

	戸数	距		離
		里	町	[km]
日光		36*		[141.4 km]
小百	6	2	18	[9.8 km]
小佐越	19	1	18	[5.9 km]
藤原	46	2	19	[9.9 km]
高原	15	2	10	[8.9 km]
五十里	25	2		[7.9 km]
中三依	10	1	24	[6.5 km]
横川	20	2	21	[10.1 km]
糸沢	38	2	34	[11.6 km]
川島	57	1	4	[4.4 km]
田島	250	1	21	[6.2 km]
豊成	120	2	12	[9.2 km]
栄富	34	1		[3.9 km]
大内	27	2	12	[9.2 km]
市川	7	2	22	[10.3 km]
高田	420	2	11	[9.1 km]
坂下	910	3	4	[12.2 km]
片門	50	1	20	[6.1 km]
野沢	306	3	24	[14.4 km]
野尻	110	1	27	[6.9 km]
車峠	3		9	[1.0 km]
宝坂［宝川］	20	1	14	[5.5 km]
鳥井	21	1		[3.9 km]
栄山	28		24	[2.6 km]
津川	615	2	18	[9.8 km]
新潟	5万人	18		[70.7 km]
		101	6	[397.3 km]
［計］ 247［248］マイル				[397.4 km]

* 東京からの距離［その他は集落間の距離］

第十六報［第二十報　新潟］

最悪の天気――いろんな害虫――存在しない外国貿易――手に負えない川――進歩――日本的な街――水路――新潟の［家の］庭――ルース・ファイソン――冬の気候――綿入れを着る住民

七月九日［火曜日］　新潟にて

私は一週間以上新潟で過ごしてきたが、残念ながら明日ここを発《た》つ。残念なのは新潟自体の面白さよりも友人［との別れ］のためである。これほどひどい天気が続く一週間は初めてだった。太陽はほんの一度顔を出したきりで、三〇マイル［五〇キロ］先の山々はまったく見えなかった。茶色がかった灰色《ブラウニッシュ・グレー》の雲が垂れ込め、空気はよどんで湿っぽく、華氏八二度［摂氏二七・八度］だった昼の気温は、夜でも八〇度［二六・七度］あった。この家［ファイソン家］の人も身体のだるさと食欲不振でぐったりしている。夕方になっても涼しくならない上に、無数の虫が飛んだり、這《は》ったり、跳《は》ねたり、走ったりする。どの虫も害虫である。昼間の蚊［縞《しま》蚊、藪《やぶ》蚊］はまだら模様の長い脚をもつが、夜にはこれとは別の蚊［赤家蚊《あかいえ》］がブーンという音もたてずにやってきては肌をかんだり毒針で刺したりする。この蚊は大群をなす。［散歩しようにも］歩けるところは町通りと公園にしかない。新潟は砂州の上に造られた町で、暑いうえに木々もない。町の景色は木造の見晴らし台［舟見台］のてっぺんに上らないことには一望にできない。

新潟は外国貿易のない開港場であり、外国人もほとんど住んでいない。去年も今年も外国船は一隻も入ってきておらず、外国の商館は二つしかない。いずれもドイツのものである。外国人はわずか一八人で、宣教師を除くとほとんどが政府［新潟県］に雇用されている。信濃川《シナノ》と呼ばれる川は日本最長で、その本支流を流れ下る水量は膨大である。ただ日本の川は、山地から流れ出る膨大な量の土砂や小石で流れをひどく阻害されている。私がこれまで目にしてきた川はどれも、両岸が硬い岩で画されている部分を別として、河床には砂礫《されき》や丸石が堆積し、川の水は砂が堤防のようになったり中州をなしたりしている間を縫うように曲がりくねって流れていく。ひどい場合とそれほどでもない場合があるとはいえ、毎年発生する氾濫《はんらん》時には膨大な量の水が荒野のような河原を覆って、土砂や岩屑《がんせつ》を河口へと押し流す。このため河口はいくつもの州でふさがってしまう。信濃川は日本第一の大河なので最も厄介であり、入口［港口］に一つの中州が横たわり、わずかに一本の水路［水道］がそこを抜けているが、水深が七フィート［二メートル］のその水路もどんどん浅くなってきている。技師たちは信濃川にたいへん頭を悩ましており、政府も何とかして水路を深くし港湾のない本州西岸《ウエスタン・ジャパン》［日本海側］にこれを設けることを熱望している。しかし必要な事業のためには膨大な費用がいる。それが終わるまでは、和船《ジャンク》［弁才船］と港湾の外に停泊する日本の少数の小型汽船による海上交易が細々と行われることになる。*英国の副領事職が置かれているが、昇進のためでもない限りは、このような退屈な職場や辺地の居留地などだれも引き受けまい。

＊ 私は旅客設備のないこのような汽船で自分の籠《かご》［柳行李《ごうり》］の一つを函館まで送ろうとした。その時、送るに

は送れたものの、煩《わずら》わしい制約に直面し、外国人である私は困り果てた。外国人が自分個人の荷物をある開港場から別の開港場に、さまざまの形式ばった手続きなど踏まないで送れるようになっているのが当然のことであろうに、その手続きのためにすんでのところで送れないところだった。伊藤《イト》が私の荷物を、伊藤の名前で函館に住むほとんど見ず知らずの日本人に送るように按配《あんばい》してくれたお陰でようやく送れたのである。

繁華な都市　しかし新潟は五万人の人口を擁す美しく繁華な都市である。また一五〇万人の人口を擁す富裕な越後国《プロヴィンス・オブ・エチゴ》の主都であり、〈県令《ケンレイ》〉と言われる県の知事がいるところでもある。複数の主要な裁判所や立派な学校、一つの病院そして兵営もある。このような隔絶された町で専門学校と称するに足る学校を見ることができるのは不思議な気がする。この学校［新潟学校］には、中学科、小学科、師範学科に加えて、英国人と米国人が組織し一五〇人の生徒のいる英語学科や百工化学科が付設されている。百工化学科には鉱物地質学標本室や複数の実験室がある。その設備はすばらしく、最新で最も定評のある科学・教育機器が備えられている。ファイソン氏の家の近くには県関係の複数の建物が集まっている。すべて木造で白いペンキが塗られている。そして建物が大きく、数えきれないガラス窓が付いているので目立つ。一人のヨーロッパ人の医師［フランス人ウィーター］の計画に沿ってできた医学校が付属する大きな病院*や、〈県庁《ケンチョウ》〉、〈裁判庁《サイバンチョウ》〉と言われる裁判所［新潟裁判所］、複数の学校、兵営、そして他のどれにもひけをとらない銀行［第四国立銀行］の大きな建物はすべてヨーロッパ風であり、進取的で存在感はあるが、ごてごてしていて趣《おもむき》に欠ける。たいへんうまく設計され、砂利をきれいに敷いた遊歩道のある大きな公園［新潟遊園］もある。街灯は三〇〇基を数え、当地方で産する石油が使われている。

＊この病院［新潟病院］は大きくて換気もよいが、多くの入院患者がやってくるまでにはなっていない。外来患者は非常に多く、眼病が目立つ。日本人の主任医師［竹山屯］はこの病気がこの近隣で蔓延《まんえん》しているのは、じめじめしていること、［砂丘の］砂や雪で陽の光が反射することと［家の］換気が不十分で炭火の煙霧がひどいことに起因するとみている。

ただ、日本で最も豊かな国［新潟県］の主都［新潟］は、奔放な信濃川が天然の交通路である海と［中州のせいで］常につながらない形になっているために「孤立して」いる。そのため、膨大な量の米、絹、茶、麻、〈人参《ニンジン》〉、藍《あい》のみならず、金、銅、石炭、原油を産出する越後国の物産のほとんどは、馬の背に乗せいくつもの山脈を越えて江戸［東京］へと輸送されねばならない。その道は私がたどってきた道と似たりよったりのひどい道である［という］。

絵のように美しい町通り　西欧化という形で展開し始めている新潟の官公庁地区は、純日本的な旧市街と比べるとまったく見劣りする。旧市街はこれまで見てきた町の中では最も整然とし、最も清潔で、見た目にも最高に心地よい。［横浜の］外国人居留地のような雑踏もない。ここは訪問者を遠方から惹《ひ》き付けるいくつもの美しい茶屋とこれまたいくつかある芝居小屋［永楽座・菊寿座・鶴遊座］がすばらしいことでよく知られ、広い地域の娯楽の中心になっている。みごとなまでに清潔なので、この掃《は》き清められた町通りを泥靴で歩くのは、日光《ニコウ》でもそうだったが気がひけるほどである。エディンバラの当局にとってよい教訓になるだろう。藁《わら》や小枝の一本、紙切れ一枚でも落ちていればすぐに拾って片付けられるし、ごみは蓋《ふた》付きの箱や桶《おけ》に入っている場合は別として、一瞬とて路上にほうってはおかれない。ここはそれぞれ一マイル［一・六キロ］以上ある五つの通り［町通り］と、これらに交わるたいへん多くの

通りと堀

短い通り［小路《こうじ》］によって矩形《くけい》に整然と画されている。また堀が縦横に走り、実質的な道をなしている。町通りでは駄馬は一度も見かけなかった。すべては小舟で運ばれてくるのである。堀を通じて物資を戸口のそばまで運び込めないような家は、この旧市街の中心部にはほとんどない。これらの水路［堀］は終日往来が多いが、とりわけ野菜を積んだ小舟がやってくる早朝の混雑ぶりは言葉に尽くせない。この地の人々は野菜なしでは一日とて過ごせない。ちょうど今は胡瓜《きゅうり》を積んだ小舟がなかなかの見ものである。堀は一般には町通りの真ん中を流れ、その両側がまずまずの幅［二間］のある道になっている。そして、堀は道路面よりもずいぶん低いところを流れ、垂直に近いその岸は、所々にある階段の部分を除くと板と杭《くい》できっちりと覆われている［挿絵］。堀端にはずっと木が植えられている。枝垂《しだ》れ柳が多い。その上、堀には川［信濃川］からの水が流れているのでとても気持ちがよい。また、小橋が短い間隔で架けられている。堀は新潟のたいへん魅力のある特色になっている。

家の屋根は板葺《ぶ》きで勾配《こうばい》がきつく、石で重しがしてある。また高さは実に不揃いだが、どの家も屋根の勾配のきつい切妻で、二階の妻の部分を通りに向けている。この街の絵のような美しさは日本では非常に珍しいものである。町通りに沿って庇《ひさし》の深い通路《ベランダ》［雁木《がんぎ》］がずっと続いているのである。そして冬に雪が深く積もると、これは屋根で守られた歩道になる。両側が並木道になった堀や立派な公園、清潔で絵のように美しい町通りがあるのも、街を実に魅力的にしている。しかし街が改善されたのは最近であり、現東京府知事楠本正隆《クスモトマサカタ》《まさたか》氏［明治五年六月から八年八月まで新潟県令］によってこれが完成をみたのはつい先年［同五〜六年］のことである。貧しい様子が街のどこにも見られないのは事実だが、逆に金持ちがいても、金持ちであることが周到にわからないようにされている。この都市［新潟］の外観でよく目立つのは、木の〈格子《スラット》〉のはまった出窓のある民家の並ぶ町通りが数多くあることである。格子越しだと、住んでいる人は外から見られることなく家の中からだけ外を見ることができる。ただ夜になって〈行灯《アンドン》〉が点《とも》ると、家族がたいていは裸同然の〈いつもの身なり〉で〈火鉢《ヒバチ》〉の回りに座っているのが見える。このことはパーム医師［エディンバラ医療宣教会が派遣した医療宣教師。二巻本「伝道」の報でその活動を詳述。その居宅と病院は本町通八番町西側にあった］の家を出て歩いていた時に私たちも経験した。

家は、間口は非常に狭いが、奥に向かって驚くほど長く続き、途中には庭［中庭］が複数あり、庭にはいろんな花や低木［植木］が茂っていて、蚊も多い。橋も何度も現れる。それで、通りから家の中を覗くと、おとぎの国を眺めているような気分になる。日本家屋は重要な部屋［座敷］が奥の方にあり、模型のような景色［中庭］に面している。三〇平方フィート［二・九平方メートル、〇・九坪、二畳］もないような狭い空間に景色がみごとな技《わざ》で小さく再現されているのである。池・石組み・橋・石灯籠《どうろう》と、姿を人工的に歪めた松は不可欠な要素としてあるし、資金を含め事情が許す限り趣のある技法が尽くされる。茶を点《た》てたり読書をしたり静かで涼しい中で寝たりひそかに釣り糸を垂れたり、〈酒《サケ》〉を飲んだりする離れである小さな四阿《あずまや》が設《しつら》えられる。青銅の五重塔や青銅の龍の口から水の流れ落ちる滝も一つならずある。岩をあしらった池の深みでは、金色や銀色の魚［錦鯉《にしきごい》］がすばやい動きで水面の上に身を躍らせたり、水面下に潜ったりしている。池には岩でできた中島があり、せせらぎには緑色をした橋がかかっている。鼠や蛙がその下をくぐれる程度の高さの橋である。芝地や、雨が降った時に通るための踏み石や、小さな洞穴や山・谷が配され、所々に小ぶりの棕櫚《しゅろ》や蘇鉄《そてつ》・竹がこんもりと生えている。また、葉が紫だったり鈍い緑をした、成長を抑えられた［盆栽仕立ての］種々の木々は、四足獣や爬虫《はちゅう》類そっくりの姿に整枝され、そのねじれた枝を池の上に長々と伸ばしている。

　私はこれまで新潟［の街］を実によく歩き回ってきた。今のところはたった一人のヨーロッパ人女性であるファイソン夫人と三歳になるかわいいイングランド人の子供ルースと連れ立って歩いていると、後から大変な数の群衆がついてきた。カールした金髪が肩まで垂れたこの色白の美少女がこの上ない魅力をたたえているからである。群衆は男も女も幼児に対して礼儀正しく優しいので、ルースも群衆を怖がるどころかほほ笑み、日本式のお辞儀をし、日本語で話しかける。自分の国の人から離れたがる様子さえ少しある。だから彼女を私たちのもとを離れないようにさせるのはとても難しい。気づくといなくなっており、振り返ると数百人の群衆の輪の中にあって日本式に座っており、称賛の的になっているということが二、三度あった。そんな時、彼女はその状況から引き離されるのをとても嫌がった。日本人は本当に子供好きではあるが、ヨーロッパ人の子供が日本人と一緒にいるのはあまり好ましいことではない。日本人は［ヨーロッパ人の子供の］道徳を台無しにするし、嘘をつくことを教えたりするためである。

厳しい気候　新潟およびこの広大な国［越後国］の大部分の気候は、山岳地域の向こう側［太平洋側］の気候とは実に対照的であり快適ではない。後者の気候は北太平洋の湾流［日本海流］の影響を受けて温暖であり、秋と冬は大気の状態が安定し、気温もあまり低くなくさわやかで真っ青の晴天が続くので、一年で最も快適であるのに対して、新潟では雪の降る日が年平均三二日ある。堀や川は凍結し、流れの速い信濃川でさえ馬が渡れることがある。一、二月には三〜四フィート［〇・九〜一・二メートル］の積雪があり、空には厚い雲が垂れ込めどんよりしている。人々は少しでも陽の光がほしくて二階で暮らす。駄馬輸送は姿を消し、人々は藁がもじゃもじゃ出た雪靴をはいて歩きにくそうにして歩く。また冷たく強い北西の風［季節風］がよく吹くために、沿岸《ベランダ》は半年近くの間航行が困難になる。この都市の人々は［外では］綿入れを着、顔は眼以外を覆って雁木の下をよろよろと歩く。［家では］〈火鉢《ヒバチ》〉の回りに集まり震えている。夏に［華氏］九二度［摂氏三三・三度］にもなる気温は冬には一五度［マイナス九・四度］にも低下するのである。これらすべては北緯三七度五五分のこと、つまりナポリより三度も南でのことなのである！

I. L. B.

第十七報［第二十二報　苦痛の種］

新潟の堀の岸辺――ひどい寂しさ――優遇措置――パーム医師が乗る二人びき人力車――やかましい〈祭《マツリ》〉――ガタガタと揺られる旅――山間《やまあい》の村々――冬のわびしさ――類いなき寒村――大家族居住――牛に乗って――「泥酔者」――止むなき休息――現地で聞いた水をさす言葉――重い荷物――いない乞食――のろのろとした旅

七月一二日［金曜日］　市野々《イチノノ》にて

二人びき人力車

私が新潟を発《た》つ時、二人の外国人女性とやはり二人の金髪の幼女［ファイソン夫妻の娘とエンスリー領事夫妻の娘］、そして毛の長い外国の犬一匹と外国人紳士一人が［船着場まで］ついてきてくれた。このため、もし外国人紳士一人だけだったら人目をひかなかっただろうに、多くの群衆が親切心からとはいえ堀の岸辺までついてくる羽目になった。住民の二人がその二人の子供を肩車にすると、ファイソン夫妻は私に別れの挨拶をしようと堀の際《きわ》ぎりぎりまで歩いてきてくださった。〈通い舟《サンパン》〉［アンコ船］が幅の広い信濃川の渦巻く流れへと勢いよく飛び出した時、私はとても寂しい気持ちに襲われた。船は信濃川を横切ると、両岸を堤防に囲まれた狭い新川《シンカワ》［通船川］を棹をさして溯《さかのぼ》り、次いで［長雨で］増水した阿賀野川《アガノカワ》《がわ》をやっとのことで渡った。狭くて濁った加治川《カジカワ》《がわ》［の支流の新発田川］ではむかむかするような肥料を積んだ小舟に何度も行く手を阻《はば》まれたり、延々と続く西瓜《すいか》や胡瓜《きゅうり》の畑と、川面《かわも》の風変わりな活動に驚いたりした。船は棹を使いながら六時間の間苦労して進み、木崎《キサキ》《きざき》に着いた。ちょうど一〇マイル［一六キロ］来たことになる。ここからは、三台の〈人力車《クルマ》〉をひく車夫が一里［四キロ］当たり四銭五厘という安い料金で私たちを乗せ、足取りも軽く二〇マイル［三二キロ］走ってくれた。ある場所では柵が道をふさいでいたが、内国通運会社の社員が村の長《おさ》［戸長］に、旅人が異人さんなのでと申し立てると、その人は親切にも私が通るのを認めてくれた。この社員は私が「無事通り抜ける」ことを確認するためにこんなに遠く［木崎］まで付いてきてくれたのである。この日、道にはずっと人がかなり多かった。沿道の多くの部分に連なる農業集落――築地《ツイジ》、笠柳《カサヤナゲ》《かさやなぎ》、真野《モノ》《まの》――はこぎれいで、目隠しのため道側に笹垣を設けてある家が多かった。概して気持ちのよいところであり、住民はほとんど何も身につけていないものの、貧しそうではなかったし、特別汚いというわけでもなかった。土壌は砂質で非常にさらさらしていた。実際、「松の木しか生えない不毛の砂地」のような砂丘が続き、やせた赤松かその若木しか生えていなかった。しかし、砂丘と砂丘の間の砂地では、肥料を大量に施《ほどこ》して［英国の］菜園のような［集約的な］栽培が行われ、胡瓜《きゅうり》、西瓜《すいか》、南瓜《かぼちゃ》、里芋、薩摩芋、玉蜀黍《とうもろこし》、茶、鬼百合、大豆、玉葱などの作物がみごとに栽培されていた。胡瓜は豌豆《えんどう》のように支柱仕立てになっていた。林檎《りんご》や梨の木が高さ八フィート［二・四メートル］の格子状の棚の上で、横方向に枝を伸ばした果樹園が広々と続く風景も目新しかった。

　東の方には頂きまで木々に覆われた山並が続き、私たちは一日かけてそこへと近づいていった。だが、草木は重苦しいほどには繁茂せず、水田もほとんどなく、空気はどんどん乾いてひきしまっていくように感じられた。松の生えたやせ地［砂丘］の一つを車夫が軽やかな足取りで越えていた時、私は医療伝道の遠出から［新潟に］戻る途中のパーム医師に出会った。氏を二人びきの人力車に乗せた車夫は裸も同然の姿で、猛烈な速さで地面を駆けていた。私は、エディンバラ医療伝道会［一八四一年設立］の謹厳そのものの理事たちの一部でもこのようなパーム医師を見て衝撃を受けてくれたらよいのにと思ったものだった！　この先数週間、私はヨーロッパ人にだれ一人会わないと思う。築地《ツイジ》というとても小ぎれいな村［の継立所《つぎたてしょ》］で私たちは〈人力車《クルマ》〉を乗り換え、砂利道をガタガタ揺られながら中条《ナカジョ》《なかじょう》に向かった。ここは条約の制限範囲内［外国人遊歩区域］のぎりぎりにあるかなり大きな町である。他のいくつかの所と同様、ここにもパーム医師の熱烈な支援者がおり、そのうちの五、六人は診療所を設立すべく、資金を出し合っていた。公平無私で生真面目で、ひたむきさという美徳を兼ね備えた稀有《けう》な人たちだとパーム医師がみている医師たちであり、英国の医療行為をすでに学んでいた。そして、パーム医師の指導の下で学んだ防腐法を今やうまく実践している。何度かおかしな失敗を経た後ではあるが！

〈車　夫《クルマ・ランナー》〉が町や村を通るときに駆け抜けるのは常のことで、私たちを乗せた車夫も小雨が降る中、中条《ナカジョ》を一気に駆け抜け松並木に出た。松を三、四列も植えたこの並木道は中条から黒川《クロカワ》まで延びている。この道を何マイルか行くと、茶畑と水田が交互に続くじめじめした河谷となり、そこをガタガタ揺られながら進んだ。危なっかしい橋を渡って、石が目立つ黒川［正しくは胎内川］の二つの支流を越え、ガタガタ音をたてながら黒川の町［町並］に入った。多くの幟《のぼり》と提灯で飾られた町では人々が神社［神明社］に大勢集まっており、太鼓が打ち鳴らされ、こってり化粧して着飾った数人の少女が屋根のある高い屋台［山車《だし》］の上で鎮　守《ゴッド・オブ・ザ・プレイス》の神を祝い舞を踊っていた。〈祭《マツリ》〉と言われる祭礼だった。そこを過ぎた車夫は私を情け容赦なく揺らしながら黄昏《たそがれ》の松　並　木《アヴェニュー・オブ・ファー》を抜け人気《ひとけ》のない一軒家に着いた。ところがそこ［萩野屋］の主人は私たちの受け入れに難色を示した。明日にならないと認可が下りませんとのことだった。しかし、最後には折れて二階の一間《ひとま》をあてがってくれた。天井までかっきり五フィート［一・五メートル］だったので、笠をかぶったままではまっすぐに立っていられないほどだった。また主人がすぐに〈雨戸《アマド》〉を閉めてしまったので息が詰まりそうだった。もし開けっ放しにしておくと泥棒が入るかもしれませんし、警察から厳しいお咎《とが》めをいただくだけでなく、なくなったものを頑張って取り戻そうとしてくれませんので、とのことだった。よく言われる理由である。ご飯もなかった。それで、私は胡瓜を腹いっぱい食べた。おいしいご馳走だった。こんなに胡瓜を食べるところはこの地方が初めてだった。子供たちは日がな一日かじっているし、赤ん坊さえもが母親におんぶされながら飽くこともなくむしゃぶりついている。今は一ダース［一二本］が［たった］一銭で売られている。

暗くなってから〈宿屋《ヤドヤ》〉に着くのはよくない。たとえ一番よい部屋が空いていても食事と部屋の用意をするのに優に一時間はかかり、その間は蚊のせいで時間を有効に使えない。一晩中雨がひどかった。しかも［日本に］来て以来耳にしたこともないような強い風を伴う豪雨だった。だから日の出に松［の枝］が時折きしむ音と、神社［神明社］の太鼓の音で目が覚めた時はうれしかった。もっとも、日の出にというよりも夜明けにという方がふさわしい。何しろこの地にやってきて以来、日の出も日の入りも見ていないのである。その日［七月一一日］私たちは〈人力車《クルマ》〉で関《セッキ》《せき》を通って川口まで進んだ。時には石の上をガタガタと揺られて通り、時にはぬかるみのそばで止められ、降りてくだされと［車夫から］頼まれた。荒川《アライガワ》《あらかわ》の先では車の通れない悪路を一度に二、三マイル［三・二〜四・八キロ］も歩くことを余儀なくされもした。一人がひき、一人が押して、人の乗っていない人力車を進めるのが二人の車夫にできるやっとのことだった。車を担いで運ばねばならない部分もかなりあった。それで、川口という村［集落］に辿り着き、車夫がこれ以上先へは行けないとわかった時は心底ほっとした。もっとも、［継立所では］馬は一頭しか確保できなかったので、最後の［沼までの］行程はどしゃぶりの中を歩かねばならなかった。持参した紙［桐油紙］の雨合羽《あまがっぱ》では雨は十分にはしのげなかった。

冬の晩　今や私たちは［ブラントン日本図によると］日本の一大中央山系の中にいた。この山系は九〇〇マイル［約一四五〇キロ］にもわたってほとんど途切れることなく続き、幅は四〇～一〇〇マイル［六五～一六〇キロ］ある。そして長大な山脈列に分かれている。これを越えるには高度一〇〇〇～五〇〇〇フィート［三〇〇～一五〇〇メートル］の急峻な峠を越えなければならない。また、これらの山脈には幾多の川や峡谷や幅の広い谷間が介在し、山にも峡谷にも木々が生い茂り、川は激流をなし、すぐに増水する。そして幅の広い谷間にはきまって棚田が広がっており、集落もこのような谷間に立地する。これほど孤立した地域は初めてだった。道がひどいために、日本のどの地域からも隔絶されている。民家は非常に粗末で、男が身につけているのは夏なので〈褌《マロ》〉《ふんどし》だけ、女ももんぺと前開きの肌着［襦袢《じゅばん》］だけである。しかも昨晩［七月一一日］黒沢［正しくは沼］に着いた時にはもんぺだけの姿だった。通行はほとんどなく、馬はほとんど飼われておらず、ある大きな村［関］でも一、二頭、せいぜいで三頭だった。店らしき所にも最低限の生活必需品しか置いていなかった。主に食べているのは米よりもむしろ黍《きび》と蕎麦《そば》であり、これに〈大根《ダイコン》〉［沢庵］が必ずつく。夏には雨が多く、冬はひどく寒い。この時節でさえ住民は濡れた体で家に入ると、〈囲炉裏《イロリ》〉のそばで、煙にむせ返りながら指先だけを温める。つらいことである。その間、湿っぽい風が窓の破れ障子をパタパタさせ、〈畳《タタミ》〉の上には［囲炉裏の］灰が、入ってきた湿っぽい風で飛び散る。これは夜になって［雨戸を閉め］家が密閉されるまで続く。この地の住民は私たちが生活の楽しみとみなすものを何一つ知らないから、長い冬の間の暮らしは、たとえ極貧でなくとも惨めなものにちがいない。冬にはこのひどい馬道が雪で途絶し、凍るように冷たい風が吹き荒れ、家族全員が気の滅入るような〈行灯《アンドン》〉の薄明かりの下、煙たい火床［囲炉裏］の回りに寄り添う。仕事も本も遊びもなく、長い夜を震えながらわびしく過ごし、少しでも暖かくなるよう動物のように体を寄せ合って眠るのである。極貧の暮らしとまるで変わらない惨めな状況であるにちがいない。

沼《ヌマ》という小さな村にその晩［七月一一日］歩いて辿り着いた時、私は最悪の状況を目にした。あふれた川［沼川］の水が坂道を流れ下っており、住民は家に土嚢《どのう》を積んで水が入らないようにしていた。私は雨に濡れ、疲れはてていた。その私を見たみじめな〈宿屋《ヤドヤ》〉［伊藤家］の女将《おかみ》は、すぐに「申し訳ありませんがとてもむさくるしく、こんな立派なお客さまにはふさわしくありません」と口にした。彼女の言うとおりだった。梯子《はしご》を上ったところにあるたった一つの部屋は、窓［の障子］が破れ、〈火鉢《ヒバチ》〉には炭もなかった。卵もなかったし、ご飯はとても汚い色をしていたうえに小さな黒い種子［稗《ひえ》のこと］が混じっていて食べにくかった。最悪だったのは内国通運会社継立所《つぎたてしょ》がなかったことである。この小さな村には馬は一頭もいなかった。それで、翌朝になって五マイル［八キロ］も先［玉川］まで農夫を遣わし、がんばって交渉してもらったおかげで、やっとのことで一頭の馬を手に入れた。日本では、家の数［戸数］から人口数を推定するには、普通は戸数を五倍にすればよいのだが、好奇心を覚えて沼の集落をくまなく歩き回り、伊藤《イト》に、すべての家の外［入口］に掛かっている門札から家人の名前と人数と性別を訳させた。すると、二四軒の家の人口は三〇七人にもなった！　四家族が同居する家も数軒あった。祖父母、両親、長男の各家族、および一人ないし二人の娘とその夫、子供の計四家族である。長男は家と土地を相続し、そのためほとんど必然的に父親の家に妻を迎えるので、妻はこの家で義母「姑《しゅうとめ》」とは奴隷も同然の関係になる。昔から変わらない慣習で、妻になった女性は実家を捨て、「孝行」を夫の母親［姑］に対して行うことになる。ところが往々にして姑は嫁を嫌い、もし子供を産めないと息子をそそのかして離婚させる。この宿の女将も息子を妻と離婚させているが、不精《ぶしょう》な女でしたのでという以上の理由を私に答えることができなかった。

女将が言うには、沼では異人さんを見るのはこれが初めてということで、どしゃぶりの雨がまだ降っていたのに、住民は早朝からざわざわしていた。私がしゃべるのを聞きたいということだったので、皆がいる前で伊藤《イト》に指示を与えた。昨日［七月一一日］は本当に大変な一日だった。ほとんど一日中、二重《フタイ》《ふたえ》、鷹ノ巣《タカナス》、榎《エノキ》という大きな峠をつまずきながら上ったり、すべるように下ったりした。どの峠も森に覆われた山中にあり、そこを木立にすっぽりと包まれた峡谷が深く刻み、雪をかぶった会津の峰々の一つが時折姿を現し、一面の緑の世界の単調さを破った。馬の草鞋《わらじ》［沓《くつ》］は一度結んでも数分ももたずに解《ほど》けてしまい、一時間かけてたった一マイル［一・六キロ］しか進めなかった！　そして［今日は］とうとう、玉川という小さな村［集落］にある［代わりの馬を得ることができる］見込みの到底なさそうな所で［馬から］降ろされた。案の定、ここで聞かされた話は、ある米商人が三日間待って近郷の馬をすべて手に入れていってしまいまして、ということだった。そのため二時間交渉してようやく歩荷《バゲッジ・クーリー》《ぼっか》を一人確保し、荷物の一部は農耕馬に載せた。私には鞍《くら》つきの馬のかわりに、まんまるに肥った愛らしい小さな牡牛があてがわれた。この牛は私を乗せて雄大な大里《オリ》《おおり》峠［正しくは朴ノ木峠か、萱野峠］を無事越え、回りに水田が広がる小国《オキミ／おぐに》の町［出羽の置賜を越後の岩船・北蒲原と結ぶ米沢（越後）街道の、山間部唯一の町場］へと下っていった。雨が降りしきっていたが、ありがたいことに雨宿りができ、数人の歩荷《クーリー／ぼっか》とともに焚火にあたって荷物を運ぶ牛がもう一頭用意されるのを待った。そのあとは、水田が続く中を歩いて進み、次いで再び低い山に入り黒沢に至った。ここは滞在する心算《こころづもり》にしていたところだった。しかし宿はなく、旅人を泊める農家はマラリアにかかりそうな池の端にある上に、薄暗く、目がちかちかする煙が充満し、しかも、おそろしく汚い上に、動き回る異様な生きもの［蚕《かいこ》］がうようよいたので、疲れきってはいたものの先に進まざるをえなかった。だが、外はどんどん暗くなっていったし、内国通運会社継立所《つぎたてしょ》もなかったし、初めてのことだったが、［牛をひく］住民［牛方］がわずかながら料金を吊り上げてきたので、伊藤《イト》は思案に暮れた。農民は暗くなってから外に出るのをいやがった。幽霊が出るかもしれないし、どんな化物《ばけもの》が出るかもしれないと怖がるのである。晩遅くになってから無理やり出かけさせるのは大変だった。

病気と泥酔　休めるほどの清潔な家が一軒もなかったので、私は石の上に腰を下ろし、一時間以上の間、この地の人々について思いを巡らしていた。しらくもや〈疥癬《スケイビーズ／かいせん》〉にかかった子供や目のただれた子供が大勢いた。女性は全員が背中に赤ん坊を背負っていたし、子供も赤ん坊を背負える年頃の子は全員がたどたどしい足取りで同じようにしていた。木綿のもんぺの他に何か着ている女性はだれ一人いなかった。一人の女が「泥酔し千鳥足で」歩いていた。伊藤《イト》は両手で顔を覆い、石の上にへたり込んでしまった。私が気分が悪いの？と尋ねると、この上なく悲しげな声で「いったいどうすればよいのでしょう。こんなものを見られ、恥ずかしい限りです！」と答えた。たかだか一八歳の従者《ボーイ》である。私は伊藤がかわいそうでならなかった。女でもよく泥酔するのと尋ねると、横浜にもいることはいますが、普通は家の外には出てきません、と答えた。また、このような女の夫が月末に支払いのために金を渡すと、それも〈酒《サケ》〉に使ってしまうことがしょっちゅうですとも、店で〈酒《サケ》〉を買ったのに米や茶を買ったことにしてもらうこともあるのですとも言った。「[英国でも]昔からよくある話である！」私はその卑劣にして野蛮な女を凝視し、これがこれまで読んできた日本なのだろうかと自問した。ところが、見苦しい身なりの[茶屋の]女性は、どうしても二、三銭の金を受け取ろうとはしなかった。休んだところには置いていくのが普通なのに、である。私が水を飲んだだけで茶は飲まなかったから、ということだった。強引に手渡すとその金を伊藤《イト》に返した。この救いとなる出来事に私は心に満たされたものを感じ、その場を離れた。

沼[正しくは黒沢]からここ[市野々]までは距離こそわずか一里半[六キロ]だが、何百もの石段が続くでこぼこの石畳の道を上ったり下ったりして険しい朴《ほお》ノ木《ホノキ》峠[正しくは黒沢峠]を越えねばならず、暗がりだったから楽しいことではなかった。この峠で私は初めて岳樺《だけかんば》を目にした。峠の麓《ふもと》で私たちは立派な橋を渡って山形《ヤマガタ》〈県《ケン》〉に入り、すぐにこの集落[市野々]に着いた。ここには見たところ期待できそうにない一軒の農家しか泊まれるところがなかった[越後屋]。ところが、二部屋以外はすべて蚕《かいこ》部屋になってはいたものの、その二部屋は非常に立派で、池と庭石[のある庭]が眺められた。一つだけ嫌だったのは、もう一つの部屋を通らないと私の部屋に出入りできないことである。今は五人の煙草商が輸送待ちをし、〈三《しゃ》味線《サミセン》〉という幻滅を覚える楽器をつま弾いて暇をつぶしている。私が利用する馬も牛も手に入らないので、今日[七月一二日]はここで静かに過ごしている。疲れ切っているので休息でき、かえってうれしい。背骨の痛みで苦しんでいると、伊藤《イト》はいつも恐れおののく。私が死ぬのではないかと思うようである。だがこのことを口にするのは私の状態がよくなった時であり、実際には自分の不安を無愛想で不機嫌な態度で表す。とても不愉快である。伊藤《イト》は私たちが内地《インテリア》を最後までは走破できないと思っているのである！　ブラントン氏のすばらしい地図もこの地域に関しては何の役にも立たない。そこで先に進むには、山形《ヤマガタ》というよく知られた都市にねらいを定めてそこに至るルートを考えるしかない。もし、日本製の地図を複数入手できるならそれらを調べたり、宿の主人や［内国通運会社］継立所の社員や巡り合った旅行者にも尋ねたりして夜の半ばを過ごせる。だが、数里先のことを知っている住民など一人としていなかったし、継立所の社員も次の継立所から先のことはほとんど何も語らなかった。私が辿りたいと思っている「未踏の地《アンビートウン・トラックス》」について尋ねると、「山また山の恐ろしい道だべ」とか「ひどい川をいくつも渡らねばならんでさ」とか「百姓家しか泊まるところがないでさ」という返事だけだった。元気づけられる言葉は何一つなかった。しかし私たちは先へと進む。その厳しさは今の健康状態だと望むところではないが、それでも必ずや進むつもりである。

いない乞食　ここ［市野々］では馬はほとんど飼っていない。商品の大半は牛と歩荷《ぼっか》の輸送になり、女性でも男性と変わらぬほどに重い荷を運ぶ。［私が雇った］荷物運び人夫［歩荷］は一人で約五〇ポンド［二三キロ］を運ぶが、ここの商人は九〇～一四〇ポンド［四〇～六四キロ］もの自分の商品を山形からここまで運んでくるし、もっと重いことさえもある。このような気の毒な人たちがさもつらそうにあえぎながら峠の山道を越えてくるのに出会うと気が滅入る。昨晩［七月一一日］も五人のこのような人が峠の頂きで息も絶え絶えに休んでいるのに出会った。その目は飛び出し、やせているので痛々しいほどによく見える筋肉は、一つ残らずぴくぴくしていた。手で虫［虻《あぶ》］を追い払えないために、刺された部分の血で裸の身体が文字どおり血だらけになり、ほとばしる汗で流れているところもあった。彼らは家族のためにまさしく「顔に汗を流して」［『旧約聖書』「創世紀」］食糧を得、真面目に生活の糧《かて》を得ているのである！　苦しみ疲れきってはいるものの、完全に自立している。ここで私は男であれ女であれ乞食というものに出会ったことがない。不思議な田舎である。女でも七〇ポンド［三二キロ］の重さに耐えている。このような荷物を運ぶ人［歩荷］は背中に藁《わら》を編んで作った厚い当て物［背中当《せなかあて》］をつけ、その上に、下部が橇《そり》の滑走部のように反《そ》っている梯子［背負子《しょいこ》］を担ぐ。この上に、ていねいに荷造りされた荷の高さは腰の下から頭の上のかなりの高さまである。そして荷物を桐油紙《とうゆがみ》で覆い、紐《ひも》でしっかりと結んだ上から藁をかぶせたものを、鎖骨のすぐ下の部分で幅の広い綿入れの帯［背負紐］によって支えるのである。もちろん身体をほとんど二つに折るようにして歩き、この姿勢は非常に苦しいので、しょっちゅう立ち止まって身体を伸ばす必要がある。そしてもし都合のよい高さの土手が見当たらない場合は、L字型の短くて丈夫な支柱［息杖］の上に荷物を置く。このために支柱を携行している。ものすごい荷物を［背負って］運ぶことはこの地方の一大特徴をなす。そして残念ながら、肌を刺す赤い蟻《あり》とこれまた人夫［歩荷］を悩ます小型の虻もこの特徴に加わる。

昨日［七月一三日の補記であり一二日のこと］は一二時間かけて一八マイル［二九キロ］進んだだけだった！　市野々はすてきな村で、［この辺りの］すべての村と同じく養蚕《ようさん》が盛んである。それで、真っ白なあるいは硫黄《いおう》色の繭《まゆ》を筵《むしろ》の上で天日干しする光景を至る所で目にする。

I. L. B.

第十八報［第二十三報　繁栄する地方］

美しい牝牛――外国人の慣習についての日本人の批評――楽しかった休憩――親切の再来――米沢平野［盆地］――とんでもない勘違い――母親の追悼――小松到着――堂々たる宿――癖の悪い馬――アジアのアルカディア――人気の温泉場――とびきりの美女――「蔵《ゴウダウン》」

［七月一五日（月曜日）］　上山《カミノヤマ》にて

快晴の朝早く、私が乗った一頭を含む三頭の牛とともに市野々を出発した私たちは、丸一日かけて厳しい山の旅をし、これまでとは違う地域に辿り着いた。私が乗った牛は、その子牛もそうだが、小さな鼻と短い角、真っすぐの背中とどっしりとした胴体をもち、とても美しかった。私は新鮮な牛乳を飲めるかもしれないと思った。だが、この地の住民には、子牛が母牛の乳を飲む以外に牛の乳を飲むということなど初耳だったから、皆から笑われてしまった。伊藤《イト》が言うには、そんなことは「とんでもない」とだれもが思っているし、外国人が「匂いも味もこんなに強烈なもの」を茶に入れるのを日本人ならだれもが「とんでもない」ことだと思うとのことだった。どの牛の腹にも、紺色の龍を染め抜いた木綿の布が巻かれ、泥が付いたり、虫に刺されたりしないようにしてあった。また、草鞋《わらじ》をはき、鼻の軟骨には紐《ひも》が通してあった。天気がよく、大量の米や〈酒《サケ》〉が輸送されていた。何百頭もの荷役の牛に出会ったが、どの牛も美しく、四頭が一組になっていた。

奥ゆかしい行為　私たちは眺望の美しい桜峠《サクラトゲ》《とうげ》を越え、白子沢《シラカサワ》《しらこざわ》という山間《やまあい》の村で複数の馬を手に入れ、さらに複数の峠を越えて午後に手ノ子《テノコ》という村［集落］に至った。ここで内国通運会社継立所《つぎたてしょ》の縁側にいつものように腰を下ろし、利用できる馬を一頭手に入れようと待った。大きな構えの店だったが、ヨーロッパ製の商品は何一つ置いていなかった。部屋の中では女子供が囲炉裏端に車座になって座っていた。またどこでもそうなのだが、主《あるじ》がたくさんの帳簿が載った高さ一フィート［三〇センチ］の机［座卓］の前に座っていた。その傍らの座布団の上では孫が横になっていた。ここで伊藤《イト》は皿に盛ったぞっとするようなものを七皿も食べた。私には〈酒《サケ》〉と茶とご飯と黒豆が出された。黒豆はとてもおいしかった。私たちはこの地方のことについて少し話を交わした。主は自分の名前をこの帳簿に英語で書いていただけませんか、貴女《あなた》のお名前といっしょに、と頼んだ。この間にたくさんの人が集まってきた。前の列の人は、後ろの人が自分たちの頭越しに見ることができるように地面に座っていた。汚らしい上、私の際《きわ》まで押し寄せてきた。その時、この家［継立所］の女たちが私が暑がっているのに気づき、団扇《うちわ》をいそいそと取り出し、丸一時間もあおいでくれた。料金を尋ねると、いただけませんと言い、どうしても受け取ろうとしなかった。そして、異人さんにお目にかかったのはこれが初めてです、お金をいただくなどという卑しいことはできません、店［継立所］の帳簿に「ご芳名」を記していただきましたのでそれで十分です、と言った。それだけではなかった。女たちは砂糖菓子を包んでくれたし、主は主で団扇に自分の名前を書き、受け取ってくださいと言ってきかなかった。英国製のヘアピンを数本あげる以外には何もお返しするものがなく心が痛んだが、彼女たちには初めて目にするものだったので、すぐに集まってきていた人々に回して見せた。私は、日本のことを思い出すかぎりみなさんのことは決して忘れませんと言ってそこを出た。人々の優しさに触れ胸がいっぱいになった。

数多くの敷石を上ったり下ったりしながら、そびえたつ宇津《ウツ》峠を越えた。これは重畳《ちょうじょう》たる山並みにかかる峠のうちの最後のものである。ありがたい陽の光に包まれたこの頂きから私は、すばらしい米沢《ヨネザワ》平野［盆地］を眼下に見下ろすことができ、うれしかった。長さ［南北］三〇マイル［約五〇キロ］、幅［東西］一〇～一八マイル［一六～三〇キロ］の広がりをもつこの平野［盆地］は、日本を代表する地味《ちみ》豊かな農耕地帯《ガーデン》の一つである。森が多く、灌漑《かんがい》が行き届き、豊かな町や村が一面に点在していた。またすべての部分ではないが木々の茂る雄大な山々が回りを取り囲み、その南側の一番奥の山並みは、七月も半ばだというのに雪で真っ白だった。

松原《マツハラ まつばら》という農村の長い通りで、一人の男が私の前に飛び出してきて私に向かって話しかけてきたのでびっくりしたが、伊藤《イト》がやってきて、この男をどなり散らし取り押さえた。この男は私をアイヌ、つまり蝦夷《エゾ》［北海道］に住む征服された原住民だと勘違いしていたことがわかった。以前には中国人と間違えられたこともあった！

越後国［新潟県］では、四本の竿竹に四隅を張り渡した木綿の布が、流れの静かな小川の上にあるのを、あちこちで見てきた。その後ろには細長い板がよく立てかけられていた。そのてっぺんには墓地で目にする板［卒塔婆《そとうば》］によく似た切り込みがあり、板には文字が書かれていた。四本の竹竿の上の穴には束にした花が差してあることも時折あったし、普通は布そのものにも文字が書いてあった。そして［たわんだ］布の上には必ずや柄杓《ひしゃく》が一つ置いてあった。手ノ子から道［米沢街道］を下っていた折、［白川を越えてすぐの］道の傍ら［小川の畔］にこれがあり、僧侶［本長寺（飯豊町所在の法華宗の寺院）第十一世微妙院日浄］が布の上に柄杓で水をいっぱい注いでいるのを見かけた。布は［水の重みで］ゆっくりと下に膨らんでいった。この僧侶は私たちと同じ道を行くところだったので、同道し、その［流灌頂《ながれかんじよう》の］意味について説明してもらった［挿絵］。

流灌頂《ながれかんじよう》

僧侶によると、その板には一人の女性［中澤］の死後の名前つまり〈戒名《カイミョウ》〉が記されている。花にも、愛する人が身寄りの者の墓に捧げる花と同じ意味がある。もし布に字が記されているなら、それは〈南《ナ》無《ム》妙《ミオウ》《みよう》法蓮華《ホウレンゲ》経《キオウ》《きよう》〉という日蓮《ニチレン》宗のあの有名な祈りの言葉である。布に水を注ぐのは祈っているのであり、その時、数珠《じゆず》をつまぐることが多い。「流灌頂」と総称される。これほどまでに哀れみを感じさせるものはちょっと見たことがない。というのも、これは初めて母になる喜びの最中に亡くなった女性が、前世の罰《ばち》が当たって、仏教徒の地獄の一つである血の池《レイク・オブ・ブラッド》で苦しむ（そう一般に信じられている）姿を表しているとされるからである。また、苦しんでいるその女の苦しみが少しでも短くなるよう、道行く人に訴えているからである。布が完全に破れ、注いだ水が一度にこぼれ落ちるようになるまで、この女は血の池に留まらねばならない。

小松《コマツ》　山から下りて米沢平野［盆地］に出たところで川の両岸が少し段丘化するとともに、すぐに傾斜地から平坦地に移行する。川が合する辺りでは土壌は乾燥した砂礫《されき》質で、列状にこんもりと生えた松林がいくつか姿を現した。家々の様子には、これまでよりもずっと清潔で快適な感じがあった。手ノ子から六マイル［約一〇キロ］歩いて小松［上小松］に至った。ここはすばらしい場所に位置する人口三〇〇〇人の町で、綿製品や絹と〈酒《サケ》〉の取引が盛んである。

小松［の集落］に入ると私に出会った最初の男があわてて後戻りし、初めの家に向かって叫んだ。「はやく！　異人がいるぞ」という意味だった。するとそこで仕事をしていた大工三人が大工道具をほっぽり出し、〈着物《キモノ》〉を着る間ももどかしげに通りを駆け抜けながらこのことを大声で触れ回った。そのため、〈宿屋《ヤドヤ》〉［金子重左衛門家］に着いた時にはすでに大勢の群衆が私の方に押しかけてきた。玄関はみすぼらしく見たところ期待できそうになかったけれども、家の中を流れている小川に架かる石橋を渡って奥まで行くと、そこに奥行四〇フィート［一二メートル］で高さが一五フィート［四・五メートル］もある部屋があった。片側は完全に開けっ放しで庭に面し、そこには金魚［錦鯉］が泳ぐ大きな池や、五重塔、整枝された木々、その他、庭を彩《いろど》るいろんな小型の装飾物があった。金泥《きんでい》を施《ほどこ》した青の縮《ちり》緬《めん》紙の〈襖《フスマ》〉をはめると、この細長い部屋は二間《ふたま》になった。ただ、プライバシーは保てなかった。群衆が裏の屋根に上って、夜までじっと座っていたからである。

これは〈大名《ダイミョウ》〉の間《ま》だった。黒檀《こくたん》の柱と天井には金箔が施され、畳は極上のものであり、磨きたてられた床の間には象眼《ぞうがん》を施した文机《ふづくえ》と刀掛けが飾ってあった。縁側［の長押《なげし》］には、漆塗《うるしぬ》りの柄《つか》に鮑《あわび》の貝殻の象眼を施した長さ九フィート［二・七メートル］の槍《やり》が掛かっていた。手水鉢《ちょうず》も象眼を施した黒い漆塗りのすばらしいもので、ご飯を盛る蓋《ふた》付きの椀は金を使った塗椀《ぬりわん》だった。

ここに立ち寄ったことが宿の誉《ほま》れとなっている太政大臣［三条実美《さねとみ》］や県令や著名な大将［有栖川宮《ありすがわの》熾《たる》仁《ひと》親王］が、数行の詩［漢詩の一節］を添えて揮毫《きごう》した大きな漢字の〈掛物《カケモノ》〉［額］が掛かっていた。他の多くの〈宿屋《ヤドヤ》〉でもよく見られることであり、様式も同じだった。私もこうして掲げるものを書いてくださいと頼まれたことが何度かあった。私は小松《コマツ》で［七月一四日の］日曜日を過ごしたが、ここにも白くてふんわりとした感じの食べ物［麩《ふ》］だけを売っている店［麩屋］がある。これはとても大切に飼われている金魚［鯉］のためのもので、この宿の女子供は、日に三回庭に下りて餌《えさ》として与えている。

小松《クマツ》《こまつ》を出発した時［日曜日］、［私を見ようと］家の中には優に六〇人、そして外には一五〇〇人もの人がいた。塀にも縁側にも、屋根の上にさえぎっしりいた。日光《ニコウ》から小松までの馬はずっと牝馬《ひんば》だったが、ここで初めて［牡《おす》の］駄馬に乗ることになった。恐ろしい日本の駄馬である。獰猛《どうもう》そのものといった感じのその二頭の馬は玄関先にいた。頸《くび》と頭をきつく結んであるために、頸は完全に弓なりになっていた。私が乗ると群衆がついてきて、その数は進むにつれて増えていった。そのため下駄のカタカタという音と群衆のがやがやしゃべる声に恐れをなした馬は、ついにはつなぎ綱をふり切ってしまい、驚いた〈馬子《マゴ》〉は馬を放り出してしまった。すると馬はいななき、前脚を地面に激しく打ちつけながら、主に後脚を使って街路を駆けていき、群衆は道の左右に散らばった。そして、馬が警察分署［川西分署］の前を一気に走りすぎようとしたところを四人の巡査が出てきて取り押さえたが、通りはその先にももっと長く続いていたので、群衆が再び集まってきた。すると私の乗った馬はさっきと同じようにして駆けていった。後ろを振り返ると、伊藤《イト》の乗った馬が棒立ちになり、伊藤の姿は地面にあった。私が乗ったこのひどい馬は水路という水路を飛び越え、歩いている人という人を歯をむいて攻撃した。この野獣のような振舞いには、馬のくせをよく知っている私でさえなす術《すべ》がなかった。赤湯《あかゆ》に着くと、馬市が開かれていた。どの馬も［紐《ひも》で］柱にしっかりと結びつけられていたので、馬はいななき、後脚を蹴り上げることしかできなかったが、このような行為が私たちの馬を刺激し、荷物も積んでいた［伊藤の］馬は、飛び跳ねたり、棒立ちになる動作を繰り返したあげく、伊藤《イト》をほとんどの荷物もろとも振り落としてしまった。そして私が馬から下りようとすると、この馬も棒立ちになった。そして足を取られた私が地面に倒れると、私に向かって数度激しく飛びかかってきて、むき出した歯と前脚で攻撃しようとした。幸いにも数人の〈馬子《マゴ》〉の機敏な対応でことなきを得たが、私は、この［二頭の］ひどい馬によって「それはくつわと手綱で動きを抑えねばならない。そのようなものをあなたに近づけるな」［『旧約聖書』「詩編」］という［聖書の］言葉をいやが上にも思い起こした次第である。

エデンの園

とても暑いもののよく晴れた夏の日だった。雪をかぶる会津の峰々も、太陽の光にきらきら輝いているので、涼しげな感じはほとんどしなかった。南には繁栄する米沢の町、北には来訪者の多い温泉場である赤湯を擁する米沢平野［盆地］はまさしくエデンの園［『旧約聖書』のアダムとイブが住まわされた後、神の戒めに背いて追放された楽園。『新約聖書』では「神の楽園」と表現される」である。「鋤《すき》の代わりに鉛筆で耕したかのよう」［R・W・エマソンの作品『英国の印象』の一節］であり、米、綿、玉蜀黍《とうもろこし》、煙草、麻、藍《あい》［紅花《べにばな》］、大豆、茄子《なす》、胡桃《くるみ》、西瓜《すいか》、胡瓜《きゅうり》、柿、杏《あんず》、石榴《ざくろ》が豊かに育っている。晴れやかにして豊饒《ほうじょう》なる大地であり、アジアのアルカディア［牧歌的楽園にたとえられたギリシャの南部ペロポネソス半島の中央部の地域名］である。繁栄し、自立している。そしてその豊かな土地すべてが耕作する人々の所有に帰している。人々は葡萄《ぶどう》や無花果《いちじく》や石榴の木々の下に暮らし、抑圧とも無縁である。アジア的圧制の下では珍しい美観である。ただそれでもなお、住民は大黒《ダイコク》［大黒天］を第一の神とし、ひたすら物質的な幸せを願っている。

ここは美しく産業が盛んで、安楽な暮らしのある魅惑に満ちた地方であり、山々が周囲を囲み、明るく輝く松川《マツカ》《まつかわ》がそこを潤《うるお》している。至る所に富裕で美しい農村集落がある。家は大きく、梁《はり》には文字が刻まれ屋根はどっしりとした瓦葺《かわらぶ》きで、自分が所有する農地に回りを囲まれて建っている。柿や石榴の木々がその家を包み、葡萄棚の下は花壇になっている。そして、強く刈り込んだ石榴や杉の高い垣によって私生活《プライバシー》が守られている。私たちは［赤湯に至る前に］、吉田《ヨシダ》、洲島《セノシマ》《すのしま》、黒川《クロカワ》、高山《タカヤマ》、高橋《タカタキ》《たかはし》の村［集落］

の他にもいくつもの村やその傍らを通った。この平野［盆地］には、大きな家のゆったりとした茶色の屋根［茅葺《かや》き屋根］が屋敷森から姿をのぞかせる村［集落］が、自分で数えただけでも五〇以上もあった。耕作の仕方にも村による違いは何もなかった。吉田は裕福で潤っている一方、［三日前に泊まった］沼は貧しくみすぼらしく見えた。しかし、山腹を何とか削って開いたわずかな農地も、明るく輝く米沢平野［盆地］の広々とした農地と同じように、この上なく見事に丹念に手入れされ完璧な耕作が行われ、気候に適した作物があふれるほどとれるのである。「怠け者の畑」［『旧約聖書』「箴言」の一節］はここ日本には存在しない。

私たちはこれらの美しい村々を通りながら、幅四フィート［一・二メートル］の道を四時間馬に乗って進んだ。そして川［松川］を渡船で渡り津久茂《ツクノ》《つくも》に至った時、驚くことに遭遇した。［ブラントンの］地図では脇道となっているのに、実際には幅が二五フィート［七・五メートル］の道だったのである。しかもよく手入れがなされ、両側には側溝があり、道に沿って電信柱が続いていた。突然降って湧いた新世界だった。何マイルにもわたって道は、よい身なりの歩行者や〈人力車《クルマ》〉や駄馬や荷馬車でいっぱいだった。荷馬車の車輪には、中心だけがくりぬかれたものと、タイヤはなく輻《や》だけが付いたものの二種類があった。実際には馬車は走っていないが、第一級の馬車道だった。このように開化した状況にあって日焼けのため褐色の肌をした二人ないし四人の男が荷車を引っ張っているのは、見ていて奇妙だった。特に多かったのは夫婦二人の組合わせだったが、男は［褌《ふんどし》の他には］何も身につけず、女も上半身は裸だった。さらに、上を見れば電信線が走っているのに、下では大人の男が日除《ひよ》けの笠に団扇だけの身なりでいたり、本と石板を手にした下校途中の子供たちは、学んだことを諳《そらん》じながら歩いていた。その不調和は私には衝撃だった。

温泉　赤湯《アカユ》は硫黄泉《いおうせん》の温泉町である。できればここで泊まりたかった。しかし、ここはこれまでに経験したうちで最も騒々しい所の一つだった。四つの道が交わる場所が最も人が多く、ここに複数の浴場［外湯］があり、いずれも混浴の人であふれ、大声が響き渡っていた。そして入った〈宿屋《ヤドヤ》〉はこのすぐそばに位置し、四〇室ほどもあった。ところがリウマチを患う客が畳の上で横になった部屋や、〈三味線《サミセン》《しゃ》〉がかき鳴らされたり、〈琴《コト》〉がキーキーと爪弾《つまび》かれる部屋でほとんどふさがっており、その騒音にはとても我慢できなかった。そのため私は、水田だらけで面白みに欠ける谷底平野と低い山並みをぬって続く立派な新しい道を一〇マイル［一六キロ］進み、ここ［上山《かみのやま》］にやってきた。この山並みを抜けるとその先に、もっと高くて砂利が目立つ山で囲まれた小さな平野［盆地］が現れた。そして、そのような山の斜面というすばらしい所に、人口三千人以上を有する温泉場上山《カミノヤマ》［旧城下町宿駅でもあった］があった。祭の最中で、どの家も提灯と旗を飾り、神社［天王社］の境内は大勢の人々でいっぱいだった。神社は高台［段丘］の上にもある。ここ［上山］は清潔な上に高燥でもある。［段丘の］上の方には美しい〈宿屋《ヤドヤ》〉が点在し、庭のあるすてきな家が並び、たくさんの小道が走っている。人々はここが日本で最も高燥な所の一つですとも言う。もしここが外国人の遊歩区域内であれば、外国人はここが健康によい保養地になり、あちこちに出かけて美しい景色を楽しめる所であることがきっとわかると思われる。

当地は日本人の旅の一大ルートの一つである。温泉場で見ることのできる日本人の風習や娯楽、そしてヨーロッパのものを何ら取り入れていない完璧なる独自の文明には興味をそそられる。この温泉は鉄

上山きっての美女

分を含むうえに、硫化水素の含有濃度も高い。三カ所の温度を測ってみた結果、［華氏］一〇〇度、一〇五度、一〇七度［摂氏三七・八度、四〇・五度、四一・七度］であることがわかった。この温泉はリウマチに非常によく効くとされ、遠方からも人［湯治客《とうじ》］がやってくる。私が何度も質問したことに答えてくれた巡査によると、現在六〇〇人近い人が湯治のために滞在しており、入浴回数は日に六回が普通である。他の病気でもそうだが、リウマチの場合も、日本の漢方医は食事や慣習にはほとんど注意を払わず、もっぱら飲み薬［漢方薬］と貼り薬に頼っているように思われる。また、柔らかいタオル［日本手拭《てぬぐい》］で軽くこするのではなく、もっと強く摩擦すれば薬や温泉の効果ももっと高まるのにと思う。

この〈宿屋《ヤドヤ》〉［会津屋］は大きく、客であふれかえっている。女将《おかみ》［河合シウ］は肉付きがよく、とても魅力的な未亡人で、丘の上の方［湯町］にも湯治客のための実にすばらしい宿をもっている。彼女には一一人の子供がいるが、そのうち二、三人の娘は背の高い上品な美人である［挿絵］。私がそのことを口に出してほめるとそのうちの一人は顔を赤らめはしたもののまんざらでもなさそうだった。そしてこの実に魅力的な土地にある神社や浴場［大湯という名の外湯］、〈宿屋《ヤドヤ》〉などを見せるために私を丘の上の方へと連れていってくれた。この娘が上品で〈機転がきくこと〉に感服した。私はまた［この娘の母である］未亡人に、どれほど長くこの宿をやっておいでですかと尋ねた。すると彼女は、誇らしげに「三〇〇年です」と答えた［正しくは二二八年］。世襲の仕事としては特別なことではない。

私が泊まった部屋は一風変わっている。ごくありふれた広い庭の中にある〈蔵《クラ》〉といわれる建物《ゴウダウン》である。庭には、［華氏］一〇五度［摂氏四〇・五度］の温泉を引いた湯坪もあり、私はここにゆったりとつかった。昨夜［七月一四日］は蚊がひどく、もし女将と美しい娘たちが一時間も根気よく団扇《うちわ》であおいでくれなかったなら、一行も書けなかったと思う。私の新しい蚊帳《かや》もすばらしい効果を発揮してくれた。一度この中に入ってしまいさえすれば、血に飢えた大変な数の蚊は蚊帳の外で哀れにもブーンブーンと飛び回っているだけであり、それを見てうれしかった。

未亡人は私に、［宿屋の］看板をあげる［開業する］には、その主が二円を役所に払えばそれでよく、あとは年税を払うのですと教えてくれた。その額は一流の〈宿屋《ヤドヤ》〉で二円、二流の〈宿屋《ヤドヤ》〉だと一円、そして三流の〈宿屋《ヤドヤ》〉では五〇銭だという。また、〈酒《サケ》〉の販売許可を受けるのには別途五円を払うという。

「蔵」(ゴウダウンはマレー語の〈ガドン gadong〉に由来)という耐火倉庫は、他のものが土色(グレー)である中でこれだけが白い上に、他のすべてが[火事で]なくなってしまいやすいのにこれだけは堅固なため、日本の町で最も目立つものの一つになっている。

私は蔵の一段低くなったところに泊まっているが、鉄の扉は開けっ放しで、夜にはそこに衝立《ついたて》が立て掛けられる。私の部屋にはほとんど何も置かれていないが、二つの立派な厨子《ずし》からは、理知的な顔立ちをした二体の仏像が一晩中見張ってくれているほか、清楚な観音像と長寿の神の神々しい像があり、これらが私を不思議な夢に誘ってくれた。

I. L. B.

第十九報［第二十四報　日本人の医者］

繁栄――囚人労働――新しい橋――山形――身体に悪いまがい物――県関係の建物――無作法――雪をかぶる山々――うら寂《さび》れた町

七月一六日［一七日、水曜日］金山《カナヤマ》《かねやま》にて

美しい橋　そのすばらしい道をさらに三日にわたって旅し、六〇マイル［九七キロ］近く進んだ。山形〈県《ケン》〉は非常に繁栄し、進歩的であり、前途有望という印象を受ける。上山《カミノヤマ》を出てすぐに入った山形平野［盆地］は人口が多く、耕作が行き届き、幅の広い道の交通量はたいへん多く、豊かで文明開化しているように見えた。道路は、［初代県令三島通庸《みちつね》の下で］漢字を染め抜いた鈍《にぶ》い赤色の〈着物《キモノ》〉［明治五年の監獄則で定められた柿色の囚人服。獄舎名などが墨書］を着た囚人を使って改良が進められているが、彼らはわが国の仮出獄者に当たる。土建屋や農民に雇われ賃金を得るために働いており、囚人服をいつも着ていなければならないこと以外には何の制限も受けていない。

坂巻川《サカモキ》《さかまき》［須川］ではこれまで見てきた近代日本の建造物のうち、完全な堅牢さを有する唯一のものに出会い、とてもうれしかった。完成間近だったが、こんなに美しい石橋［常盤橋］はこれまで見たことがなかった。奥野《オクノ》忠蔵《チユウゾ》《ちゅうぞう》［県令三島が郷里薩摩から呼び寄せ、県の土木技師に任命］というとても紳士的で感じのよい技師に自己紹介すると、氏は設計図を示し労を惜しまず説明してくれたうえ、茶と菓子をご馳

走してくれた。

人口二万一〇〇〇人の繁栄する町であり、〈県《ケン》〉都でもある山形は、微高地に位置するのと、県庁《ケンチョウ》が大通りの突き当たりに堂々とあるために、日本の町の中では珍しく存在感がある。町外れは大変みすぼらしいのが［日本の］都市の通例なので、できたばかりの諸官庁の高く白い建物が低く灰白色《グレー》の民家を見下ろすようにそびえているのは驚きだった。山形の複数の町通りは広くて清潔である。よい店が立ち並び、装飾性豊かな鉄瓶や真鍮細工《しんちゅう》だけを売る店が長く続いているところもある。これまで日本の内地《インテリア》にあってヨーロッパ製の食べ物や飲み物を売る店を数軒見つけたものの、特に飲み物が実にひどいまがい物ばかりでいらいらしたものだったが、日本人は上は天皇《ミカド》から下々に至るまで外国製の酒類を好むようになってきている。これらは、たとえ本物であっても彼らには少なからず有害だと思われるのに、実際には硫酸塩やフーゼル油や質の悪い酢や、名前もわからないものが混じっているわけだから、もっとたちが悪い。山形では、最高ブランドのシャンペンや、マーテル［フランスのコニャック会社］のコニャック、バス［アイルランドのビール会社］のビール、メドック［フランス南西部の高級ワイン産地］やサン・ジュリアン［フランス南西部の赤ワイン産地］のワイン、スコッチ・ウイスキーなどを本来の値段のほぼ五分の一の値で売っている店を二軒見かけた。だが、すべて身体に悪い混合物であり、その販売は禁止されるべきである。

県関係の建物は様式の点ではよく見かけるごてごてしたものではあるが、ベランダが付いているだけましであるし、〈県庁《ケンチョウ》〉や〈裁判庁《サイバンチョウ》〉と言われる裁判所《コート・ハウス》、師範学校とその附属の上級学校、警察署の建物のすべてが立派な道路や明らかに繁栄している街の様子とよく調和している。丸屋根の尖塔が付いた大きな二階建の病院［済生館］は完成間近で、一五〇人の患者を収容し、医学校になる予定である。設備は非常によく整えられ、換気もよい。しかし視察した現在の病院は高く評価することはできない。裁判所で見た二〇人の職員は何もしていなかったし、［警察署に］同じほどいた巡査は全員が洋服を着ている上にヨーロッパ人的な振舞いをまねるので俗悪の極みだった。彼らは私に内地旅行免状《パスポート》の提示を求め、私が尋ねたこの〈県《ケン》〉とこの都市の人口数については、その後になってからやっと教えてくれた。振舞いに問題があることをこれまで私から一、二度指摘されたことのある伊藤《イト》は、私の振舞いがまるでこの山形の巡査たちのようだと思われるのですか、と二回も尋ねる始末だった！

山形の北では平野［盆地］の幅が広がり、その片側［東側］には雪をいただく［奥羽山脈の］山々が南北に長く連なってすばらしく、反対側［西側］も開析《かいせき》が進み、［谷の部分で］遠のいたり［尾根の部分で］張り出すようになる丘陵［出羽丘陵］が続き、これらの山並みが、万人の目を楽しませてくれるような、気持ちがよく明るい地域を囲んでいた。前山の裾野に近い傾斜地には多数の村［集落］があった。気温がわずか［華氏］七〇度［摂氏二一度］で、北風が吹いていたので［快適で］、泊まる予定にしていた天童《テンド》《てんどう》で泊まらず、三里半［一四キロ］先［の楯岡《たておか》］まで進まなければならなかったものの、旅はことのほか快適だった。人口五〇〇〇人を擁する町天童では、〈貸付屋《カシツケヤ》〉［貸座敷］ではない宿屋はすべての部屋が蚕でふさがっていたので、私を受け入れることができなかったのである。

［楯岡からの］翌日［七月一六日］の旅ではこれまでと同じ立派な道［羽州街道］をそのまま進んだ。途中、連続的に続く農村や、人口がそれぞれ一五〇〇人、二〇〇〇人を数える土生田《トチイダ》《とちゅうだ》や尾花沢《オバナサワ》《おばなざわ》その他、町もよく見かけた。この二つの町からは、鳥海山《チョウカイザン》《さん》のすばらしい姿が眺められた。円い頂きには雪がかぶってい

た。標高は八〇〇〇フィート［二四〇〇メートル］あるとされるが、かなり平坦な地方からは予測のつかない形でそびえているのと、湯殿山《ウドノサン》《ゆどのさん》［正しくは葉山］の広々とした雪原も見え、しかもその下には本当に絵を見るように美しい山並みが横たわっているので、これほど壮大な眺めは日本にないのではないかと思ったほどだった。尾花沢を過ぎると、最《も》上《がみ》川の支流の一つ［丹生川］によって灌漑《かんがい》されている河谷を通り、それに架かる美しい木橋を渡ったのち、峠道［猿羽根新道］を上っていった。峠［猿羽根峠］からの眺めは絶景だった。峠道は、松や杉や小《こ》楢《なら》が生えているふんわりとした泥炭質の土壌からなる地域を抜けて上っていったあと、長い下り坂は立派な並木道をなして新庄に至った。水田の広がる平野に位置するこの町は、人口は五〇〇〇人以上を数えるがうら寂《さび》れた町だった。

　二三マイル［三七キロ］以上に及んだ今日の旅では〈宿屋《ヤドヤ》〉どころか茶屋さえない農村ばかりを通過した。［民家の］建築様式はすっかり変わった。［家屋の］木部は外からは見えなくなり、どの家も重い梁《はり》と、木《き》摺《ずり》と茶色の泥土に切り藁《わら》を混ぜて作った土壁を骨組みとしてできていてとてもきちんとしていた。ほとんどすべての家は大変だだっ広い厩《うまや》兼用の矩形《くけい》の建物［中門造り］で、奥行は非常に深く、五、六〇フィート［一五～一八メートル］、時には一〇〇フィート［三〇メートル］もあり、道に向かって直角に曲がり、道に最も近い部分が住居になっている。このような農家には障子がなく〈雨戸《アマド》〉だけであり、その上端にいくつかの明かりとりの小窓がついている。日中はこれらの小窓は開けてある。そして裕福な階級［地主］の家の場合には葦《あし》や細く裂いた竹で作った日除け［簾《すだれ》］をこの小窓に垂らしてある。天井はない。そのため垂木《たるき》の部分に棲みついている、人に危害を加えない蛇が鼠《ねずみ》を食べて満腹になり、蚊《か》帳《や》の上に落ちてくることが時にある［という］。

うら寂れた町　先にも記したが新庄はうら寂れたところである。ここは〈大名《ダイミョウ》〉の町［城下町］だった。私がこれまで見てきた〈大名《ダイミョウ》〉の町にはいずれも衰微した雰囲気があったが、これは城を解体したり、崩壊するにまかせていることにも起因する。新庄は米・生糸《きいと》・麻の取引が盛んであり、このことからすると見た目ほどには貧しくはなさそうである。蚊が無数に飛びかっていたので、私は沙穀《さご》と練乳という貧相な夕食も途中にして、蚊に刺されないよう［蚊帳の中の］寝床につかねばならなかった。一晩中雨が激しく降っていた。私の哀れな部屋は汚らしく、息が詰まりそうだった。複数の鼠が私の編み上げ靴をかじったり、私が食べる胡瓜《きゅうり》をもって逃げていったりした。

今日［七月一七日］は気温が高く、空はどんよりと暗かった。立派な道は終わってしまい、以前の大変な旅がまた始まった。今朝新庄を出発した私たちは、勾配のきつい台地［上台《うえだい》台地］を越え、とても美しい風変わりな盆地［金山盆地］に入った。いくつもの円錐形の小山が半円を描くように取り囲んでいる上に、その頂きをこれまた円錐形の杉の木が覆い、しかも、一見したところは北方への行く手を完全にさえぎっているように見えるのでいっそう目立った。そのような低い山並みの麓《ふもと》に金山《カナヤマ》《かねやま》［の集落］は夢に誘われるような感じで広がっていた。ここに着いたのはまだ早く真昼だったが、ここで一日、二日滞在することにした。内国通運会社継立所《つぎたてしょ》［柴田九平治家］にある私の部屋が気持ちよく快適な上に、責任者［柴田九平治］がとても礼儀正しく、しかも、これから先には非常にたいへんな地域が横たわっているし、伊藤が鶏肉を手に入れてくれたからである。日光《ニコウ》を出て以来初めてのことだった！

このようにじめじめした気候と、すぐれない今の健康状態では、気分よく旅ができるのは一行程でせいぜいが二、三日であり、それ以上は無理だと思われた。二泊するに値するこぎれいで静かで、身体によい場所を他に見つけるのは難しいという思いもあった。蚊の多さはところによって多少変わりはしたものの、蚤《のみ》や蚊から完全に逃れることができるということは望めないし、蚤については「身をかわす」方法をすでに身につけていた。畳の上に縦横六フィート［一・八メートル］に油紙を敷き、その縁に一摑《つか》みの粉末の除虫剤をまいた上で、真ん中に椅子を置くのである。こうすることによって私は蚤から隔離された。無数の蚤が紙の上に跳ねてきても除虫剤によって蚤は麻痺するので簡単に殺すことができる。何はともあれ、私はここで休養をとらざるをえなくなっていた。というのも、左手を雀蜂《すずめばち》と虻《あぶ》に刺され、ひどい炎症を起こしていたのである。所によっては何百匹もの雀蜂がいることがあり、それに刺されると馬が狂暴になってしまう。私は、歩行中の人を襲う「黒山蟻」に何度もかまれた部分の炎症にも苦しんでいた。日本人はよくこれにかまれるのだがかまれたところを放っておくと治りにくいできものになることが多いとされる。この他にも蠅《はえ》［正しくは虻《あぶ》］がいる。これは見たところはわが国の家蠅と同じで無害のように見えるが、蚊のように刺し、痕がひどくなる。以上が日本の夏の旅の障害であるが、［私にとって］もっとひどいのは、ヘトヘトになってしまう状況下で一日の烈しい旅を終えたあと、食欲がなく口に合う食べ物もないことである。

水薬　七月一八日［木曜日］——刺されたりかまれたりして痛みも熱もひどくなっていた。そのため、昨晩［一六日］、新庄の日本人の医者に［新庄の私の宿まで］往診してもらった［金坂清則「イザベラ・バードが受診した日と町、そして医師と宿——旅と旅行記を科学する」『山形民俗』第34号］。うれしかった。何か「重要な」ことで通訳をする必要に迫られる時の伊藤《イト》は普段より二倍も大きく見えるし、そのことを記念して絹の〈袴《ハカマ》〉を必ずはくのだが、今回も、絹ずくめの中年の医者を伴って私の部屋に入ってきた。この医者は床に両手をついて三度深々とお辞儀をしたあと正座した。伊藤《イト》は私が受けた災難についてくどくどと説明した。楠《ノソキ》《くすのき》という名の医者［楠玄恭］は、「お手」をお見せいただけますか、と言って注意深く診察し、次に「お御《み》足《あし》も」［と言って］診察した。また、脈を計ったり、天眼鏡を使って眼を調べたりした。そして、深々と息を吸い込んで――このような所作は育ちの良さと礼儀正しさの証《あかし》とされる――、熱がたいへんおありです、と告げた。前からわかっていることだった。また、お休みにならねばいけません、とも告げたが、これだって前からわかっていることだった。それから煙管《きせる》に火を点《つ》け［て一服し］、まじまじと私を見つめた。そして、このあと再び脈を計り、眼を調べた。この後ようやく雀蜂に刺されて腫《は》れあがった患部を触って調べた。そして、ひどい炎症をおこしております、と告げた。痛いほどわかっていることだった。次に、両手を三度たたいた。すると、これを合図に御付《クーリー》［玄恭の子の玄源］が、美しい漆黒の箱を携えて現れた。その箱に描かれている金の紋は、楠《ノソキ》という名のこの医者が着ている〈羽織《ハオリ》〉に白く染め抜かれた紋と同じだった。この箱の中には金の地蒔《じまき》の立派な薬箱が一つ収められ、その箱の中には棚と引き出しが付いていて、いくつもの瓶などが入っていた。続いて外用の水薬を調合したあと患部につけ、痛みがひくまでときどき包帯の上からこの水薬をふりかけてください、と言いながら、手と腕にかなり手際よく包帯をした。そして全体を絹油布の代わりをする油紙で覆った。次には解熱剤を調合し、お湯と一緒に飲んでくださいと言った。またこの一日、二日は〈お酒《サケ》〉は飲まないでくださいとも言った！　薬は純植物性なのでいささかもためらわず飲んだ。

　私はこの医者に料金を尋ねた。すると、何度も頭を下げたり咳払いをしたり、息を深く吸い込んだりしたあと、五〇銭では高すぎましょうかと言った。そこで私は一円札を差し出し、同じように深々と頭を下げながら、診察してくださり心からうれしく思いますと言った。その時のこの医者の感謝の仕方はあまりにも大げさで、ほとほと困った。

楠《ノソキ》《くすのき》という医者は旧式の医者［漢方医］の一人である。漢方医の医学知識は父子相伝のものであり、患者もほとんどそうなのだが、西洋医学の方法と薬を拒んでいる。外科手術、とりわけ手足を切断することに対する強い偏見が日本の至る所で見られる。後者について言えば、五体満足でこの世に生まれた限りは、そのままあの世に行かねばならないと考えているのである。外科医はたとえどんな代価を払ったところで、腕を切除するという特別な権利を行使できることはほとんどないと思われる。

これら古い世代の医者は書物から学ぶだけであり、人体の仕組みについては何も知らない。解剖が［日本］伝来の科学では知られていないからである。楠《ノソキ》《くすのき》医師は、急性疾患の治療は艾《モクサ》《もぐさ》［灸《きゅう》］と鍼《はり》によって行いますし、慢性疾患ですと、按摩《あんま》や湯治、またある種の動植物を原料とする薬種［漢方薬］やある種の食べ物［食餌療法］によって治療しますと教えてくれた。蛭《ひる》や発泡膏《はっぽうこう》の使用については何も知らず、［西洋医学が用いる］無機質の薬についてはその効能を明白に疑っていた。クロロホルム［当時麻酔剤に使われた液体］のことは、話には聞いたことはありますが、使用されるのは見たことがありませんとのことだった。それを妊婦に使用すると母子のいずれかにとって致命的になると考えているようだった。これまでも同じことを尋ねられたことが二度あるが、氏も、あなたがたは麻酔薬を使用することによって余剰人口が増えないようにしているのではありませんか、と尋ねた！　氏は〈朝鮮人参《ジンセン》〉や犀《さい》の角《つの》、また、ある動物の肝《きも》を粉末にしたものの薬効を固く信じている。この動物とはその説明書からすると虎だと思われる。これは漢方医学の万能の特効薬になる。楠《ノソキ》医師［玄恭］は「犀」の角が入った小箱を見せてくれたが、その話によると同量の金よりも高価だという！　水薬を付けてもらった腕が快方に向かった以上は、治ったのは氏のおかげとしなければならない。

私は［その日、近所に住む］氏［玄恭］を夕食に招いた［場所は新庄のバードの宿丁字屋《ちょうじや》］。二脚の膳にはさまざまな料理を盛った皿がいっぱいのっていた。その料理を氏は実によく食べた。骨の多い小魚の身を箸でとる器用さには目を見張った。出されたものがおいしいことを示すには音をたてて飲んだり、ごくごくと喉《のど》をならしたり、吸うようにして飲んだりするのがよいとされる。作法ではどのようにすべきかが厳格に定まっている。ただ、このような食べ方はヨーロッパ人には苦痛の極みであり、この客の食べ方に私はやっとの思いで平常心を保っていた。

［金山の］宿の主人［柴田九平治］と戸長《コウチヨウ》《こちょう》と呼ばれる村の長《おさ》［斉藤実光］が、［二七日の］夕刻私を公式に訪ねてきた。そして「正装」した伊藤《イト》はこの時とばかりすばらしい仕事ぶりを発揮した。二人は私が煙草を吸わないことにたいへん驚いた。私が誓いをたててそうしているのだと思ったようだった！　二人はわが国［英国］の慣習や政府についていろいろ尋ねるのだが、結局は煙草の話題に何度も戻っていった。

I. L. B.

第二十報［第二十五報　恐ろしい病気］

鶏肉の効果――ひどい食事――のろのろとした旅――関心の的――〈脚気《カッケ》〉――不治の病――大火事――〈蔵《クラ》〉の耐火性

七月二一日［日曜日］神宮寺《シンゴジ》《じんぐうじ》にて

のろのろとした旅

伊藤《イト》は「昨日は鶏肉を食べられましたから今日は長旅ができますね」と言って私を起こした。そしてその鶏肉のすばらしい効果を感じつつ六時四五分に出発した。だが、結果は「急がば回れ」という諺《ことわざ》そのものだった。私から頼んだわけではなかったのに、〈戸長《コウチヨウ》〉が集まってきてはならないという回覧を村の家々に出してくれていたので、一頭の駄馬と一人の車夫《ランナー》とともに何事もなく出発できたものの、道はひどく、険しい峠も二つ越えねばならなかった。しかもほぼ全行程を歩かなければならなかったし、最も険しい場所ではしばしば車夫が〈人力車《クルマ》〉を引き上げるのを手伝わねばならなかった。及位《ノツキ》《のぞき》という眺めのすばらしい集落で休息し馬を一頭確保した後は、院内《インナイ》まで雄物《オモノ》川の源流に沿って続く山道は歩いて進んだ。この山中の道沿いの美しさと荒々しさ、道中でのびっくりするような出来事、さまざまな景色、小川がたちまち激流と化す土砂降りの雨、あるいはこの日のさまざまな苦難や障害、たとえばひからびた団子と黄色の酸《す》っぱい木苺《きいちご》というひどい食事や深いぬかるみの中を歩き通したことなどについて、少しでもわかってもらえればと思う！　主寝《シオネ》《しゅね》坂《ざか》峠［標高約三六〇メートル］や雄《サ》《お》勝《カツ》《がち》峠［標高四二七メートル］を越える旅は一二時間にも及んだのに、やっと一五マイル［二四キロ］進んだだけだった！　［実際］至る所で言われたのは、この道を行ったんではこの地方を通り抜けられねえ、ということだった。

　女たちはここでもこれまでのようにもんぺをはいているが、上着は丈が短いものではなく、長いものであり、それをもんぺの中にたくし込んでいる。男たちは木綿の胸当と前掛《まえかけ》が一緒になったもの［ハネコメダリ］を素肌の上や〈着物《キモノ》〉の上に着ている。院内《インナイ》への杉並木の下り道も、激しく流れる雄物《オモノ》川に包まれるようになった［院内の］集落も、とても美しかった。

　院内の〈宿屋《ヤドヤ》〉［旧本陣斉藤織八郎家］はとても心地よくはあったが、私の部屋を仕切るものは〈襖《フスマ》〉と〈障子《ショウジ》〉だけであり、四六時中盗み見された。このような辺鄙《へんぴ》なところで私が人の注意をひくのは、私が外国人であり外国人特有の珍しい風習をもつだけでなく、ゴム製の風呂と空気枕、とりわけ真っ白の蚊帳《かや》を持っていたからである。彼らの蚊帳はどれもが緑色をした重目《おもめ》の布でできているので、私の蚊帳をほめちぎった。出発時にその切れ端でもやれば何よりの贈り物として喜び、それを髪を結《ゆ》うのに使うのではと思えるほどだった。隣の部屋には六人の技師がいた。彼らは私が越えてきた［二つの］峠［主寝坂峠と雄勝峠］にトンネル［隧道《すいどう》］を掘れるかどうかを調べるために測量を行っている。もしトンネルが完成することになれば、東京《トウキョウ》から日本海側の久保田《クボタ》［秋田］まで〈人力車《クルマ》〉で行くことができるようになるし、少し費用を足せば軽馬車も使えるということだった。

　上院内と下院内という二つの村で〈脚気《カッケ》〉と呼ばれ、日本人がたいへん恐れている病気がはやっており、この七カ月間に約一五〇〇人の住民のうち一〇〇人を死に至らせている。それで、地元の医師は、久保田の医学校［秋田医学校］から派遣された二人の医師［その一人は第二十報（結）と第二十一報の小林医師］の応援を仰いでいる。ヨーロッパでどう呼ぶのかはわからないが、〈脚気《カッケ》〉という日本の病名は脚《あし》の気《け》と書き、脚の病という意味である。最初は脚に力が入らなくなったり、「膝ががくがくしたり」、ふくらはぎがけいれんしたり、脚がむくんだり麻痺したりする。東京で脚気患者一一〇〇人以上を調べてきたアンダーソン医師［英国出身のお雇い外国人］はこの病を亜急性疾患と呼んでいる。ゆっくりとではあるが麻痺が進行していき、身体を消耗させていく病気であり、進行を抑えないと麻痺と体力の消耗のため半年から三年のうちに死に至るという。［だが］アンダーソン医師によれば第三のタイプつまり急性の場合もあり、次のような症状が指摘される。すなわち由々しき症状がまったく突然に現れて急速に進行し、「患者はもはや寝ていることさえできなくなってベッドに座り込み、眉をひそめたり、不安げな目を見開いたりしながら、姿勢をせかせかと激しく変える。皮膚は黒ずみ、開いた唇は血の気がなく、小鼻を広げ、首を小刻みに震わせ、胸苦しそうである。その表情には最悪の病気ならではの恐怖の極みが見て取れる。この状態は一瞬たりとも途切れない。こうなれば医師にはほとんどなす術《すべ》がなく、脈が弱まり体温が下がっていくのを調べる以外にはほとんど何もできない。血液の炭化のために頭脳が麻痺し、感覚を失う瞬間を待ち、死にゆく患者に最期《さいご》の瞬間を却《かえ》って幸いなる意識不明の状態で迎えさせるだけである」*。

＊　ウィリアム・アンダーソン〈英国外科医学会特別会員〉「脚気」、『日本アジア協会紀要』［第六巻第一号］一八七八年一月。

九死一生　翌朝［七月一九日の朝］、立派な杉並木のぬかるみの道を九マイル［一四・四キロ］進んだのち湯沢《ユソワ》《ゆざわ》に着いたが、気がつけば、残念ながらここに着くまでの間に電信柱がなくなってしまっていた。ここは人口七〇〇〇人の町であり、［昨日］もし腹立たしいまでの遅れがなかったなら、院内ではなくここに泊まるはずだった。ところが着いてみると、数時間前［『遐邇《かじ》新聞』によると一八日夜］に火事があり、七〇軒の家が焼失し、私が泊まることになっていた〈宿屋《ヤドヤ》〉もその一軒だったことがわかった。すべての馬は家財道具と人を運ぶのに使われていたので、私たちは馬を得るのに二時間待たねばならなかった。家々が建っていた場所では家は跡形もなく細かな黒い灰だけが残っていたが、その中にあって〈蔵《クラ》〉は［焦げて］黒くなりながらも焼失せずに建っていた。少しひびが入ったものはあったものの、どれも無事だった。新しい家の骨組みがもうできつつあった。酔っ払いが一人亡くなった以外に死者は出なかった［正しい］とはいえ、もし私が泊まっていたら金以外の持ち物はすべて失っていたと思われる。

第二十報（続）［第二十五報（続）葬儀］

人前での昼食――ばかげた出来事――巡査の尋問――男？ それとも女？――もの悲しげな目つき――癖の悪い馬――不快きわまりない町――期待外れ――〈鳥居《トリイ》〉

湯沢《ユソワ》《ゆざわ》はことのほかいやな感じがするところである。［内国通運会社継立所《つぎたてしょ》の］中庭で、大豆から作った味のない白い塊［豆腐］に練乳をかけただけの貧しい昼食をとっていたら、何百人もの群衆が門のところに集まってきた。後ろの方にいる者は私の姿が見えないので梯子《はしご》を持ってきて隣の建物の屋根に上った。ところがその屋根の一つが大きな音をたてて崩れ落ちてしまい、五〇人ほどの男女と子供が下の部屋に落下してしまった。そこにだれもいなかったのは幸いだった。注目すべきことにだれ一人悲鳴を上げなかったし、数人がかすり傷を負っただけで大事に至らなかった。そこへ四人の巡査が現れ、内地《パス》旅行《ポート》免状の提示を求めた。まるでこの事故の責任が私にあるかのようだった。ところがそこに［英語で］記された特記事項を、これまでの巡査がすべてそうだったように読めなかったので、何のために旅をしておられるのかと尋ね、「この国について勉強しております」という［私の］答えを聞くや、「地図を作っておいでか」と尋ね、自分たちの好奇心を満足させると帰っていった。すると、先ほどよりも大勢の群衆が再び集まってきた。内国通運会社継立所の社員が、出ていってくだされと頼むと、こんな見ものは二度と見られませんだ！ と口々に叫んだ。一人の年老いた農夫は、この「見もの」が男か女のどちらなのか教えてくれれば出ていきますだ、と言った。そんなことお前さんの知ったことでないだろが、と社員が答えると、目にしたことを家《うち》で話したいんでさ、と言った。この言葉を聞いていっぺんに気の毒になった私は、伊藤《イト》に、この方《かた》の国へは、日本の馬で昼夜分かたず走っても五週間半はかかると伝えてほしいと言った。これはこれまでの道中で伊藤がよく言った台詞《せりふ》である。それにしても変わった群衆で、黙って口をポカンと開けて、何時間も動かずにじっとしている。母親におんぶされたり、父親に抱っこしてもらっている赤ん坊も、すっかり目を覚ましているのに泣き声一つたてない。たとえ私が目当てでも、一斉に愉快そうに笑ってくれればうれしいのに、とさえ思った。大勢の群衆に悲しげな目つきで見つめられていると、気持ちがめいってしまう。

癖の悪い馬　［横手まで］一〇マイル［一六キロ］にわたって、道は火事場を見に行く人々でいっぱいだった。道は立派で、路傍には祠《ほこら》が無数にあり、観音が祀《まつ》られ、とても気持ちのよい田舎だった。ところが私の馬はどうしようもなく癖の悪い馬で、狂暴だった。頭と腹帯を二重のひもで結んであるのに、人を見れば必ず耳を後ろに倒し、男であれ女であれ子供であれおかまいなしに向かっていき、噛《か》みつこうとした。私は、疲れがひどく背骨も大変痛かったので、何度も馬から降りて歩いたが、そのあと馬に乗るのがこれまた大変だった。鞍《くら》に手をかけた途端に、私を蹴ろうと後脚を振り回すのである。素早い身のこなしが必要で、さもないと怪我をしてしまうし、それだけではすまなかった。このひどい馬は頭につなぎ縄が付いたまま蝿《はえ》［馬蝿］めがけて突進するので、そのたびに私は足を挫《くじ》いたり足の骨を折りそうになった。鼻に止まっている蝿を後脚の蹄《ひづめ》で追い払おうと後脚を跳ね上げようともした。跳ね回るので、鞍の前に載せてあるものが全部落ちてしまう始末だった。いなないたり、つまずいたり、はき潰した草鞋《わらじ》を蹴飛ばしたりもした。そして、〈馬子《マゴ》〉が何とか草鞋を取り替えようとすると抵抗した。こんなことを繰り返しながら歩き、ようやく横手《ヨコテ》に辿り着いた。すると、馬は長く続く薄暗い通りを［これ以上進むのが嫌で、前脚を上げるようにして］ほとんど後脚だけで進み、臆病な主人［馬子］の手から手綱を振りほどいたあげく、痛みを抱えた身体がぐちゃぐちゃになるのではないかと思うほどひどく私を振り回した！　私はこれまで［日本の］馬の癖が悪いのはいじめられたり調教の折に暴力をふるわれるためだと思ってきた。しかし、これでは日本の馬の悪意に満ちた行為の説明がつかない。というのも、日本人は馬を怖がるあまり、とても気づかって扱っているのである。叩きもしないし蹴りもしない。なだめすかすように話しかける。そして馬はたいていは主人よりもよい暮らしをしている。馬が最悪なのは意外にもこのためであり、［まさに］「エシュルンはしかし肥えると脚で蹴った」［『旧約聖書』「申命記」］である。

人口一万人の町横手《ヨコテ》は、木綿の取引は盛んだが、見栄えが悪くいやな臭いがし、惨めで汚くじめじめとし陰気である。最上の〈宿屋《ヤドヤ》〉でさえひどいものである。そして、私が例の癖の悪い馬に乗って通り過ぎると、住民は私を見ようと風呂から飛び出してきた。男も女も素裸だった。宿［松本吉右衛門家］の主人はとても丁重だったが、竹の梯子《はしご》を上ったところにある私の部屋は暗くて汚く、しかも腹立たしいほどの蚤《のみ》と蚊だった。ここへの途中で、横手では木曜日ごとに雄牛が一頭屠殺《とさつ》されるということを耳にしていたので、夕食にビーフ・ステーキを一切れ食べ、もう一切れを旅に持っていこうと心に決めていたのに、着いてみると売り切れていた。卵も一つもなく、ご飯と豆腐だけの哀れな食事だった。山形《ヤマガタ》で買った練乳も捨てねばならなくなっていたこともあって、幾分ひもじく辛かった。また疲れていたの

鳥居

と、［蚊に］刺された患部の炎症で気分もすぐれなかった。しかし、いつものようにすでに暑く霧が出ていた早朝、〈宮《ミヤ》〉といわれる神社［神明社］を見に出かけた。一人で出かけたのだが群衆には会わずにすんだ。

　神社［神明社］の境内の入口には例のごとく〈鳥《トリ》居《イ》〉があった［挿絵］。これは、高さ二〇フィート［六メートル］の二本の大きな柱の上に横木がのったもので、上の方の横木［笠木］は柱の両側に突き出し、両端が反《そ》り上がっていることが多い。これもよくあることだが、全体が朱色に塗られていた。「鳥の居所《バーズ・レスト》」すなわち〈鳥居《トリイ》〉がこう呼ばれるのは、その昔、犠牲《いけにえ》として殺されることなく生きたまま奉納された鶏がそこにいつもとまるようになったことに由来すると言われている。また、入口には神道《シントウ》の象徴である藁《わら》の飾り房がついた藁の縄［注連縄《しめなわ》］が渡してあり、そこからは切れ切れの長い紙がぶらさがっている。玉砂利《じゃり》を敷き詰めた境内には、美しい御影石《みかげいし》の灯籠《とうろう》が数基、御影石の立派な台座の上に据えられてあった。灯籠は神社でも寺院でも、ほとんど必ずといってよいほどに備わっている。
横手《ヤコテ》《よこて》を出発した私たちは、山々に包まれ、丸みを帯びた山頂に雪をいただく鳥海山《チヨカイザン》《ちょうかいさん》が時折姿を現す、眺めのすばらしい地方を通り、雄物川《オモノ》［の支流］を危なっかしい二艘の渡し船で渡ったあと、六郷《ロクゴ》《ろくごう》という町に着いた（雄物川は堤防が決壊し、いくつもの橋が壊れていた）。ここは人口五〇〇〇人で、民家はことのほか粗末だったが、寺院はどれも立派だった。集まってくる群衆はこれまでで最も猛烈で、息が詰まる思いだった。

死去と葬儀　ここでは、警察［大曲警察署六郷分署］の特別の計らいで、かなり裕福な商人［仁井田甚助］の仏式の葬儀に出させてもらえた。おごそかで秩序だっていることには大いに関心をそそられたし、伊藤《イト》は目の前で進行することをとても明快に説明してくれた。茶屋で貸してもらった日本の女物の着物を着、頭には紺の頭巾《ずきん》をかぶっていたのでだれにも気づかれずにすんだものの、窮屈な「前合わせ」の〈着物《キモノ》〉は自由に身動きできずやっかいだった。伊藤《イト》はすべきこと、してはならないことをいくつも指示してくれ、私も忠実に従った。一介の外国人が式に出ることを快く認めてくれた心遣いを何とか無にしないようにと必死だった。
亡くなった人は急病で、祈禱《きとう》をしてもらう時間も回復を祈って寺社に詣《もう》でる時間もなかったという。人が亡くなるとその遺体は枕を北［北枕］にして横たえられ（日本人は生存中は絶対に枕を北にして寝ない）、そばに屏風《びょうぶ》［逆さ屏風］を立てる。そして、屏風と遺体の間に新しい膳《ぜん》を用意し、その上に灯心草を灯《とも》した皿と、早団子、そして線香を立てた皿を置く。人が亡くなると僧侶はすぐに死後の名前、すなわち〈戒名《カイミヨウ》〉を選び［決め］、それを白木の位牌に記して亡骸《なきがら》のそばに座る。すると、精進料理を盛った椀《わん》や器がのった〈膳《ゼン》〉が亡骸の傍らに置かれる。その時箸は縁起の悪い〈膳〉の左側に置く。臨終から四八時間が経つと遺体を湯で洗い［湯灌《ゆかん》し］納棺する。そして僧侶は経を唱えながら髪を剃る。金持ちだろうと貧乏人だろうと、身にまとうのは真っ白の麻や木綿の着物［経帷子《きょうかたびら》］と決まっている。

　大きな土器の瓶《かめ》［瓶棺］が六郷の近くの町大曲《オマゴリ》《おおまがり》で製造され、金持ちの土葬にはこれがよく使われるとのことである。だが、このたびは正方形の箱が二つ用意されており、外側の箱はきれいに鉋《かんな》がけされた檜［の板］でこしらえられていた。貧しい人の場合にはいわゆる「早桶」［粗末な棺桶］が用いられるという。これは松で作った蓋《ふた》付きの棺桶で、竹の箍《たが》を巻いてある。女性の場合は結婚式の時に着ていた正《しょう》絹《けん》の着物をまとい、〈足袋《タビ》〉を遺体の横か足元に置いて入棺する。また［剃った］髪は普通は遺体の陰に散らし、見えないようにする。大金持ちの場合は棺《ひつぎ》に辰砂《しんしゃ》［水銀と硫黄の化合物］を詰め、極貧者の場合は籾殻《もみがら》を詰めるのだが、この入棺では辰砂は口と鼻と耳だけに詰め、棺には粗い香《こう》を詰めたとのことだった。亡骸は、桶にしろ箱にしろ、しゃがんだ姿勢にして収める［座棺］のが普通だというが、死後何時間も経った亡骸を、外側の箱でさえぎりぎりで入るような狭い空間にどのようにして押し込めるのか、私にはとうてい理解できない。僧侶が売る〈土砂《ドシア》《どしゃ》〉という粉［のように細かな砂］を使うと遺体の硬直がやわらぐと言われてきているとのことだが、こんな俗説の誤りは今や暴《あば》かれているわけだから、どう処置するのか依然私にはわからない。

　玄関の外には小さな幡《はた》と飾りのある棒［龍頭《たつがしら》の付いた竿］が数本あった。青い着物の上に水色の裃《かみしも》を着た二人の男性が弔問者を受け付け、別の二人の男性が水の入った漆塗《うるしぬ》りの椀と白い正絹の手拭《てぬぐい》を差し出していた。私たちは回りにとてもすばらしい多数の屏風をめぐらした大きな部屋に入っていった。くすんだ金地に、蓮《はす》や鶴や牡丹《ぼたん》が、本物そっくりに描かれていた。奥には棺が白い絹の天蓋《てんがい》の下に置かれ、棺の上にはたいへん美しい蓮の白い造花が架台に載せられていた。遺体の顔［頭］は北向きになってい た［北枕］。とても豪華な法衣に身を包んだ僧侶が棺の両側に六人ずつ座っていたほか、別の二人が一時的に設《しつら》えられた小さな祭壇の前に正座していた。

未亡人となったとても美しい女性は、故人の傍ら、舅《しゅうと》と姑《しゅうとめ》の下座で身を屈《かが》めるように座り、その後ろには子供や、青と白の裃《かみしも》を着た親類縁者が並んで座っていた。未亡人は顔に白粉《おしろい》を塗り口元には紅《べに》をさし髪をきちんと結《ゆ》い、紋様を彫った鼈甲《べっこう》の笄《こうがい》をさしていた。空色の絹の着物は美しく、縮緬《ちりめん》の白い〈羽織《ハオリ》〉も立派で、やはり縮緬の深紅の帯には錦糸があしらわれていた。未亡人というより、まるで結婚式の花嫁のようだった。実際、どの着物も美しく青や白の絹の着物があふれているので、部屋も葬式というよりも祝祭が行われているようだった。弔問者が全員揃うと、茶と菓子が席に回された。香の煙がもうもうと立ちこめる中、僧侶の読経《どきょう》が続いた。そのあと、人々はざわざわと墓場に向かい始めた。私はこの間寺院の境内の入口近くにずっと立っていることができた。

葬列　葬列には故人の両親は加わっていなかったが、参列者は全員親戚の者だと思われた。故人の「戒名《デッド・ネーム》」が書かれた細長い札［位牌］を持った僧侶を先頭に、蓮［の造花］を持った僧侶が続き、その後を、二人ずつ組になった一〇人の僧侶が読経しながら続いた。その後に四人の男が担ぐ、台［棺輿］の上に載り襞《ひだ》を寄せた白い布をかけた棺が通った。未亡人はこの後に、そして親類の者がさらにその後ろに続いた。寺に運ばれると棺は架台［棺置台］の上に置かれた。香が焚《た》かれ、経が唱えられたのち、内側をセメント［しっくい］で固められた狭い墓穴へと運ばれた。そして、盛った土がほどよい高さになるまでの間、僧侶が経をあげた。これが終わるとみなばらばらに帰っていった。派手な着物を着た未亡人もたった一人で家路についた。雇いの泣き屋［泣女《なきめ》］はいなかったし、深い悲しみも窺えなかったものの、全体としてみればこれほどおごそかで、敬虔《けいけん》で、作法のわきまえられた葬儀はちょっとないように思われた。《この後何度も葬儀を見た。多くは貧しい人のもので、儀式の多くがはしょられ、儀式を司《つかさど》る僧侶も一人だけであっても、作法はいつもよく守られていた》。僧侶に対する料金［布施《ふせ》］は二円から四、五〇円までさまざまである。この寺の回りをめぐっている墓地はとても美しかったし、杉の木もことのほか立派だった。墓石だらけだったが、日本の墓地がすべてそうであるように、ここも手入れが見事に行き届いていた。墓の穴が埋められるとすぐに実物大のピンクの［造花の］蓮を立て掛け、漆塗りの盆を供えた。そこには、茶、〈酒《サケ》〉、豆や菓子の入った漆塗りの椀がいくつも載っていた。

それにしても六郷《ロクゴ》《ろくごう》のこの寺院［本覚寺］は美しく、カトリックの教会とほとんど違わなかった。しかも、教会とは違い飾り付けは見栄えだけのものではなかったし、趣味もよかった。青色と銀色の布を掛けた背の低い須弥壇《しゅみだん》には、百合の花と火を灯した蝋燭《ろうそく》が飾られ、背の高い須弥壇には深紅と金色の布が掛けられ、その上には扉を閉じた厨子《ずし》と、燭台そして蓮を活けた花瓶がそれぞれ一つあるだけだった。

第二十報（結）［第二十五報（結）巡査］

思いがけない招待——おかしな出来事——礼節をわきまえた巡査——わびしい日曜日——無礼千万な侵入——特権にものをいわせた凝視《ぎょうし》

〈人力車《クルマ》〉で六郷《ロクゴ》《ろくごう》を出てすぐに路傍の茶屋で、〈脚気《カッケ》〉がはやっていた間院内《インナイ》に滞在していた若い医師に再会した。思いやりがあり、感じのよいこの医師は、そこの医師になったばかりの久保田［秋田］の病院を訪問されませんかと誘ってくれた。そして伊藤《イト》には、「西洋料理」を食べられる料理屋がありますよと語った。このことを聞いた私は期待に胸がふくらんだ。伊藤はこの後しょっちゅう「この料理屋のことを覚えておいでですよね」と言った。

非常に狭い道をいつものように私［の人力車］が先頭になって進んでいると、縄につないだ囚人を連れた男に出会った。男の後ろについている巡査を目にした途端、私の車夫は［急に止まり］梶棒《かじ》の内側で土下座した。それで私は座席から飛び出しそうになった。車夫は横木に掛けていた上着を着ようとあわてふためいた。私の車の後で二台の〈人力車《クルマ》〉をひいていた若い車夫たちも身を屈《かが》め、衣類を身につけようと必死になっていた。使用人［車夫］がこんなに卑屈な行動をとるのを見たのはこれが初めてだった。頭のてっぺんから爪先までぶるぶる震えるその姿は、「口に手を当て、ひれ伏されよ」というスコットランドの長老派教会の祈禱《きとう》の折によく耳にする奇妙な表現そっくりだった。この車夫はまさに平身低頭し、巡査が一言しゃべるたびにわずかに顔を上げるもののすぐにいっそう深く頭を垂れた。何も着ていなかったことがすべての原因だった。私は［伊藤を介して］大変暑い日なのでと言ってとりなしてやった。すると巡査は、本来ならとっ捕まえるのだが、そうすると異人さんに迷惑がかかるから大目にみようと言った。この年長の車夫はすっかりしょげ返ってしまい、二度と元気にならなかった。だが、あとの二人の若者は道を曲がり巡査の姿が見えなくなるや否や、着ていたものを思いっきりよく脱ぎ捨て、甲高い声で笑い転げながら跳《は》ねるように車をひいた！

神宮寺《シンゴジ》《じんぐうじ》に着いた私は疲れきり、これ以上は先に進めなかったので［泊まることにしたが］、［富山屋三之助家の］部屋は天井が低く、暗くいやな臭いがした上に、部屋を仕切るのは汚い〈障子《ショウジ》〉だけで、ここで日曜日［七月二一日］を過ごすのかと思うと気が滅入った。片側からはかびが少し生えた［かのような］庭が見え、緑藻《プロトコックス・ヴィリディス》が繁茂し、ぬるぬるしていた。また、隣家の住人が覗き込もうとずっと庭に入り込んでいた。この反対側は通りに通じ、旅人が足を洗う土間になっていた。部屋の奥側は台所になり、前側は表部屋になっていた。暗くなる前でさえ蚊が飛び回り、蚤《のみ》が畳の上を跳びはねていた。まるで蚋《ぶゆ》だった。卵もなく、あるのはご飯と胡瓜《きゅうり》だけだった。日曜日の朝五時に、外［前］側の〈障《ショウ》子《ジ》〉の格子に三つの顔が押しつけられているのを見たが、夕方前には指で突いて穴だらけになり、どの穴からも黒い目が覗いていた。小糠《こぬか》雨が一日中音もなく降り続き、気温が華氏八二度［摂氏二七・八度］もあって暑い上に、部屋はうす暗く、悪臭がただよい、堪え難かった。午後には飾りつけられた駕籠《かご》を担ぐ人の後に数人の山伏《やまぶし》が続く短い列が家の前を通っていった。袖のない深紅《しんく》の法衣《ほうえ》［鈴懸衣《すずかけごろも》］と白い鈴懸袴《ばかま》という出《い》で立ちで、引敷《ひっしき》と結袈裟《ゆいけさ》を身につけていた。［笈《おい》という］箱の中には人の名前や人々が恐れる餓鬼の名を書いた紙が入っており、山伏が川に持って行って投げ入れるということだった。

侵入　蚊に刺されないように、早くに［折り畳み式］ベッドに入り眠りについた。〈行灯《アンドン》〉はいつものように灯《とも》したままうす暗がりの状態にしていた。九時ごろに、多くの人間がひそひそ話す声や、足をすって歩くような音が聞こえ、しばらくの間続いた。それで眼をこらすと、約四〇人〈伊藤《イト》によると一〇〇人〉もの男や女・子供がじっと私を見つめているのが目に入った。その顔は行灯の灯りで浮かび上がって見えた。彼らは廊下側の〈障子《ショウジ》〉を音もなく三枚も外していたのである！　私は大声を張り上げて伊藤《イト》を呼び、手をたたいた。だが彼らは微動だにしなかった。それが伊藤が来ると脱兎のごとく［『旧約聖書』「雅歌」］逃げた。これまで戸外での群衆とその好奇心についてはすべて辛抱強く耐えてきたし、微笑みさえもしてきた。だが、このような侵入は堪え難かった。伊藤はたいへん嫌がったが、私は伊藤を警察に遣《や》った。宿の主人はできないというので、彼らを警察の手で宿から追い出そうとしたのである。今朝になって私が着替えを終えたところに、［横手警察署神宮寺分屯所の］巡査が一人、部屋にやってきて、連中の行動を詫《わ》びた。しかし、うわべだけのものであり、実際には自分には権利があるとばかりに私をじろじろと見た。なかでも私の折畳み式ベッドと蚊帳《かや》については、目をそらそうともせずにじろじろと見た。伊藤《イト》は、これらを見せれば日に一円は稼げますと言う！　また、巡査はここの人間は異人さんなど今までだれも見たことなかったものですんで、と言った。

I. L. B.

大黒［原著２巻本では第23報に収載（『完訳　日本奥地紀行２』97頁)］

第二十一報［第二十六報　病院訪問］

必要だった強い決意――困惑させられるにせ情報――滑るような川下り――町外れの住宅［侍屋敷］――久保田病院［秋田病院］――公式の受け入れ――師範学校

七月二三日［火曜日］　久保田《クボタ》［秋田］にて

困惑させられるにせ情報

雄物《オモノ》川を舟で下り、月曜日［七月二二日］の午後、ここ［久保田］に着いた。陸路だったら二日の長旅になったところを、わずか九時間で楽々走破できた。これは計画をうまく立案し、敢然と成しとげた一例だった！　日本ほど強い決意をもって旅することが必要なところはない。私は、ブラントン氏の地図を根拠として、雄物川は神宮寺《シンゴジ》《じんぐうじ》からだと舟で下れるにちがいないとしばらく前から考えていた。そして一週間前には［最上川流域に属す上山で］この点について調べるように伊藤《イト》に言っておいた。しかし、どこにあってもすぐに難しい理由を持ち出された。水量が多すぎるとか、少なすぎるとか、ひどい早瀬があるとか、浅瀬があるとか、また今年はもう時期が遅すぎるとか、最近出発した舟が座礁したままになっているとか言われてきたのである。しかし、渡し場［舟場］の一つで商品を積んだ荷舟が一艚下っていくのを遠くの方に認めた私は、伊藤《イト》にこの［河］道を行く、他の道は行かない、と強い調子で言った。神宮寺に着くと、ここは雄物川ではなくそれとはまったく別の川に面していますし、この川には非常にひどい早瀬がいくつもありますし、そこでは舟がこなごなに壊れてしまいますと言われ、最後には舟がありませんとまでいろんな人から言われた。しかし、一〇マイル〔一六キロ〕先〔の刈和野〕まで人を送って一艚手に入れますよと私が言うと、内国通運会社継立所《つぎたてしょ》が小さな平底舟〔平積三坪の人舟〕を手配してくれた。それは伊藤《イト》と荷物と私がぴったりと収まる大きさだった。伊藤《イト》は、「私たちの旅について、あなたがおっしゃるとおりにならなかったことは何一つございませんね！」と気取って言ったが、このことは誇張でもなんでもない。普通なら玄関に集まってくる群衆は、私の先に立って川へと向かった。川に着くと両岸が人でいっぱいだっただけでなく、木立の中にも人が群がっていた。〔大曲警察署神宮寺警察分署の〕四人の巡査が〔岸を下って舟まで〕私に付いてきてくれた。四二マイル〔六七キロ〕の舟の旅は快適だった。早瀬といっても大したものではなかったし、流れは強かったから、舟子の一人は短く広い櫂《かい》に寄り掛かって眠らんばかりだったし、もう一人も、舟の底に溜まった水が半分以上の所までできた時だけ目を覚ましてその水を掻《か》い出していた。新屋《アラヤ》〔雄物川下流の川湊で宿駅を兼ねる〕という大きな町に着くまでの川岸は静かで美しく、人影もほとんどなかった。この町は高い堤防に沿ってかなり長く続いていた。九時間にわたる平穏な舟旅の後、私たちを乗せた舟は久保田〔秋田〕の町外れのところで雄物川の本流から離れ、そこからは狭くて水の色が緑色の小さな川〔旭川〕を棹《さお》を用いながら溯《さかのぼ》った。その岸辺には崩れかかった家の裏や、舟を造る作業所が連なっていたほか、川辺の片側には木材が筏《いかだ》のように浮かび、反対側は民家・菜園や、草の繁茂する湿地になっていた。川には非常に多くの橋が架かっていた。

きわめて友好的な〈宿屋《ヤドヤ》〉〔津軽屋太兵衛家か〕の二階に気持ちのよい部屋を得た私は、ここを三日にわたって思う存分使うことができ、とてもうれしかった。〔開業早々の与階軒の〕「西洋料理」――おいしい牛のステーキやすばらしい味のカレー、胡瓜《きゅうり》そして西洋の塩と辛子《からし》も一度に手に入れることができ、それをたいらげたあとは「目が輝く」心地がした。

久保田《クボタ》は実に魅力的にして純日本的な町である。人口は三万六〇〇〇人、秋田〈県《ケン》〉の県都である。肥沃な平野の先には太平山《タイヘイサン》《ざん》という名の形のよい山［秀麗な形で知られた標高一一七〇メートルの山］がそびえ、雄物川が久保田の近くで日本海に注いでいる。〈人力車《クルマ》〉が非常に多い。ひどい砂地の悪路のために、人力車ではどの方向にも三マイル［五キロ］先には行けない。活動的な町であり、商業や工業も活況を呈している。工業には、青と黒、黄色と黒の縞《しま》の絹地［黄八丈］や、皺《しぼ》のある白色〈縮緬《ちりめん》〉の製造、また〈襖《フスマ》〉や下駄の製造がある。縞の絹地は〈袴《ハカマ》〉や〈着物《キモノ》〉の生地になり、縮緬は東京の店屋で高値を呼んでいる。［旧］城下町ではあるが、例の「死んだような感じ」ではなく、繁栄し満ち足りた様子が窺われる。店屋の並ぶ通りは数本しかないものの、木々や手入れの行き届いた生け垣に囲まれ、庭の前にしっかりとした門のある美しい独立家屋［侍屋敷］が並ぶ通りや小路が実に広範囲に及んでいる。このような心地よい「町はずれの住宅」が一マイル［一・六キロ］以上も続いていることから、プライバシーを確保できる家に住んで家庭生活を営んでいる中流階級らしきものの存在が窺われる。外国の影響はほとんど感じられず、県庁をはじめとして外国人は一人も雇われていない。病院さえもが開業当初から日本人の医師だけで組織されている。

このため私はぜひともこの病院［秋田病院］を見たいと思った。しかし、ほどよいと思う時間に訪れたけれども、院長から慇懃《いんぎん》無礼に断られてしまった。県令《ガバナー》［石田英吉］に内地旅行免状《パスポート》を送り書面で許可を得た上でないと、外国の人はどなたであれ見学できませんと言ったのである。そこで私はそのような手続きをいたしますと言い、翌日［七月二四日］の午前八時の訪問が決まった。程度の低いことに関して指示すると面倒がるが、このような場合には最善を尽くす伊藤《イト》は、「通弁」然とした上等の絹の着物に身を包んで私に同行し、これまでで最高の働きをした。

公式の受け入れ　院長とその下にいる六人の医師は全員がすばらしい絹の着物を着て、階段の上で私を出迎え、執務室に通した。そこでは六人の職員が書き物をしていた。うやうやしく白いテーブルクロスを掛けた机と四脚の椅子があり、院長と主任医師［三等医員渡辺綱徳］、それに伊藤《イト》と私が座った。煙草《たばこ》と茶と茶菓子が出されたあと、私たちは病院内を見て回ったが、私たちについて回った医学生五〇人は、いずれもいかにも将来出世すると思わせる知的な顔立ちをしていた。大きな二階建の建物は和洋折衷様式ではあるが、回りには幅の広いベランダが巡っていた。二階は教室として利用され、一階は一〇〇人の患者の病室とかなりいる寄宿生の部屋になっていた。一病室当たりの患者数は最大一〇人で、重症患者の場合には個室が用意されていた。壊疽《えそ》の患者が多く、ちょうど病院の改変を行いつつあった主任医師は、一部の病室を隔離室にしていた。同じ階［一階］には性病患者を集めた部分もあった。大手術は年に約五〇件、クロロホルムを用いて行われているが、秋田県人は非常に保守的で、手足の切除や外国の薬を嫌がり、この保守的気風のせいで患者の数が減ってきているとのことである。

石炭酸の匂いが病院中にたち込めており、たくさんの消毒用噴霧器があった。その数はリスター氏［石炭酸による殺菌消毒法を完成させた英国の外科医］も満足するであろうほどもあった！　K［小林］医師の要請に応じ、症状が非常にひどい傷に石炭酸を噴霧しながら消毒用ガーゼを使って注意深く処置するのを見たが、外科医の指も使われる器具もすべて消毒液に丹念に浸《ひた》される。K医師の話では、今世紀最高の発見の一つだと考えられるこの防腐治療に必要な細々したことを無頓着な学生にわからせるのは難しいとのことだった。私は外科患者が痛いのを我慢する力に感銘を受けた。彼らはひどい痛みにひるむことも、うめき声一つたてることもなく耐えていたのである。遺憾ながら眼病患者が非常に多い。K医師は、眼病が蔓延しているのは、家の広さの割に人が多く、換気が悪く、しつらえが貧弱で［不衛生であり］、採光がよくないからだと考えている。

私たちが［病院内を］一回りして執務室に戻ってみると、そこには把手の付いたカップにコーヒーを入れ、皿にスプーンをのせた英国式の食事が用意されていた。そして食事が終わると再び煙草が出された。その後、病院長と医師たちは玄関まで私を見送ってくれた。そこで私たちは深々と頭を下げて挨拶を交わした。私は、まだ三〇歳にもならず東京からやってきたばかりの小林《カヤバシ》《こばやし》医師をはじめとする職員や生徒の全員が紋付《ナショナル・ドレス》に身を包み、上等の絹の〈袴《ハカマ》〉をはいているのを見てうれしかった。この衣裳は美しく、似合わない洋服とは逆に、これを着ていると威厳が増す。今回の訪問は通訳を介してのやりとりという点で難しいこともありはしたが、実に興味深かった。

公共の建物には美しい庭がついており、傍らを幅の広い道が通り、道の両側は土手のようになって石が敷かれている。このような光景は僻遠《へきえん》の〈県《ケン》〉にあっては非常に目立つ。師範学校［秋田県師範学校］はこのような公共建造物のうちでも特にすばらしい。私がここを訪れたのはこの［最初の病院訪問の］すぐ後だったが、内地旅行免状《パスポート》を提示し、旅の目的を説明してようやく認めてもらえた。このような予備的手続きが済むと、校長の青木《アオキ》保《トマツ》《たもつ》氏と教頭の根岸《ニギシ》《ねぎし》秀兼《シュデカネ》《ひでかね》氏が私の来訪を歓迎してくれたが、洋服を着ているために人間というよりはまるで猿のようだった［『遐邇新聞』はバード来訪時の青木副校長の様子を好意的に紹介」。

校長は私が知っている程度の日本語に相当する英語で何とか話そうと躍起になっていたのに対し、教頭はこのようなばかげた試みを途中で諦め、不本意ながら伊藤《イト》の世話になった。この学校は広々としたヨーロッパ風の三階建の建物で、最上階のバルコニーから灰色の屋根越しに見渡せる緑豊かな市街は、山々と平野に包まれとても美しかった。各種教室の設備には驚いた。なかでも化学教室の実験室のすばらしさと、自然科学教室にある図解器械類のこの上ないすばらしさには驚嘆した。この教科の教科書にはガノーの『物理全志』〔の訳本〕が使われていた。

I. L. B.

第二十二報［第二十七報　警察署］

機業場――女性の雇用――巡査の護衛――日本の警察

七月二三日［火曜日］　久保田［秋田］にて

次の訪問先は手機《てばた》を使う絹織物工場［秋田機業場］ということになっていた。一八〇人の職工が雇用されており、その半数は大人の女性である。大人の女性と少女にとって新しい雇用を生む産業が生まれることはとても大切で、必要性の高い社会変革に結びついていくことにもなる。ここで生産される縞《しま》の絹織物［八丈縞］はすべて国内で消費される。

巡査の護衛　ここ［機業場］を訪問した後、私は町の中心の通り［大町の通り］に入った。そしていろんな店を時間をかけて調べあげたうえで「イーグル」印［缶詰のミルクを開発した英国の会社］の練乳《コンデンスト・ミルク》［煮つめて濃縮した牛乳］を少し買った。［ところが］ラベルはそのとおりだったのに、開けてみたら茶色っぽいひからびた凝乳《カード》［凝固《ぎょうこ》させた牛乳。チーズの原料］で、しかも、ひどい味だった！　店の中で座っていた私が群衆のために息が詰まりそうになっていた時、急に全員が後退《あとずさ》りして礼儀をわきまえた距離ができた。このため私には息をつける空間ができた。群衆が迷惑をおかけして申し訳ありませんでしたが、今後のご訪問に当たっては二人の巡査に護衛するように命じましたとの警察署長［二等警部安野美範］からの伝言を携えた巡査がやってきたのである。その黒と黄の制服を目にした時は本当にほっとした。このあとは不快な思いにさらされることがまったくなかった。宿に戻ると警察署長［深津無二］の名刺が置いてあった。宿の主人が言うには、群衆が迷惑をかけたことをお詫《わ》びします、外国の方が久保田［秋田］を訪問することなどめったになく、外国の婦人を住民が目にすることもこれまでまったくなかったのだと思われますと伝えていただきたいとのことだった。

　このあと私は、青森への内陸《インランド》ルートについて尋ねようと警察本署［秋田警察署］に出かけたが、もてなしはとても丁重だったものの情報は得られなかった。住民に対する巡査の物腰はどこでも非常に柔らかい。抵抗しない住民には二言、三言静かに話し、手をちょっと動かせばそれで十分なのである。巡査は〈侍《サムライ》〉［士族］階級の出であり、この生まれつきの身分の高さのために、〈平民《ヘイミン》〉から明らかに一目置かれている。その顔立ちと幾分尊大な態度には、ぬぐうことのできない階級の違いが窺われる。日本には計二万三三〇〇人の警部・巡査がおり、みな教養のある働き盛りで、たとえその三割が眼鏡をかけているとしても、彼らの有用性が損なわれることにはならない。そのうち五六〇〇人は江戸［東京］に駐在しており、必要に応じて全国のどこへでも配属されるほか、京都《キヨウト》に一〇〇四人、大阪《オサカ》《おおさか》に八一五人いる。そして残りの一万［正しくは一万五八八二］人は全国各地に散らばっている。警察関係の経費は年に四〇万ポンド［二二三万円］をいくぶん上回るが、これでも秩序は非常に良好に保たれている。巡査の給与は月額六～一〇円である。日本ではすべての役所で、膨大な量の特に必要とも思えない書類が作成される。警察でも巡査が一人ならず書類を書いているのをよく目にする。これがどんな役に立つのかは私にはわからない。彼らはこの上なく知的で育ちのよさが見てとれる顔立ちの若者であり、外国人が内地《インテリア》を旅する時には彼らのお陰をこうむるところが大きい。私は困ったことが起きるといつも巡査に頼むことにしている。彼らはいくぶんいばった態度を取りがちではあるが、必ずや力になってくれる。ただ、旅の道筋《ルート》だけは別で、いつも、わかりませんと断言する。

総じて私は他のどの日本の町よりも久保田が気に入っている。それは、ここがまったく日本的な町である上に、衰退の兆候がないためであるように思う。私はもはやヨーロッパ人に会いたいと思わなくなっているし、実際、彼らを避けるために遠くの方へ行こうとしている。日本の生活にもすっかり慣れたし、日本の生活についてもっと学ぶには、このように一人で旅していくのが、他のどのような旅の仕方にもましてよいと考えている。

I. L. B.

第二十三報［第二十八報　伊藤の長所と短所］

「ひどい長雨」――頼りになる従者――伊藤《イト》の日誌――伊藤の長所――伊藤の短所――日本の将来についての予言――おかしな質問――最良の英語――倹約の旅――またもや日本の駄馬

七月二四日［水曜日］　久保田《クボタ》［秋田］にて

伊藤《イト》　私はまだここ［久保田］にいる。この町が魅力的であるということもあるが、「ひどい長雨と洪水」という［『祈《き》禱《とう》書』の］表現さながらに雨が降り続いているためである。［宿に］やってくる旅人は、口々に、道が通れないとか、橋が流されたという話をする。伊藤《イト》が私にする話はとても滑稽である。彼は学校や病院を訪問したことによって私が日本を高く評価するようになったはずだと考えているので、法螺《ほら》吹き気味に話す。田舎の人間はすべて口元をぽかんと開けているのに対して、［ここの］学生たちはみな、教育を受けた人や東京の住民のように口元を閉じていることに気づかれましたかと言うこともあった。伊藤についてはこのところしばらくほとんど書いてこなかったけれども、あらゆる情報を得るということだけではなく、旅を進めていくに当たって、日ごと、頼りにするようになってきている感じがする。夜には私の時計と内地旅行免状《パスポート》、それに持参している金の半分を預けているので、もし夜の間に逃亡したらどんなことになるのだろうと思うこともしょっちゅうである。善良な従者《ボーイ》では決してない。

私たち［英国人］の観念からすれば、道徳観というものを持ち合わせていないし、そもそも外国人が嫌いである。その態度には非常に不愉快なことも少なくない。ところが、それでも伊藤以上に役立つ従者兼通訳を雇えたかどうかとなると、できなかったと思う。東京を出発した時点ですでにかなりうまい英語を話したが、その後の実践と熱心な勉強によって、今や私がこれまで会ったことのあるどの通訳官よりも上手に話せるようになっている。その語彙《ごい》数は日ごとに増えている。また、言葉の意味をいったん覚えると、それをいいかげんには決して用いないし、覚え間違いもない。英語と日本語の両方で日誌をつけており、これによってものごとを実に入念に観察していることがわかる。ときどきはそれを私に読んでくれるが、旅の経験の豊かな若者がこの北方の地域で目新しく思うことを聞き出せ、とても興味深い。伊藤は宿名と旅程を自分で書いた帳面を一冊ずつ持っており、そこにすべての勘定書と受け取りを書き記している。また、すべての地名も一日一日英語に直して書き込んで距離も記し、支払った交通費と宿代も勘定書ごとに記している。

伊藤は訪れた所の戸数やそれぞれの町の特産を、警察や内国通運会社継立所から聞き出し、それらを私のために書き留める。また、正確さを期して最善を尽くし、自分が確信をもてない情報については、「もし事実でないとすると、得るに値しませんね」と言う。時間に遅れることも、のらくらすることも決してないし、夜は私のために使いに出る以外は絶対に外出しない。さらに、〈酒《サケ》〉には決して手を出さず、反抗的になることも決してない。同じことを二度言う必要もまったくなく、いつも私の声が届く範囲にいる。繰り返し行うことについては実に手際よくこなす。これらのすべてのことが自分自身のためであるということを隠そうともしない。給与のほとんどは「わが国の慣習です」と言って、未亡人である母親に送る。残りの給与は菓子や煙草を買ったり、しょっちゅう按摩《あんま》してもらうのに使うようである。唯一の贅沢《ぜいたく》である。

もっとも自分の目的のためには嘘をつくし、気づかれずにやれると思えば目いっぱい「上前《うわまえ》を撥《は》ねる」。私のこの確信はいささかも揺るがない。また、思いやりに少し欠けるし、不道徳な慰み［買春行為］だけは思いつくようである。さらに、いろんな外国人と触れることがあまりに多すぎたせいだろうか、いかなる宗教も信仰していない。率直さにはいくぶん行きすぎの感があり、何に関しても遠慮というものがない。ただ、まさにこの短所のおかげで、私はいろんなことについて、ありのままを知ることができるのだと思う。前の主人［植物採集家《プラント・ハンター》C・マリーズ］については別だが、男であれ女であれ徳をもっているということをほとんど信じていない。外国人が発明したものを日本が利用するのは正当なことだし、外国人も日本から同じくらい学ぶべきものがあると考えている。また、日本は価値のあるものはすべて取り込む一方で、キリスト教という重荷はこれを拒絶しているので、ゆくゆくは外国人との競争に打ち勝つと考えている。思うに伊藤の最も強い感情は愛国心である。スコットランド人とアメリカ人を別として、愛国心をこれほどひけらかす人物には会ったことがない。日本語と英語の両方の読み書きができるので、無学の人を見下している。外国人についてはその地位や身分にこれっぽちも敬意を払わず価値も認めない一方で、日本の役人についてはこの二つをきわめて重視する。また、知性に満ちた女性を毛嫌いする一方で、茶屋の普通の娘とは町育ちらしいやり方でふざける。

伊藤は最良の英語を話すことへの願望が非常に強く、ある言葉が俗語だとか、品がないと私が言うと一切使わなくなる。天気がよくて物事が順調な時には、いつもではないが、非常に上機嫌で気持ちを通じ合わせようとし、旅しながらとてもよくしゃべる。二、三日前に私が「今日はなんてよい《ホワット・ア・ビューティフル》天気なこと《・デイ・ジス・イズ》！」と言うと、帳面を持ちながら、すぐにこう言った。「今日は天気がよい《ア・ビューティフル・デイ》」とおっしゃいましたが、たいていの異人さんが口にする「今日はばかにいい天気だ《ア・デヴィリッシュ・ファイン・デイ》」よりもよい英語ですか？と。そして私がその言い方は「品がない」と答えると、それ以後は「ビューティフル」という言葉をしょっちゅう口にした。また「質問をなさる時、他の異人さんのように「そりゃいったい何《ホワット・ザ・ディーエル・イズ・イト》」という言い方を決してなさいませんね？　男性なら言ってもよく女性が言うとよくないのですか？」と尋ねたので、「男性・女性のいずれであれ、よくありません。とても「品のない」言葉です」と言うと、私が見ているところでこの言葉を自分の帳面から消してしまった。はじめの頃、伊藤は、男性に対しては、「お乗りになる〈車〉は一人びきにされますか、二人びきにされますか《ウイル・ユー・ハブ・ワン・オア・トゥー・フェロウズ・フォー・ユア・クルマ》」とか、「〈　男　〉《フエロウズ》と女性《ウイメン》」というように、〈フェロウ《やっ》〉という言葉をいつも使っていた。そしてついには、当地［久保田］の病院の主任医師［渡辺綱徳］に対して「フェロウ」という言葉を使ったので、「それはちょっと俗語っぽいし、少なくとも「口語的《コロキアル》」です」と忠告した。それで、この二日間、男　性《マン・アンド・メン》について話す時にはマンやメンを使うように慎重に言葉を選んでいる。今日［七月二四日］、伊藤が私に診てやってほしいとひどい眼病の少年を連れてきた時、私はつい「かわいそうな子《プア・リトル・フエロウ》！」と大声をあげてしまったが、晩になって伊藤に「あの少年をフェロウと呼ばれましたが、よくない言葉だと思いますが！」と言われてしまった。正しい表現とよくない表現との区別が、伊藤自身には少しついているとしても、横浜の多数の外国人の慣習のせいでなくなってきているのである。泥　酔　者《テイプシー・マン》を見かけましたと私に言いたい時、伊藤はいつも「英国人のように酔っ払った男《ア・フエロウ・アズ・ドウランク・アズ・アン・イングリッシュマン》」という言い方をする。また、日本では男性は法律上何人まで妻をもてるのかと日光《ニコウ》で尋ねた時には、「法律上はたった一人ですが、養える限りは他に〈妾《メカケ》〉を何人でももてます。英国の男のように」と答えたものである。ただ、伊藤は間違いとわかれば忘れずに直す。私が俗語的だと忠告するまでは、酔っ払い《イネブリエテイツド》のことを話す時にはいつも「酔っ払う《タイト》」と言っていたのが、「ほろ酔いの《ティプシー》」とか「酔った《ドウランク》」とか「酩酊した《イントクシケイテイツド》」という言葉を教えてやると、書き言葉としてはどの英語がよろしいのですかと尋ね、それ以後、酔っ払いについて話す時には、いつも「酩酊した《イントクシケイテイツド》」という言葉を使うようになった。

聡《さと》い弟子　伊藤はもちろんのこと大きな町が好きであり、私の好きな「未踏の地《アンビートウン・トラックス》」を旅するのを思い止まらせようとする。しかし、私の決意が揺るがないとわかると最後には次のようなおきまりの台詞《せりふ》、「まあ、所詮《しよせん》あなたは好きなようにすることができるわけで、私にはどっちみち同じことです」という台詞をはいて自分の主張をしめくくる。私は、伊藤が私に対して不正を働くということはさらさらないと思っている。食事代、宿賃、運賃は二人合わせて日に約六シリング六ペンス［一円八一銭］であり、移動しない場合の費用は約二シリング六ペンス［七〇銭］になる。これには謝礼や追加料金が含まれる。正確に言うと食事代と宿賃とは、茶、ご飯、卵からなる食事代と、銅の盥《たらい》で水を使う［身体を拭《ふ》く］料金、〈行灯《アンドン》〉のほかには何もない部屋代だけが含まれる料金である。というのも、どの村にも鶏はたくさんいるのに、そしてもし、卵を生ませるために飼うのなら喜んで手放してくれるのだが、それを殺す［絞めて食べる］とわかるとどんなにそそのかされても決して売らない。伊藤《イト》は、私のために肉類を手に入れようとしてうまくいかなかった話を私にほとんど毎夜のように面白おかしく話して聞かせる。

この旅は、これまでに経験したうちでは、「横木の上に載せて運ぶ」［最もひどく厳しい旅の意］というのに最も近い旅である。これまでに乗ってきた馬は七六頭にのぼるが、どれもこれも最悪で、乗ったというより座ったという感じだった。どの馬もよろよろと歩く。なかには肩よりも腰の方が高い馬もいて、この場合は前の方に滑るし、背骨はどの馬も盛り上がっている。後脚は爪先がそり返っている。また後脚は、子馬の時から重い荷物を運ぶので、外向きになっている。猫の後脚のようである。そのために足取りがふらつき、しかも具合の悪い草鞋《わらじ》をつけているのでいっそうひどくなる。夏場の餌は主に草で、これにおからを補助的に摂《と》り栄養を補う。また藁《わら》ではなく草を高く敷いた上で眠る。馬小屋では［英国とは前後が逆で］「本来尻尾があるはずのところ」［D・リヴィングストンの言葉］に頭をつないでおり、飼い葉は飼い葉桶《おけ》ではなく揺れ動く手桶に入れてある。日本のこの地方で使われる馬は一五円から三〇円で取引される。馬に荷物を少しでも載せすぎたり、ひどい目にあわせているのは見たことがないし、蹴られたり、叩かれたり、激しい言葉で脅《おど》されたりしているのも見たことがない。馬は死ぬときちんと埋葬され、その墓の上には石が置かれる。十分に使った馬の最期は死期を早める方がよさそうに思えるが、ここは仏教を主とする地域であり、動物の命を奪うことへの反発が非常に強いのである。

I. L. B.

第二十四報［第二十九報　婚礼］

昆布［熨斗昆布］の象徴的意味――午後の来客――神童――書道の妙技――子供礼賛――貸衣裳――〈嫁入り衣裳《トゥルーソウ》〉――家具――婚礼

七月二五日［木曜日］　久保田《クボタ》［秋田］にて

午後の来客　ようやく天気がよくなりかけてきたので明日［二五日］には出発できると思う。ちょうどこの文を書いたところに伊藤《イト》がやってきて、隣の家の方が折り畳み式ベッドと蚊帳《かや》を見せてもらいたいということで、お近づきの印《しるし》として例の熨斗《のし》昆布《こんぶ》を少し添えた菓子箱がすでに届けられてきております、と言った。日本人は自分たちは漁労民の末裔《まつえい》だと信じており、そのことを誇りにしている。それで、漁労民の神である恵比寿《えびす》は、日本人がいちばん好きな家の守り神の一つになっている。贈り物に、庶民への場合だと一束の昆布［熨斗昆布］が、天皇《ミカド》への場合だと一束の熨斗鮑《あわび》が添えられるのは、この民族の起源の証《あかし》である。と同時に、この素朴な業《なりわい》［漁業］への敬意が象徴的に示されている。

もちろん私はこの客を迎えることに同意した。華氏八四度［摂氏二九度］もある狭くて天井の低い私の部屋に、男女各五人の大人と二人の少年が入ってきた。そして三度深々と頭を下げて挨拶したあと、床［畳］の上に座った。午後をここで過ごそうとやってきたことは明らかだった。日本の普段の作法どおりにもてなすようにと伊藤《イト》に申し付けておいたので、茶の載った盆と菓子の載った盆が廻され、

〈煙草盆《タバコボン》〉も持ってこられた。大人の来客は全員が煙草を喫《の》んだ。そして、こんな「立派な」旅のお方にお目にかかれて喜びでいっぱいですと、謝意を述べた。私の方からは、みなさんの「立派な」お国をよく見ることができてうれしいことですと謝意を伝えた。そして全員、深々とお辞儀をした。このあと私は、床［畳］の上にブラントンの地図を広げて通ってきた道筋を示したり、『日本アジア協会紀要』を見せたりした。上から下にではなく、左から右に向かって読むのだということを読んで聞かせた。また、自分の編み物を見せると驚きの声があがった。次にはベルリン・ウールの刺繍《ししゅう》を見せたが、その後は他にできることがなかった。すると彼らの方が私をもてなそうとし始めた。この時彼らが私のところにやってきた本当の目的は、一人の「神童」を見せるためだということがわかった。わずか四歳のこの子供は、てっぺんに一房の髪の毛があるほかはつるつるに剃《そ》った頭をし、その顔には異常なほどの思慮深さと厳粛さがうかがえ、物腰には年配の人のような落ち着きと威厳があった。緋《ひ》色の絹の〈袴《ハカマ》〉と濃紺の地に縞柄《しまがら》のある絹の〈着物《キモノ》〉に身を包み、扇子を優雅に揺らしながら、賢そうな目つきですべてのものを見つめていた。礼儀正しいその様子は、他の大人と同じだった。この男の子に子供の話をしたり玩具を見せたり笑わせたりするなら侮辱することになると思われた。この怪物［のような子供］は、教えもしないのに読み書きできるように、また詩を作れるようになったという。父親が言うには、まったく遊ばず、何事であれまったく成人のようにわかるのだという。何か書いてくれますかと頼まないことには納まりがつかないように思われたので、私はそうした。

　すると、おごそかな実演が繰り広げられた。まず、畳敷きの部屋の真ん中に赤い毛氈《もうせん》が敷かれ、その上に漆塗《うるしぬ》りの硯《すずり》箱が置かれた。するとこの子供は硯の上で墨を摺《す》り、長さが五フィート［一・五メートル]ある巻紙を四枚拡げ、その紙にしっかりとして優雅な筆遣いで漢字をしたためた。一字の長さが九インチ[二三センチ]ほどもあるその字のほとんどは複雑だったが、ジョット[イタリアの画家]が筆を廻して円形を描く時のように、しっかりした筆遣いですらすらとしたためた。そして、作品に自分の朱の落款《らっかん》を押し、三度お辞儀をしてその実演は終わった。人々は〈掛物《カケモノ》〉[掛軸]や看板の字をこの子供に書いてもらい、この日もこの子供は二ポンドほどになる一〇円を得たという。父親はこの子供を連れて京都に行くつもりだという。一四歳にならない[元服前の]子供でこれほど上手に書ける者がいるかどうか知りたいのだという。これまで目にしたことがないほど大げさな子供礼賛だった。父親や母親から親類縁者、召使に至るまでがこの子供をまるで王子のように扱っているのである。

とても律儀な宿の主人は姪《めい》の結婚式に私を招く手筈《てはず》を整えてくれた。今ちょうどその式から戻ってきたところである。この人には「妻」が三人いる。一人は京都、もう一人は森岳《モリオカ》《もりおか》で〈宿屋《ヤドヤ》〉をしており、一番若い妻がここに一緒に住んでいる。その女性が、自分の数限りない衣裳の中から私に似合いそうなものを選んでくれた。灰緑色の縮緬《ちりめん》の襦袢《じゅばん》と、緑の地に濃い縞柄の柔らかな絹の〈着物《キモノ》〉、そしてうね織りの灰緑色の帯である。着物[襦袢]には白の縮緬の半襟《はんえり》がついており、そこには金[金糸]の縫い取りが施《ほどこ》されていた。また、帯にはあちこちに家紋が金[金糸]であしらってあった。私はこの主人と出かけた。伊藤《イト》は招待してもらえなかったので腐っていたし、そのため宿に戻るまでは何の説明も聞けなかったのだから、私にとっても伊藤がいないのは五感の一つを失ったようなものだった。

その式は、私が読んだ作法に関する複数の書物に記されている結婚式の式次第とは違っていた。それは書物の中の式次第が〈侍《サムライ》〉[士族]階級の人々を対象としたものだったのに対して、この結婚式の場合、花嫁も花婿も裕福な商人の子女とはいえ、〈平民《ヘイミン》〉に属しているからである。

日本の嫁入り衣裳　今度［の婚礼で］は〈嫁入り衣裳《トゥルーソウ》〉と嫁入り道具が朝早いうちに花婿の家に運ばれてくるということで、私はそれを見せてもらえることになった。まず目に入ったのは、金糸の刺繍《ししゅう》のある数本の帯、数着分の錦織の〈着物《キモノ》〉の生地《きじ》、数着分の縮緬の生地、たくさんの着物、白絹の生地、六樽の〈酒《サケ》〉［樽酒］、そして七種類の香辛料だった。日本では女性は宝石を身につけない［のでなかった］。

調度類には次のようなものがあった。すなわち、二組の見事な漆塗りの木枕や、数組の木綿〈布団《フトン》〉、二組の非常に美しい絹布団、二、三枚の絹の座布団。漆塗りの裁縫箱。紡ぎ車。漆塗りの米櫃《こめびつ》、しゃもじ。飾りのある鉄瓶二客や、種々の台所用品、青銅製の三つの〈火鉢《ヒバチ》〉や二面の〈煙草盆《タバコボン》〉。さらに、各数客の漆塗りの盆と〈膳《ゼン》〉、数個の磁器の茶瓶、急須、湯呑みや漆塗りの椀。銅製の金盥《かなだらい》二つ。手拭数枚。荒神箒《こうじんぼうき》数本。そして象眼《ぞうがん》のある漆器の〈飾り棚〉も一つあった。木枕の一つには飾り簪《かんざし》を納める引き出しがついていた。どの品もみな非常にすばらしいものだった。このことから、［花嫁の］両親は裕福にちがいないと思われた。〈酒《サケ》〉は厳格な作法に則《のっと》って送り届けられるという。

花婿は二二歳、花嫁は一七歳で、花嫁はたいへんな厚化粧で素顔はわからないが、見た限りは整った顔立ちだった。〈乗物《ノリモン》《のりもの》〉［駕籠《かご》］に乗った花嫁が両親と親族に付き添われて花婿の家にやってきたのは夕方近くだった。行列の人々はめいめいに提灯《ちょうちん》を手にしていた。宿の主人と私が到着した時には、結婚式の列席者が大広間に集まり、片方の側に花婿の両親と親族が、反対側に花嫁の両親と親族が座っていた。美しく着飾った二人の幼い少女に連れてこられた花嫁は、とても愛くるしかった。純白の絹の着物［白《しろ》無垢《むく》」を着ていただけでなく、頭には純白の絹の綿帽子《ヴェール》をかぶっていたので、頭の先から足元まで純白の絹ずくめだった。花嫁が来る前にすでに部屋の中央、やや上座側に座っていた花婿は、花嫁を迎えに立ち上がらないどころか、うつむき、眼を畳の上に落としたままだった。花婿の向かい側に座った花嫁も、決して眼をあげなかった。その前には高脚膳が置かれ、〈酒《サケ》〉をなみなみと注いだ二口の器と数本の銚子《サケ・ボトル》、数個の盃《さかずき》が載っていた。別の膳には、松と満開の梅［の造花］と亀の上に立つ鶴を模した小さな置物が載っていた。後者［亀と鶴］は長寿を、前者［梅と松］は女性の美しさと男性の力強さを象徴しているのである。ほどなくして料理を載せた〈膳《ゼン》〉が各人の前に出され、祝宴［披露宴］が始まり、賑やかになった。賑やかさはご馳走に満足していることの証なのである。

ここまではほんの序の口だった。花嫁を連れてきた二人の少女はお盆をもって回った。そこには〈酒《サケ》〉をついだ盃が三つ載っており、だれもが盃の底に描かれた福の神《ゴッド・オブ・ラック》［正しくはお多福］が現れるまで一気に飲み干すのである。

三三九度《サケ・ドリンキング》　このあと花嫁と花婿は［お色直しのために］退いたが、まもなく、先ほどとは違う礼装で現れた。ただ花嫁はまだ綿帽子をかぶっていた。これはいつの日か自分の経帷子《きょうかたびら》になるのである。三《み》組《くみ》の盃が載った朱の漆塗りの古いお盆が出されると、花嫁にかしずく二人の娘が盃に酒を注ぎ、お盆を花嫁とその親になる二人［舅《しゅうと》と姑《しゅうとめ》］の前に置いた。［最初に］舅が［大きな］盃の酒を三度［正しくは三口］飲み、そのあと盃を花嫁に渡した。花嫁は二度［二口］飲み、箱に入った贈り物を舅からもらったあと三度［三口］目を飲んで舅に盃を返した。すると舅は［娘がまた］盃に注いだ酒を三度［三口で］飲んだ。ここでご飯と魚が出た。次には二つ目［真ん中の大きさ］の盃に［娘によって］注がれた酒を姑が三度［三口で］飲んでから、盃を花嫁に返した。すると花嫁は二度［二口で］飲んだあと、漆塗りの箱に入った贈り物を姑から受け取り、その後三度［三口］目の酒を飲み、盃を返した。すると姑はまた三度［三口で］酒を飲んだ。ここで汁物が出された。続いては花嫁が三つ目の［小さな］盃で一度［一口］飲んだ後、それを舅に渡すと、舅はまたも三度［三口で］飲み、盃を花嫁に返した。すると花嫁は二度［二口で］飲み、最後には、姑が［花嫁から渡された盃で］三度［三口で］飲んだ。［こうして儀式は終わったが、］私がなんとか保ち続けたような鋭い観察眼をもち合わせている人なら、酒がなみなみと注がれた盃を三名のそれぞれが九度［九口］も飲んだことに気づいたと思う。*

＊　これほど大量に飲んだ酒がどんな類いの酒だったのか、調べ損なったが、これを飲んで見苦しいことが起こらなかったことからすると、きっと、［濁酒《どぶろく》ではなく］アルコール度の低い大阪《オオサカ》［上方《かみがた》］の酒つまり清酒《ライト・サケ》だったと思う。

このあと、花嫁にかしずく二人の娘は口が二つ付いた銚子を手に取り、結婚した両人の口元にもっていった［もっていって盃に酒を注いだ］。すると両人は［注がれた酒を］交互に飲み干《ほ》した。この締めの儀式［三三九度の盃］は人生の喜びと悲しみを二人一緒に味わっていくことの象徴だとのことであり、これによって二人は、死去か離婚によって離別するまでは夫婦《めおと》となったのである。

定められたやり方に従って〈酒《サケ》〉と言われるワイン［日本酒］を飲むことが「結婚の儀式」の中心をなしていることは明白であり、ここには親族だけが招かれる。これが終わるとすぐに披露宴に招かれた客がやってきて、料理を食べ〈酒《サケ》〉を飲んでその晩を過ごす。ただ、食物は質素なものだし、幸いにも、祝宴の場での酩酊《めいてい》は場違いとされている。あらゆることに礼儀作法があり、それが何世紀にもわたって受け継がれてきたのである。儀式はこの点で興味深かったが、これを別とすれば儀式自体は陰鬱な静けさの下で行われるので、単調で退屈なものだった。そして白粉《おしろい》を真っ白に塗り、唇に紅をひいた若い花嫁の姿も動きもまるで操り人形のようだった。

I. L. B.

第二十五報［第三十報　祭の日］

祭の日の光景――〈祭《マツリ》〉――祭の呼び物――曳山《マツリ・カー》――神と悪魔――見込みのある港――村の鍛冶屋《かじ》――繁盛する造り酒屋――「不思議な光景」

七月二七日［土曜日］鶴形《ツグラタ》《つるがた》にて

祝祭《フェスティバル》　立派な道［羽州街道］は三マイル［五キロ］にわたり久保田《クボタ》［秋田］の人々であふれていた。その住民の半ばが徒歩で、あるいは〈人力車《クルマ》〉や馬がひく赤い荷馬車に乗って、先へと向かっていた。〈人力車《クルマ》〉に乗った二人一組の巡査の姿もあったし、おんぶされた何百人もの子供や、さらに多くの歩いている子供もいた。気取っておませな表情をした女の子たちは、真っ赤な縮緬《ちりめん》の着物を着、花を髪にさし、ぽっくりをはいて歩きづらそうによろよろと歩いていた。大人の男女の群れもあったが、男女が混じりあうことはなかった。駄菓子や練り菓子を売る屋台は大忙しだった。店の女たちは客が矢継ぎ早に買って食べるのに負けない手早さで〈餅《モチ》〉をこしらえていた。右手には広々とした水田が緑の海のように続き、左手には青緑色の海が広がっていた。［後ろを振り返れば］一面の緑のかなたに久保田の家並みの灰色《グレー》の甍《いらか》が浮かび、はるか南方［東方］には深い藍《あい》色をした太平山《タイヘイサン》《ざん》が横たわっていた。すばらしい快晴で、夏の太陽が一面にさんさんとふりそそいでいた。このため、これまで日本で見たことがなかったような、活気にあふれる陽気な光景を見ることができた。男も女も子供も、また荷馬車も〈人力車《クルマ》〉

も、巡査も馬子も、すべてがあるみすぼらしい町をめざしていた。和船《ジャンク》［弁才船］の入る久保田の港［外港］であるこの湊《ミナト》［土崎湊］という町では、神明《シンマイ》《しんめい》という祭神［天照大神《あまてらすおおみかみ》］の生誕の日を祝う〈祭《マツリ》〉つまり祝祭《フェスティバル》がちょうど行われているのである。灰白色の低い家並みの上に塔のように突き出たもの［曳《ひき》山《やま》］が見えた。最初は巨大な五本の指のように見えたその物体は、次には黒い布で覆われた枝の突き出た数本の樹木のように見えた。だが、その後は何に似ているのかわからなくなった。謎の物体だった。〈人力車《クルマ》〉ではこれ以上進めなくなったので、人力車から降り、人込みの中に分け入った。みすぼらしい通りは群衆でごった返していた。この状態は一マイル［一・六キロ］近くにわたって続いた。粗末な茶屋や店が軒を連ねるみじめったらしい通り——実際にはあふれる人のためにほとんど見えなかったとはいえ——だった。通りにはこの間ずっと提灯《ちょうちん》がびっしり吊り下げられていた。茣蓙《ござ》敷きの粗末な桟《さ》敷《じき》がいくつもあり、そこでは人々が路上の群衆を眺めながら茶や〈酒《サケ》〉を飲んでいた。いくつもの猿芝居小屋や犬の曲芸小屋のほかに、二頭の汚らしい羊と一頭の貧弱な豚がいて好奇心いっぱいの群衆をひきつけていた。日本のこの地方では羊も豚ももの珍しかったためである。二銭を払った観客に三〇分に一回首から上だけの女を見せる小屋もあった。四〇人の男たちが綱でひく車［曳山］が数台行列をつくって進み、神社のような屋根のついた車［舞台山］の上では良家の子供たちが踊っていた。正面が開けっ放しの芝居小屋が一つあり、その舞台では、二人の男性が、裾《すそ》が床につく古い衣裳を身にまとい、単調で動きのゆっくりした古典的な舞［能］を演じていた。床につくような長い袖を巧みに動かし、ときどき足を強く踏みならし、しわがれ声で〈ノオ〉という言葉を発するだけの飽き飽きするほど単調でゆっくりとした動きだった。言うまでもないことだが、一人の外国の女［である私］もまた祭のちょっとした呼び物だった。子供への〈溺愛〉は極まっていた。実にいろいろな面や人形や、さまざまな物の形に似せた飴《あめ》、玩具《おもちゃ》、駄菓子などの商品が地面に敷いた筵《むしろ》の上に並べて売られ、次々と子供たちの手や着物の袖の中に納まっていった。日本の大人は〈祭《マツリ》〉にくれば必ず子供に供物をささげる［ようにいろんな物を買ってやる］のである。

［秋田から護衛してきた］警部の話では、湊《ミナト》［土崎湊］には二万二〇〇〇人の余所者《よそもの》を含め、三万二〇〇〇人もの見物人が来ているが、二五人の巡査で十分対応できるとのことだった。私が午後三時にここを離れるまでは、〈酒《サケ》〉で酔っ払っている人はだれ一人いなかったし、乱暴な行いや、はしたない行為をする者もまったくいなかった。私が群衆にもみくちゃにされることもなかった。最も大勢集まっている場合でも自《おのず》から距離をおいて取り巻くようにし、私が息をつけるだけの空間は残してくれていた。

私たちは群衆がひときわ多く集まっている所へ行った。そこには二台の巨大な曳山《マツリ・カー》があった。先ほど遠くから目にしたのは空に向かってとてつもなく高く突き出したこの構造物だった。三〇フィート［九メートル］もの長さのある太い梁材《りょうざい》を組み立てたもので、八つの巨大な車輪がついていた。中まで詰まった車輪だった。その車輪の上には先が平らになった杉の枝のようなものがいくつも突出した櫓《やぐら》が組まれ、峰のようになったその先端は二つに分かれて高さが不揃いになっていた［夫婦《めおと》岩］。一番上までは地面から五〇フィート［一五メートル］もあろうかと思われた。どの突起物も黒い木綿の布で覆われ、そこからいくつもの松の枝が突き出していた。［夫婦岩の］真ん中には、細く裂《さ》いた白い綿布が絶え間なくうねり、滝を表現していた。布の裏には小さな車輪が三つ上下についていた。また、その底の部分には別の白い綿布と紺の綿布があり、それぞれ川と海を表現していた。紺の綿布の裏には一組の鞴《ふいご》があり、綿布がひらひら揺らぐようになっていた。全体として〈神道《シントウ》〉の神々が何匹もの鬼を退治する山の様子を表しているとされるが、よくもまあ見られるものだと思われるような粗雑で野卑な代物《しろもの》だった。それぞれの曳山の正面では、幕の下で三〇人の演奏者が手に手に不愉快極まりない楽器をもって、私には我慢ならないいやな音をあたり一面に響かせていた。鬼を征伐する者というよりは鬼そのものを彷彿させた。突起物の平らになった台の上にはぞっとするような人形が飾られていた。寺院の〈仁王《ニオウ》〉によく似たものが、真鍮《しんちゅう》の甲冑《かっちゅう》を身にまとい胸の悪くなるような姿をした鬼を殺しているものもあった。姫が、繻子《しゅす》の袖が総花柄模様になった金襴《きんらん》を身にまとって〈三味線《サミセン》〉［琴］を弾いているものもあった。また、別の人形は、人間の三倍の大きさのある狩人で、同じように実際よりも三倍もある野生の馬を殺しつつあるものだった。馬の皮は棕櫚《しゅろ》の葉をもじゃもじゃにして表現されていた。さらに、けばけばしい色を塗った神や、これまたぞっとするような鬼の人形もてんでばらばらに飾ってあった。これら二台の曳山は、それぞれ二〇〇人の男［曳手］たちによって、三時間で一マイル［一・六キロ］という速度で一つの通りを行きつ戻りつしていた。また、多くの男［振り棒使い］が振り棒を使って重い車輪を泥の窪みから引き上げていた。

この〈祭《マツリ》〉は、英国の縁日《フェア》や祝祭《フェスト》・お祭騒ぎ《レヴェル》と同じように、もともとあった宗教的な意味合いを失っており、三日三晩続く。今日［七月二五日］はその三日目で、本祭の日だった［長雨のため四日順延されたことが、七月二六日付と七月二九日付の『遐邇新聞』で証明。『完訳 日本奥地紀行2』第三十報訳注18参照］。

私たちは山形〈県《ケン》〉で乗ったあのひどい馬とは大違いの気性のおとなしい馬でここを離れた。湊［土崎湊］から鹿渡《カド》［八郎潟に面する羽州街道の旧宿駅］までの左手はずっととても変わった潟《ラグーン》になっている［八郎潟］。長さは約一七マイル［二七キロ］、幅は一六マイル［二六キロ］あり、狭い水路を通じて海とつながっており、その水路は真山《シンザン》と本山《ホンザン》と呼ばれる山で護《まも》られる形になっている。二人のオランダ人技師がこの潟の潜在能力について報告書を作成する仕事に従事している。もし膨大な費用をかけないで出口の水深をもっと深くできれば、本州北部《ノース・ウエスタン・ジャパン》の日本海側で非常に不足している港ができる。道沿いには水田がはてしなく続き、多くの集落が点在する。道には砂が厚く堆積し、松並木をなしている。その松は古木で、幹も枝も曲がりくねり瘤《こぶ》が目立っている。この松並木をそこらじゅうの村の住民が、馬に乗ったり歩いたりして湊［土崎湊］へと向かっていた。四日間降り続いた雨のあとの快晴のもと、どの顔も喜びでいっぱいだった。すばらしい姿をした何百頭もの馬が、真っ赤な布や革で縁取りした漆塗《うるしぬ》りの馬具で着飾り、藁《わら》を編んだ紐《ひも》状のものをたくさん身につけ、いく本もの綱を垂らしていた。鞍《くら》にはゴシック様式のとんがった屋根のようなものがつき、馬体の両側には荷籠がぶらさがり、それぞれに二人の子供が真面目くさり落ち着き払った表情で収まっていた。そして荷鞍には父親か五番目の子供が乗っていることもあった。

身体の具合がとても悪かったため、虻川《アブカワ》といううみすぼらしい村の屋根裏部屋で一泊せざるをえなかった。蚤《のみ》がうようよいたし、ご飯はとても汚く、食べる気がしなかった。私が休んでいる部屋に一時間も座っていた女将《おかみ》は、ひどい皮膚病にかかっていた。このあたりでは土壁の家は見られなくなり、どの家も板張りだったが、虻川の家は老朽化し、がたがただった。柱と梁《はり》で支えられていたが、斜めになったその梁は道に向かって突き出し、うっかりすると歩行者は頭を打つのではと思われた。

村の鍛冶屋　向かい側には村の鍛冶屋《かじや》があったが、その主人は、［鍛冶屋特有の］がっしりした頑強な男性ではなかった。私とあなた［妹ヘンリエッタ］が子供の頃［イザベラは二〜一〇歳。父はセント・オールバンズ教会の牧師］、タッテンホール［チェスターの東南の町］の鍛冶屋で見て楽しんだあのびっくりするような閃光が飛び散る火花も目にしなかった。床の炭火は、やせて薄汚れた小僧によって絶えず整えられ、燃えて灰になるのに応じて新しい炭が継ぎ足されていた。もっとやせて薄汚れ、保護眼鏡と腰帯をつけた主人は、炭火の前に座りっぱなしで、爪先で鞴《ふいご》に風を送りながら、鉄の棒を火に入れ熱くしては鎚《つち》で叩いていた。その鎚音は夜遅くまで聞こえていた。煤《すす》けた壁には錆《さ》び付いた鉄の棒や鉄器がかかっていた。その巧みな仕事ぶりを暇そうな男たちが見つめていた。これが虻川の村の鍛冶屋の光景である。その光景を私は張り出し縁側で見とれていた。私がいる家の前では、裸同然の身なりの住民が、夜になるまで物音ひとつ立てず、口をぽかんと開けて突っ立って［私を見て］いたにもかかわらず。

　そしてこれらの陰気な住民たちは、翌日［二六日］も早朝から小糠《こぬか》雨の降る薄暗がりの中、姿を見せた。その後雨は本降りに変わり、一六時間も続いた。この日の旅で見たものといえば、低い山々、どこまでも水田の続く平野、行き交う人とてほとんどないひどい道、藍《あい》色に煙《けむ》る愛らしい集落だけだった。田んぼでは人々が稲［株の回り］を手でかきまぜ、二回目の除草［二番除草］をしていた。この地域の森《モリ》《もり》岳《オカ》《おか》［八郎潟の北東、羽州街道の旧宿駅］その他いくつかの集落で一つのことに気づいた。それは大きくて屋根が高く立派な造りの家を見かけたら、その家は必ず造り酒屋であるということである。そのような家はいかにも金持ちの家らしく見え、回りが塀で囲まれていた。［玄関にぶらさがっている］杉玉《ブッシュ》は、この家が〈酒《サケ》〉の販売だけでなく醸造も行っていることの証《あかし》であり、長らく用いられて先が黒く汚れてしまっているものから、次々と取り替えられて張りのあるものまで実にさまざまだった。前者は樅《もみ》が、後者は松［正しくは杉の葉］が丸められていた。興味深いことだが、英国でもその昔、酒屋の看板はこれと同じだったように思われる。

この日［二六日］の午後の雨風はずっと恐ろしいほどだった。私は馬に乗れず、何マイルもの間とぼとぼと歩いた。松並木の道には一フィート［三〇センチ］もの深さの水溜まりがずっと続き、着ていた紙［桐油紙］の雨合羽《あまがっぱ》の下まで水がしみ込んでしまった。豊岡に着いた時には半ば水浸《びた》しの状態で、非常に寒く、きれいな屋根裏部屋で〈火鉢《ヒバチ》〉に覆いかぶさるようにして震えていた。吊り下げた衣服からは水がしたたり、翌日［二七日］着た時にはまだ乾いていなかったが、着ざるをえなかった。朝の五時にはもう豊岡の住民全員が集まってきており、私が朝食をとっている間じゅう、家の外から「じろじろ見られた」が、〈土間《ドマ》〉に立つ四〇人以上もの人間もまた、梯子《はしご》を見上げながら「じろじろ見ていた」。そして宿の主人があっちに行って下されと言うと、「この不思議な光景をおまえさんだけで独り占めにするなんてずるいざ。隣人らしくもない。異国の女子《おなご》なんぞ二度と一生目にすることはねえだべ」と口々に言った。そのため、そのままそこにいてもよいということになったのである！　I. L. B.

第二十六報 ［第三十一報　危機一髪］

旅の労苦――豪雨とぬかるみ――むっつりした伊藤《イト》――盲《めしい》の按摩《あんま》――猿回しとの誤解――不通になった渡船――困難を極める輸送――米代川《ヨネツルガワ》《よねしろがわ》の種々の危険――溺れ死んだ船頭――夜の大騒ぎ――うるさい〈宿屋《ヤドヤ》〉――嵐で足止めを喰った旅人たち――〈はい〉！〈はい〉！――さらなる夜の大騒ぎ

七月二九日［月曜日］　大館《オダテ》《おおだて》にて

豪雨　背骨の具合のとても悪い状態が続いたので、ここ数日は日に七、八マイル［約一一～一三キロ］以上は進めなかったし、それもやっとのことだった。自分の鞍《くら》を使ったり荷鞍を使ったり、泥の中を歩いたりと、いろいろ試みた。だが、必要に迫られて進んでいくにすぎず、夜、宿泊地に着くとすぐに横になるほかなかった。本州北部《ノーザン・ジャパン》の旅は頑強な人間でないとできないのかもしれない。いかんともしがたい疲労が天気の状態が悪いためにいやますし、この地方についての印象も天気の状態に明らかに左右される。同じ小集落でも、灰色《グレー》に煙《けむ》る霧やひどい豪雨の下、ぬかるみの中にあるのと、明るい日の光の下にあるのとでは、まったく違う。後者にあってはすばらしいものに見えるのだろうが、前者にあってはそうはいかない。こんなにひどい季節［梅雨］はここ三〇年間なかったという。とてつもない雨また雨だった。私の衣服は、蓑《みの》［挿絵］を着ていたにもかかわらず、ずっとずぶ濡れだったし、折り畳

蓑笠姿の著者*

み式ベッドも、この数日間防水布で完全に覆ってきたにもかかわらず、ずぶ濡れだった。しかも天気がよくなる兆《きざ》しは依然まったくない。その上、北に向かう道沿いの川の水位は非常に高い。というわけで、嵐と［背骨の］痛みのために、私はここ［大館］に拘束されている。伊藤《イト》は、「とてもお気の毒ですが、こんなことばかり言っていても何の役にも立ちません。何もして差し上げることができませんので、盲《めしい》の按摩《あんま》でも呼んではどうでしょう！」ととても気のきいた言葉をかけてはくれるものの、その実、私への同情心はひどくむっつりした態度となって表れる。

＊ 蓑・蓑笠姿の人物は私自身。ただ顔は日本の娘に似せてある。

日本では、町でも村でも夜になると一人（あるいは複数）の男が歩きながら独特の低い笛を吹く音が聞こえてくるし、大きな町だとその音は実にうるさく耳ざわりになる。この音は盲《めしい》の男が立てている。しかし盲の乞食は日本ではどこを探してもいない。盲人たちは自立し、ありがたがられ暮らし向きもよい。按摩をしたり、金貸しをしたり、音楽を奏《かな》でて暮らしているのである。
豊岡《トヨオカ》からの［七月二七日の］私たちの旅はまことに酷《きび》しいものだった。雨はその日も上がらなかった。霧が深く立ちこめていたために、目に見えるものといえば地平線の上にぼんやりと霞《かす》む低い山々と、松や雑木の生えたやせた荒地、冠水した水田だけであり、深さ一フィート［三〇センチ］のぬかるみと化した道に沿う家々だけがその単調な景色に変化を与えていた。村人が着ているものはことのほか汚くぼろぼろだった。ただ美しい斜面にある［旧］〈士族《サムライ》〉の村［正しくは町］、檜山《ヒノキヤマ》《ひやま》［羽州街道の旧宿駅、小城下町］だけは例外だった。隣家と間隔をおいて建つその家はいずれも美しく、愛らしい庭や厚い屋根のある門が付き、また背後は一段高くなって草が生え石垣で画されていた。洗練された感じと静謐《せいひつ》な暮らしぶりが見て取れた。藍《あい》が至る所でたくさん栽培されていた。藍は必需品であり、庶民が着ているのはほとんどが藍色《ブルー》のものだった。水田の続く土手道を、駄馬に乗った伊藤《イト》を先頭にして進んでいた時、ある大きな村の近くで下校中の大勢の子供に出会った。子供たちは私たちのそばまでくると、金切り声を張り上げ踵《きびす》を返して逃げ出した。水路に飛び込む者さえいた。〈馬子《マゴ》〉はそのあとを追いかけていってしんがりの少年をひっつかまえ、引きずるようにして連れてきた。怖がってもがくその子供を見て、馬子は面白がっていた。その子供の言うには、伊藤《イト》は猿回しつまり猿芝居の経営者であり、私はその大型の猿、そして私の折り畳み式ベッドの支柱は舞台の足場だと思ったとのことだった！

いらいらする禁足令

ぬかるみと水溜《たま》りをバシャバシャと音をたてながら進んでいく私たちを見て、飛根《ツビネ》《とびね》の人々は、川の水位が高くなっとるので渡し舟はすべて止まっとりますだと言い、私たちを引き止めようとした。しかし誤った情報にこれまで幾度となく欺《あざむ》かれてきている私は、馬をすべて新しいものに替え、非常に美しい山の斜面に沿う道を進んでいった。眼下には米代川《ヨネツルガワ》《よねしろがわ》が見えた。この大きな川は増水し、海に近い下流側では辺り一面に広がってしまっていた。滝のような雨が依然として降り続いていたために、戸外の活動は完全に停止していた。乾かすために軒という軒に吊してある蓑からは雫《しずく》が滴《したた》り落ちていたし、私たちが着ている雨合羽《あまがっぱ》もびしょ濡れだった。ずぶ濡れの馬の体からは湯気が立ち上《のぼ》っていた。そんな状態で私たちは急坂を滑るように下っていき、［舟渡場がある］切石《キリイシ》という小さな集落に辿《たど》り着いた。三一戸の家は木々の生い茂った山腹を背に柿の木々の下に固まってあったが、どの家もぬかるみの中にあった。あまりにも惨《みじ》めで汚らしく、五分間休む気にさえもならないような家ばかりだった。はたして、堤防のところに来ると、幅が優に四〇〇ヤード［三七〇メートル］にもなる川は、唸《うな》るような轟音《ごうおん》をとどろかせ、水車を回す水流のように渦巻きながら流れていた。人馬を渡すべからずとの禁足令が役場から出されていた。そのため〈馬子《マゴ》〉は荷物を、私が考える暇《いとま》もなく、そこだけ冠水していない小島のような所に降ろし、小高い所に行ってしまった。政府［秋田県］はこれほど過保護でなければいいのにと思わずにはいられなかった。

その時実に折よく川の対岸を平底舟［ジアイ舟］が押し流されてきて急に止まり、一人の男を降ろすのが私たちの目に入った。それで伊藤《イト》ともう二人［馬子］が、気づいてもらおうと大声で叫んだり手を激しく振り回したりした。すると、うれしいことに轟音と激しい流れの向こうから大声が返ってきた。川の流れがものすごかったので、舟乗りたちは棹《さお》を使って上流に向かって半マイル［八〇〇メートル］進んだ後、約四五分かかって対岸の私たちのいる所に辿り着いた。彼らは小繋《コツナギ》［舟場兼羽州街道の旧宿駅］に戻るところだったのである。そここそは私が辿り着きたい所だった。だが、距離はわずか二・五マイル［四キロ］にすぎなかったのに、四時間近くもかかった。こんなに激しい労働はこれまで目にしたことがなかった。血管が破裂するのではないか、腱《けん》が切れはしないかとはらはらし通しだった。すべての筋肉が［痙攣《けいれん》して］ピクピクと動いていた。川の流れはものすごく、深さは八～一二フィート［二・四～三・六メートル］もあるといい、泥を含む濁流が渦巻く傍流を伴いながら流れ下っていた。男たちはしょっちゅう渾身の力をふりしぼって棹を操っていたが、その棹や彼らの背骨が折れるのではないかとさえ思った。三、四分もの間揺れながらじっとしている時もあった。進みが遅くかつ何事もない旅が二、三日続いたあとだったから、この舟旅には心昂《たか》ぶった。上流では森の一部が冠水していた。そこに入っていくと、男たちは生えている木を引っ張ってかなり楽に進んだが、そこを出ると別の川［藤琴川］が米代川《よねしろがわ》《ヨネツルガワ》に合流したため、川の流れはより激しさを増し、轟音もよりすさまじくなった。

私は、上流の対岸に見える小屋付きの大きな舟を長い間じっと眺めていた。一〇人の男たちが死に物狂いで棹を操っていた。半マイルほどの距離に近づいた時、船頭は流れに負けてしまい、舟は一瞬のうちに旋回し、方向の定まらぬままに荒々しく川を横切る形になり、私たちの舟に横方向からぶつかりそうに流れ下ってきた。私たちの舟も流れに抗《あらが》えないし、すぐ左手には大木が何本も立っていたから、その舟が私たちの舟にぶつかり木っ端微塵《こっぱみじん》にされるのではという思いが頭をよぎった。伊藤《イト》は恐怖で青ざめていた。ぎょっとした蒼白の顔がおかしく感じられた。というのも、私は、なす術《すべ》のない家族を乗せた小屋付きの大きな舟に差し迫っている危険のことばかりを考えていたからである。その舟は私たちの舟から二フィート［六〇センチ］もないところまで流れて来た時、一本の木にぶつかって跳《は》ね返った。するとその舟の船頭は一本の杭《くい》をつかみ、それに太綱を巻き付け八人が、一人を残してその太綱にしがみついた。その途端その綱はブッッと切れてしまい、七人は後方に放り出され、舳先《へさき》にいた一人は水中に没し姿が見えなくなってしまった。悲しみに包まれた夜を迎えた家族がいくつかあったにちがいない。舟はなす術もなく、また方向の定まらぬまま押し流されていったが、その大きな帆柱《ほばしら》と帆桁《げた》が一本の木にひっかかって流れ下るのを免れたため、ようやくその木につなぎ止められた。悲惨な出来事だった。危険にさらされそうになった時どんな気持ちだったかと尋ねた私に伊藤《イト》はこう答えた――「ずっと母親に孝行してきましたし、正しく生きてきましたから、極楽に行けると思いましたし、そう願っておりました」と。

舟の造りや大きさは川によってさまざまである。この川［米代川］では舟の大きさは二種類あり、私たちの舟は小さい。平底で、長さは二五フィート［七・六メートル］、幅が二・五フィート［七六センチ］あり、喫水は六インチ［一五センチ強］と非常に低い。また両方の舷側《げんそく》が内側にわずかに湾曲している。舳先は胴体から徐々にせり上がっていく形になり、非常に高くなっている。

夕暮れが近づくと霧も晴れ、眼前に絵のように美しい風景が現れた。そして小繋の近くで川［米代川］は松と杉が鬱蒼と茂る急傾斜の山が両岸に迫る狭い峡谷の奥へと消えていく。川を渡るためには想定していた地点からさらに一マイル［一・六キロ］以上も溯《さかのぼ》らねばならなかった。そのあと、二、三分であわただしく船着場［舟場］に着いた。暗い森に包まれ水にどっぷりと浸かった船着場は大変だったが、そこから〈宿屋《ヤドヤ》〉［高橋与左衛門家］への道もこれまたひどいもので、私たちは手探りで進んだ。深い霧が立ちこめてきたし、再び豪雨となった。［宿屋の］〈土間《ドマ》〉はくるぶしまで泥水に浸かっていた。〈台所《ダイドコロ》〉は天井まで吹き抜けになり、その天井と垂木《たるき》は煤《すす》で真っ黒だった。十分に乾燥していないたくさんの薪《ウッド》がひどく燻《くすぶ》りながら燃えていた。まだ少し残り火のある〈囲炉裏《イロリ》〉の回りでは、男女・子供を含む一五人が、〈行灯《アンドン》〉の薄暗い光の下で、何をするともなく横になっていた。まるで一幅の絵のような光景だった。薄暗くて人がうろうろする空間の一番奥の部分をちょっとすてきな〈襖《フスマ》〉で仕切って〈大名《ダイミョウ》〉の間が設《しつら》えられた時、私は満足を覚えた。この部屋はじめじめした庭に面しており、雨は一晩中そこに降り注いでいた。

妨げられた眠り　この日［七月二七日］の旅の唯一の掘出物だった一本のすばらしい百合《ゆり》を宿の主人にあげたところ、その花は［翌］朝には〈神棚《カミダナ》〉にある絶品の古薩摩の小さな花瓶で咲いていた。伊藤《イト》がやってきて熟睡していた私を起こした。太政大臣が暗殺され、警官五〇人も殺されたという数人の旅人から伝え聞いた噂話をもってきたのである！《後に蝦夷《エゾ》［北海道］に上陸して知ったところによれば、この噂話は近衛《このえ》部隊の一部の反乱が誤って伝えられたと思われる》。このような片田舎の地方では、とんでもない政治的風評が生まれる。［明治維新後の］この一〇年間のさまざまな変化や最近［五月一四日］の内務卿の暗殺［大久保利通暗殺事件］以後の現体制を農民たちが信頼していないのは、驚くまでもない。私はこんな噂話など信じなかった。どんなに激しい雰囲気の下における狂信主義であっても、良識的なところがあるのが普通だからである。しかし、当然のことながら、日本のさまざまな問題に深い関心を抱くようになっていたので、この噂話には不安を覚えた。二、三時間して再びやってきた伊藤《イト》はこめかみを切り、血を出していた。煙管《きせる》に火をつけようとした――日本人の夜の悪習――拍子に転び、火鉢の縁で頭を打ったという。いざという時に備えていつも寝巻《ジャパニーズ・キモノ》を着て寝ている私はすぐにその頭に包帯をしてやってから再び眠りについたものの、どしゃぶりの雨で早くに目が覚めてしまった。

私たちは［二八日の］朝早くに出発した。だが、道が悪く遅れがちになるために、ほんのわずかしか進めなかった。土砂降りの雨が一日中降り続き、道はほとんど通行不能の状態だった。私が乗った馬は五回も転んだ。［背中が］痛く、疲労困憊《こんぱい》だった。海［津軽海峡］に至るのさえ駄目かと思うほど落ち込んでいた。これらの未開地域では〈駕籠《カゴ》〉も〈乗物《ノリモン》《のりもの》〉も一切なく、駄馬が唯一の乗物だった。しかも、昨日［二七日］私は専用の鞍を駄目にしてしまったので、荷鞍を使う羽目になったのだが、これは背がことのほか角張り、乗りにくかっただけでなく、上に敷かれている一度も洗ったことのなさそうな〈布《フ》団《トン》〉［座布団］はずぶ濡れだったし、座面自体がでこぼこのとんでもないものだった。その上、馬が後軀を使って坂を滑るように下っていく時には二つの輪の付いた手綱に摑まったものの、上り坂を後脚を使って上る時には尻尾から滑り落ちそうになった。

だがたとえ豪雨であっても、白い霧が晴れて松が生えた山が一瞬でも姿を現したり、深い谷間に入っていくと、美しい世界が現れた。谷間には、苔《こけ》むした巨礫《きょれき》や地衣類で覆われた切り株があり、羊歯《しだ》［岩屋羊歯］が敷物のように生え、円錐形の杉［秋田杉］が湿り気を帯びた芳香を放ち、黄褐色の激流がほとばしり流れていたからである。また、雑木の茂った低い山並みや、広く続く水田、ひどく冠水したところもあった。ただ、どんなに景色がよいところであろうと、荷鞍にしがみつくように乗っているのは心地よいものではなかった。腰をおろす荷鞍《にぐら》の座布団はずぶ濡れだったし、雨水が濡れた衣類を伝ってブーツに入ってくるからである。また、休むにしたところで濡れたベッドに寝なければならず、濡れた衣類［夜着］に着替えねばならず、明日の朝もこの濡れた衣類をもう一度着なければならないということが、四六時中頭を離れないからである。どの村も貧しく、ほとんどの家は板張りで、板の端に打ち付けてある釘の打ち付け方もぞんざいであり、側面を藁《わら》で縛るその縛り方もぞんざいだった。窓はまったくなく、煙は隙間という隙間から出ていた。日本の南［関東地方以西］を旅する人が見る家とは大変違う。ユーイスト島［スコットランド北西部アウター・ヘブリディーズ諸島の島］の［小作人の貧相な］「黒い小屋」がケント州［ロンドンの南東の州］の小ぎれいな村の小屋とは似て非なるものなのと同じである。この地方の家をもつ農民には住む工夫が求められよう。次の宿駅の綴子《ツグリコ》《つつれこ》では、内国通運会社継立所《つぎたてしょ》があまりにも汚かったので、私は雨に濡れながら道に腰を下ろすよりほかはなかった。ここでの話では、この先は一里［四キロ］しか行けないということだった。橋がすべて流されてしまったし、浅瀬も渡れなくなってしまっているということだった。しかし私は馬を雇い入れ、英国人のねばり強さと〈馬子《マゴ》〉の好意を糧《かて》として進んだ。どの馬も荷物を背負わない状態にして一頭ずつ小さな平底舟に乗せ、増水した早口川《ハヤクチ》、岩瀬川《ユワセ》《いわせ》、餅田川《モチダ》を次々と渡り、最後に、先日来なじみの米代川《ヨネツルガワ》《よねしろがわ》の三つの支流を歩いて渡った。馬子たちの肩にも馬の背にもほとばしり流れる水流の泡がかかって白く見えた。一人の外国人［である私］の「狂気の沙汰」を一〇〇人もの日本人が眺めていた。

［ここで］親切な人が至る所にいること、特に二人の〈馬子〉が親切だったことについて話しておきたく思う。彼らは私が蝦夷［北海道］へと急いでいるのに、この僻遠《へきえん》の地に足止めをくっていることを知った時、全力をあげて私を助けてくれた。馬から降りる時にはていねいに抱えてくれたし、馬に乗る時には自分たちの背中を踏み台代わりにさせてくれた。赤い野苺《いちご》を両手いっぱいにもってきてくれもした。ただ、それは礼を失しないように食べはしたが、吐き気を催す薬のような味がした。彼らは川口という眺めのすばらしい所にある古い村に泊まるのがよいと言ってくれたが、あたり一面が緑のかびだら

けで湿っぽかったし、緑色や黒い色をした溝から猛烈に立ち上ってくる悪臭はそばを通るのさえ堪え難いほどだった。それで私は馬に乗って大館《オダテ》《おおだて》［大館盆地の中央にある旧城代所在地、宿駅。秋田県北東部の中心］まで行かざるをえなかった。ここは人口八〇〇〇人の、半ば崩れかかったみすぼらしい民家が建て込んだ町で、板葺《いたぶ》きの屋根のその板には石で重しがしてあった。

夜の大騒ぎ

どの〈宿屋《ヤドヤ》〉も豪雨で足止めを喰った旅人で満員だった。それで私は次々と宿を訪ね歩き、疲れきってしまった。身体が痛くて今にも倒れそうだったし、ものすごい群衆に押し潰されそうにもなった。その上、一人の巡査にひっきりなしに面倒をかけられた。この男は宿から宿へと私に付きまとい、それどころではないのに内地旅行免状《パスポート》を見せるよう求めた。言語道断の要求だった。長い間かかってやっと捜し出せ確保できたのがこの宿のこの部屋だった。ろくでもない部屋だった。薄い紙の〈襖《フスマ》〉［障子］で仕切られ、〈土間《ドマ》〉と〈台所《ダイドコロ》〉に接している部屋は喧騒の渦の中にあった。ほとんどが男である五〇人の泊まり客がおり、ほぼ全員が大声を張り上げてしゃべっていた。伊藤《イト》はちんぷんかんぷんの方言に苛立っていた。料理・風呂・食事もひどかったが、極め付きは井戸から絶えず水を汲み上げる際に［滑車が］ギーギーときしむ音で、朝の四時半から晩の一一時半まで続いた。その上、二晩とも酒宴に興じる客の騒々しさと、何人もの〈芸者《ゲイシャ》〉が弾く［三味線の］耳ざわりな音がやかましかった。

近頃は「イエス」の意味である〈はい〉という言葉が、どこにいっても、〈へェ〉とか〈ち〉とか〈な〉とか〈ねェ〉とか発音され、伊藤《イト》はこのようなことをとても軽蔑している。返事というよりは、間投詞ないし間投詞的な語のようである。事実、たいていは敬意や配慮を払っている証として用いられているようには思われる。また、その声は大きく甲高く、喉音《こうおん》的であることが多く、ため息のように聞こえることもある。このような〈宿屋《ヤドヤ》〉ではどんな音も筒抜けになり、小声で話し合っている声も私の耳に入ってくる。女中が発する〈はいはい〉という声はもちろんで、宿中からコーラスのように重なって聞こえてくる。〈はいはい〉という習慣は強くしみついているので、［女中の］〈はいはい〉という声で眠りこけていた男が飛び起きたりすることがあるし、私が伊藤《イト》と英語で話している時にそばに座っていた間抜けな女中が〈はい〉と返事することもよくあった。

ここの騒音の印象を誤って伝えたくはないので言っておくと、その音は、距離が同じならば、英国の大きなホテルの厨房《ちゅうぼう》にいる五〇人の英国人のすぐそばに紙製の仕切りで隔てられた状態でいる時に聞こえてくる声の少なくとも三倍はあるだろう。土曜日［正しくは日曜日］の夜には、床についてほどなくして伊藤《イト》が老いた雌鶏《めんどり》を手に部屋にやってきて、私を起こし、［明日食べられるように］柔らかくなるまで煮込んでおきますと言って出ていったが、そのあとで鶏が始末される時に発した悲鳴を思い起こしながら再び眠りに落ちた私は、二人の巡査がわけのわからない理由をつけて内地旅行免状《パスポート》を見たいと言ってまたもや来たために起こされた。三回目は提灯《ちょうちん》を手にした二人の男がやってきて部屋を手探りではい回ったために起こされた。別の客のために蚊帳《かや》の紐《ひも》が何本か欲しいということだった。これなどは、日本の旅にはこのようなばかげたことが起こる例の一つである。［翌朝の］五時ごろには、「背骨の痛みをとるには〈艾《モクサ》《もぐさ》〉［灸《きゅう》］が一番だと思います。どうせ私たちは今日一日ここにいるのですから。今から行って灸をすえる者［灸屋］を呼んできましょうか」と言いにきた伊藤《イト》のために起こされた。だが私は、盲《めしい》の治療が嫌なので、この話を毅然《きぜん》と断った！　昨日［七月二九日］は一人の男がやってきて〈障子《ショウジ》〉の「覗き穴」のすべてに紙片を貼りつけていったので、〈宿屋《ヤドヤ》〉はたいへん込みあってはいたものの、不快な目にはほとんどあわなかった。

雨は土砂降りとなって続いており、北に向かう道筋の道や橋が被害にあったという噂話がひっきりなしに入ってくる。

I. L. B.

第二十七報［第三十二報　白沢］

ほろ酔い機嫌――陽射しの効果――果てしない口論――夜なべ仕事――やかましい会話――井戸端会議《ソーシャル・ギャザリング》――公平を欠く比較

七月二九日［月曜日］　白沢《シラサワ》にて

ほろ酔い機嫌　今朝［三〇日朝］は早くに雨雲がすっかりあがり、汚れがきれいに洗い落とされたかのような真っ青な明るい空となった。だが川を一つならず渡れるようになるまで待たねばならず、昼にやっと出発できた。七マイル［一一キロ］しか進めなかった。それから先は、［下内川《しもない》の］水位が十分に下がらなかったために行けなかった。［大館で］雇った馬は元気のない鬱陶しくなるような馬ばかりだった。その上、私を乗せた〈馬子《マゴ》〉は最後まで半ばほろ酔い状態で、鼻歌を唄ったりしゃべったり、飛び跳《は》ねたりしていた。〈酒《サケ》〉は燗《かん》して飲むことが非常に多く、この状態で飲むと上機嫌ながら非常にやかましくなる。これまでかなり多数の酔っ払いを見てきたが、だれ一人として喧嘩腰にはならなかった。その影響は長くは続かないものの、二、三日の間は不快な酔い［二日酔い］が残る。飲みすぎの戒めになる。ビールやワインやブランデーと称して売られている不快極まりない混ぜものの飲料を飲むと悪酔いし、その悪影響はいつまでも長く続く。また、〈酒《サケ》〉だとめったにならないアルコール中毒による〈朦朧《もうろう》状態〉を引き起こすことがわかってきている。

太陽がさんさんと輝き、大館《おおだて》《オダテ》の町が立地する山に囲まれた平野［盆地］を照らしていた。実に美しかった。また、狭い川［下内川］の水が、緑や赤の小石の上をきらきらと勢いよく流れ、これによって円錐形をした山々の合間もきらめくように明るく見えた。その山々には〈球果植物〉［杉］の生い茂るものもあれば、ただの雑木が生えたものもあったが、それらが複雑に展開するさまはまるで絵のようだった。日本では、一度《ひとたび》太陽が輝くと、木々に覆われた山々や［英国の］園地の如き平野は、楽園《パラダイス》と化す。六〇〇マイル［約九六〇キロ］の旅をしてきたが、日の光を浴びて美しくないようなところはただの一つもなかった。

私たちは浅瀬を五回渡ったが、水位が馬体の半ばに達し、大変だった。私の〈馬子《マゴ》〉が強い流れに足をとられたために馬が馬子を引っ張るように対岸に着いたことさえあった。この男はそれでも鼻歌を唄い、飛び跳ねるように歩いた。冷たい水でずぶ濡れになっても、酔いによる上機嫌は続いた。あらゆるものが使いものにならない状態だった。それまで一つだった川の流れはところどころで網状になり、道はかなりの距離にわたって跡形もなくなっていた。橋も一〇マイル［一六キロ］の間一つもなかった。そして山から押し流されてきた礫《れき》や根こそぎになった木々や流木が、辺り一面に散乱していた。こんな状態だったのに、勤勉な農民たちはすでに堆積物を取り除いたり、馬の背の籠《かご》に堤防のための土を入れて運んだり、災難が再発しないように蛇籠《じゃかご》［栗石や砕石などを詰めた粗く編んだ円筒形の籠］を作ったりしていた。この辺りの女の農民は野良着を着、それがうまくできているので、見ていて気持ちがよい――紺のもんぺをはき、ゆったりとした上衣［ハダコ］を着、それを腰紐《ひも》で締めている。

ひどい痛みを抱えてここ［白沢］に到着した時、この先の道が通行止めになっているのがわかっていたので、伊藤《イト》が宿［笹島家］の主人と長い間激しくやりあっているのを聞いていらいらした。その間、荷物は馬につけたままだった。挙げ句の果て、宿の主人は、先週巡査がやってきまして、最寄りの警察［大館警察署］に届け出た後でないと外国人をいっさい受け入れてはならないと言いましたので、と言って、宿の提供を丁重に断った。その最寄りの警察まではここから三時間かかるとのことだった。そこで私は、内地旅行免状《パスポート》が日本国の布告に基づいて交付されている以上、秋田〈県《ケン》〉当局がそこだけで通用する規則によって覆《くつがえ》せないでしょう、と主張した。だが主人は、「もし規則を破りでもすれば、罰金を科され、営業許可を取り消されます。白沢には異人さんはこれまでだれ一人泊まったことがございませんと言い張った。私は今後は異人さんには二度と泊まりに来てほしくありませんと付け加えたにちがいないと確信した。私の内地旅行免状《パスポート》は写しをとられ、特別の使いによって持っていかれることになった。自分の権利を主張するあまり、この気の毒な主人に迷惑をかけるのは申し訳ないことだと思ったからである。すると主人は、実におどおどしながら一部屋をあてがってくれた。この部屋は一方［表］が集落［道］に面し、他方［裏］が池に臨んでいた。いな、部屋は池の上に一部覆いかぶさるように建っており、まるで蚊を誘い込むかのようだった。日本人が汚れた水の溜まった薄汚い池をなぜ家の装飾と考えるのか、私にはさっぱりわからない。

私の宿代は伊藤《イト》の分を含めても一日当たり三シリング［八三銭七厘］以下ですむ。気持ちよく泊まれるように温かくもてなしてもらえたところがほとんどである。また、私の泊まった宿の多くが、日本人［の旅人］さえ通らないような、主な街道筋から外れた小さくてむさ苦しい村にあったことを考慮すると、その宿は蚤《のみ》と悪臭を差し引くなら驚くばかりにすばらしかったし、こんな辺鄙《へんぴ》な地域にあって、このような宿に匹敵するものは世界広しといえども、どの国にもないと思う。

夜なべ仕事　今宵《こよい》ここ［白沢］では、仕事から家路についた人々は食事をし、煙草を喫《の》み、子供たちと楽しい時を過ごしたり、おんぶしたり、いろんな遊びをするのを見たり、藁縄《わらなわ》を編んだり、草鞋《わらじ》を作ったり、竹を裂《さ》いたり、蓑《みの》を編んだりして過ごしていた。何千という村でも同じである。どこででも、金のかからないちょっとした工夫をし、環境に巧みに適応して時を過ごすのである。わが国［英国］の人間はこのようなことが他のどこよりも欠けているといってよい。日本では［英国のように］居酒屋にたむろするということがない。家庭が貧しかろうとも人々は時を楽しく過ごすし、何はさておき子供が家庭の絆《きずな》になっている。わが国の労働者階級の家庭は口論と反抗のために往々にして喧騒の場と化しているが、ここ［日本］ではそのようなことがない。素直と従順が、幼い時から当然のこととして教え込まれるのである。北に向かって旅するにつれて、宗教を表すものは減ってきている。ここ［白沢］にあるささやかな信仰心は、特定の魔除《よ》けや迷信を信じるということから成っているように思われる。僧侶もこのようなことを熱心に勧めている。

日本の下層階級［平民］の、少なくとも男性の間では、小声で話すことが「とてもよいこと」［『旧約聖書』「箴言《しんげん》」］だとは見なされておらず、あらん限りの大声で話す。その上、たいていの言葉と音節は母音で終わりはするのだが、その会話はまるで［英国の］農家の庭での鵞鳥《がちょう》の耳ざわりな鳴き声のようである。私がいる隣の部屋は大雨で足止めされた旅人であふれているのだが、彼らは宿の主人を交え、四時間にわたって声を限りに話していた。私は非常に重要なことについて話しているのだと思っていた。［七月二二日に］選挙による地方議会を認めるという新しく重要な法令が出たということを大館で耳にしていたので、そのことについて話しているのにちがいないと思っていたのである。ところが、［伊藤に］尋ねてみたら、大館から能代《ノシロ》へ今日行くのには陸路と川のどちらがよいか議論しているとのことだった。こんなことで四時間も長話することが可能なのである。

日本の女性には女性だけの集まり［井戸端会議］があり、その話の中心は噂話や無駄話で、品のない言葉遣いが特徴的で、これぞ東洋と思わせる。私が思うに、多くの点、とりわけ表面的なことの一部に関しては日本人は私たち［英国人］を大きくしのいでいるものの、他方多くの点で私たちとは比べものにならないほどに遅れている。この親切にして勤勉で文明化した人々の中にどっぷりと浸《つ》かって過ごしていると、この人々［日本人］の礼儀作法を、何世紀にもわたってキリスト教によって培《つちか》われてきた［英国人の］ものと比べるのはひどく不公平だということをつい忘れてしまう。私たちが真にキリスト教化されており、このような比較が常に私たちに分《ぶ》のあるものであればよい［『旧約聖書』「出エジプト記」「ヨシュア記」］のだが、実際にはそうではないのである！

七月三〇日［火曜日］――［大館の宿の］私の向かいの部屋には重い眼病を患《わずら》った男が二人いた。頭を剃《そ》り、［首には］長くて奇妙な数珠《じゅず》をぶら下げており、歩きながら小さな太鼓を打ち鳴らしていた。江戸［東京］の近くの目黒《メグラ》《めぐろ》不動にお参りに行く途中である［という］。その本尊は火焔光背のある座像で、片手に白刃を、もう片方の手にぐるぐる巻きの綱を持っている。盲人に光を与えるご利益があるという。二人は今朝の五時から勤行《ごんぎょう》を始めた。〈南無妙法蓮華経《ナムミョウホウレンゲキョウ》〉という日蓮宗の祈願の言葉［御題目］を非常な早口で繰り返すだけのものであり、単調な高音のこの勤行が二時間も続いた。この言葉が意味するものを、日本人はだれもはっきりとはわかっていない。最もえらい学者の間でも解釈が分かれている。私に教えてくれたある人は「救いをもたらす経典のありがたきことよ」という意味だと言い、別の人は「おお！　尊き御教えと蓮華の教えよ！」という意味だと言った。また「ああ！　蓮華の教えのすばらしきかな」と言う人もいた。時々〈南無阿弥陀仏《ナムアミドウブツ》〉という声がこれに交じりながら、太鼓は途切れることなく鳴らし続けられていた！

昨夜［七月二九日］の一一時に再び降りだした雨は、今朝の五時から八時の間には本降りとなった。雨粒が落ちるといったような降り方ではなく、滝のような降り方だった。その間、不気味な闇に包まれすべてのものが真っ暗な帳《とばり》で覆われた（皆既日食とのことだった）。［本州の］旅の終わりの日［予定日］まであと一日になっているので、これでまたいくらか拘束されるのかといらいらするし、この先にも大きな困難がいくつも待ち受けているとか、三、四日のうちに着けるかどうかさえわからないと聞いては、心穏やかならずだった。私の報《レター》がどれも単調だとあなた［妹ヘンリエッタ］が飽きなければよいのだがと思う。いずれも単調ではあるが、一人の旅人［である私］が本州北部《ノーザン・ジャパン》のかなりの部分でずっと目にしてきた光景であり、これが興味深いとすれば、一《いっ》に、それをありのままに、その地その地で記した報《レター》からなっているからである。また、人［外国人］がめったに訪れない地域をずっと旅するなかで、私が実際に見聞きしたことを記しているからである。

I. L. B.

第二十八報［第三十三報　河川の氾濫］

滝のような雨――いやになる足止め――洪水による惨状――矢立峠《ヤダテ》《やたて》――水の威力――増幅する困難――しがない〈宿屋《ヤドヤ》〉――川の増水

八月二日［金曜日］　青森県　碇ヶ関《イカリガセキ》にて

いやになる足止め　困ったことがいろいろ起こるという予言が的中してしまった。［七月三一日からの］六日と五晩の間、雨はあがらなかった。一時《いっとき》ほんの二、三時間やみはしたものの、一三時間前からは白沢《シラサワ》で日食の間降り続いたような豪雨になったのである。これまで赤道上で一度、ほんの数分だけ出会ったことがある［一八七三年にニュージーランドからハワイに向かった際の経験］ような激しい降りである。私は豪雨のためここ［碇ヶ関］に二日間足止めされている。［折り畳み式］ベッドも衣服も何もかもが湿り、ブーツも鞄《かばん》も本も何もかもがかびで緑色になっている。それでも雨はまだ降り続いており、道も橋も水田も木々も、そして山腹までもが等しく被害を受け、ようやく近くなり、着きたいと思いながら果たせないでいる津軽《ツガル》海峡へと押し流されていっている。人のよい住民たちは忘れ去っていた川の神や山の神、太陽の神、月の神だけでなくあらゆる天上の神々に、この「呪われたような長雨と洪水」［『祈禱書』］から救ってくだされと祈願している。私は一日中横になっていられるだけでもありがたいことだと思っている。そして「どうしようもない困難を前にした時には、事実を確認できた時と同様、心が健全でありさえすれば心は安らぐ」と思い、先に進むことができずともいらいらするのをやめ、むしろこのように止め置かれている利点を大きくしようという心境になっている。私の状況を見れば、あなた［妹ヘンリエッタ］だってきっとそう思うだろう！

一昨日［七月三一日］は、［背骨の］痛みこそひどかったものの、私の［日本の］旅の中で最も興味深い日の一つだった。［五年前の旅の折］ハワイで［火山の］火の威力についていくばくか学んでいた私は、ここ日本で水の威力について少なからず知るようになった。天気が回復しそうだったので、私たちは二頭の馬と三人の男［馬子］とともに正午に白沢を発《た》った。景色は美しかった。幾多の小さな尾根筋が［下内川《しもない》の］河谷に向かっておりてくるその河谷は、暗緑色の円錐形の杉が茂っているためにまさに絵のように美しいものとなった。これこそ日本の美の極致である。渡し場のうちの五つは深く、流れも速かった。そして、そこに下りていく道もすべて押し流され、切り立った土手だけになっていたので、〈馬子《マゴ》〉は土手を鶴嘴《つるはし》で均《なら》して道を造らなければならなかった。さらには渡し場そのものがなくなっていることもあった。浅瀬だったところが深み［淵《ふち》］になってしまい、逆に、深み［淵］が浅瀬になってしまっていたし、抉《えぐ》られて新しい流路ができたり、無数の小石が堆積する河床《かしょう》ができあがったりもしていた。多くの漂流物も堆積していた。道や小さな橋は跡形もなく、根こそぎになった木や、太い丸太に当たってボキッと折れてしまった木が折り重なり防塁のようになっていた。その葉はもちろん、樹皮までもたいていは完全にはぎ取られてしまっていた。ある場所では巨大な丸太が多数、しかも猛烈な勢いで川を流れ下ってきていたので、無事に渡るために半時間も待たねばならなかった。淵だったところが泥で埋まってしまい、巨礫《きょれき》が堆積して堤防のようになってもいた。このため、川の流れが変わり危険になっていた。［下内川の］肥沃《ひよく》な河谷は完全に破壊されてしまっていた。馬子たちはどこを進めばよいのかよくわからないと話していた。

五マイル［八キロ］進んだところで馬では通れなくなってしまったので、［二人の］〈馬子《マゴ》〉のうちの二人が荷物を担ぐことにして出発した。川を歩いて渡ったり、泥に膝までつかりながら山腹をよじ登るようにして進んでいった。谷間の全域にわたってひどい地滑りが起こったために山腹も道も元の姿を留めていなかった。幸いなことにこのような難行《なんぎょう》は長くは続かなかった。高度が高くなり、杉が繁茂して暗くなった山が眼前に迫り始めたその時、私たちは新しい立派な道［一年前に完成していた］に出た。馬車が優に通れるほどに幅が広かった。立派な橋で峡谷を二度渡ると、道はすばらしい森の真っ只中に入っていった。そして勾配の緩やかなつづら折りの道をだらだらと上っていくと、矢立《やたて》《ヤダテ》峠に出た。その頂きの砂岩の切り通しには、秋田〈県〉と青森〈県〉の県境であることを示す文字が深く刻まれた縦長の石碑が立っていた。それにしてもこの道は、日本の道としては信じがたいほどにすばらしい。勾配も実に適切で、道行く人が休むための丸太の腰掛けも都合のよい間隔で置かれている。勾配をゆるくしたり発破《はっぱ》をかけたりしての難工事が行われたのである。ただ、このような道はわずか四マイル［六・五キロ］にすぎず、峠道のその前後は貧弱な馬道だった。私は他の者［伊藤と馬子］をあとに残し、一人で峠の頂きを越え、向こう側まで歩いていった。そこは色鮮やかなピンクと緑の岩に発破をかけて切り開いた道になっていた。岩からは水がしたたり落ち、まことにすばらしかった。私には日本で見てきたどの峠にもましてこの峠がすばらしいと思われた。光り輝く青空の下でもう一度見たいとさえ思ったことだった。この峠を見ていると［アルプスの］ブリューニッヒ峠の一番素敵な部分や、［五年前に通った］ロッキー山脈の峠のいくつかが彷彿されたが、木々のすばらしさにおいては、ここがはるかに勝っていた。この峠はただ一つ孤立して堂々とそびえ、暗く荘厳である。そして船の帆柱のようにまっすぐに伸びた杉の巨木の尖《とが》った先端は、光を求めはるかな高みに向かって伸びていた。杉の下には湿気と木陰を好む羊歯《しだ》だけが生えていた。杉が放つバルサムのようなその芳香《ほうこう》が辺り一面に漂っていた。また、光の届かない幾多の沢や谷では、透きとおった水が激しい音を立ててほとばしり流れ、その低音が、軽やかな流れがおりなすリズミカルな高音をかき消すように、とどろき渡っていた。草鞋《わらじ》の足音によってこの静寂を破る旅人もいなかったし、鳥のさえずりも虫の鳴き声もなかった。

山崩れ・崖崩れ　峠のまさに頂きで荘厳な風景に包まれていた時、一日中ずっと降ってはいたものの小降りだった雨は激しく降り出し、すぐに滝のような豪雨となった。何週間にもわたってずっと雨続きだったので最初のうちはたいして気にも留めなかったのだが、瞬《また》く間に眼前に変化が起こり、目はそれに釘づけになった。川の水の激しい音が至る所から聞こえ、何本もの巨木が他の木をまき添えにしながら根こそぎ倒れた。岩［の崖］が崩れ、それが落下しながら木々を押し流した。川は私たちの眼前でみるみる増水していった。山腹は地震が起こったかのような地響きをたて轟音《ごうおん》をとどろかせて崩れた［山崩れ］。すばらしい杉の森をなす一山《ひとやま》の半分が前方に突き出すように動き、そこに生えていた木々は、地面もろともまっさかさまに落下していき、川の流路を変えてしまった。また、これまで森に覆われていた山腹は［崩壊によって］巨大な断崖となり、そこから水流が非常に激しくほとばしり出て地面をえぐり、わずか半時間のうちに深い谷を刻んで、石や砂を下方の谷へ雪崩《なだれ》のように運んでいた。崩れたもののこれほど急傾斜にはならなかった山腹では、一番下の部分に、小さな森のようになったすばらしい木々がまっすぐに立っていた。きっと移植されて生き長らえると思われた。できたばかりのすばらしい道が、まさしく私の眼前で、瞬く間にできた奔流のために破壊されてしまった。また数カ所では崖崩れのための土砂で寸断された。少し下ったところでは、道が一〇〇ヤード［約九〇メートル］にわたって、一つのすばらしい橋もろとも一瞬のうちに消えてなくなってしまい、橋は下流の激しい流れの中に、斜めに横切るように残骸を留めていた。

峠を下っていくと事態が非常にひどい様相を呈し始めた。山腹が滝のようになってしまい、木々や丸太や岩を押し流していた。しかし私たちは幸いにも二頭の駄馬に出会った。その馬子は大館《オダテ》《おおだて》への道が不通になっていることを知らなかった。そこで私たちの馬子との間で、積み荷［と馬］がともに交換された。替わった馬は強靭《きょうじん》だったし、〈馬子《マゴ》〉も腕利《き》きなうえに勇敢だった。彼らは、急げばわしらが発ってきた村［碇ヶ関］に着けると思いますだ、と言ったが、そう話している間に下手の道も橋も流れてしまった。彼らは、身体を荷鞍にしっかりくくり付けて差し上げますだ、と言ってきかなかった。先ほどその美しさを称賛していた川は大きな流れと化して恐ろしいものになっていた。私たちは渡し場もないのに四回も川を渡らねばならなかった。轟音をとどろかせる川［平川］の音はすさまじく、人間のか弱い声をかき消した。また天から降ってくる滝のような雨は、森にザーザーと音をたてて降り注ぎ、木々や丸太は山腹をぶつかり合いながら落ちていった。無数の滝のような水の流れによって、かまびすしさはいや増した。このような異常な光景と騒音が混じり合う有様に途方にくれつつも、私たちは水に足を取られながら川を渡った。男たち［馬子］は肩まで、馬も背まで水に浸《つ》かっていた。何度も何度も渡った。堤防は［各所で］流出してしまっていたから、川に入っていくのも川から岸に上がるのも困難を極めた。馬は、その肩ほどまでもある、しかもいずれも滑りやすく、ずたずたになっている所をよじ登ったり跳んだりせねばならなかった。男たちは二度にわたって馬のために斧槌《おのつち》で斜面に足場を作ってやった。最後に渡った所は川の流れがすさまじく、このために男たち［馬子］も馬も力を振り絞らねばならなかった。私はといえば［荷鞍に］括り付けられていたのでなす術《すべ》もなく、告白すれば目をつぶっているだけだった！　この難事をくぐり抜けたあと、私たちはこの村［碇ヶ関］の領域にやってきたが、水田は畦《あぜ》が崩れ、他の作物が栽培されている畑の畦も、畦と畦の間もすべて跡形もなくなっていた。男たちは、水嵩《みずかさ》が急速に増えてきておりますで急がねばならんべ、と言い、私がもっと楽に乗っていることができるように結んでいた縄を解き、馬に話しかけたあと、駆け足で先を急いだ。私が乗った馬は、いくつもの渡し場で草鞋をほとんどすり切らしてしまっていたために［痛がり］、一歩進むたびにつまずいた。〈馬子《マゴ》〉は、私がしっかりつかめるように綱の輪をくれた。ところが、雨が滝のように降っていたから、自分が鞍から落とされるかもしれないと思ったその途端、突然、火花が飛び散るような感覚を覚え、言葉にならないものを感じた。ウッとなり、身体を打ちつけ息苦しくなった。われに返った時には三人の男たち［馬子］によって水路から引っ張りあげられている自分がいた。急坂を下っていた馬がつまずいて転んでしまい、その拍子にもんどりうって落馬してしまったことに気づいた。もう一度［鞍の上の］ずぶ濡れの〈布団《フトン》〉［座布団］にすばやく乗り、男たち［馬子］は走るように、馬はつまずきながらも水しぶきをあげて、平川に架かる立派な橋［折橋］を渡った。また半マイル［〇・八キロ］先でも別の橋［二ノ渡橋］を渡った。日本の橋がすべてこんなにしっかりした橋ならいいのにと思ったことだった。二つの橋はいずれも長さが一〇〇フィート［三〇メートル］で、中央部に橋脚が付いていた。

最後の橋［番所橋］を渡った私たちは碇ヶ関《イカリガセキ》という人口八〇〇人の村に入った。平川《ヒラカワ》の段丘上にあり、河谷には急傾斜の山が迫っていた。まことにわびしく、荒れ果てた所だった。もっぱら材木を伐採し屋根板を作るのを生業《なりわい》にしている村で、丸太、厚板や、束にした薪《たきぎ》、屋根板などあらゆる材木類が山のように積み上げられていた。定住集落というよりは製材業者の野営地のようだった。しかし場所的には美しく、これまで私が目にしてきた幾多の村のどれとも違う感じの村だった。

通りは狭くてだらだらと続き、両側に石造りの水路があった。ただ水路からは水があふれてしまっていた。そして女・子供までが、すでに〈土間《ドマ》〉にまで達してしまっている水が〈畳《タタミ》〉の上にまでいかないよう土嚢《どのう》を四角く積んでいた。ごく一部の家を除いてほとんどの家には障子窓がなく、あったらあったで煙のために黒く煤《すす》け、ないほうがよいほどだった。屋根にはほとんど傾斜がなく、板を葺《ふ》いたうえに木舞《こまい》を押さえにし、大きな石［置石］で重しをしていた。ほとんどの民家は間に合わせの小屋のような感じで、内部はバラ島［スコットランド北西部アウター・ヘブリディーズ諸島の小島］の小屋のように暗かった。壁といっても多くはいいかげんな板張りで、藁縄《わらなわ》を柱にぞんざいにくくりつけてあるだけだった。

しがない〈宿屋《ヤドヤ》〉　降り続くどしゃぶりの雨の中、泥水に耐えながら、また何時間にもわたって肌までびしょ濡れになったあと、ようやく私たちはこのしがない〈宿屋《ヤドヤ》〉［葛原《くずはら》大助家］に着いた。一段低くなった部分は〈台所《ダイドコロ》〉になり、そこには、大雨で足留めされている［東奥義塾《とうおうぎじゅく》の］生徒たちに混じって、馬や鶏や犬もいた。私には汚い屋根裏部屋があてがわれた。そこへは梯子《はしご》で上ったが、その下はぬかるみ状態だったから、梯子を下りていく時にはウェリントン・ブーツをはかねばならなかった。最初は気がめいるほど奇怪な部屋に思われた。また天井がなく土砂降りの雨が屋根を打つので、私の声は伊《イ》藤《ト》に届かなかったし、［折り畳み式］ベッドはずぶ濡れだった。持参の収納箱にまで水がしみ込んでいたために練乳の残りも溶けてしまっていたし、衣類も本も書きものも完全にべっとりとくっついてしまっていた。ただ私の〈着物《キモノ》〉は他のものに比べれば濡れていなかったので、私は借りてきた油紙を一面に敷き、その着物を着て休んだ。ところが半時間後に伊藤《イト》に起こされた。屋根を打つ激しい雨音をしのぐ大声を張りあげ、私たちが先ほどここに入る前に通ったばかりの橋が崩れそうだと住民が教えてくれました、と叫んだ。それで私たちは川の堤防へと走っていき、大勢の住民の中に混じった。人々は迫り来る災害に気をとられるあまり、見たこともない外国の女の存在にまったく気づかなかった。

人々は、この平川が、一時間前までは澄み切った水が勢いよく流れる谷川にすぎず、深さも四フィート［一・二メートル］ほどだったのに、今や一〇フィート［三メートル］もあると話していた。濁流となって、轟音をとどろかせながら激しく流れ下っていた。

「黄褐色の泡吹く波頭、栗毛の駿馬《しゅんめ》がたてがみのごとし」［サー・ウォルター・スコットの長詩「メルロース行」の一節］だった。

伐採した巨大な丸太や、なぎ倒された巨木、その根、大枝、また薪束が次から次へと流れ下ってきた。こちら側の橋台はだいぶ根元が削り取られ、真ん中の橋脚は丸太がぶつかるたびに少し揺れたものの、全体としてはしっかり立っていた。そのため私がここに着いてからも、二人の男が向こう岸にある所有地の様子を見ようとして渡っていったほどだった。そのあと、鉋《かんな》がけされた大きな材木や木の根元、たくさんのいろんな残骸が流れ下ってきたし、上流のあの立派な橋が流されてしまったので、三〇フィート［九メートル］もあろうかというすばらしい材木が優に四〇本も流れてきた。私が川を眺めていた短時間の間に三〇〇本以上の丸太が流されてきたことからすると、矢立峠で切り出された立ち木の大半はなくなってしまったにちがいない。このことは材木の取引を生活の基盤とするこの村にとって非常に大きな損失である。人々は上流の土手で流されてくる材木を捕まえようと努力してはいるが、二〇本に一本ほどの割でしかうまくいかない。これらの材木が流れ下ってくる様は実に壮大で、ひどく興奮した。また材木が橋脚にぶち当たるか当たらないかという一瞬は最もはらはらした。このようなことが一時間続いたあと、優に三〇フィートはあるすごい丸太が二本くっつくように流れ下ってきて、ほぼ同時に真ん中の橋脚に激突した。すると橋脚は激しく振動し、立派な橋［番所橋］は真っ二つに壊れ、まるで生きもののごとく恐ろしいうなり声をあげて、激流の中に没した。そして下流の方で泡立つ水流から姿を現した時には、すでに原形を留めないばらばらの木材にすぎず、海の方に向かって猛スピードで流れていった。後には何の痕跡《こんせき》もなかった。朝になると下流側の橋［三笠橋］も流されてしまった。それで、川が歩いて渡れるようになるまで、この小さな集落は完全に孤立した。三〇マイル［約五〇キロ］の道にかかる一九の橋のうち残ったのは二つだけだったし、道自体がほとんど全面的に流出したのである！

第二十八報（続）［第三十三報（続）子供の遊び］

ささやかな気晴らし――日本の子供――子供の遊び――利口さの見本――凧《たこ》あげ競争――わが身の窮乏

［八月二日晩］ 碇ヶ関《イカリガセキ》にて

ささやかな気晴らし　私はこの地［碇ヶ関］での気晴らしはほとんどし尽くした。日に三度、川の水位がどれくらい下がったか見に出かけたり、宿の主人［葛原大助］や〈戸長《コウチヨウ》《こちょう》〉［葛原伊惣助］と話したり、子供たちの遊びや屋根板の製造を見たり、玩具《おもちゃ》や駄菓子を買っては子供たちに与えたりした。日に三回、眼病を患《わずら》っているたくさんの人に亜鉛《あえん》目薬を処方したりもした。この治療をすると、三日の間にすばらしい効果があった。料理や糸繰りその他の〈台所《ダイドコロ》〉で行われる家事も見た。人と一緒に台所にいる馬に干し草でなく緑の木の葉を食べさせるのも見た。ハンセン病を患い、この恐ろしい病気を治せはせずとも進行を遅らせるとみられている鉱泉を求めてここ［碇ヶ関］に滞在している人も見た。また、折り畳み式ベッドで繕《つくろ》い物をしたり、横になってアジア協会［『日本アジア協会紀要』］の論文を読んだり、青森へのあらゆる可能な道筋についての検討を行った。目薬のおかげで人々は非常に愛想よくなってきて、私の診察を求めいろんな疾患の相談にくる。その大半は衣服を清潔にし、身体に気をつけていさえすればかからないと思われるものだった。石鹼《せっけん》がなく、衣類をあまり洗濯せず、下着を着る習慣のないことが、いろいろな皮膚病の原因になっており、虫にかまれたり刺されたりして悪化しているのである。この地の半数以上の子供の頭はしらくもにかかっている。

私は日本の子供が大好きである。赤ん坊が泣くのを耳にしたことも、うるさい子供や聞き分けのない子供を目にしたこともない。孝行は日本における美徳の最たるものであり、親への絶対服従が何世紀にもわたり慣習になっている。英国人の母親がしている、子供をおだてたり怖がらせたりして無理やりに服従させるということやしつけ方は見かけない。子供たちが遊びを通して自立するように教えられる、そのやり方には感心する。いろいろな遊びの規則を学ぶことが家庭教育の一部になっており、どの規則も絶対的で、それについて違う考え方が出てくると、喧嘩《けんか》してその遊びをやめてしまわずに、年上の子供が言うことに従って解決する。子供たちは自分たちだけで遊び、どんな場面でも大人の手を借りない。私はいつも駄菓子をもっていて子供にやるのだが、いただいてもいいよと父親や母親が言うまでは、決してもらおうとしない。そしてもらうとにっこり笑って頭を深く下げてお辞儀をし、自分が食べる前に、その場にいる友達に分けてやる。このように実に礼儀正しい反面、堅苦しすぎるし、ませすぎてもいる。

子供には子供用の衣服はない。とても奇妙なので、繰り返し言わずにおられない。三歳になると〈着《キ》物《モノ》〉を着、帯を締める。この身なりは［私からみると］、親［大人］だけでなく子供にとっても窮屈である。こんな格好で遊んでいる姿はおかしすぎる。ただ、私たち［英国人］が言うところの子供の遊び、つまり取っ組み合いをしたり、たたいたり、転げ回ったり、跳びはねたり、蹴ったり、叫んだり、笑ったり、口喧嘩したりするような衝動的なやんちゃはまったく見たことがない！

野外でのいろんな遊び　二人の利発そうな子供が、甲虫《かぶとむし》の背に蠟《ろう》で糸をつけ、紙で作った荷車をひかせていた。つながれた八匹の甲虫が米を積んだ荷車をひいて斜面を上っていくのである。私たちの国だったら、列をなして荷をひいていく虫と荷が、捕まえようとするたくさんの手によってどんな目にあうか目に見えている。ところがここでは何人もの子供たちが固唾《かたず》を呑んでその様子を見つめており、「触らないで」などと強く言う必要はまったくない。たいていの家には竹で作った虫籠《かご》があって「鋭い鳴き声のキリギリス」を飼っており、子供たちはこの騒々しいキリギリスに餌《えさ》をやるのを楽しみにしている。通りの両側にある水が勢いよく流れる水路では［日光の入町《いりまち》で見たように］たくさんの玩具《おもちゃ》の水《みず》車《ぐるま》が回っており、実に精巧な仕組みをもつ玩具を動かしている。その中で最もよく見られるのは自動脱穀機［米搗《つ》き水車《すいしゃ》］を真似たものであり、男の子たちはそれを眺めたり工夫を凝《こ》らしたりして長い時間を過ごす。本当に心を奪われる。今は休み［夏休み］中なのだが、「休みの宿題」が課されており、晩には学課を音読する声が約一時間もの間、通りに面するすべての家から聞こえてくる。休みが終わって学校が再開されると試験がある。［英国のように］学期の最後にあるのではない。これは生徒が休み中もずっと学力を増進させていたことを見極めたいという率直な願望の反映である。

今日［八月二日］の午後はよく晴れ、風もあったので、子供たちは凧《たこ》あげをしていた。凧は竹籤《たけひご》に丈夫な紙を張って作られており、五平方フィート［〇・四六平方メートル］にもなるものもあり、たいていは歴史の英雄の巨大な似顔絵が描かれている。また、鯨鬚《くじらひげ》でブンブンという音が出る仕掛けを施《ほどこ》したものもある。二つの巨大な凧《たこ》を競わせる競技はとても面白く、これを見に村中の人が出てきた。凧枠の下に付いた三〇フィート［九メートル］以上もある糸には、破砕ガラスが粘着力の強い糊《のり》でしっかり付けてあった。二時間もの間、競技者たちは、自分の凧をよい位置にもってきて相手の凧の糸を真っ二つに切ろうと必死だった。ついには勝負がつき、勝者は糸を切られた凧を獲得し、そのうえで勝者と敗者は頭を深々と三度さげて挨拶を交わした。人々は橋が壊れる時に固唾《かたず》を呑んで見つめそのことを受け入れていたのと同様、この手に汗握る競技の時も黙って静かに見つめていた。竹馬に乗って歩きながら凧をあげている子供もいたが、これには大変な器用さが要《い》るので、この遊びに加われる者はほとんどおらず、多くの子供たちは竹馬ごっこを始めた。最も目立つ外での遊びは一年のうち決まった季節に行われるので、今は見られない。

この〈宿屋《ヤドヤ》〉には一二人の子供がおり、暗くなると決まってある遊び［いろはガルタ］をする。伊藤《イト》は「冬には日本のどの家でもする遊びです」と教えてくれた。子供たちは車座になってこの遊びをし、大人たちはそれを熱心に見ている。子供を礼賛することはアメリカにもまして日本で一般的だし、私の考えでは日本のあり方が最もよい。

諺に込められた思想から私個人の窮乏へと話はいささか落ちるけれども、それについて記してみると、何度も足留めをくって旅程が大幅に遅れたために、残り少なくなっていた外国製の食糧が底をついてしまったので、ここではご飯と胡瓜《きゅうり》と塩鮭だけの食事になっている。塩鮭は二度茹《ゆ》でしたあとでも塩辛く、喉《のど》が渇いて困り果てている。そして今日はその塩鮭でさえも口にすることができなかった。海岸部との輸送がここしばらく途絶えてしまったために、村［碇ヶ関］では塩魚の貯えが完全に底をついてしまったのである。卵もなく、ご飯と胡瓜だけでは、イスラエルの民が「嫌い」だった「粗末な食物」［『旧約聖書』「民数記」］とそっくりだった。ある日オムレツを食べたことがあったが、まるでかび臭い革のようだった。東京で駐日イタリア公使［バルボラーニ］が「日本では食物の話は一番真面目に考えないといけませんよ」と言い、多くの人がその言葉に同調した時、私は何とつまらないことを言うのかと思ったものだったが、最後の頼みの綱だったブランド社〔ロンドンの食品会社〕製の菱形をした肉エキススープの素《もと》が入った箱を開けた時には、その話が本当だと悟った。かびがびっしりと生えていたのである。また衣類を乾かそうとすれば、薪の火がけぶっているところで吊すほかなかった〔のだが、そうすると燻《いぶ》されて臭いがひどくなる〕ので、それよりは、かびが生えても壁に掛けたままにしていたし、蓑《みの》〔二七六頁挿絵参照〕も買っていた。この方が油紙よりも頼りになる。子供たちは音読していたが、これを耳にするのも今日が最後である。川の水位が急速に下がりつつあるので、〔明日の〕朝には出発する予定である。

I. L. B.

第二十九報［第三十四報　七夕《タナバタ》］

先送りされた願い――洪水の影響――巡査の行動――変装してのそぞろ歩き――〈七夕《タナバタ》〉祭《フェスティバル》――サトウ氏の令名

八月五日［月曜日］　黒石《クロイシ》にて

嵐去って　ところが結局水位は予期したほどには下がらず、私が碇ヶ関を発《た》ったのは四日目になってしまった。出発したのは土曜日［八月三日］で、早朝に出た。途中休憩せずに［黒石まで］一五マイル［二四キロ］進まねばならなかったためである。太陽は、この美しい地方の隅々にまで、また［洪水の］残骸が散乱している上に輝いていた。嵐の翌日の大洋の小波《さざなみ》を明るく照らす太陽を思わせた。私たちは四人の男［馬子］を雇い、橋が流出してしまっていた川を二度渡った。やっかいな渡し場であり、身体も荷物もしとどに濡れた。洪水のひどい残骸や穀物、伐採された材木が流出してしまっている様子が見て取れた。断崖の下を通ったが、二〇〇フィート［六〇メートル］にわたるこの断崖［剣ヶ鼻］は、玄武岩のすばらしい六角柱の柱状節理《ちゅうじょうせつり》でできていた。ここを過ぎると突如大きな平野［津軽平野］に出た。そこには、日の光を浴びた緑の稲が、さわやかな北風に吹かれ、大きく波打っていた。また、こんもりとした木立に囲まれた集落が多数点在し、低い山並みが平野を取り巻き、一つの低い山脈が岩木山《イワキサン》の裾野をカーテンのように横切っていた。雪が縞《しま》状にかぶった巨大なその円頂は、五〇〇〇フィート［一五〇〇メートル］の高さをもって平野の西にそびえていた。ほとんどの集落は四フィート［一・二メートル］ほど冠水し、［家の］土壁の下部がなくなってしまっていた。人々は〈畳《タタミ》〉、〈布団《フトン》〉や衣類を干したり、堤防や小さな橋を作り直したり、いまなお大量に流れてくる丸太を引き上げたりして、忙しそうだった。

ある町［尾上村《おのえ》］で、大変みすぼらしい二人の巡査が私たちの方に駆け寄ってきて、私が乗った馬の手綱をつかみ、私を群衆の真っ只中で長い間待たせながら、法に違《たが》う秘密があるかのごとくに私の内地旅行免状《パスポート》をひっくり返したり光にかざしたりし苦労しながら穴が〈あくほど〉見つめた。［その後は］馬がひどくつまずくので、また落馬しないように歩くほかなかった。そして、力尽き果てるかと思われた時、たまたま〈人力車《クルマ》〉と出会ったのでそれに乗って黒石《クロイシ》に着いた。これまでにも時たまあったが、上手な運転だった。人口五五〇〇人のこの町は小ぎれいで、下駄と櫛《くし》の製造で知られている。ここでは、たいへん小ぎれいで風のよく通る二階の一部屋を確保できた［須藤善次郎宅］。見晴らしもよく、あたり一帯を見渡せたし、隣家の人々が奥の部屋や裏庭で仕事をしているのも眺めることができた。そこで、青森に直行するのをやめて、二泊し三日を過ごすことにした。天気はすっかり回復したし、部屋も実に気持ちよかったので、ここでの骨休めはとても快適だった。以前にも記したように、二、三マイル［数キロ］先の情報を得ることも難しく、［黒石］郵便局でさえ、青森と二〇マイル［三二キロ］先の函館との間の郵便汽船の運航について、いかなる情報もくれなかった。

［尾上村で会った二人の］巡査は内地旅行免状《パスポート》を見ただけでは飽き足らず、検問もせねばならないというわけで、到着した日［八月三日］の晩に四人で宿までやってきた。丁重だったとはいえ、家宅捜索に

変わりはなかった。その晩は太鼓の音が鳴りやまず、床につくとすぐに伊藤《イト》が、ぜひ見ておくとよいものがあります、と報《しら》せてくれた。そこで私は笠はかぶらなかったが〈着物《キモノ》〉は自分のものを着て出かけた。このように変装したので外国人であることがばれずにすんだ。黒石には電灯がなく、私は急ぐあまり転んだりつまずいたりした。と、そこへ行く手を片手で力強く掻《か》き分けながら、もう一方の手にとても美しい提灯《ちょうちん》を棒の先にかざして、宿の主人が現れた。提灯の位置は地面すれすれだった。それを見て私には、「あなたの御《み》言葉は、わたしの道の光」［『旧約聖書』「詩編」］という句が浮かんだ。

祭の行列

まもなく私たちはこちらに向かって進んでくる祭の行列が見える地点に着いたが、実に美しく、まるで絵のようだったので、私はそこに一時間も留まっていた。この行列は八月の第一週［木曜日～水曜日］に、毎晩七時から一〇時まで町のすべての通りを、金箱のような大きな灯籠《アーク》［ネプタ］をもって練り歩くのである。その箱の中にはたくさんの短冊《たんざく》が入っていて、それには（聞いてわかったのだが）いろんな願い事が書かれており、毎朝七時に川までもっていって流すという。この行列は、表面に馬の鞣革《なめしがわ》を張った、人の背丈もあろうかという巨大な太鼓三つと、三〇の小さな太鼓からなっており、大太鼓とこれを上から叩く人とは紐で結ばれている。小太鼓はすべて休みなくドンドンと打ち鳴らされていた。どの太鼓にも両面に〈巴《トモエ》〉が描かれていた。また、いろんな長さの長い竿《さお》に何百という提灯が、真ん中の六フィート［一・八メートル］もある長円形の提灯を取り巻くように、ぶら下がり全体の高さが二〇フィート［六メートル］もあったうえに、前方と両翼に張り出していた［竿灯《かんとう》］。その表面にはありとあらゆる架空の動物や怪獣が鮮やかな色づかいで描かれていた。提灯なのだが、むしろまるで透《す》かし絵のようだった。これを取り巻く何百もの美しい提灯にも、千差万別の奇抜な形をした扇、魚、鳥、凧《たこ》、太鼓の透かし絵が描かれていた。そして、何百人もの老若男女が、めいめい丸い提灯をぶら下げてそのあとに続いていた。また、この行列の進む通りの軒先には、片面に〈巴《トモエ》〉、もう片面に漢字二字［雲漢（天《あま》の川のこと）］を描いた提灯が、列をなすようにぶら下がっていた。これまで見たこともないような幻想的な光景だった。人の姿が暗やみに包まれて見えない中、人がもった提灯だけがその歩みとともに波のように揺れて、柔らかな灯《あか》りとほのかな光が暗やみのなかで動いていた。この祭は〈七夕《タナバタ》〉祭とか〈星夕《セイセキ》〉の祭といわれるものなのだが、これがどのような祭なのかについては何も情報を得られなかった。伊藤《イト》は、七夕祭について知ってはおりますが、説明はできませんと言い、困った時には必ず口にする「サトウさんならきっと教えてくださるでしょう」という台詞《せりふ》を付け加えた。　　I. L. B.

第三十報［第三十五報　民衆の迷信］

婦人の化粧——髪結《ゆ》い——白粉《おしろい》と化粧品——午後の来客——キリスト教への改宗者

八月五日［月曜日］　黒石にて

ここ［黒石］は心地よいところだし、私の部屋も明るく清潔な上に、いくつもよい点がある。隣りの建物の中を見下ろせることもその一つで、先ほども一人の婦人が化粧をしているのを見ることができた。その女性は結婚式に行くための化粧をしていたのである！

髪結《ゆ》い　そのうら若い既婚の女性がその前に座っていた鏡台は、桜の花の小枝が金泥《きんでい》で一面にあしらわれた漆黒《しっこく》のもの［蒔絵《まきえ》］で、漆塗《うるしぬ》りの鏡掛けに磨きぬかれた金属の鏡［銅鏡］が掛かっているのも見えた。鏡台の引き出しはどれも開けられ、床には化粧道具の入った漆［蒔絵］の小箱が転がっていた。その婦人の後ろには女の髪結《ゆ》いが立って、髪の毛を櫛《くし》で梳《す》いたり、分けたり、結ったりしていた。その髪の毛は、すべての日本女性の髪の毛がそうであるように、つややかな黒髪だったが、そんなにみごとでも長くもなかった。〈結った髷《まげ》〉は一つの造作物であり、まさしく一つの芸術品だった。髪は頭頂部で三インチ［八センチ弱］離して前後左右に分けられ、両方の間の髪の毛は、櫛で梳《す》いてからウバリオ・ジャポニカ［実葛《さねかずら》］を原料とする鬢付油《びんつけあぶら》で固めて額《ひたい》よりも二インチ［五センチ］高くしたうえで後ろに折り返し、後挿《うしろざし》で留められた。また残りの髪の毛は、梳いて両横から後ろにもっていっ［て鬢にし］たうえで、［和］紙で作った細い緒［元結《もとゆい》］でゆるく縛られた。このあと細長い漆の箱からかもじを取り出し鬢付油をたっぷりとつけ、髷入れも用いてつややかな髪の毛でできたような髷がこしらえられた。さらに、輪にしたり蝶結びにした髪の毛［髢《かもじ》］をこの髷に付け、藍《あい》色の縮緬《ちりめん》の小切れ［根掛《ねがけ》］を織り込み、金色に光る簪《かんざし》［前挿《まえざし》］をさし、［最後に］端が四角く角張った独特の鼈甲《べっこう》製の笄《こうがい》を飾りとして突き挿した。

　髷の結い方には決まりがある。女の子は年齢によって変化するし、未婚の女性の〈髪型〉と既婚の女性の髪型との間にも少し違いがある。ただ、頭の上を前髪と後髪に分けることや髷を結うことは変わらない。また、戸外では頭に何もかぶらないので、鬢付油をたっぷり付けて固めねばならない。このせいで髪型は木枕のおかげもあるが、一週間ないしそれ以上も形崩れしない。

　髪結いの仕事は髪を結うだけでは終わらなかった。扱いにくい眉毛を跡形もなく剃《そ》り落とし、こめかみやうなじにまだ生えているうぶ毛を毛抜きで一本残らず抜いてしまった。このように短い毛を全部取り除いてしまうと、自分自身の髪の毛までもが鬘《かつら》のように見えてくる。そのあと、その婦人は自分で白粉箱《おしろいばこ》を取って顔・耳・頸《くび》に白粉を塗ったが、最後はまるで仮面のように見えた。次には、駱駝《らくだ》の毛の刷毛《はけ》を使って瞼《まぶた》に混合物のようなものを塗って凛《りん》とした目がいっそう際立つようにしたり、五倍子《ふし》［ヌルデにできる虫こぶ。粉にして染料にする］を混ぜた鉄漿《かね》［鉄を酸化させた液］に浸《ひた》した筆を使ってお歯黒の歯をさらに黒くした。何度も繰り返すその行為は見るからに面倒で、見ていてうんざりするものだった。そのあと、女性は下唇に紅を塗った。私にはこんな化粧に良い効果があったとは思えなかったが、本人はそう思ったようで、頸を回し鏡［挿絵］でその効果を確認し、満足気ににっこりと微笑《ほほえ》んだ。全体で三時間以上もかかったその化粧の最後は姿が見えなくなったが、再び現れたその女性は、まるで表情のない木彫りの人形が、日本女性の着物を特徴づける、品の良さと落ち着きがよく調和したすばらしい衣裳で盛装したようだった。

日本では堅気《かたぎ》の女性の衣裳と遊女の衣裳との間に、越えられない一線がある。前者の女性の階級とは無関係なこの区別は、社会的不文律によってきわめて厳格になされている。わが国［英国］では女性のファッションの多くが、私たちが遺憾《いかん》に思う立場の女の側から起こり、すべての階級の女性がそれを入念に真似ているのに対して、このような屈辱的な事実は、日本女性の間ではみられない。そのような女の髪型や飾りや着物の流行に少しでも似ていることは、恥ずべきことと見られるのである。

婦人用の鏡

私は三人の「キリスト教徒の学生」が私に会いたいと弘前からやってきたと聞いて驚いた。三人ともとても知的な顔立ちの若者で、身なりもきちんとし、全員、英語を少し話せた。そのうちの一人［山鹿旗之進］はこれまで日本で目にしたことがないほど聡明で知的な顔立ちだった。いずれも〈士族《サムライ・クラス》〉の出身であることは、その顔立ちや物腰のよさから私にもわかった。この家に英国の女性が滞在しておられると耳にいたしましてと言い、キリスト教徒でいらっしゃいますかと尋ねはしたものの、聖書をお持ちですかという質問に対して、お見せできますよと答えるまでは、明らかに疑っているようだった。

弘前はここ［黒石］から三里半［一四キロ］離れたかなり重要な［旧］城下町で、元の〈大名《ダイミョウ》〉［津軽承照《つぐあきら》］が一つの専門学校のような上級の学校［中学校、東奥義塾《とうおうぎじゅく》］を支援しており、これまでに二人のアメリカ人が校長になってきた。この二人の紳士は、その導きの下で三〇人もの若者がキリスト教を信奉するに至っていることからすると、キリスト教の教えを説くことに熱心だっただけでなく、キリスト者としての生き方に一貫したものがきちんとあったにちがいない。全員がしっかりとした教育を受けており、そのうちの数人が近く教師として政府［青森県］に雇用されることになっているということからすると、彼らが「新しい道」［キリスト教］を受け入れたことは、この地方［青森県］の将来に重要な意味をもたらすと思われる。

I. L. B.

第三十一報［第三十六報　飾り気のない素朴さ］

もの珍しき旅人――粗末な民家――飾り気のない素朴さ――共同浴場《パブリック・バスハウス》［外湯］

［八月六日　火曜日］黒石にて

一人での遠出　昨日［八月五日］はとてもよい天気だったので、私は伊藤《イト》についてこなくてもいいと初めて言い、〈人力車《クルマ》〉に乗って〈行き止まり〉の山間《やまあい》への日帰りの遠出を楽しんだ。一つだけ問題があった。それは道が大変な悪路であることで、このため、私には降りて歩くか、ひどく揺られるかのいずれかしかなかった。車夫は感じがよく、親切で愉快な人物であり、伊藤《イト》が言うには、これまで外国人を見たことなど一度もない所へこのようなたいへんな見ものを連れていく機会を得て大喜びしているのだという。私はといえば、日本の旅がまったく安全なことを、長く旅してきた間に十分わかってきたから、かつて［旅の一日目、六月一〇日］粕壁《カスカベ》で恐れを抱いたことを思い返し、ばかだったなという気持ちになっている。

景色はこの上なく愛らしかった。すべてのものが陽の光を浴びてコバルト色、藍《あい》色、緑青色、青緑色などに美しく輝き、思いがけず出くわす狭い谷には水しぶきが白く飛び散るのがちらっと見えた。飾り気のないわが故郷［ノースヨークシャー州バラブリッジ］を思わせる地域であり、非常に心地よい所だった。

秋田の農家

途中通ったいくつかの農村の人々は非常に原始的な家に住んでいた。まるで「木の」枠組みに手で土を塗りつけたような土壁の露出する家だった。その壁は内側にやや傾き、藁葺《わらぶ》きの屋根は粗末であり、軒は深く、軒下には薪《たきぎ》が実に雑然とうず高く積んであった「挿絵」。煙出《けむだ》しのある家はほとんどなく、たいていの家では、まるで「英国の」煉瓦《れんが》焼き窯《がま》のように、至る所から煙が出ていた。窓はなく、壁も垂木《たるき》も黒光りしていた。薄暗い家の中は二つの部分に分かれており、一方には鶏や馬が、他方には人間が住んでいた「中門造り」。家の中は素裸の子供でいっぱいだった。そして夕方再び通りかかった時には、男女の別なく諸肌《もろはだ》になった大人たちが家の外に座り込み、その傍らにはお守りだけを身につけた素裸の子供たちと数匹の大きな黄色い犬がいた。

犬もまるで家族の一員のようで、犬の顔も、子供の顔も、大人の顔も、すべての顔が穏やかで、満ち足りた感じがした！　たくさんの良馬を所有しており、豊かな作物にも恵まれている。〈祭《マツリ》〉の日にはきっと、たくさんもっている着物の中から選んだもの［晴れ着］を着るのであろう。身の回りのものに関する限りそんなに貧しいとは思えない。非常に「辺鄙《へんぴ》なところ」に住んでいるだけのことである。彼らはこれ以上の暮らしを知らず、現状に満足している。ただ、その住まいはこれまで見たもののうちで最もひどく、この素朴な楽園《エデン》の人々は土埃《つちぼこり》にまみれていた。週に一度風呂に入るのかどうかさえも疑わしいほどだった。

共同浴場《パブリック・バスハウス》［外湯］　上《アッパー》《かみ》中野はとても美しかった。星の形をした無数の楓《かえで》の葉が杉の深緑の木立を背に真っ赤や深紅に染まり、杉の木立の合間にある大きな白い滝が雪の吹き溜まりのようにきらめきながら滝壺に落ちる秋ならば、［日帰りの旅ではなく］長旅で来てこそふさわしい所だと思われた。こんなに喜びが込み上げてくるものを見たのは初めてだった。苔《こけ》むした立派な石段を下りていくと、川［中野川］に愛らしい橋が架かっており、二つの石の〈鳥居《トリイ》〉と数基の立派な石灯籠《どうろう》があった。そしてこの橋を渡ると急勾配の大きな階段が、杉に覆われた［紅葉山の］山腹を上っていき、小さな神社［中野神社］へと通じていた。少し離れた所には神木《しんぼく》があり、その木には、愛と復讐を示す印［藁人形］が打ち付けてあった。ここはすべてが魅力的である。

下《ロウアー》《しも》中野へは歩いてしか行けなかったが、非常に熱い温泉があるので大変興味をひかれる所である。リウマチと眼病によく効く温泉だという。集落はほとんどが茶屋と〈宿屋《ヤドヤ》〉［客舎］からなっており、いくぶん浮いた感じがした。建物は細長い形状の凹《くぼ》地を取り囲むように建っており、一番低くなったとところに浴場［外湯］がある。これは形の上では四つの別々の建物となっているが、「一体化していて」入口は二つしかなく、そこを入るとすぐに入浴中の人々に出くわす構造になっていた。両端の二つの建物では女性と子供が大きな湯槽《ゆぶね》に浸《つ》かっており、真ん中の二つの建物では混浴になっていた。だが、湯槽の回りを廻《めぐ》る木の縁に座っている人々は、男性と女性がその両端に別々に座っていた。私はわけもわからず言われるままに〈車夫《クルマ・ランナー》〉の後についてこの浴場に入ったのだが、一旦中に入るや反対側「にある口」から出ざるをえない構造になっており、後から人に押されるようにそこを出た。ただ、入浴中の人々は私への礼を十分にわきまえ、私がどうしようもなく闖入《ちんにゅう》したのを咎《とが》め立てなどしなかった。〈車夫《クルマ・ランナー》〉は、そんなことをするのが悪いこととは微塵《みじん》も思わずに私を連れて入ったのである。そして私は「このおかげで」浴場でも、他と同じように慣習的な礼儀作法が行き渡っており、湯桶《おけ》や手拭《てぬぐい》を手渡す時には互いに深々とお辞儀を交わすことに気づいた。「日本の」公衆浴場は世論が形成される所だと言われている。わが国［英国］で世論がクラブや酒場《パブ》で形成されるのにあたる。そして、女性がいるために危険な状況や暴動を招かないですむとも言われている。ところが日本政府は混浴の禁止に躍起になっている。この改革は遅かれ早かれやってくるとは思われるけれども、これがこのような僻遠《へきえん》の地方にまで到達するには相当の時間がかかるであろう。公衆浴場は日本の数ある特質の一つである［外国からの強い批判を受け、明治政府は慶応四年以降、男女混浴を禁止したが効なく、明治五年（一八七二）には文明開化のための「違式詿違条令」を制定し、その一環として男女混浴も軽犯罪とみなした。だが、それでも内務省が同九年にそれを承認するなどしたことからわかるように、徹底しなかった。公衆浴場に限ってもこれが定着したのは明治末期である。バードの公衆浴場―湯屋・外湯に関する比較文明誌的見解は卓見であり、男女混浴の見通しとともに、注目に値する」。

I. L. B.

第三十二報［第三十七報　旅の終わり］

つらい旅の一日――転倒――近づく大海《オーシャン》――喜び勇んで――すべて灰汁色《グレー》――遅れをとった巡査――嵐の航海――荒っぽい歓待――強風下の上陸――旅の終わり

八月一二日［月曜日］　蝦夷《エゾ》［北海道］　函館《ハコダテ》にて

黒石《クロイシ》から青森《アオモリ》まではわずか二二・五マイル［三六キロ］の旅だったが、道路状態のせいで、すさまじいものとなった。雨がその後も降ったのと、たいへんな量の塩魚を積んだ駄馬が何百頭と通ったあとだったために、道が泥沼のようになっていたのである。最初の区間が終わって着いた宿駅［浪岡《なみおか》］では、道路状態が悪いという理由で、内国通運会社［の継立所《つぎたてしょ》］から〈人力車《クルマ》〉の貸出しを断られた。しかし私にはこれ以上馬に乗って行く元気がなかったので、二人の男をごくわずかの金で抱き込み、海辺［青森］まで運んでもらうことにした。二台の人力車に交互に乗ることによって何とか進めはしたが、それでも上りの山道では必ず、下りの場合でもたいていは、人力車を降りて歩かねばならなかったし、小さな橋が流れてしまっているところでも必ず降りねばならなかった。〈人力車《クルマ》〉を持ち上げて山間《やまあい》を流れる川を渡ったからである。また、泥沼のようになったところでは、車軸のところまで人力車が沈み込むために、一度に二〇〇ヤード［一八〇メートル］歩かねばならないこともたびたびだった。その上、万事怠りなく用心していたにもかかわらず、泥の轍《わだち》に放り出されてしまい、〈人力車《クルマ》〉が私の上に覆いかぶさる形になった。幸いにも空気枕が車輪と私の間にはさまったので、衣類が泥水で濡れる以上の災難にはならずにすんだものの、濡れた衣類はそのまま一晩中着ていなければならなかった。結果的には免れたが、風邪をひく可能性もあった。私たちは、道中ずっと塩魚を運ぶ駄馬の列に出会った。この塩魚は内地《インテリア》の至る所に運ばれていくのである。

本　州《メイン・アイランド》を縦断する山脈［奥羽山脈］は、南部《ナンブ》地方でいったん高度を下げたのち再び高度を上げて雄大な山並み［八甲田連峰］を形成し、青森《アオモリ》湾で一気に海に落ち込む。ただ、黒石と青森の間では高度を下げ複数の低い山並みになっている。木々は生い茂ってはおらず、主に松や楢《なら》、笹が生えているが、線香の原料になる胡　麻《セサムム・イグノスコ》［蓬《よもぎ》の可能性が考えられるが、厳密な同定は不能］に一面覆われた山もある。河谷には稲が植えられているものの、耕地はあまりなく、荒れて寒そうで、極北のようにさえ思われる地域である。

家数の少ない農村の様子はどんどんひどいものになっていった。家はいいかげんな土壁がむき出しになり、側面にはあちこちに隙間があって、光が入ったり煙が出ていったりするようになっている。壁といっても、たくさんの樹皮と藁束《わらたば》を藁縄で柱に結びつけただけという家もある。屋根もいいかげんなものだったが、そのいいかげんさは、伸び放題の糸瓜《へちま》［原文はウォーター・メロンだが、西瓜ではない］の蔓《つる》でほとんど覆い隠されている。住民は非常に汚い身なりをしていたが、ことさら貧しいという感じはしなかった。蝦夷《エゾ》［北海道］から魚を運び、そこへ米を運ぶのに必要な馬と〈馬子《マゴ》〉でかなりの稼ぎがあるように思われた。

近づく大海《オーシャン》　日光《ニコウ》を出発して以来幾多の山脈を越えてきたが、その最後のものが浪岡《ナミオカ》から始まった。その頂きは津軽坂《ツガルサカ》といい、そこからは山並みが折り重なる地方とその先の鉛色の海が見えた。海を取り囲まんばかりの山々には松が生い茂り、深みのある紫がかった藍《あい》色をしていた。雲が流れていき、色彩が鮮やかさを増し、空気は清々《すがすが》しくひんやりとし、土壌も一面泥炭質で、松特有の芳香も漂っているので、見た目にも、感じも、匂いもまるで母国のようだった。灰色《グレー》の海は青森湾であり、その先には津軽《ツガル》海峡があった——長かった陸路の旅も終わりである。蝦夷《エゾ》行きの蒸気船は夜に出ますと一人の旅人が教えてくれたので、私は喜び勇んで四人の男を雇い入れた。彼らは［人力車を］ひいたり、押したり、持ち上げたりしながら、私を青森へと連れていってくれた。この町は、家も、屋根も、屋根の上の石も、家が湾を囲むように建ち並ぶ海辺の砂も、すべてが灰汁色《グレー》であり、県都とはいえ、みすぼらしい感じのする町である。

　青森からは蝦夷へ家畜と米が大量に移出される一方、函館からは大量の魚と皮革・外国製品が移入されてくるが、ここは、本州北部《ノーザン・ジャパン》から毎年多くの人が蝦夷の漁業に移民として出ていく出口でもある。美しいが値ははらない海藻［昆布］や、実際にはここで作られているわけではないが青森塗［津軽塗］といわれている斑《ふ》入りの漆器《しっき》［唐塗］、それに大豆と砂糖で作った特産の菓子の取引も少しある。水深が深く荒波も受けにくい港ではあるが、貿易のための設備としては桟橋《さんばし》が一つあるだけだった。営所［青森営所］や通常の官庁の建物はあるが、この点については時間がなく調べられなかった。半時間しかなく、〈三菱《ミツビシ》〉の事務所で自分の切符を買い、食堂で魚を一口急いで口にし、灰色《グレー》の海辺まで駆け下りていくのがやっとだった。〈三菱《ミツビシ》〉会社では内地旅行免状《パスポート》の提示を求められ、写しをとられた。食堂はテーブル・クロスによって「西洋料理」屋であることがわかったが、非常に汚い敷物だった。海辺では大きな〈艀《サンパン》〉に乗せられた。日本人の下等船客で一杯だった。

風が強く、かなり大きな波がうねり、波のしぶきが船《ボート》の上を飛んでいた。蒸気船はすでに蒸気をふかし、鐘と汽笛を忙しげに鳴らしていた。にわか雨が降ってきた。私は着ていた紙［桐油紙］の雨合羽《あまがっぱ》が吹き飛ばされないように必死になりながら立っていた。とそこに、遅れをとった巡査が三人、船に飛び乗ってきて私の内地旅行免状の提示を求めた。一瞬私は、連中が内地旅行免状《パスポート》もろとも波に呑まれればよいのにと思った！　蒸気船は約七〇トンの老朽化した小型外輪船［稲川丸］で、甲板に一人用の船室が一つある他には泊まれる部屋はなかった。ヨットのように清潔でよく手入れされてはいたが、荒天にはまったく不向きな点でもヨットと同じだった。乗組員は船長も機関士も一般船員もすべて日本人だったから、英語は一言も聞こえてこなかった。着ているものはびしょぬれだったし、夜には日中よりもぐんと冷えた。ただ、船長は親切にも床の上に毛布を数枚敷いてくれ、それにくるまったので、つらくはなかった。船が夕方それほど遅くならないうちに出航した時にはさわやかな北寄りの微風だったが、急に南東の風に変わり、［夜の］一一時にはすでにひどい強風が吹き荒れていた。波が高くなり、蒸気船は難航を重ねて何度か大波をかぶり、大量の水が船室にも入ってきた。船長は半時間ごとに下におりてきては気圧計を調べ、お茶をすすり、私には角砂糖をくれたり、表情と身振り手振りで荒れ模様であることを伝えてくれたりした。容赦ない大波にもまれ続けていたが、午前四時に大雨が降ってくると強風は一時的におさまった。この船《ボート》は夜間航海に対する装備がないので、荒天が予測される時にはいつも港内に停泊する［ことになっている］。それが今回は一月以来最もひどい強風が津軽海峡を襲っていると言われていた［中での航海だった］ので、船長は船のことが心配でならなかったが、その行動は実に沈着で、まるでブリトン人のようだった［バードが、British でなく紀元前に大ブリテン島に居住していたケルト族をさす Briton の語を用いたのは、船長の行動をバードが評価し感嘆符さえ付していることからすると、この民族が強靱な肉体と精神をもっと伝えられることを踏まえるとともに、英国人の文語的表現にこだわった可能性がある］！

湧き起こってくる喜び　日の出の後には再び強風となり、結局一四時間かけて六〇マイル［九六キロ］進み函館港の先端に辿り着いた時には風が吹き荒れ、雨も土砂降りで、まるで荒天の日のアーガイルシャー［スコットランド西部の旧州］のようだった。波しぶきが湾の上空を吹き飛び、蝦夷《エゾ》［北海道］の山々が雨と霧の彼方《かなた》に黒くまた高く霞《かす》んで見えた。そして風と雷鳴と「北の海の荒れすさぶ音」［A・テニスンの詩「アーサー王の死」の一節］が、私を北の海辺に荒々しく迎えてくれた。にわか雨と飛び散る波しぶきの合間から垣間見えるものといえば、ジブラルタル［三二八頁参照］のような岩の岬、急傾斜の山腹にへばりつき、冷酷な感じを与える灰色《グレー》の町、ごくわずかの〈球果植物〉と停泊している大変な数の灰色の帆船、少数の蒸気船や外国仕様の装備をもつ船、荒海を悠々と進んでいく多数の〈艀《サンパン》〉だけだったが、どういうわけか、この気のおけない北国らしい光景を前にして、私は喜びを禁じえなかった。

強風の下で蒸気船がやって来るとは思われていなかったようで、だれも私を迎えにきていなかった。それで私は〈艀《サンパン》〉の甲板の上にたむろする五〇人の日本人と一緒に岸に向かったが、雨嵐がひどくて半マイル［八〇〇メートル］進むのに一時間半もかかった。着いたら着いたで、遅くまで惰眠《だみん》を貪っていた税関の役人が起きてくるまで、吹きさらしの休むところとてない海辺で待たされた。そのあと、嵐と闘いながら急勾配の山道を一マイル［一・六キロ］上っていった。領事館で心温まる歓待をしてもらえる手筈《てはず》になっていたことなど知らなかったので、ここ［聖公会］の宣教師館にやってきたのである。デニング夫妻［英国教会伝道協会宣教師とその妻］に［五月下旬に］東京で会った折に、［函館に来られたら］ぜひお越しくださいと言葉をかけてもらっていたからでもある。ただ私の姿は、洗練された住居に入るにはふさわしくないものだった。着ているものがずぶ濡れなだけでなく、笠《ハット》のてっぺんまで泥だらけだった。手袋もブーツも使いものにならなくなってしまっていた。泥がはねた荷物は海水でずぶ濡れだった。しかし私は、あらゆる障害を乗り越え、江戸［東京］を出発する時に成しとげようとしていた以上のことを成しとげたことから当然ながら湧き起こってくる勝利の喜びに浸《ひた》っていた。

［今となってみれば、］北の大海《オーシャン》の轟《とどろ》きの何と耳に心地よかったこと！　吹きすさぶ風の悲鳴のごとき、唸《うな》るがごとき音に何と励まされたこと！　激しく叩きつける雨さえも故郷を思わせ、身震いするような寒ささえ気持ちを高揚させてくれた！　今、この鍵のかかるドアのある部屋にいる喜び。折り畳み式ベッドではない普通のベッドに横になれる喜び。吉報を含む二三通もの手紙［ヘボン夫妻が持参］が届いていることを知った喜び。それらを英国人の家庭に泊めてもらい、暖かさと静けさに包まれて読むことのできる喜び！　これらの喜びがいかばかりだったかはだれにも思い及ぶまい。

I. L. B.

新潟から青森への旅程

	戸数	距	離	
		里	町	[km]
木崎	56	4		[15.6]
築地	209	6		[23.4]
黒川	215	2	12	[9.1]
花立	20	2		[7.8]
川口	27	3		[11.7]
沼	24	1	18	[5.9]
玉川	40	3		[11.7]
小国	210	2	11	[7.9]
黒沢	17	1	18	[5.9]
市野々	20	1	18	[5.9]
白子沢	42	1	21	[6.2]
手ノ子	120	3	11	[12.9]
小松	513	2	13	[9.2]
赤湯	350	4		[15.6]
上山	650	5		[19.5]
山形	21,000(人)	3	19	[13.8]
天童	1,040	3	8	[12.6]
楯岡	307	3	21	[14.0]
土生田	217	1	33	[7.5]
尾花沢	506	1	21	[6.2]
芦沢	70	1	21	[6.2]
新庄	1,060	4	6	[16.2]
金山	165	3	27	[14.6]
及位	37	3	9	[12.7]
院内	257	3	12	[13.0]
湯沢	1,506	3	35	[15.5]
横手	2,070	4	27	[18.5]
六郷	1,062	6		[23.4]
	小計	88	1	[343.3]

神宮寺	209	1	28	[6.9]
久保田	36,587(人)	16		[62.4]
[土崎] 湊	2,108	1	28	[6.9]
虻川	163	3	33	[15.3]
一日市	306	1	34	[7.6]
鹿渡	151	2	9	[8.8]
檜山	396	2	9	[8.8]
鶴形	186	1	14	[5.4]
飛根	153	1	18	[5.8]
切石	31	1	14	[5.4]
小繋	47	1	16	[5.6]
綴子	136	3	5	[12.2]
大館	1,673	4	23	[18.0]
白沢	71	2	19	[9.9]
碇ヶ関	175	4	18	[17.5]
黒石	1,176	6	19	[25.5]
大釈迦	43	4		[15.6]
新城	51	2	21	[10.0]
青森		1	24	[6.5]
		147[153]	31[9]	[576.7]
	[計]	約368マイル		[589]
		[約374マイル]		[602]

これは実距離よりもかなり短い。山道の一部には56町で1里のところがあるためである。ただ、正確な情報がないので、全行程を36町をもって1里とする標準値で計算した。

第三十三報［第三十八報　伝道活動］

形状と色彩――風の強い主都――家の屋根にある奇妙なもの

一八七八年八月一三日［火曜日］　蝦夷　函館にて

二日にわたってすさまじい荒天だったが、その後はすばらしい快晴となった。すると、この地の気候が第一の島［本州］のものよりもずっと爽やかなことがわかった。同じ日本ではあるが、どこか違う感じがする。霧が晴れると、緑の山々ではなく、ごく最近［安政三年］噴火した火山［駒ヶ岳］の裸の峰々が姿を現し、その赤い灰［火山灰］は、日中は陽の光の下で炎のように輝き、日没にはピンクから紫色の影へと変わっていく。砂浜が湾を縁取《ふちど》り、ところどころに松林や雑木林のある低い山並が、はるかかなたに青く霞《かす》んでいき、そのギザギザの山腹には大きな雲がかかって藍《あい》色と紫色の影をなす。陸地に囲まれた湾の水の色はアドリア海［イタリア半島とバルカン半島の間の海］のように青く、くすんだ色をした和船《ジャンク》の白帆は紺碧《こんぺき》の海に映えて雪よりも白く見える。町の背後に迫るようにそびえる［函館山の］二つの頂きには、杉の林が帯のようにあるために和《やわ》らいだ感じになっている。砂州《さす》によって岬［函館山］と陸地の本体が結ばれているので、地形は全体としてジブラルタル［イベリア半島最南端、ジブラルタル海峡の地中海側入口という交通の要衝にある英国の直轄植民地。バードは日本の旅の後、マレー半島やシナイ半島の旅を行って帰国した際、ここを経由］に似ている。ただ、西洋のことに思いをはせていると、前を〈人力車《クルマ》〉が足早に通り過ぎていったり、寺の鐘を打つ音が聞こえてきたり、仏教徒の葬列が通りを下っていったりする。その鐘を打つ感じは、「英国のドラムの連打」［一八五六年刊行の最初のアメリカ・カナダの旅行記や日本の旅の後のマレー半島の旅行記（一八八三年、出版はいずれも日本の旅行記と同じジョン・マレー社）で用いた表現］とは似ても似つかない。また、黄色い肌をし、ほとんど何も身につけていない四人の小柄な男が、ひくだけでなく後からも押す大八車《マン・カート》のきしむ音と、彼らが発する〈ハッホ、ヘイホ〉という単調な掛け声が聞こえてくる。

家の屋根にある奇妙なもの　函館をちょっと見れば、ここがどこまでも日本《ジャパン》［本州］だという感じを受ける。通りは非常に広く清潔ではあるが、家は皆屋根が低く貧相である。この都市はあたかも大火から復興したばかりのように見える。民家は［火がつきやすく］火口《ほくち》も同然である。［本州の］一部の都市で見られる立派な瓦葺《かわらぶ》きの屋根はここにはない。だだっ広く、強い風が吹く通りには恒久的な要素は何一つない。人口が増えつつある忙《せわ》しげな所である。街は海沿いに二マイル［三・二キロ］にわたって広がり、小山［函館山］にまで這い上がっていっており、すでにその頂きまで街になっている。だが、それでもやはり家も人も貧相に見える。街はまた骸骨のような外観を呈しているが、そう見えるのは常設の「物干し台」が屋根の上に多数のっているせいでもある。しかし、屋根で目立つのは石である。高いところから見下ろすと、灰色《グレー》の丸石が何マイルも続いているように見える。また、この風の強い主都の民家の屋根がいずれも置石の重みで「押さえ」をされているのがわかる［置き石板葺屋根］。それだけではない。勾配がもっとゆるい屋根には石を中庭のごとくに敷き詰めたものがあったり、私が滞在している家［宣教師デニング宅］のように、茅《かや》や藁《わら》を一面に葺《ふ》いたものがある。これらも火事の際に火の粉をかぶる危険を防ぐためである。これらの葺き石はこのように風の強い地方にあって、家の屋根を風から護《まも》る最も安価な方法であることは確かなのだが、奇妙には見える。

山［函館山］の麓《ふもと》の小高い所にあり、立派な寺院とその境内が連なる通り［寺町通］を別として、特に目を引くような通りはない。通り沿いの家はほとんどが店屋であり、そのたいていは、貧しい多数の住民が消費する最寄《もよ》り品だけを商《あきな》っている。大通《メイン・ストリート》りには外国の商品があふれているが、本物だけでなく偽物もある。また、珍しいのは毛皮、皮革、角《つの》だけで、専門店に豊富に揃っている。大きな熊の毛皮はアイヌ犬の濃いクリーム色の毛皮はぜひとも欲しい。見映えがするだけでなく安いのである。「骨董屋」と言われる古物商も多い。青森産の安い漆器も通りすがりの異邦人［の私］には心をそそられる。

I. L. B.

第三十四報［第三十九報　函館］

伊藤《イト》の背信行為――「宣教師のマナー」――予想がつく失敗

［八月一六日（金曜日）］　蝦夷　函館にて

函館がとても楽しいということもあって、旅行計画をすべて立て準備も整えてしまったのに、出発を一日延ばしにしている。伊藤《イト》に関する不愉快なことも〈判明〉した。覚えているだろうが、私は人物証明書のないままに伊藤《イト》を雇った。その伊藤が、「前の雇い主のマリーズ氏［英国の植物採集家。五五頁参照］から、戻ってきてほしいと頼まれていたのですが、ある婦人と契約を結んでしまいました、と返答しました」とパークス夫人《レディ・パークス》［英国公使サー・ハリー・パークスの妻］と私に［英国公使館で］語ったのは、［六月四日に］雇った後のことだった。ところが、そのマリーズ氏がここ［函館］におり、氏の話によって、氏が伊藤《イト》と契約を結んでしまっており、これによって、氏が伊藤を必要とする限り伊藤は月額七ドル［七円］で氏のために働かねばならないことになっていたのに、私が一二ドル［一二円］出すということを聞きつけて氏の下から逃げ出し、嘘をついて私の下で働くことにしたことが判明したのである！　マリーズ氏は伊藤のこの背信行為によって大変迷惑を蒙《こうむ》り、植物採集を完了させるうえでとても困ってきている。伊藤《イト》は非常に器用だし、氏はその伊藤に植物を上手に乾燥させる方法を仕込んだだけでなく、二、三日出かけさせて伊藤に種の採集を任せられさえできたのである。申し訳ない次第である。氏は、

「自分の所にやってきた当初はできの悪い従者《ボーイ》でしたが、短所のいくつかを直しましたから、貴女《あなた》に対しても忠実に務めてきたことと思います」とも語った。私は［ユースデン］領事［公使パークスの指示に従い、バードの蝦夷の旅に尽力］立ち会いの下でマリーズ氏に会い、私の蝦夷の旅が終わった暁には、正当な権利をもつ雇用者［マリーズ］に伊藤《イト》を返す手筈を整えた。氏は一年半ほど中国と台湾《フォルモッサ》に伊藤を連れていくようである。氏なら万事伊藤によいようにしてくださると思う。ちょうど当地に来ているヘボン医師夫妻は、私が旅に出た後になってこの従者［伊藤］に関する悪い噂を耳にし、私のことを心配していたという。しかし、今述べたような嘘を初めについた以外には、伊藤をけなすようなことは私には何もない。ただ、伊藤が信仰する神道《シントウ》も大したことを教えてきたわけではない。伊藤に給与を渡した今朝も、「何かよくないことがありますか」と尋ねるので、「マナーの点でいくつか改めるべきことがあります」と言うと、怒りもせず、改めますと約束したものの、「ですが」と言って、「宣教師のマナーを真似ただけですよ！」と付け加える始末だった。

予想がつく失敗　昨日［八月八日］は領事館で、フランス公使館の［三等書記官］ディスバハ伯爵や、オーストリア公使館のフォン・シーボルト氏［シーボルト事件で知られる父フォン・シーボルトの次男。公使パークスの依頼でバードの旅を支援。三五八、四三五頁］、それにオーストリア陸軍のクライトナー中尉［『東洋紀行』の著者］と会って昼食をともにした。彼らは明日、内陸部《インテリア》の探検旅行に出かけるという。［北海道の］南岸［太平洋岸］の海に注ぐいくつもの川の水源を辿り、いくつかの山の標高を計測するためである。彼らは食糧もボルドー産の赤葡萄酒も「十二分に用意」してはいるが、そのために多数の駄馬を伴うことになるから、きっと失敗するだろうし、私は荷物をわずか四五ポンド［二〇キロ］にまで減らしたのできっと成功する！――そう予想しておく。

明日［八月一七日。前段落との間に削除があり、日はつながらない］私は、これまでじっくり時間をかけて練ってきた旅に出かけたい。私は経験を積んだ旅行家としての自信をもってこの計画を自ら立ててきたし、先住民［アイヌ］のもとを訪れることはこれまでにない、興味をそそられる経験に満ちたものとなるだろうから、これから先がとても楽しみである。では当分の間、さようなら。

I. L. B.

第三十五報＊［第四十報　風景の変化］

美しい夕焼け――公文書［証文《ショモン》《しょうもん》］――「先導馬」――礼儀正しい日本人――連絡汽船――車夫《クーリー》の逃亡――未開人の一隊――馬の疾走――草花の美しさ――未踏の地《アンビートウン・トラック》――お化け屋敷のような建物――孤独と不気味

八月一七日（土曜日）蝦夷　蓴菜沼《ギンサイノマ》《じゅんさいぬま》にて

＊　この書簡形式《ジャーナル・レター》の日誌については、先住民族［アイヌ民族］およびよそ者がほとんど訪れない地域への関心に基づき、細部にわたり詳細かつ多面的に記したものとして読者が読了くださると信じ、ごく一部を省きはしたものの、あえて書いたままにしておく。

蝦夷に入り込む　私は今や再び荒野の中にいる！　人里離れた湖［蓴菜沼］に迫《せ》り出さんばかりに建っている家［宮崎重三郎宅］の高い方の部屋の外［縁側］に座っているのである。沈みゆく太陽の下、森をなすどの岬も紫色に染まり、影はその色を濃くしていく。何人もの男たちが槍《やり》で仕留めたばかりの熊の屍体を、一番近くの山腹から引きずり降ろしている。集落はどこにもなく、カナカナという〈蟬《せみ》〉［蜩《ひぐらし》］のせわしげな声と森の木々のざわめきだけが、しんとした夕方の空中を漂っている。夕焼けが辺りをピンクと緑に包み、その色に染まった水面《みなも》には、蓴菜《じゅんさい》のなめらかで柔らかで大きな葉が浮かんでいる。また木々の生い茂る山々のその上には、駒ヶ岳《コモノタキ》《こまがたけ》火山のほとんど何にもおおわれずギザギザに尖った山頂が夕陽を浴びて赤く輝いている。しかも、函館からここまで伊藤《イト》もいかなる従者も伴わず完全に一人で一八マイル［約二九キロ］を馬に乗ってやってきて一人っきりということもあり、この夕方の魅力はいや増している。私専用の馬の荷鞍《にぐら》を自分で外したあと、日本語の名詞を上手に操ってとてもていねいに頼んだのが功を奏し、このすばらしい部屋と夕食にあずかることができた。夕食はご飯と卵と黒豆だったが、馬にも大豆をどろどろにすりつぶしたものがあてがわれた。私の馬は〈開拓使《カイタクシ》〉のもので、立派な蹄鉄《ていてつ》をはめていたために特別に配慮してもらえたのである！

私がいるところはまだ「人がよく通る道《ビートゥン・トラック》」を外れてはいない。けれど、好天とカラッとした空気と蝦夷［北海道］での開放感のおかげで、気分は高揚してきている。日本の本州の人にとっての蝦夷は、英国人にとってのティペリアリ［アイルランド南部中央の内陸県］、スコットランド人にとってのバラ島［スコットランド北西部の小島］、ニューヨーク人にとっての「テキサスの片田舎」、つまり荒野をなしほとんど知られない人口稀薄なところなのである。だから、どんなに荒唐無稽な話でもここ［蝦夷］でのことだとしておけば、ばれる心配はないと考えられている。話はアイヌのことや小型の馬の悪い行いを中心にあらゆることに及び、人間と犬との間の奇妙な行為、熊や狼、鮭《さけ》を獲《と》る冒険談などにも潤色がある。ここに来た者は必ずや何らかの奇妙なことに出くわすし、馬もろとも倒れたり落馬することが一度や二度はあるという次第である。奥地《インテリア》については知られていることといえば、下が笹藪《ささやぶ》で一面おおわれた森には蔓《つる》植物が繁茂し、笹藪には斧《おの》なしでは踏み込めないとか、所々にこれまた通り抜けられないような湿地があり、魚があふれんばかりにいる何百もの川の源をなしているということぐらいである。この島ではいろんな所から火山の赤い輝きを目にすることができる。森はどこもアイヌの狩猟の場となっている。彼らはあらゆる点でまったくの未開の民ではあるが、とても温和で人に危害を加えることはないと言われている。それで、彼らの世界に入っていってもまったく危なくないと思う。

［外国の］女性がこの先住民の世界に初めて入り込んでいくということが、好意的な関心を呼んだ。領事のユースデン氏は当局［開拓使］に掛け合ってくださり、おかげで［開拓使の］長官［黒田清隆］は一種の公文書ないし証書である〈証文《シヨモン》《しょうもん》〉を交付くださった。これによって私は、どこであれ、一里当たり六銭という〈開拓使《ガバメント》〉の公定料金で馬と車夫《クーリー》を利用する権利や、巡察時に官吏が使うために保持している家を優先的に利用する権利、さらには時と場所を問わずさまざまな援助を吏員《りいん》に求める権利も得ることができた。その上、長官は噴火湾の対岸［室蘭］に打電し、開拓使［公用］の〈人力車《クルマ》〉を私が必要な限りどこまでも使ったり、私の都合に合わせて汽船を留めておくことさえも当局［開拓使本庁室蘭出張所など］に要請してくださったのである！　この公文書を持っていさえすれば私の内地旅行免状《パスポート》はもはや不要となり、実に容易に旅ができることになると思われる。領事［ユースデン］が私のためにこれを取得してくださったことに対し深謝する次第である。

米も茶も移入せねばならないこの地［北海道］では、〈宿屋《ヤドヤ》〉の料金は一日当たり三〇銭と定められており、これには三度の食事が含まれる。食べようと食べまいと料金は同じである。馬はたくさんいるが、馬体が小さく重い荷物には耐えられない。［これまで乗った馬のように］草鞋《わらじ》も付けておらず、蹄《ひづめ》は非常に浅いうえに反り上がった不思議な形をしている。でこぼこの土地を「先導馬」について、時速四マイル［六・四キロ］以上という速度でなんなく駆ける。ただ、もしこの「先導馬」を入手できないと、先頭を走ろうにも、その馬は、自分の前に他の馬がいない限りは動こうとしないし、動いたとしても乗り手の願いを無視し先導する馬の動きに合わせて走るので、まったくお手上げとなってしまう。［本州にはいた］〈馬子《マゴ》〉はまったくおらず、そのかわり一人の男が「先導馬」に乗って雇い主の好きな速度で走らせてくれるし、もし自分が「先導馬」に乗ることができれば、他の人に頼らずに旅ができる。馬は高価な動物ではないし、実にたくさんいる。人々は毎朝多数の馬を山から追い立てて集落にある〈囲い柵〉に入れ、必要になるまで入れておく。実に安価なので、使い方はまことにひどい。私がこれまで見た馬はいずれも背中に傷を負っていた。荷物を積んだ馬を駆け足で進ませるので、ひどい荷鞍が馬の背骨をこすってできた傷である。たいていの馬はとても哀れな感じである。

　馬を自分で手に入れるのが少し難しかったので、領事は〈開拓使《カイタクシ》〉の乗用馬のうちの一頭を用立ててくださった。この馬は見た目はよいのだが怠惰で、全力疾走させようとしてもめったにうまくいかなかった。だが、伊藤《イト》にはあとから荷物と一緒に来るように指示し、馬の一人旅を楽しんだ。もっとも、ペース自体は自分で選べたものの、速度的には、ゆっくりと歩くような速度［常歩］か、今述べた、軽やかとはいかない全力疾走かのいずれかしか選べなかった。

　途中で鹿皮を積んだ馬の列に出会ったり、〈酒《サケ》〉などの工業製品を積んだ馬の列を追い越したりしたが、いずれも私の馬がちょっかいを出したがる質《たち》であるため他の馬と小競《こぜ》り合いを起こした。二つの村［亀田、大中山］では、黄燐《おうりん》マッチや木綿地の傘、長靴、ブラシ、掛け時計、石板《せきはん》、鉛筆、額装された版画や灯油ランプ*、そして赤や緑の毛布などが小さな店で売られていた。興味をそそられてのぞいてみた。最後の毛布だけはまぎれもなく英国製の「再生毛織物」だったが、他は外国製品を日本で模造したもので、それなりにうまくできていた。道は一五マイル［二四キロ］にわたって上りとなり、途中で七重《ナナイ》《ななえ》

［明治三年（一八七〇）に開拓使により七重官園が開園］という、回りをすばらしい作物に囲まれたヨーロッパ風の整然とした集落を通過した。ここは政府《ガバメント》［開拓使］が作物の環境馴化《じゅんか》その他の農業実験を行っている所の一つである。ここを通過した後、道は完全に山に入った。勾配のきつい山の頂きからは、［南に］函館岬［正しくは函館山］のすばらしい眺めが望まれた。まるで紺碧《こんぺき》の海に浮かぶ島のようだった。また、もっと高い山［小沼山］の頂きから北を眺めると、深い森に包まれた三つの美しい湖［大沼・小沼・蓴菜沼］と、雄大な火山［駒ヶ岳］がその上にそびえているのが見えた。火山の頂きには木々はなく、ばら色だった。これら火山の、赤らみ切り立った崖と、木の生えていない岩山こそは、緑に包まれた第一の島［本州］にいた時、私が見たいと憧れていたものだった。また銀色にきらめく湖は、回りの自然に光彩を与えていた。芳香が立ちこめる中を、露がしたたる静寂［な森］を抜けて湖［蓴菜沼］のほとりに下りていくと、そこに、［本州のような］騒々しい土色《グレー》の集落ではなく、変わった造りの一軒家［宿］が美しい風景に包まれて在るのが見えた。何ともうれしかった。

＊畳を敷いた木造家屋で灯油を用いることが大火の新しい原因になっている。出火原因はよくわからないが、一八七九年のクリスマスの直前［一二月六日］に函館で発生した火事によって、二、三時間で二〇の通り［正しくは町］と二五〇〇戸の家、英国領事館や数棟の公共建造物、それに、できたばかりのこの地のキリスト教会［英国教会伝道協会の教会］や［私が滞在していた］宣教師館が焼失し、一万一〇〇〇人が家を失った。

礼儀正しい日本人　ここまでの道はほとんどが不快きわまりないものだった。舗装されておらず両側が深い轍《わだち》をなし、真ん中が盛り上がっていた。何百頭もの馬の背に積んだ籠《かご》で運んでくる土が落ちるためにそうなっているのである。いずれはこの道でも馬車や荷馬車が用いられるようになるのだろうが、驚いて尻込みする馬だったり、御者が下手だとひっくり返るのではと思われる。もっとも今は、橋がいくつも壊れてしまっているために、駄馬しか通れない道ではある。先ほどは、馬が列をなして奥地《インテリア》へ〈酒《サケ》〉を背に積み運んでいくのを追い越したが、蝦夷の日本人［和人］はむやみに酒を飲むし、貧しいアイヌも呆《あき》れるほどに飲む。そのような道の途中で私は、楽をするために山道を歩いて上ろうと思い馬から降りようとした拍子に、鞍《くら》の下の腹帯がゆるんでいたために鞍の後の引き具が鞍を引きずり、腹の下にずり落ちてしまった。ところが鞍が重くて背中に戻すことができなかったので、そのまま馬をひいて歩いていると、二人の日本人［和人］に出会った。鹿皮を積んだ駄馬の列を引いていた二人は、鞍を馬の背に戻してくれただけでなく、私がもう一度馬に乗ろうとする間、鐙《あぶみ》を支えてくれた。しかも別れ際には、私に向かってていねいにお辞儀をした。こんなに礼儀正しく親切な人々にはだれだって好感を抱かずにおれないと思った。

月曜日［八月一九日］　噴火湾　森《モリ》にて

［陽《ひ》が落ちて］暗くなると、蓴菜沼《ギンサイノマ》《じゅんさいぬま》でさえ天国ではなくなった。蚊がうようよいるため、まさしく追い立てられるように早々と床についた。伊藤《イト》はこの旅では本当に機嫌がよい。私と同じく伊藤も〈北海《ホッカイ》道《ドウ》〉の開放感が気に入っているのである。以前よりもずっと礼儀正しく愛想もよい。そして長官［開拓長官］の〈証文《シヨモン》《しょうもん》〉をとても誇りにしており、これを手にふんぞり返るようにして宿や駅逓《えきてい》所に入っていく。［事実］伊藤が私のために手筈を整えた時にはとてもうまくいく。土曜日［正しくは一八日の日曜日］は曇天《グレー》で生気が感じられなかった。ここ［森］までの七マイル［約一一キロ］、砂利道を馬に乗ってやっ

てきたが、単調な森や湿地を抜け、片側に火山［駒ヶ岳］、他方に木々の茂る低い山々を見ながらの旅は退屈で疲れるものだった。五匹の大きな蛇がとぐろを巻いていたし、それ以外にも何匹もの蛇が草むらににょろにょろと入り込んでいくのも見た。村は一つもなかったが、非常に貧相な茶屋が数軒あったほか、道の反対側には細長い家畜小屋があって木の幹をくりぬいてカヌーのようにした飼葉桶が置いてあり、中には馬の餌が入っていた。歩いている者はだれ一人おらず、みな馬で早駆けする。馬の頸《くび》の部分で足を組み合わせるように胡坐《あぐら》をかいて荷鞍の上に座り、石炭バケツを逆さにしたような大きな笠をかぶっている。馬はダニだらけで、一頭に何百匹もたかっていることもある。それでかゆくていらいらし気が狂ったようになり、突然地面に身を投げ出してしまい、荷物と乗っている者が転がり落ちることもある。私はそんな光景を二度、目にした。ダニは馬に乗っている者にまでもしばしば飛び移ってくる。

森［集落］は噴火湾の南端近くにあり、今にも壊れそうな家からなる大きな村である。砂浜海岸上の荒れ果てたわびしい所で、多数の〈女郎屋《ジョウロウヤ》〉《じょろうや》があり、いかがわしい人間も多い。〈宿屋《ヤドヤ》〉にもひどいものが何軒かあるが、今いる宿屋［阿部重吉家］はまんざらでもない。噴火湾に突き出す火山［駒ヶ岳］がとてもよく見える。森には三四五フィート［一〇五メートル］の桟橋《さんばし》はあるが完全にはできておらず［正しくは明治六年一一月に完成］、投錨《とうびょう》地もない。湾口を縦断する汽船はここから出ているし、湾に沿って一〇〇マイル［一六〇キロ］近く続いている非常にやっかいな馬道と奥地《インテリア》に至る道路もここから出ている。しかしここ自体は惨めで荒れ果てた所である。昨晩［八月一八日］この宿は本当にやかましかった。隣部屋の泊まり客数人が〈芸者《ゲイシャ》〉を揚げて朝の二時まで戯れ、歌ったり踊ったりし、全員が〈酒《サケ》〉をあおっていたのである。緯度がかなり高いこの北の地では、夏はもう去り行こうとしている。私がここ［北海道］に着いた時［八月八日］には今を盛りと咲いていた花［浜茄子《はまなす》］には実がなり、山腹はところどころ黄色く色づき、楓《かえで》［山紅葉《もみじ》］も赤くなって、美しく涼しい秋の到来を告げている。

蝦夷　勇払《ユベツ》《ゆうふつ》にて

うんざりした連絡船　「汽船だぁ」という叫び声と「船は一分も待ってくれんぞー」という報せが、〈碁《ゴ》《ご》〉やその他いろんな遊びをしていた者の耳に飛び込んできた。私たちは焼けつくような日照りの中を桟橋へと急ぎ、二艘の〈艀《はしけ》〉をいっぱいにした多くの日本人とともに汽船［稲川丸］に乗り込んだ。汽船といっても甲板のある大型の汽艇ほどには大きくないものだった。日本人は全員がふたのある船倉に押し込められたが、私だけは上甲板へと丁重に案内された。ぐるぐる巻きにしたロープでいっぱいの五フィート［一・五メートル］四方のこの場所は回りと隔離され、私はその中で一人きりになれ、威厳を保つことになった。［四人の］八つの目が私を窓越しに、飽きるともなく睨みつけていた！　この汽船は私のために対岸［室蘭］で二日間待たされ、函館に戻りたがっていた二人の外国人を辟易《へきえき》させたということだった。この思いは私の思いでもあった。

室蘭《モロラン》湾　申し分のない晴天に恵まれた。実に美しい真っ青の海にはさざ波が白く立ち、湾［噴火湾］の南端を占める火山［駒ヶ岳］から吹き上げる赤い火山灰が、陽光の下で光っていた。ボイラーがしょっちゅう「具合が悪くなる」このひどい汽船はまったくあてにならないものの、この上なくやっかいで［約九六キロも］遠回りにもなる道を通らずに［北海道の］新しい都［札幌］に出るための唯一の手段になっている。桟橋を拡張し、連絡船として活動できるよい汽船を導入することこそが金の有効利用というものだろう。強い追い風であったにもかかわらず、船は二五マイル［四〇キロ］を六時間もかかりうんざりしたが、夜の八時にようやく室蘭《モロラン》《むろらん》湾に到着した。美しい湾、回りのほとんどを陸に囲まれた湾である。森をなす急斜面が海に迫り、水深が陸の近くでも深く、外国の軍艦にも十分なほどあるのでときどき投錨《とうびょう》したが、このため町［室蘭］は大いに難を蒙《こうむ》った［という］。いずれも超満員だった〈艀《サンパン》〉に私たちが乗り移った時、数人が海に落ちたが、面白がっているようだった。いろんな〈宿屋《ヤドヤ》〉から、大きな提灯を手にした下男が「客引き」のために桟橋に向かってきたが、柔らかな光を発する彩色を施した提灯が前後左右に揺れ動くさまは、波一つない海にきら星が映るようで美しく、うっとりした。室蘭《モロラン》［新室蘭］はとても麗《うるわ》しい湾の急峻な岸辺という絵のように美しいところにある小さな町で、上の方は豊かな森となっている。そこには神社があり、急勾配の石段が通じている。そしてこの小山［測量山］を越えると、この海岸沿いでは初めて目にするアイヌの村［ハルカラモイコタン］がある。

一本の折れ曲がった細長い町通り［正しくは札幌通という町］にも少し面白さはあったが、より強い関心をひかれたのは、珍しく浮浪者がいて堕落した感じがする所であるという点だった。これは、〈女郎屋《ジョウロウヤ》《じょろうや》〉が多数あるのに加えて、質《たち》の悪い人間もよく出入りする〈宿屋《ヤドヤ》〉も多いことによる。私が何とか泊まることができた宿も粗末で汚く、部屋も本当に狭かった。ただ、蚊はおらず、食事も魚が付いたよいものだった。馬を雇おうと使いを出そうとしたところ、すでに旅の手筈が万事整えられていることがわかった。［開拓使の］長官からこの地で私が見たいことやしたいことがあれば叶えるようにとの書類が前もって送られてきていたのである。しかし、朝［八月二一日］起きてみるとどんよりとくもり、雨が降りそうだったので、私は先を急ぎたかった。それで、九時半には宿の玄関先で〈人力車《クルマ》〉に乗り込んだ。私が人力車を求めたのは、開拓使《ガバメント》が病院患者を運ぶために保有している人力車が一台だけあるのを知っていたからである。私はそこに半時間もの間、居心地の悪いまま辛抱強く座っていた。唯一の慰みは伊藤《イト》がとてもかわいい娘とふざけているのを見ることだった。ぶらぶらしている連中は集まってきたが、車ひきはだれ一人来なかった。そうこうするうちに気が滅入る事実が漏れてきた。この［人力車をひく］仕事を［開拓使から］命じられている三人の車夫《クーリー》は全員が逃げ出してしまい、四人の巡査が捜しているということだった。それで私は町［室蘭］から急勾配の小山にだらだらと上っていく道を歩いていった。とその時、赤星《アクボシ》［開拓使御用掛准判任赤星鼎《あかぼしかなえ》。熊本出身］という男性に会った。快活で若く、英語を話すこの日本人測量技師は、「室蘭《モロラン》は、蝦夷でもっともひどいところです」と烙印を押した。こうして時間を無駄にし、二時間もの間怒りが治まらないでいると、伊藤《イト》が複数の馬をひいて追いついてきた。かんかんだった。「奴らほど悪く邪《よこしま》な車夫《クーリー》は日本［本州］のどこにもいやしません。あとの二人も逃げ出しました。もう三人が来るところですが、四人分を払いました。逃げ出してしまった最初の三人も金をもらっているのです。駅逓所取扱人は外国の方に対して恥ずかしいと申しておりますし、長官［開拓長官黒田清隆］も激怒しておられます」とどもりながらまくしたてた。

　私にとっては時間の浪費が問題であり、これ以外はどうでもよかった。ところが、〈人力車《クルマ》〉がきてみると、三人の車夫《クーリー》はごろつきのような顔立ちで、樹皮でできた衣《ころも》をとてもぞんざいに着ていたので、私は換え馬を確保するために伊藤《イト》を一二マイル［一九キロ］先［幌別《ほろべつ》］に送るとともに、私の所持金を伊藤に託した。連中は二人でなく三人もいるのに、歩くようにしか進まなかったし、わざとそうするかのように、石という石に乗り上げたり、轍《わだち》という轍にはまったりしながら、「エッサ、ホラサ」という掛け声を荒々しくかけ続けた。石を積んだ荷車をひいてでもいるかのような感じだった。函館を一歩出ると車夫と呼べるような者は皆無だった。この男たちはひき方を知りもせずに、ひくのを嫌っているのである。

上り坂の頂きから見る室蘭《モロラン》《むろらん》湾は本当に美しい。［一八七三年に旅した］ハワイ島の風上側に当たる一部の風景を別とすれば、日本の海岸風景ほど美しいものをこれまで見たことがなかったが、ここの美しさは他の比ではない。不規則な形をした土色《グレー》の町が、小さな湾を取り囲むようにして森をなす急傾斜地の下に展開しており、町並みの背後の高みには土色の神社［八幡神社］がある。また、大きな葉の蔓草《つるくさ》がびっしりと絡み付く木が茂る森に鬱蒼とおおわれた山は［海食崖となって］垂直に海に落ち、静かな水面には蔓植物の花綵《づな》が映っている。さらに暗緑色の森の先、きらきらと輝く海の彼方には、真っ赤な火山［駒ヶ岳］の尖った頂きが望まれる。そのあと道は［頂きを越えて］急に下りとなって砂浜海岸へと入っていき、所々で切り立った崖をなしている。その一つで五〇〇〇マイル［八〇〇〇キロ］にわたって続く大洋《オーシャン》［太平洋］の大波が岸に打ち寄せているのが見えた。初めてのことだった。そのあとは、砂浜に築かれた和人とアイヌの混住集落である幌別《ホロベツ》に着くまで、この太平洋と荒地と、住む人とてない湿地、そして一面森をなす山が遠くに見える風景が続いていった。

このような混住集落ではアイヌは和人に遠慮し近寄らないようにされているが、戸《こ》口《こう》は和人より多いことも少なくない。幌別《ホロベツ》もそうであり、和人の家はわずか一八戸なのに対し、アイヌの家は四七戸もある。アイヌの集落［コタン］は実際よりも大きく見えるが、どの家にも〈倉《クラ》〉［プ］があるためである［挿絵］。これは木の支柱に支えられ、床の高さは地面から六フィート［一・八メートル］ある。彼らの家

幌別のアイヌの倉［プ］

屋については知識をもっと得てから記すことにし、ここではそれが和人の家にはそれほど似ておらず、［ヤシの葉を葺いた］ポリネシア人のものに似ているとだけ言っておく。木の枠組に茅《かや》［正しくはしなの木の皮で作った縄］を実にきちんと結んで作られているのである。家には複数の小さな窓があり、茅葺《かやぶ》きの屋根は非常に高くて勾配がきつく、縁にはきれいな飾りがぐるりとついている［次頁挿絵。但し、正しくは三六一頁の挿絵］。棟柱はどれも茅でおおわれ、飾りがついている。海辺《コースト》のアイヌはほとんどが漁業を生業としているが、この季節［夏］には男は森で鹿狩りをする。この沿岸には、〈幌別《ホロベツ》〉とか勇別《ユベツ》［正しくは勇払《ゆうふつ》］とか門別《モンベツ》などのように、*bets*《ベツ》や*pets*《ペツ》つまり別のつく地名がいくつかあるが、これらはアイヌ語で川を意味する。

未開の民［アイヌ］の一隊　気がついてみれば、伊藤《イト》は丸一時間も激しく口論していた。駅逓所の取扱人が、幌別《ホロベツ》には人力車をひく者など一人もいないと言って、〈人力車《クルマ》〉ひき［車夫］の提供を拒んだためで

アイヌの小屋風《ロッジ》の家（日本人の絵より）

ある。しかし、私が例の〈証文《ショモン》《しょうもん》〉を見せるとすぐに、［白老までの］一六マイル［約二五キロ］を、三人の威勢のいい和人の男と出かけられることになった。伊藤《イト》は、白老《シラオウイ》《しらおい》［江戸時代のシラオイ場所の中心。明治五年に駅逓所が設置］に私の部屋を確保するため馬で出かけていった。どうやら蝦夷［北海道］の駅逓所はすべて開拓使《ガバメント》の管理下にあるようである。［ところが］二、三分もたたないうちに一軒の家から三人のアイヌが飛び出してきて、〈人力車《クルマ》〉を手に取るや［バードを乗せて］駆け出した。最後まで一度も休まなかった。三人のうちの若い二人が梶棒を持ってひき、残りの一人が後から押した。彼らは帰りに乗るために三頭の鞍つきの馬と［それをひく］一人の小僧《ボーイ》を伴っていた。交替で馬に乗りながら人力車をひくのである。彼らはとても親切だった。また、ひき方が斬新なうえにとてもていねいだったので、私はたった一人で未開の民［アイヌ］の中にいるということをすっかり忘れてしまっていた。この威勢のいい男たちは若く、顎鬚《あごひげ》も生やしていなかった。唇は厚く、口は大きかった。それで私は、彼らがどの民族よりもエスキモーに近いと感じた。彼らは柔らかでふさふさとした黒髪を顔の両側に垂らしていた。また、そのうちの大人びた一人は純粋のアイヌではなかった。その黒髪は非常に濃いということはなかったし、その毛も顎鬚もときどき鳶《とび》色に光った。顔の形といい、表情といいこれほど美しい顔は見たことがないように思った。その表情には気品があり悲しげで、思いがはるか遠いところにあるような感じがし、優しさと知的な感じもあった。未開人というよりも、ノエル・ペイトン卿［一九世紀スコットランドの画家］が描く「キリスト」の表情に近かった。しかも物腰もきわめて優雅で、アイヌ語と日本語の両方を話した。低い声で歌を歌うように話すその話し方はどうもアイヌの特徴のようだった。また、この男を含め全員が、［本州の車夫のように］着ているものを脱いでしまわず、暑い時にも片肌脱《かたはだぬ》ぎか双《もろ》肌脱ぎになっただけだった。

　幌別《ホロベツ》—白老《シラオウイ》《しらおい》間の道は非常にさみしく、家は全体でせいぜいが四、五軒だった。その道は、山に上っていく部分や川を渡るために内陸側に折れる部分を除くと幅が広く、真っすぐに延びていく。湿地状になっている部分も一カ所あり、道はそこを横切っていったが、背の高い野生の草花の生い茂るこの低湿地は、海［沿岸流］によって形成された砂丘《ハイビーチ》の背後［後背湿地］に幅二マイル［三キロ］にわたって続いている。そしてその内陸側は木の生えた岩山が高い崖状に続き、その背後は森をなす山になっていた。

　砂丘《レイズド・ビーチ》上にはアイヌの小さな集落［コタン］が点在していた。ときどきほとんど堪え難い悪臭が低湿地を越えて漂ってきた。魚油［鰯《いわし》油］を抽出する装置がある小屋からの臭いだった。しかし私はこの午後の旅を満喫した。［日本の］型にはまった文明の拘束と、日本［本州］の旅のいろんな束縛から解き放たれ、自然がいっぱいの荒野と自由な雰囲気を味わえるのはありがたかった。曇天で水平線は黒く、だがはっきりと目に入った。また土色《グレー》の電信柱が立ち並ぶこれまた土色の道が、雑草が生い茂る低湿地をぬけ、うんざりするほど遠くまで続いていた。土色の糸のようだった。海から吹き寄せる微風によって葭《よし》はカサカサと音をたて、背が高く、穂先が羽毛のようになった薄《すすき》《ユーラリア・ジャポニカ》が波打っていた。打ち寄せる太平洋の荒波がたてる野太い音がこちらまで伝わってきた。荒野は詩と音楽に満ち、私は心の安らぎを覚えた。

森におおわれ、勾配のきつい山道を上ったり下ったりしたあと、道は再び最初のような藪地状のところを通ることになったが、道は下り坂に出る部分で崩れており、男たちはそこで止まってしまった。道は小石だらけの河原へと降りていき、透き通った青緑色の水が泡立って流れ下る川［登別川］に至った。その水には上流にある温泉の硫黄《いおう》が強く含まれていた。川の対岸は傾斜のきつい土手になり崩れかけていた。美しい川には二本の丸太が一フィート［三〇センチ］の間隔で架かっていたので、私はその上をアイヌ［の若者］の手を借りて歩こうとした。しかしその丸太はとても不安定で、ブーツをはいて歩くのは、どんなにしっかりした手にひかれてであれ、できないように思われた。その時、あのいい顔立ちのアイヌ［の若者］が、肩車をするので戻ってくるようにという合図をした。しかしこの若者が二、三フィート歩いたところで二本の丸太がひどく揺れたので、気をつけて戻らざるをえなかった。その間私は、めまいと恐怖からくる苦しみをじっと我慢していた。そのあと若者は私を肩車にし、その肩までもくるような深い激流を渡り、灌木の生い茂るじめじめした所を抜け、傾斜のきつい土手を上った。心身ともに疲れ果てていたため、未開の民［アイヌ］に肩車してもらって蝦夷［北海道］の川を越えるというとんでもないことをそれなりに楽しみはしたが、苦痛は癒えなかった。そのあと彼らは四人の肩に〈人力車《クルマ》〉をうまく担いで川を渡ったが、その際、私だけでなく人力車も水にぬれないようにと、細心の注意を払ってくれた。このあとも二つの深い川［敷生《しきう》川、登別川］があったが、流れは静かであり、渡し舟で渡った。土色《グレー》の低地と鉛色《グレー》の海［噴火湾］のはるか彼方には金色の太陽がとても高い山［駒ヶ岳］の背後に、緑の中に朱色の縞《しま》を描きながら沈みつつあり、光り輝くこの山の麓《ふもと》には、森におおわれた低い山々が、赤みがかった濃い紫色の薄暗がりに包まれて横たわっていた。暗くなってから私たちは白老《シラオウイ》《しらおい》に辿り着いた。海に近いこの集落は一一戸の和人の家と五一戸のアイヌの家からなり、両者は離れてあった。ここには非常に大きいが古めかしい〈宿屋《ヤドヤ》〉［本陣］が一軒あるが、伊藤《イト》はとてもきれいな真新しい宿［駅逓所］をとってくれていた。［駅逓所でもある］この宿には道に向かって開く形で四つの厩《うまや》が付いており、その一つの真ん中にいた伊藤《イト》は、今、獲れたての鮭のステーキを炭火で焼いておりますと言った。うれしかった。また部屋が清潔で感じがよかったのと、とても空腹だったこともあって、魚油［鰯油］皿の一つの灯心の下での食事を、今日一日のすべての出来事と同じくらい楽しんだ［大変な一日だったが、楽しい一日でもあった］。

佐瑠太《サルフト》にて

野生馬　その夜は寒くて眠れなかった上に、明け方には大きな音が聞こえてきた。外を見ると優に一〇〇頭はいようかという馬の群れが、二人のアイヌと全速力で道を駆けていき、その後を何匹もの犬がついていくのが目に入った。山で野生馬のように走り回っている何百頭もの馬から大群を一まとめにして〈囲い柵〉［馬追込］の入口へと巧みに誘導するアイヌと馬の群れだった。アイヌはその中からその日に必要なだけを選び出し、残りの馬、つまり背中に深い傷を負った馬は放ち［山に］返すのである。というわけでこの辺りの蝦夷の村では朝一番に、蹄鉄《ていてつ》を付けていない馬が疾走するこの鈍い音が聞こえてくるのである。私は朝早くに伊藤《イト》を送り出し、そのあと九時に、［人力車をひく］三人のアイヌ［の若者］と一緒に出発した。［白老から苫小牧《とまこまい》までの］一三マイル［二一キロ］の道はまったく平坦で、砂利の低地や湿地になったりはしたものの、単調だった。しかし、単調ではあるが道自体には野性的な魅力があった。沼沢地がいくつもあり、鴨が泳ぎ、小さな白い花をつけたスイレン科の植物［未草《ひつじぐさ》］が咲いていた。そしてその回りの低地には葭《よし》や種々の草花、雑草が生い茂っていた。秋の訪れによって非常に多くの花が萎《しお》れてしまっていたとはいえまだかなり残っていて、今や枯葉色になっているこの平原が初夏にいかに美しかったかを十分にしのばせてくれる。蝦夷の代表的な花の一つ浜茄子《はまなす》［本来は浜梨《はまなし》］の他、赤紫色《ローズ・レッド》の大きな花をつける昼顔、ベルのような青い花が総状花序をなす釣鐘人参《つりがねにんじん》、学名をアコニトゥム・ジャポニクムという山鳥兜《とりかぶと》［正しくは蝦夷鳥兜］、学名をカリステジア・ソルダネーラといい、誇らしげに咲いている浜昼顔、青い花をつける蝦夷野紺菊《えぞのこんぎく》や梅鉢草、蝦夷黄萓《えぞきすげ》、とても目立つ蔓性の植物がある。浜茄子は花が深紅色で、オレンジ色の西洋花梨《かりん》のような、小粒のリンゴほどの大きさの実をつけ、花冠の直径は三インチ［七・六センチ］ほどもある。また蔓性植物［婆雀斑《ばあそぶ》］はこの荒々しい環境の下では場違いなほどに優雅な葉をつけ、紫がかった褐色の釣鐘状の花をつけるが、特徴的なのは、めしべの変わった配列と緑色のおしべ、そして得も言えずいやな腐肉のような臭いである。受粉のためにとても気持ちの悪い姿の蝿をひきつける臭いのようである。

私たちは四人のアイヌの女性に追いついた。若くて美しく、大股のしっかりした足取りで歩いていた。はだしだった。私を運んでいる男たちと一しきり談笑したあと、私が乗る〈人力車《クルマ》〉を手に取り、七人全員で、キャッキャッと笑い転げながら半マイル［八〇〇メートル］を全速力で走った。まもなくして小さな茶屋［小糸魚《こいとい》の茶屋］のところにやってくると、アイヌたちは藁《わら》の包みを示し、口を開けてその方にもっていったので、一休みして食事をしたいのだとわかった。そのあと私たちは馬に乗った四人の和人に追いついたが、アイヌの若者たちが、かなりの距離を彼らと競うように猛スピードで走った結果、正午には苫小牧《トマコマイ》［明治六年に札幌本道の開通によってできたばかりの集落］に着いてしまった。ここはだだっ広くうらびれたところで、葦《あし》［正しくは茅《かや》］葺きの家の屋根には雑草がぼうぼうに生えていた。ここからほど遠くないところに樽前《タルマイ》《たるまえ》という火山［樽前山。支笏湖の南にある高度約一〇〇〇メートルの活火山。帰路に登山—第三十九報］がある。穏やかに見える土色《グレー》の円錐型の山であるが、その裾野は何万本という枯木でおおわれている。大変長期にわたり穏やかで土色《グレー》だったので、人々はこの山が［火山］活動を完全に終えていると考えていたのだが、つい先年［明治七年二月］の暑苦しい日［バードの誤解］の噴火によって山頂が吹き飛び、噴石と火山灰がこの地方の広い範囲をおおい、山の周囲の森は焼き尽くされた。新しい火山灰は苫小牧の人家の屋根に降り積もっただけでなく、細かい火山灰は五〇マイル［八〇キロ］も離れた襟裳岬《エリモ》［北海道最南端の峠］までも降ったという。

この地［苫小牧］で道［札幌本道］と電信線は内陸に転じ札幌に向かうが、馬道は北東に向きを転じ、約七〇〇マイル［一一〇〇キロ］にわたってこの島［北海道］の回りをめぐっていく。大変な難路である。

室蘭《モロラン》《むろらん》と佐瑠太《サルフト》の間には至る所に軽石や石灰華堆積物、火山礫《れき》のような新旧の火山活動の痕跡があるし、硬い玄武岩層も所々にある。そのうち、白老《シラオウイ》《しらおい》から東は最近降った軽石に一面をおおい尽くされている。苫小牧で私たちは馬を入手した。そして自分の鞍《くら》を持ってきたので日本でこれまで経験した中では最も乗馬らしい乗馬ができた。この地まで二〇〇マイル［三二〇キロ］の道程を駄馬の鞍にまたがり、鐙《あぶみ》の代わりに輪縄を使って旅している札幌に住む医師［中山武士］の奥さんは乗馬がうまかったが、曲芸のように器用に私の鞍に飛び乗るやいろんな馬上の妙技を見せてくれた。こんな鞍をもてたらどんなに幸せなことでしょう、と私に語りかけながら。

札幌《サッポロ》に至る「人のよく通る道《ビートウン・トラック》」［札幌本道］を離れた時、私は満足を覚え、前方を見やった。そこにはどこまで続いていくのか私にはいまだわからない砂の〈浜辺《マキル》〉が、［スコットランド北西部の］アウター・ヘブリディーズ諸島のそれのようにうねっていた。砂漠のような、またもの淋しく浜茄子《はまなす》と釣鐘人参でほとんどおおわれた荒野だった。だれもが望むままに道をつけていくことのできる草原だった。私に［伊藤など］他の者を先に行かせ、そのあとを蝦夷式〈不規則走《スクランブル》〉で追った。そしてすぐに襲歩《ギャロップ》による長距離走行に思い切って切り替え、弾力に富む土［砂］の上を蹄鉄を打たない馬の脚がたてるドドッ、ドドッという音に包まれて満足この上なかった。しかし私は蝦夷の乗用馬の特性を十分にはわかっておらず、この馬が「先導馬」なのかどうかを訊ねそこなっていた。このため、全速力で疾走して他の馬に追いつきかけた時、私の乗った馬は急に止まってしまった。そのはずみで六フィート［一・八メートル］も先の、生い茂る浜茄子の中に放り出されてしまった。伊藤《イト》が振り返って私を見た時にはもう鞍の腹帯をしめているところだったし、この脱線行為をしゃべりもしなかった。

お化け屋敷のような建物

そよ風が吹き、片側が海、反対側が森になった帯状の土地［砂浜海岸］を八マイル［一二・八キロ］進んだ私たちは、勇払《ユベツ》《ゆうぶつ》［札幌本道ができ、中心が苫小牧に移って寂れた］に着いた。この場所にもう一度戻ってきたいと思うほどに魅惑されたが、ありていに言えば、ここにあるものというよりも、ここには何もないことに魅惑されたのである。伊藤《イト》は、こんなところにあと二日もいたら死んでしまいます、と言う。ここは万物の果てといった感じのところであり、これ以上にさびしく荒涼たる場所はあるまいと思われた。三方を占める砂地。海に注ぐのを阻止され、太平洋［の沿岸流］によって形成された高く大きな砂丘のために、海への出口を求めてうねうねと流れざるをえなくなっている一本の川［勇払川］。藍《あい》色と灰色《グレー》の陰をなして、これといった特徴のない、森におおわれた山脈へと連なっていく遠くの帯状の森。そして、決して意識から遠ざかることはないのに視界からは消える大海原――このような環境の下に、川向こうの砂丘の一番高い所には二つの高い見張り台と数棟の魚油小屋、四、五軒の和人の家と四軒のアイヌの［一間《ひとま》造りの］小屋風の家が建っているほか、大きくて殺風景な土色《グレー》の建物が一棟あった。その建物［番屋］は、真ん中を磨きぬかれた八〇フィート［二四メートル］もの廊下が走り、その両側に小さな部屋が並ぶ構造になっていた。また、片側の一方の端は砂利を敷いた庭になり、それに面して静かな部屋が二間あり、もう一方の端は大きな〈台所《ダイドコロ》〉になり、その奥まった部分は暗く、垂木《たるき》は黒く煤《すす》けて、まるでお化け屋敷のようだった。また、家々は何か特別な目的があってこうされたのではと思えるほど、お互いにあきれるくらい離れていた。家数がごく少ないうえに、この季節にはすべての家に人が住んでいるわけでもなく、目にするのは土色《グレー》の砂とまばらな草と、うごめく二、三人の未開の民［アイヌ］だけだった。

今までに目にしたものの中で、このぞっとするお化け屋敷のような［勇払の］番屋《フィッシング・ステーション》ほど私に強い印象を与えたものはなかった。土色《グレー》で、奥行の深いこの殺風景な建物の、これまた長い土色《グレー》の壁には多くの陰気な窓がついていた。私たちが入っていいかと大声で尋ねると、その窓の一つから間の抜けた顔をした男が顔を出し、すぐに見えなくなった。そのあと土色《グレー》の門が開かれた。そこで私たちは馬に乗ったまま土色《グレー》の砂利を敷いた庭に入った。庭に面していくつかの静まり返った部屋があった。そしてこの庭と台所との間にある三〇から四〇もの独立した部屋は網や釣具でいっぱいだったが、どこか恐ろしげだった。磨きぬかれた廊下を風が吹き抜けると〈襖《フスマ》〉がガタガタと音をたて、屋根板［柿《こけら》］が持ち上がり、何匹もの鼠が［建物の］端から端まですばやく走っていった。私はここでの暮らしを知りたいと思って黒く煤けた広い〈台所《ダイドコロ》〉に行ったが、そこで見たのは、数本の薪の燃えさしと一つの〈行灯《アンドン》〉と先ほどの間の抜けた顔をした男、そして親のない二人の少年だけだった。この男は自分の運命を嘆いたが、私には自分自身の運命よりもこの少年たちの運命を惨めなものにしている［と思われたことだった］。だが、［鰊《にしん》の］漁期ともなればこの殺風景な建物［番屋］に二、三百人もの男たちが住まうのである。

私は浜辺へと飛び出し、ものさびしい川［勇払川］を渡った。そこに見たのは、大変煤けた萱《かや》［茅《かや》］造りの小屋［風の家］や、これまた複数の細長い小屋、二、三軒のアイヌの小屋《ハット》風の家、威厳のある風貌の二、三人のアイヌ、狼のような何匹もの犬、丸太で作った数艘のカヌーつまり「丸木舟」［チㇷ゚］、難破した帆掛船《ジャンク》［弁才船］の残骸、白くなった大量の流木、黒っぽい砂浜、そして、風のある曇天の下で激しく波打つ大海原だった。茅で造った小屋は開けっ放しになり、細長い小屋は堪え難い悪臭に満ちていた。昨年獲った魚から抽出した油［鰯油］が入っている大釜から発する悪臭だった。アイヌは毛皮を着て砂丘の上を大股で歩いていたが、幻影かと思われた。太平洋はこの沿岸部で猛威をふるい、高潮線のさらに少し上にまで砂丘を押し上げている。それでこの高い砂丘の上から海に向かって下りていくと、見えるのは海と空と曲線を描いてのびる土色《グレー》の浜辺だけだった。その浜辺は何マイルにもわたり、白くなりさまざまな変わった形になった流木、かつて森に生えていた木々の残骸で厚くおおわれていた。森の木々はおびただしい数の河川によって押し流され、その後何週間も何カ月も船の残骸とともに波間に漂ったあと、このようになったのである。

「――船の残骸は、雨降るものさびしき海原を漂う
帆柱を立てたまま。
静止することなき大海原を
流れゆく海流に浮かび、果てどなく漂っていく」

「次々と寄せ来る大波」がその残骸を勇払《ユウフツ》《ゆうふつ》の岸辺に打ち上げる。そして、
「すべてがここに再び安らぎを得る」［H・W・ロングフェローの詩の一節］

何という厳然たる安らぎであることか！

寄せては砕ける波の、音楽のような深い轟《とどろ》き。海鳥の奇妙な鳴き声。むこうみずな鳥《からす》のしわがれ声――そのすべてが一つのハーモニーをなしている。なすがままにされた時、自然は、音であれ色であれ、不調和を決して生み出しはしないのである。

第三十五報（続）［第四十報（続）遭遇］

自然の調和――すばらしい馬――唯一の不調和――森――アイヌの渡し守――「蚤《レ・ピュス》だよ、蚤《レ・ピュス》！」――失敗した探検家たち――伊藤《イト》のアイヌ蔑視――紹介されたアイヌ［ペンリウク］

佐瑠太《サルフト》にて

旅の楽しみの数々　そう！　自然にはいかなる不調和もない。今朝［八月二三日］、まっ青《さお》な海はダイヤモンドのような輝きを放ちながら水平線の彼方までこの上なく安らかにきらめき、白い波は白波よりも白いかという浜辺にゆったりと寄せては返し、返しては寄せながら海と浜辺を画していた。深みのある真っ青な空の一隅には雲がくっきりと浮かび、その影がだだっ広い平原［原野］の上をゆっくりと流れていった。そこには短くも激しい命を今を盛りと燃やす無数の花が陽《ひ》の光を浴びて咲いていた。その先には低い山並みが藍《あい》色に包まれて眠るように横たわり、背後の高山はおぼろげな空を背にかすかに青みを帯びていた。まるで絵のようだった。勇払《ゆうふつ》《ユーベツ》のほんのわずかの土色《グレー》の家さえもが神々しかった。靄《もや》とも言えないかすかな青みを帯びたヴェールに包まれて美しく溶け込み、全体と調和していたのである。烏《からす》の騒々しく場違いに大きな鳴き声までもが陽気さを感じさせ、やさしく冷やかしているようで心地よかった。

特記したいのは、私の乗った馬がいつも走り出そうとするすばらしい馬であり、草花でおおわれた野を実に軽やかな襲歩で進むので、一七マイル［二七キロ］を実に楽しく乗ってくることができたことである。すばらしい馬、襲歩に適した地面、そして晴天が揃いさえすれば、楽しい旅を創りだすことができる。このように万事調和がとれている中での唯一の不調和はアイヌの姿が見えることだった。生来進歩というものと無縁な悪意のない人々は、征服された名もなき民族をあまねく受け入れてきた広漠たる墓場へと向かい始めているのである。一人の巡査が私たちと一緒に勇払《ユベツ》《ゆうふつ》を馬で発《た》ち、全行程ずっと馬に乗り、しかも私のペースにぴったり合わせてここ［佐瑠太］までついてきたが、ただの一言もしゃべらなかった。私たちは幅が広く水深も深い川［勇払川］の浅瀬を馬で渡ったり、別の川［鵡《む》川《かわ》］では徒歩と渡し舟で渡って低地［勇払原野］に別れを告げたあと、馬の耳ほどまでにも達する葭《よし》の原野を突き抜け、次いで数マイルにわたって、全山神樹《しんじゅ》［正しくは柏］の森をなす山道を上り下りした。その葉は山繭《やままゆ》によって穴だらけだったし、木の根元にはどこにでもある羊歯《しだ》に似た下草の薇《ぜんまい》が生い茂っていた。低木の疎林には陽《ひ》が射し込んだり深い影ができたりし、とても心地がよかった。馬もいくつもの丘を軽快な足取りで楽しそうに上ったり下ったりしていった。海の波が打ち返す音が微風《そよかぜ》の音と交じり合い、緑樹の合間からは白波が見え隠れし、赤蜻蛉《とんぼ》や艶やかな黒い羽の蝶《ちょう》［深山烏揚羽《みやまからすあげは》］が「生きた閃光」のごとく道の上を飛び交っていた。このような光景によって、ぼんやりとではあるが、［六年前に旅した］ハワイ島の風上側のことが脳裏をかすめた。私たちは一軒のアイヌの小屋［風の家《ロツジ》］と、流れの穏やかな美しい川［沙流川］に遭遇した。二人のアイヌが渡し舟に四人の人間と馬を乗せて川を渡り、もう一人はこの小舟を歩いて先導した。彼らは何も着ていなかったが、毛深かったのは一人だけだった。どの男も男ぶりがよかったし、優しくてとても礼儀正しかった。私が舟に乗ったり舟から降りるのに手を貸してくれたし、馬に乗る際には鐙《あぶみ》を支えてくれた。ごく自然な親切心が感じられた。別れ際には両腕を前に出し、肘《ひじ》から下を自分の側に折り、立派な顎鬚《あごひげ》をさすった。これが彼らの普通の挨拶なのである。そこから少し進んで六九戸からなるこの和人の集落［佐瑠太］にやってきた。主に仙台藩《プロヴィンス・オブ・センダイ》の〈士族《サムライ》〉からなる入植地で、砂地に実に見事な穀物を育てている。ここから一二マイル［一九キロ］内陸に入った山間《やまあい》にはアイヌの一大集住地［平取］があるが、この集落の近くにも少し住んでおり、［和人の］村人からひどく蔑視されている。私がいる部屋は集落の中心の通りに面しており、とても暑いので〈障子《ショウジ》〉を開けっ放しにしていると、村人［和人］は格子《こうし》窓のところに立って何時間も中をのぞいていた。

紹介されたアイヌ［ペンリウク］　つい先ほど、フォン・シーボルト氏とディスバハ伯爵が私がこれから行こうとしている村、平取《ピラトリ》から早駆けで戻ってきた。そして伯爵は馬から飛び下りるや否や、「蚤《レ・ピュス》だよ！　蚤《レ・ピュス》！」と叫びながら私のもとに駆け寄ってきた。二人は堂々とはしているが酒色にふけった感じがする未開の民［アイヌ］を伴っていた。名をベンリ［ペンリウク］という酋長《しゅうちょう》［コタンコロクル］だった。フォン・シーボルト氏は今晩［八月二三日］あらためて私を訪ねてきたが、私は氏が着ているものが真新しく清潔なのがうらやましく、氏は私の折り畳み式ベッド《ストレッチャー》と蚊帳《かや》をうらやましがった。彼らは蚤《のみ》と蚊をはじめ、つらいことばかりだったので、消耗しきっていた。しかしフォン・シーボルト氏によれば、何があろうと、長旅をして内陸《マウンテン》アイヌ［平取アイヌ］を訪れることにはそれだけの値打ちがあるということだった。私の予想どおり、彼らはその探検に完全に失敗し、クライトナー中尉に去られてしまった［バードの誤解］のである。私が、世話になるアイヌに親切に、また礼を失さないことが大切だと伊藤《イト》に日本語で言ってやってくださいとフォン・シーボルト氏に頼んだところ、伊藤《イト》は憤慨し、「アイヌをていねいに扱えですって！　人間ではなくただの犬ですよ」と宣《のたま》った。そしてこの村でかき集め得たアイヌに関するあらゆる中傷を私に得々としゃべった。

　私たちは、伊藤《イト》と私自身の食物だけでなく、調理器具も持っていかねばならない。私はすでに［平取の］酋長［コタンコㇿクㇽ］であるベンリ［ペンリウク］を紹介してもらっており、彼は、一両日は戻らないけれども、私を心からもてなすように、との伝言を私たちが携えていけるようにしてくれるようである。

I. L. B.

第三十六報［第四十一報　アイヌとの生活］

未開の人々の暮らし――森の踏み分け道――清潔な集落――歓待――酋長《しゅうちょう》［ペンリウク］の母――夕食――未開の人々の〈集い〉――神々への献酒――夜の静寂――アイヌの礼儀正しさ――酋長［ペンリウク］の妻

八月二三日［二六日］　平取《ピラトリ》　アイヌ《アィヌ》の小屋風《ハット》の家にて

挨拶　私は今さびしいアイヌの地にいる。アイヌの小屋風の家［挿絵］で二泊三日にわたって生活を共にしつつ、まったくの未開の人々の日常生活を見てきたことは、私のこれまでの旅の経験のうちで最も興味深いものだったと思われる。人々はあたかも私がそこにいないかのごとく普段どおりにふるまってくれた。昨日［八月二五日］は疲れ切った一日だったが、この上なく興奮を覚えた一日でもあった。すべてが目新しく興味深かったからである。私の考え方との間に共通点のまったくない人々から通訳［伊藤］を介して宗教や慣習について聞き出せる限り聞き出すことができた。その覚書を書いておこうと今朝［二六日］は六時に起きて五時間も書き続けてきた。もうしばらくすると、これまでとは別の未開の人々の〈集い《セイアーンス》〉が始まる。あなた［妹ヘンリエッタ］なら察しがつくと思うが、楽しみなことがたくさんある。今の今も床の中央に切った囲炉裏《いろり》［アペオイ］のそば［炉端］で〈酒《サケ》〉の入った杯《さかずき》［トゥキ］を手にした一人の未開の民［アイヌ］が両手を前に突き出し、肘から下を何度も手前に曲げるよう

アイヌの家［チセ］

にして私に挨拶し、〈酒《サケ》〉に一本の棒［イクパスイ、捧酒箸］を浸《ひた》し、神である真っすぐの棒［イナウ、木幣］に捧げる行為を六度繰り返した。この棒には削《けず》りかけ［イナウキケ］が付いており［削りかけつき捧酒箸、キケウㇱパスイ］、部屋の床に立てかけられている。その後その杯を数度自分の方にもってくるようにし、囲炉裏《いろり》に向かっても酒を捧げ、最後にその酒を飲むのである。炉の両側にはその他に一〇人の男女が別々に座り、酋《しゅう》長《ちょう》［ペンㇼウク］の妻［ノモ］は料理をこしらえ、男たちはその様子を無表情に見つめていた。他の女たちは片時も手を休めずに衣服の素材にする樹皮を裂いていた。客人である私は、囲炉裏の片方［奥側］にある一段高くなった上座［ロルンソ］に座っていた。そこには熊皮［カムイケトゥンチ］が敷いてあった。

　アイヌについて言うべきことがあっても、これまでは差し控えてきた。今や実際に彼らの中に身を置いたので、これから記していこうと思う。最後まで辛抱強く読んでいただきたい。伊藤《イト》は欲深いうえに身勝手で、

家でくつろぐアイヌ（日本人の絵より）

平取《ピラトリ》にやってきたことを大変こぼしている。その様子を見たら今にも火あぶりの刑に処せられると人は思うことだろう。事実、自分が寝るための茣蓙《ござ》「トマ」と〈布団《フトン》〉を借りたし、鶏肉、玉葱、馬鈴薯《ばれいしょ》、鞘豌豆《さやえんどう》、醤油、日本茶、米や深鍋、釜を持ち込んできた。私が冷えた鶏肉一切れと馬鈴薯で甘んじてきているのにである。

私たちは「佐瑠太からは」馬三頭と馬に乗った一人のアイヌの案内人を伴った。その結果「佐瑠太までは」全行程人のよく通る道《ビートゥン・トラック》だったということがわかった。佐瑠太《サルフト》を過ぎるとすぐに森に入り、「平取まで」ずっと森のなかを通っていくことになったのである。道沿いには葦《あし》が、馬に乗った私の笠よりも高く生い茂っていた。道の幅が一二インチ「三〇センチ」しかないうえに草が生い茂っているので、馬は一晩中降った雨にぬれた葉をかき分けるように進んでいったし、私もすぐに肩までぬれてしまった。森の木はほとんどが神樹《しんじゅ》［正しくは柏、トゥンニ］と春楡《にれ》［チキサニ］で、白い花をつけた紫陽花《あじさい》の仲間［蔓《つる》紫陽花］の蔓［状の枝］が絡まって樹木にまとわりついていることが多かった。目ざわりな葦《あし》や馬鹿でかいギシギシ、大きな葉をつけた大虎杖《おおいたどり》［イコクッタラ］、セリ科の数種の植物、そして「大蓬《おおよもぎ》」からなる下草は見た目が悪いだけだった。「大蓬」は姿が大きいだけでろくでもないその仲間のほとんどと同様、五、六フィート［一・五〜一・八メートル］もの高さになっていた。森は暗く静まり返り、私たちが通っている狭い道や、獲物を求める猟師が造った狭い道が通っている。［バードたちが通っている］この「幹 道《メイン・ロード》」も時に深い沼のために途切れたり、木の根を丸太のようにぞんざいに並べて造った湿地の道をなしていた。崩れた急勾配の斜面の端に張り出すように通っていることもよくあった。このようなところの一つを上ろうとしていた時、駄馬が三〇フィート［九メートル］は優にあろうかという土手を転げ落ち、そのためにもっていた茶のほとんどをなくしてしまった。また別の傾斜地では、案内人が乗る駄馬がバランスを崩して人馬もろとも坂を転げ落ち、そのあとを深鍋や釜その他の荷物が素っ飛んでいった。さらに、私の乗った馬がとてもひどい沼地に胸のところまで沈んで抜け出せなくなってしまい、そのため馬の頸《くび》をはい上がって耳を越え、〈乾いた土地《テラ・フィルマ》〉に飛び下りたこともあった。

模範集落　獣が出没する森や、雪のために山から追い立てられ、餌を求めて低地に出没する野生動物が集まってくる広い牧野、そして、内陸に住む未開の民［アイヌ］がはだしで音も立てずに一列縦隊で歩く狭い小道のあることの静まり返った土地のさびしさには、何かとても陰鬱な感じが漂っている。川底に危険が潜み、フォン・シーボルト氏が人馬もろとも災難にあった［という］佐瑠太《サルフト》川［沙流《さる》川］に出たので、私はアイヌの従者《ボーイ》を大声で呼んだ。するとこの若者は「丸木舟」「チプ」に私を乗せて川を渡った。そのあと私たちは「馬で」平賀《ピロカ》《ぴらか》、去場《サルバ》、荷菜《ミナ》《にな》を通過した。いずれもアイヌの集落「コタン」で、粟《あわ》「アマム」や煙草《たばこ》「タンパク」、南瓜《かぼちゃ》が植わった狭い畑に囲まれるようにあったが、その土地にはあまりにも雑草が茂っているので、これらが作物なのかどうか判断がつかなかった。ところが、家はどれも外から見たところはあまりに小ぎれいで清潔なので驚いた。この点ではどの集落も「模範集落《モデル・ビレッジ》」だった。ごみはどこにも落ちておらず、あるのは丸太を「丸木舟」のようにくりぬいただけの犬の餌箱だけだった。黄色い犬「セタ。アイヌ犬」が非常に多く、アイヌの暮らしを特徴づけている。ここには「本州の集落とは違って」肥溜《こえだめ》もごみの山もなく、家、それも手入れが行き届いてきちんとした家だけが、砂の上にすっきりと建っていた。

　この地方「サル場所」の最大のアイヌ集落「コタン」である平取《ピラトリ》は、たいへんすばらしいところに位置している。集落は回りを森と山々に囲まれ、大きく蛇行する川「沙流川」と森をなす高台との間の傾斜地に展開している。これほど人里離れたところはちょっとないのではと思われる。家々の間を抜けていくと、大型の黄色い犬が吠え、女たちは恥ずかしそうにしながら微笑《ほほえ》み、男たちはていねいな挨拶をした。私たちは酋長の家の前で止まった。もちろん不意の訪問者だったのだが、シノンディ「シノンテ」という酋長「ペンリウク」の甥ともう二人の男が外に出てきて挨拶し、そのあと、伊藤《イト》が馬から荷を下ろすのを手伝ってくれた。この上なく友好的だった。あまりもの歓迎ぶりはちょっとした騒ぎをひき起こした。ある者はこっちへ、ある者はあっちへと走り回って一人のよそ者「バード」を迎えてくれたのである。この家「チセ」はとても大きく、「家を構成する一つの」部屋は「奥行が」三五フィート「一

アイヌの臼［ニス］と杵［イユタニ］

○・五メートル］、間口が二五フィート［七・六メートル］もあり、屋根までの高さは二〇フィート［六メートル］あった。ただこの家の中へは［直接ではなく］小部屋［セム］から入る。そこには雑穀を挽く臼《うす》［ニス］などの器具が置かれていた［挿絵］。この入口から先は薄暗い。シノンディは私の手を取りながら、［反対の手で］獣皮で縛って主屋［チセ］が見えないようにしてある葭［正しくは鬼茅《おにがや》（シキ）と蒲《がま》（シキナ）］製の簾《すだれ》［アパオッキ］をさらに上に上げ、私をそこへと導いてくれた。そして一歩後退《ずさ》りして両手を前に突き出し、肘《ひじ》から下を三度手前に折るようにしたあと、顎鬚《あごひげ》を数回なでるようにし、片手をさっと動かしにっこりと微笑んだ。それは、この家もここにあるすべてのものも貴女《あなた》のものです、ということを意味した。炉端［オマンソ］で樹皮［アッ］を裂いていた老女もまた両手を同じように動かした。この老女は酋長の母［ウヌ］であり、この家の君主としての女王なのである。

　シノンディ［シノンテ］はまた私の手を取って囲炉裏［アペオイ］の上端にある上座［ロルンソ］の一角に導いた。

それは長さ六フィート［一・八メートル］、幅四フィート［一・二メートル］、高さ一フィート［三〇センチ］のちょっとした台で、動かせるようになっていた。シノンディは、この上に敷くべき熊の皮が今ありませんので、と詫びながら飾りのある茣蓙《ござ》［模様付きの茣蓙、オキタルンペ］を敷いた。数人が私の荷物を甲斐甲斐しくてきぱきと両手で運んできた。また土間全体に敷かれていた非常に粗末な茣蓙［トマ］の上に、長さが一五フィート［四・五メートル］ある葦《あし》［正しくは蒲（シキナ）］で編んだ数枚の茣蓙を敷いた。また伊藤《イト》が私の折り畳み式ベッド《ストレッチャー》を組み立てているのを見ると、粗末な壁に並行に一枚のすばらしい蓆《むしろ》を吊って壁を隠し、屋根の梁《はり》にもすばらしい蓆を吊るして天蓋を作った。アイヌの家［チセ］は快適という言葉とは無縁だったが、男たちが天性の親切なもてなしの心をもっててきぱきと動き回る様子には、強く魅せられるものがあった。女たちは男たちが指図することだけをしていた。

アイヌの礼儀正しさ　彼らはすぐに食べ物を出してくれたが、私は、自分が食べるものはもってきていますので、囲炉裏で調理させてもらえさえすればよいのですが、と言った。たくさんの漆《うるし》の椀《わん》［イタンキ］があったので、持参した椀《カップ》はまったくいらなかった。シノンディ［シノンテ］は四つの井戸の一つから汲んだ水をなみなみと注いだ椀を漆盆にのせてもってきてくれた。また男たちは、酋長［コタンコㇿクㇽ］のベンリ［ペンリウク］はこの自分の家をあなたの家として使い、留《とど》まりたいだけ滞在してくださるよう願っていると申しております、と口々に言った。そして、私たちの習慣はあなたのものとはすべての点で違っておりますのでどうかお許しください、とも言った。この集落ではシノンディのほかにもう四人がなんとか日本語を話せたので、会話はもちろんのこと日本語で行われた。伊藤《イト》は通訳として精いっぱいがんばってくれ、私の願いをよく理解し誠意をもって汲みとってくれた。本当に助かった。フォン・シーボルト氏から礼儀正しくするようにいろいろ指図された時にはぶつぶつ言っていたが、その指図を私が満足を覚えるほどに実行してきているし、内陸《マウンテン》アイヌ［平取アイヌ］が自分が思っていたよりは良いことを認めもしている。ただ、「ですが、彼らの礼儀正しさは日本人から学んだものなのです！」とも付け加えた。彼らはこれまで外国の女性は目にしたことがなく、男性もわずかに三人目にしただけながら、一つには無関心のために、また知性に欠けていることもあって、日本人とは違い、集まってくることもなければじろじろ見ることもない。この三日間、自分たちの日常の生活や仕事を続けながら、礼儀正しくまた親切にもてなしてくれた。朝から晩までこの部屋で生活を共にしてきたけれども、不快な思いをすることは細事に至るまで何一つなかった。

彼らは、自由に食事してお休みくださいと言って退いたが酋長の母親だけは残った。八〇歳［正しくは六一歳］だというこの老女は魔女のように気味悪かった。ぼうぼうの髪は黄色っぽい白髪で、その皺《しわ》だらけの顔には断固たる不信感が見て取れた。凶眼の魔力の持ち主なのではないかとさえ思うようになった。座って私をじっと監視し、運命の三女神の一人［クロートー］でもあるかのように、樹皮でできた紐を結ぶ手を休めることなく、息子［ポ］の二人の嫁［コシマッ］や機《はた》を織りにやってきた若い女たちを監視するように見ていたからである。老人特有の愚鈍さもなければ安らぎもなかった。〈酒《サケ》〉を見るとその目は貪欲さでらんらんとし、［椀のような］杯［トゥキ］に入った酒を一気に飲み干した。この女性だけは訪問者たちに気を許していない。私の来訪も自分の一族にとって縁起が悪いと考えているのである。今もその目は私にじっと注がれており、それを見ている私はその視線にぞっとして身震いする。

私は持参した椅子を、うようよいる蚤《のみ》［タイキ］を避けるために高くなった客座［アペエトク］の上に置き、それに座っておいしい食事をとった。日が暮れるとシノンディ［シノンテ］が戻ってきた。ほどなくして人々が訪れ始め、最後には一八人になった。その中には副酋長と大変堂々とした老人［長老、エカシ］数人も含まれており、いずれも灰色のふさふさとした顎鬚《あごひげ》を貯えていた。年齢を重ねていることが非常に重んじられており、酋長の不在時には老人たちが酋長になり代わって客をもてなすことがしきたりになっているのである。どの老人［長老］も私に向かって数回挨拶して部屋に入り、座ってからも私の方を向いてもう一度挨拶した。また他のすべての老人にも同じように挨拶した。そして「歓迎のご挨拶をするために」うかがいましたと言った。そうして、長さが六フィート［一・八メートル］ある炉の片側［左座、ハラキソ］に座ったが、その席順は厳格に決められていた。反対側、つまり炉の右手［右座、シソ］には、ベンリの母親とシノンディそして副酋長が、母親が上《かみ》になる形で座っていた。老人たちが座ったのはその反対側［左座、ハラキソ］だった。そして、その背後では七人の女たちが一列になって樹皮を細く裂いていた。炉の上では、大きな鉄鍋［ポロス］が［煤《すす》で］黒ずんだ装置［スワッ、自在鉤《かぎ》］の下にぶらさがっており、ベンリの正妻［ノマ］は、野生の根菜類や緑色のいろんな豆、海藻を切って干魚や鹿肉を刻んだものと混ぜ合わせて、粟の入った水の中に入れ、強烈な臭いのする魚油［鰯《いわし》油］を加えて三時間煮込んだ「ごった煮」を木製の杓子《しゃくし》［ルルカスプ］でときどきかき回していた。

問いを重ねて　老人たちのうちの数人が煙草をふかしたので私はきつくない煙草を回した。すると彼らは、両手を手前の方に曲げ［て感謝の意を示し］ながら、それを受け取った。私は、海の向こうのはるか彼方の世界からやってきました、そこはみなさんが沈みゆく太陽を見る［西の］方向にあります、と［伊藤とシノンテを介して］伝えた。またここに着くには夜昼なく馬で疾走《ギャロップ》したとしても五週間もかかるようなたいへん遠いところであり、そんな長旅をしてやってきたのはみなさんに会うためであり、たくさん教えてほしいことがあり、自分の国に帰ったら私の国の人にみなさんのことを伝えます、とも伝えた。日本語がわかるシノンディ［シノンテ］ともう一人の男はそれを聞いてうなずき、（いつもするように）［炉の］向こう側にいる長老たちにアイヌ語に訳して伝えた。そのあとシノンディは、私に向かって次のように言った。「私も日本語を話せるシンリチ［シンリッ］も、わかる限りのことはお話ししますが、何分にも若いので、［長老たちから］聞いたこと以外には何もわかりません。私たちが本当だと思うことを話しはしますが、酋長［ペンリウク］の方がたくさんのことを知っていますから、私が申したことと違うことをあなたに話すかもしれません。するとあなたは私たちが嘘をついたとお思いになりましょう」と。そこで私は、嘘をつくような人たちでないことはお顔を見ればわかります、と答えた。すると彼らは大変喜び、両手を手前の方に曲げては顎鬚を何度もなでた。また、話に入る前には、次のように懇願した。私たちの習俗について話すことを日本の政府［開拓使］にどうか告げないでください、そんなことをなさるとやっかいなことになります！と。

それからの二時間と夕食後の二時間、私は彼らの宗教や習俗についていろいろと質問し、昨日［八月二五日］もかなりの時間同じことを重ねた。また今朝［二六日］はペンリ［ペンリウク］が戻ってきた後、彼にも再度同じことを尋ねた。さらにかなりの時間を費やして彼らから三〇〇ほどの言葉を採録した。もちろんのこと、発音どおりの綴《つづ》りで記したし、海辺《コースト》のアイヌを訪問する時には再度調べるつもりでいる。*

＊　私は［のちに］噴火湾沿いのある僻村［有珠《うす》］のアイヌに対しこれらの言葉を検証したが、私が *Tsch* と表記していた発音がもっとはっきりとした音であるのを例外として、発音の相違はごくわずかであることがわか

った。また［さらに］のちに［函館で］デニング氏に、東京でフォン・シーボルト氏にもこれらの言葉についって検証してみても結果は満足のいくものだった。両氏は私よりも多数の言葉を収集していたが、ともに採録した言葉に関していえば概して同じ文字で綴られていたのである。私が*Tsch*と綴った発音を両氏がほぼ*ch*と綴っているのが唯一の違いだったが、［右記のことからすると］失礼ながら*Tsch*という表記の方が正しいと思う。

質問もそれに対する答えも三カ国語を介してなされねばならなかったから、やりとりはゆっくりとしたものだった。［彼らには］真実を伝えたいという気持ちがありありと看て取れた。また、ごくわずかだっただけでなく単純なものではあったが、彼らが語った習俗は信頼できると思う。彼らが断片的に語ってくれたことを、［今ではなく］時間ができた時にきちんとした覚書として記そうと思う［第三十七報〜第三十七報（続々）］。こんなにわくわくするような晩を過ごしたことはこれまでほとんどなかったということだけは言える。

［到着した日の夜］九時ごろに汁［ルㇽ］ができあがった。すると女たちは木製の杓子［ルㇽカスㇷ゚］で漆塗りの椀［イタンキ］にそれをよそいだ。椀は男たちにまず渡されたが、食べるのは全員一緒だった。そのあと彼らの災いの元である〈酒《サケ》〉が漆塗りの杯《さかずき》［トゥキ］に注がれ、それぞれの杯の上に一本のすばらしい彫刻のある〈捧酒箸〉［イクパスイ］が置かれた。これらは大変大切にされている。男たちは杯を持つ手を数度手前に引き上げるようにしたあと、その捧酒箸を手に取って〈酒《サケ》〉に浸《ひた》したのち、その神酒の雫《しずく》を火に六回、そして「神」すなわちてっぺんの辺りからたくさんの白い削りかけ［イナゥキケ］が螺旋《らせん》状に垂れ下がった木の棒［イナウ］に数回振りかけた。アイヌは〈酒《サケ》〉を飲んでも和人のようにはすぐに酔っ払わない。燗《かん》をせずに飲むということもあるが、日本人だと我を失ってしまう量の三倍ほ

ど飲んでもまったく酔わなかった。食事後も二時間にわたって話しを続けたが、それが終わると一人また一人と立ち上がり、私に向かって何度も何度も挨拶をしただけでなく、お互いにも何度も挨拶を交わして席を立っていった。私が持参した蠟燭は意識的に灯されず、私たちの〈集《つど》い〉は、囲炉裏で燃える大きな丸太［ニフㇺ］のちらちらする光に照らされて行われた。一人の女が、白樺《しらかんば》［レタッタッニ］の樹皮の破片を次々に加えながら、時に新しい薪《たきぎ》［ニ］を一本、炉の灰に突き刺した。こんなに不思議な光景は初めてだった。絵のような光景だった。集まっているすばらしい未開の人々の顔にちらちらと光が当たり、松明《たいまつ》のような丸太が時にパッと燃えるとその強い光によって暗かった部屋や屋根の隅々が照らされ、暗やみの彼方には星が見えた。また［男たちの］後ろには未開の女たちの列があった――東洋の未開の人々と西洋の文明人とが一つ屋根の下で相対していた。未開の人々が教え、文明人が教わりながら。そして肌の黄色い伊藤《イト》が両者を結びつけながら。伊藤は、西洋の文明などその前では「幼子のごとき者」［『旧約聖書』「イザヤ書」。訳は意訳］であるかのような［東洋の］文明の代表者であった。

心躍るひとときだった。すべての訪問者が出ていったあと、私は忍び足で外に出た。満天の星空だった。どの家も灯りが消えて暗く、ひっそりしていた。飼い主と同じでおとなしい犬は私を気にもしなかった。回りの森に吹く微風《そよかぜ》の音だけがそよそよと聞こえてきた。その時、「これらの小さな者が一人でも滅びることは、あなたがたの天の父の御心《みこころ》ではない」［『新約聖書』「マタイによる福音書」］という『聖書』の一節が心に浮かんだ。これら素朴な未開の人々が、子供、裁かれるべき子供であるのは確かではあるが、「世を裁くためではなく、世を救うために来」［同「ヨハネによる福音書」］られたキリストによって救われるべき子供でもあると望んでよいのではなかろうか。

幸せでない妻　私は忍び足で戻って蚊帳《かや》に入ったが、蚊や蚤《のみ》ではなく、ひどい寒さが身に堪《こた》えた。シノンディ［シノンテ］は、話しても眠りの邪魔になりませんかとまず私に尋ねてから、伊藤《イト》としばらくの間リズミカルな声でヒソヒソと話をしていた。日本人［和人］だったら、たとえ真夜中であれ、とめどないおしゃべりを一度中断してこんなことを尋ねるということは絶対にない。その後には、酋長の正妻であるノマ［ノモ］が火床に三つ股になった棒を差し込み、灯心と魚油ののった陶器片［正しくは帆立貝の殻］を火床に置き、この粗末な灯明台［ラッチャコ］の薄暗い灯りの下で真夜中まで縫い物をしていたのである。主人［夫］のために織った樹皮の着物［アットゥシアミプ］に紺色の布を縫い付け、刺繡《ししゅう》をしていたのである。また、私が翌朝［八月二五日］目覚めた時には、窓辺で照りだしたばかりの陽《ひ》を受けて縫い物をしていた。ここの女性のうちで彼女ほど知的な顔立ちをした者はいなかったが、表情は哀しげだったし、この上なくつらそうでもあり、ほとんど口をつぐんでいた。酋長の正妻ではあるのだが、幸せではなかった。子供がいなかったのである。もう一人の妻が元気な男の赤ん坊を愛撫するのを目にする時の彼女の哀しげな表情が、暗く陰険なものに変わっていくように感じられた。ベンリ［ペンリウク］は私には冷たいように思えたし、姑は姑でこの家の支配権を見るからにひどくしっかりと握っているのである。真夜中まで縫い物をした後には、束ねた小枝［箒、ムンヌウェプ］で茣蓙を掃き、吊り下げた蓆の背後にある自分の寝床に潜り込んだ。静寂の中にあって私は一瞬、突然の恐怖を感じた。たった一人未開の人々の中にいるために危険にさらされつつあるかのように思えたのである。しかし、その気持ちを抑えて炉の火が消えるまで見つめ、それから翌日の夜明けにひどい寒さで目覚めるまでぐっすりと眠った。

第三十六報（続）［第四十一報（続）　アイヌのもてなし］

礼拝行為との勘違い――親の愛情――朝の訪問――ひどい耕作――正直で気前のよい人々――「丸木舟」――女の仕事――古《いにしえ》の運命の三女神――新参者――一か八《ばち》かの処方――義経社《ヨシツネ》［義経神社］――酋長《しゅうちょう》［ペンリウク］の帰村

［二日目の朝］寒くて凍《こご》えそうになって蚊帳《かや》からそっと出ると、部屋には一一人ほどの人がいて、みなていねいな挨拶をしてくれた。私が水を下さいと頼むと、［ただ］彼らは洗面ということについては話に聞いたこともなかったかのようだった。私が水を下さいと頼むと、シノンディ［シノンテ］は漆《うるし》塗りの椀《わん》［イタンキ］に水［ワッカ］を少し入れてもってきて、私が顔と手を洗う間、ずっとそれを手にもっていた。私がすることを礼拝行為だと勘違いしたのである！　また私がベッドのそばの窓［神窓、ロルンプヤラ］から冷えた茶を少し捨てようとすると、不安げな表情で押しとどめた。それまで気づかなかったのだが、窓にはある神がおり、傍らには一羽の死んだ鳥が置いてあったのである。棒を削《けず》り出して作った花綵《づな》状の削りかけの垂れた棒［木幣《イナウ》］は神だったのである。アイヌは一日に二回食事をするのだが、朝食は前日の夕食の残り物だった。私たちは全員一緒に食べた。私は自分のご飯の残りを子供たちに与えた。三歳、四歳、五歳のかわいい子供たちを眺めているのはこの上なく楽しかった。何も着ず、首に白目［の首飾り。ニンカリ］を下げただけの子供たちは、私からご飯をもらう前にまずいただいていいか両親にきちんと尋ね、

その後に両手［の肘から下］を何度も前に曲げるように［挨拶して］受け取るのである。子供たちは素直で言われたことをすぐに聞く。親たちも愛情を日本人よりももっとはっきりと表に出す。子供たちをとてもよく愛撫するし、二人の男は、自分の子供でもないのに可愛がっていた。そしてその子供たちは、大人び、もったいぶっている点では日本の子供たちと同じで、とてもおとなしくもある。

どの家でも変わらぬ歓迎　私が［二日目の］朝五時過ぎに家の外に出ると、露が朝日に輝いていた。平取《ピラトリ》がある山間《やまあい》の谷間はこよなく美しかった。そして、人々が全員起きていたにもかかわらず、昨晩［到着した日の晩］と変わらないその静けさが印象深かった。何という不思議な生活だろう！　何も知らず、何も望まず、恐れることもほとんどなく、着るものと食べるものを求めることが行動の原理をなし、〈酒《サケ》〉［サケ］がふんだんにあることが何よりも望まれるとは！　私との接点の何と乏しいことか！　そんなことを考えていたまさにその時、シノンディ［シノンテ］が私のところにやってきて、私を自分の家に連れていった。ひどい皮膚病にかかっている子供を私が何とかできないか診《み》てほしかったのである。見るからに胸が悪くなるような子供に対するシノンディの思いやりの深さを目にすると、人間の情愛という点では、彼ら［アイヌ］も私たちと同じだと思われた。彼は、私が治療できるかもしれないと思い、この子を、今朝五マイル［八キロ］も離れた村［二風谷《にぶだに》のコタン］から背負って来たのである。私が家の中に入るとすぐに床の上にすばらしい茣蓙《ござ》を一枚敷き、客の座［上座、横座、アペエトㇰ、ロルンソ］には熊皮［カムイケトゥンチ］をかけた。そして朝食後には、私を副酋長の家に案内した。その家は村で最も大きく、四五フィート［一三・六メートル］四方［一八五平方メートル］あった。また他に二〇軒の家へも案内したが、造りこそ同じながら、二〇フィート［六メートル］四方［三七平方メートル］さえもない家もいくつかあった。どの家でも好意的な歓迎を受けたが、ただ、二、三の人だけは、このお方を家の中へは入れないでとシノンディに頼んだ。自分たちがどんなに貧しいかを見られたくなかったのである。どの家にも低い壇［宝壇、イヨイキㇼ］があり、多少の骨董品がのっていたが、これらを別とすると、生活に本当に必要なものしかなかった。毎年売ったり他のものと物々交換する毛皮類によって、暮らしに潤いを与えるものがもっとあってよさそうなものなのに、得たものはすべて〈酒《サケ》〉に消えてしまうのである。彼らは遊牧の民ではまったくなく、先祖伝来の土地に強く執着している。しかし家の回りで行う農耕にしても実に嘆かわしいものだった。土は白砂も同然で、そこで、米の代わりになる粟《あわ》［アマㇺ］や南瓜《かぼちゃ》、玉葱、煙草を堆肥をやらずに栽培している。しかし一瞥したその狭い区画は、一〇年も昔に耕されたままになっているかのようだった。運よく発芽した穀物や野菜が雑草に混じって育っていた。何も育たなくなると、森の一部を切り開き、そこがだめになるまで使用するのである。

　どの家でも来客［バード］を丁重に迎えてくれた。これは未開の人々［アイヌ］の美点である。ただ、文明との接触の後にも持続するほど強固なものではないように思われる。ある家に入ろうとすると、その家の女性は数枚の上等の茣蓙をもってきて私が囲炉裏の奥側［上座］まで歩いていく部分に通路のように敷いてくれた。彼らは泊まっても料金を受け取らないし、与えるものについても同様である。それで私は彼らの手作りの品をいくつか買って力になりたいと申し出たが、それさえ難しいことがわかった。私に贈ることを強く望み、私が買いたいのですと言うと、それなら手放したくありませんと言った。私が買いたいと思ったのは、煙草入れ［タンパクオㇷ゚］、煙管《きせる》［ニキセㇼ］、柄《つか》と鞘《さや》に彫りものがある小刀［マキㇼ］のような彼らが実際に使っているものだった。この三つを買おうと二ドル半［に相当する二円五〇銭］を差し出すと、売りたくありませんと言った。ところが、夕方にやってきて、一ドル一〇セント［一円一〇銭］の値打ちしかありませんのでその値段でならお売りしますと言った。そしてそれ以上の金は受け取ってもらえなかった。儲《もう》けるのは「私たちの習わし」ではありません、と言った。そこで私は、弓［ク］を一つ、毒矢［スルクアイ］を三本、蒲《がま》［シキナ］を編んだ莫蓙［トマ］を二枚、鞘［シリカ、ケプシペ］付きの小刀［マキリ］を数本、そして樹皮で作った着物［アットゥシ］を一つ買った。莫蓙には赤く染めた蒲《がま》で菱形模様が施されていた。神に献酒する時に用いる捧酒箸［イクパスイ］を買い求めようとしたが、生きている人間が使っている捧酒箸を手放すのは「私たちの習わし」ではありませんと言われた。ところが今朝、シノンディ［シノンテ］は、とても価値のある贈り物ですと言って亡くなった人の捧酒箸をもってきてくれた！　またやはり今朝になって、［昨日］矢を売ってくれた男が、不備のあるものでしたのでと言って別の矢を持参し交換してくれた。シーボルト氏と同じように私もまた、彼らが取引の際にはいつも実に誠実だということを知った。彼らは輪の直径が一・五インチ［三・八センチ］もあるとても大きな耳飾り［ニンカリ］をしていた。しかし、この一対の耳飾りだけは決して手放そうとしなかった。アイヌの花嫁の婚資なのである。

一昨日《おととい》［八月二三日］の晩に家が一軒焼け落ちてしまい、このような場合の「慣習」によって男たちには総出で建て直す仕事があった。そこで男たちが留守の間に二人の少年に案内してもらい、一艘の「丸木舟」［チプ］で佐瑠太川《サルフトガワ》［沙流《さる》川］をできるだけ遠くまで遡ることにした。実に美しい川であり、言いようもない美しさに満ちた森や山の合間を曲がりくねりながら流れていた。私は老水夫のような気分に浸《ひた》っていた――

「我らこそ
静寂の海に漕《こ》ぎ出《い》でし
一番の者なり」［S・T・コウルリッジ「老水夫行」の一節］

というのも、森に包まれたこの薄暗い川［沙流川］に舟を浮かべたヨーロッパ人はだれ一人いなかったからである。私はこの数時間の舟行を満喫した。静寂さはどこまでも深く、秋の淡い青空と遠景を「霊的なものにする」柔らかい青色のヴェールのような雲はこの上なくすばらしく、晩秋の小春日和《びより》を思わせた。

真っ暗闇　この晩［八月二五日（二日目）の晩］もその前日の晩［一日目の晩］と同じように過ごしたが、平取《ビラトリ》には〈酒《サケ》〉［サケ］がなくなってしまっており、「神に酒を捧げて飲むこと」が叶わず、囲炉裏《いろり》［アペオイ］にも削りかけがついた棒［イナウ］にも酒を捧げずにすまさねばならなかったために、これら未開の人々の心は悲しみに沈んでいた。また魚油も底をついたので、訪れてきた人々が帰っていってしまうと、家の中は真っ暗闇になった。

昨日［八月二五日］の朝は夜が明けるとすぐに私を含む全員で朝食をとり、そのあと強壮な男たちは狩りに出かけた。狩猟と漁撈《ぎょろう》が彼らの仕事であり、「家での気晴らし」として、煙草入れ［タンパクオプ］や小刀の鞘《さや》［シッカ］、捧酒箸［イクパスイ］、手機《てばた》の箆《へら》［アットゥシペラ］に彫り物をする。男たちには［家の中で］せねばならない仕事があるわけではまったくない。彼らは炉端に座ってときどき煙草をふかしたり、食事をしたり、眠ったりして至福の時を過ごす。しかし、〈倉《クラ》〉［プ。挿絵］の乾燥獣肉がなくなったり、〈酒《サケ》〉を買うために獣皮を佐瑠太《サルフト》にもっていかなければならなくなると、このような

アイヌの倉［プ］

［家事への］無関心は失せて急に活動的になる。女性には暇な時はまったくなさそうである。朝早くに起きて着物に刺繍《ししゅう》をしたり、織ったり、［オヒョウの］樹皮［アッ］を裂いたりする。自分や夫が着るちょっとやそっとでは破れない着物のためだけではなく、［和人との］物々交換のためにも織るのである。事実、アイヌ［の女性］の勤勉さが産み出したものを下層の和人が身につけているのをよく目にする。彼女たちは、水を井戸から汲み、薪《たきぎ》を割り、粟《あわ》［アマム］を挽《ひ》き、また、自分たちのやり方で畑を耕したりというように、あらゆる重労働に従事する。ただ男たちのために公平を期すなら、彼らが子供を一人、時には二人も背負って歩いているのはよく見かける。

〈倉《クラ》〉の管理は女たちだけに任されており、男はその中に入らない。

新参者　［男たちが狩猟に行ったので］数時間、女たちと私だけになった。家の中には七人の女と二、三人の子供がいた。囲炉裏の片方［シソ］には酋長《チーフ》の母親が運命の三女神の一人［クロートー］のごとくに座り、樹皮を裂いたり結んだりする手を休めることなく、冷たく不吉な眼差しをじっと私に注いでいた。その灰色の髪の毛はふさふさと垂れ、口の回りの入墨［シヌイェ］はほとんど消え、元は美しかったことが窺われた。装飾性に富んだ樹皮の着物［アットゥシアミプ］を着、とても大きな耳飾り［ニンカリ］をし、首には二つの銀の玉を紺の木綿のひもに付けたものを巻いていた。家にあって権勢をふるい、炉端では男［主人］の側［シソ］に座り、大〈酒〉を飲み、あの女にあまりしゃべるでない、わが一族に危害が及ぶぞと言って、孫のシノンディ［シノンテ］をときどき叱りつけていた。その表情はとてもきつく、人を寄せつけないものがあるが、とても整った顔立ちであることは確かであり、その美しさはアジア的ではなくヨーロッパ的である。

若い女たちは全員が仕事をしていた。そのうちの二人は床の上に座って機《はた》を使わないで布を織り、残りの者は男でも女でも着ることのできる樹皮の着物［アットゥシアミプ］を仕立てたり、手直ししたりしていた。酋長の正妻のノマ［ノモ］は一人離れて座り、めったに口をきかなかった。一番若い女のうちの二人はとても美しい。私たちのように肌が白く、その美しい顔立ちは頬がばら色の田舎娘のようだった。彼女たちのうちの二人は、男がいるところでは隠していたが、実は日本語を話せる。とても陽気に、また面白そうに、笑い転げながら伊藤《イト》に話しかけていた。その彼女たちを古《いにしえ》の運命の三女神の一人［のような老女］は、太く毛深い眉毛の下から上目遣いににらみつけていた。私は彼女たちからたくさんの言葉を聞き取ったが、彼女たちは私の発音の間違いを耳にし大声をたてて笑った。彼女たちは英国の女性に関してもいろんなことを質問したが、その中にはここで繰り返すに値するようなものはほとんどなかった。彼女たちは私の多くの質問にも答えてくれた。面白がって笑う声が大きくなると老女はどんどん腹立たしくイライラしたような表情になり、しまいには彼女たちを激しく叱りつけた。あとで聞いたところでは、これ以上しゃべるとおまえたちの夫に、外国人［フレシサㇺ］と話していたと言いつけてやるぞと言っていたという。［そのため］このあとは一言も話してもらえなかった。かいがいしく働く主婦のノマは昼食のために雑穀を炊いて粥《かゆ》［サヨ］を作った。午後には、一人のアイヌの若者がやってきた。海辺からきたこの若者はとても男前で、きれいな目はよく澄み、日焼けした肌には汚れがなかった。海で漁をしていたのである。この若者は、家の中に入る時に例の老女とベンリ［ペンリウク］の妻に挨拶し、一つの瓢《ひさご》を老女に贈った。そこには〈酒《サケ》〉が入っていた。その酒をぐーっとひと飲みすると、老女の目には貪欲な輝きが宿った。このあと、若者は［上座にいる］私に挨拶し、炉端の上座に身を投げ出した。スタッグハウンド［鹿などの狩猟用の大型犬］を思わせるしなやかな身のこなしはまさしく未開の民のものだった。この若者は名をピピチャリといい、酋長［コタンコロクㇽ］の養子である。木の根で足をひどく切っており、私に治療してくださいと頼んだ。それで私は、まずはしばらくの間足を湯に浸《つ》けておくようにと言い、そのあとでリント布で患部を包帯してやった。「自分の足はあまりきれいではありませんし、あなたの手は白くてきれいですから触ってほしくありません」と言っていたこの若者は、包帯で手当てをしてやって痛みがだいぶひくと、額《ぬか》ずき、私の手に口づけした！　私の持ち物にわずかでも関心を示したのは彼だけだった。私の鋏《はさみ》を眺めたり、私のブーツに触ってみたり、書きものをする私をじっと見つめた。その眼差しには子供のような素朴な好奇心が感じられた。日本語をほんの少し話せるのだが、「若すぎて何もわかりませんのでお話しできません。もっと歳のいった人なら知っておりましょう」と答えた。彼は「絶対禁酒家」である。その話によると、いま門別《モンベツ》で漁についている多くのアイヌの中で絶対禁酒しているのは彼以外には四人だけで、他の者は自分たちと関係をもたないようにしているとのことだった。酒を飲まないために神の怒りをかっていると考えているのです、とのことだった。

その日［八月二五日］の午後には数人の、主に子供の「患者」も連れてこられた。伊藤《イト》は私がこれらの患者に関心を示すのを非常に嫌がり、何度も何度も「ただの犬ですよ」と言った。アイヌの祖先が犬だという伝説があるし、それを恥ずかしいとも思っていないというわけである。また、礼儀正しいのは和人から学んだものですとも主張するが、その根拠は何もない。質がまったく違う。もっと男性的な特徴を有するその礼儀正しさは未開人のものであり、文明人の礼儀正しさではない。日暮れに男たちが［猟から］帰ってくると食事が用意され、私たちは前と同じように囲炉裏の回りに座った。しかし〈酒《サケ》〉はあの老女が持っている他にはまったくなかったので、［神への祈りを行えない］この未開の人々の心は悲しみに沈んでいた。私は彼らの礼儀正しさをいくつでも例示できる。たとえば、私たちが話している時に、とても「純朴な」ピピチャリが［和人のように］上着を片肌脱ぎすると、シノンディ［シノンテ］はすぐに目配せしてちゃんと着させた。また、私がふだん、一晩中灯りを灯していることを耳にするとすぐに、油［魚油］を求めて遠くの村まで女を使いにやった。このように細々《こまごま》とした親切な行為はやむことなく繰り返されたが、私にとって何よりもありがたかったのは、彼らが日頃の暮らしのまま淡々と行動してくれたことだった。

その日［八月二五日］の晩には、一人の男がやってきて、息も絶え絶えの女がおります、行って診《み》てやっていただけませんかと言った。そこで行ってみるとひどい気管支炎にかかっており、高熱もあり、毛皮の上着［ユクウル］を着たまま茣蓙を巻いて枕にし、堅い板の寝床に横たわって苦しみ悶えていた。そんな女に夫は塩魚を少しでも飲み込ませようと試みていた。私が手に取ったその小さな手は熱くて潤いがなく、甲には一面入墨が施されていたので、えも言われぬ戦慄が走った。部屋は人でいっぱいで、みなとても気の毒そうな表情をしていた。ことここに至っては医療宣教師ではほとんど役立ちそうにない。このような状況で多くの命を救うことができたり、苦しみを大いに取り除くことができるのは、投薬し適切な食物を与えながら適切な看護を施せる、訓練された看護婦だけだと思われる状況だった。また、まるで子供のようなこれらの人々に何度も繰り返さねばならない処置を教えても無駄なのでクロロダイン［液体麻薬鎮痛薬］を自分で少し与えることにし、やっとのことで飲み込ませた。そして二、三時間したらもう一度飲ませるように言って、調合済みのその一回分を渡して家を出た。ところが真夜中になってまた人がやってきて、さっきよりも具合が悪くなっているのですが、と告げた。行ってみると、今度はとても冷たくなっており、衰弱していた。息も絶え絶えで、力なく頭を振っていた。何時間ももつことはないように思われた。私のせいで死んでしまったと人々が考えるのではないかと思い、とても怖くなった。［それで］長くはもたないように思われます、と告げた。ところが人々は、もう少し何かしてやっていただけませんか、と懇願した。そこで一縷《いちる》の望みを託して、二五滴のクロロダインとともに少量のブランデーと、とても強力な濃厚牛肉スープを二、三匙《さじ》分飲ませようとした。だが彼女はそれらを飲み込めなかった。飲み込めないというよりはその意欲がないように思われた。そこで、細長い白樺の樹皮がメラメラと燃える光を頼りにそれらを無理やりのどに押し込んだ。それから一時間後にまたやってきた人々は、泥酔したような感じなのですが、と告げた。しかし、その家にもう一度戻ってみると、彼女は静かに眠っており呼吸もずっと楽そうだった。夜明けに〔床を〕こっそり抜け出して行ってみると、まだ眠っており、脈は先ほどよりずっとしっかりし穏やかな感じになっていた。見るからにもっとよくなっており、意識もはっきりしていた。それで、副酋長である夫はとても喜んでいた。ここの人々が病人の食物としてふさわしいものを何も持っていないのはとても悲しむべきことだと思った。私は持っているものの残りで濃厚牛肉スープを椀に一杯分作ってやったが、これでは一日しかもたない。

わけがわからない恐怖心　夜に何度も出かけたり心配したりしてとても疲れたので、横になるとすぐに眠ってしまった。〔翌二六日に〕目が覚めてみると、部屋にはいつもより多くの人が集まっており、男たちは見るからに何かうずうずいらいらしていた。私には度が過ぎると思えるのだが、彼らは日本政府〔開拓使〕を異常なまでに恐れている。フォン・シーボルト氏はその役人たちが彼らを脅したり酷《ひど》い目に遭わせたりしているせいだと考えている。だが私はその可能性はたしかにありはするものの、〈開拓使〉が彼らに悪いことなどしておらず、被征服民族として拘束されてきた苛酷な制約から彼らを解放しただけでなく、たとえば北アメリカ・インディアンに対するアメリカ政府の対処のし方に比べれば、はるかに人道的かつ公正に対処していると、心から思っている。ところが彼らは無知である〔このようなことを認識していない〕。それで、この子供〔女性の誤り〕のために〔函館に戻ったら〕ヘボン医師に頼んで薬を送ってもらうようにしてあげます、と言ったのを、その時はこの上なく感謝していた男のうちの一人は、今朝［八月二六日の朝］になってやってきて、「そんなことはしないでください。日本政府［開拓使］が怒るでしょうから」と言う始末だった。そして私たちが自分たちの習俗についてあなたに話したと日本政府［開拓使］に告げないでくださいと懇願し、何やら真剣に話し合いを始めた。

そのあと副酋長は口を開き、病人たちに親切にしてくださいましたので、これまで外国の人には一切見せてこなかった私たちのお社《テンプル》をお見せしますと言った。とはいえ、そうするのを大変恐れており、「見せてもらったとは絶対に言わないでください。そんなことをされたら酷い目にあわされます」と何度も何度も懇願した。副酋長は山に上るに当たって日本人が戦《いくさ》の時に着る袖のない羽織［陣羽織］を着、シノンディ［シノンテ］、ピピチャリとあと二人を伴って私を案内した。美しくはあるがよじ登るというのがむしろふさわしいような傾斜のきつい道を上り、集落の先にある急勾配の上り坂の頂きに達した。件《くだん》の社《やしろ》［義経社］はそこに建っていた。木でできた階段の残骸がなかったらとても上れないように思われた。階段はアイヌがこしらえたものではなかった。平取は森と山に包まれ、佐瑠太川《サルフトガワ》［沙流川］の光り輝く流れと、アイヌの家の黄褐色の屋根だけが、その深い緑を断ち切っていた。ここは人里離れた静寂の地であり、人の〈居住〉地というよりも、人の〈隠遁〉地という表現がふさわしい。

すばらしいアイヌの若者ピピチャリは、私が山道を苦労して上っているのを見ると、手を取って上るのを助けてくれた。その丁重さには英国紳士を思わせるものがあった。そして下る時にはもっと困っているのを見て、背負って下りてさしあげますと言ってきかなかった。私たちが社にいる間に「あとを追うように」やってきた酋長のベンリ［ペンリウク］が私の手を取って下りるのを助けてくれることがもしなかったら、きっとそうしたと思われた。彼らが外国の女性に親切でありたいと本能的に思うのは、私には実に奇妙に思える。自分たちの女性に対しては、礼をわきまえることが皆無で（未開人の間で普通に見られるのに比べればひどくないとはいえ）、［男よりも］劣った者として扱っているからである。

木造の社《やしろ》が、曲がりくねった道を上りつめて至った崖のまさに先端に建っている。本州の小高い杜《もり》［鎮守の森］ならどこにでも見かけるようなものであり、明らかに日本風の建築様式である。ただこの点についてはアイヌの伝承は何も伝えない。私が立っているところにこれまで立ったヨーロッパ人はだれ一人いないということがわかり、気がひきしまった。副酋長が引き戸を開けると全員がうやうやしくお辞儀をした。［朱塗りの］漆を塗っていない簡素な素木《しらき》の社であり、奥には広い棚があり、その上の小さな社には一つの像が納まっている。これは歴史上の英雄義経《ヨシツネ》の像で、象眼《ぞうがん》のある真鍮《しんちゅう》の鎧《よろい》を着、種類はわからないが金属製の〈御幣《ゴヘイ》〉を手にしていた。また社には艶《つや》消しをした一対の蠟燭立てと一幅の船《ふな》絵馬《えま》があった。このあと、この場所で内陸《マウンテン》アイヌのこの偉大な神［義経］についての説明を受けた。海での戦《いくさ》の手柄によってではなく、義経《ヨシツネ》が自分たちに親切だったということが語り継がれてきたというだけの理由で、アイヌの人々の記憶の中に生き長らえてきたのには、何かほろりとさせられるものがあった。彼らは［綱を］振って［それに付いた］鈴を三回鳴らし、三度頭《こうべ》を垂れ、六回神に〈酒《サケ》〉［サケ］を捧げた。このような儀式抜きでは神に近づけないのである。彼らは私に私たちの神に礼拝してくださいと言ったが、私は私自身の神、つまり天地の主しか礼拝できませんと言って、その申し出を断わった。すると、礼をわきまえた人々だったから、それ以上は強要しなかった。伊藤《イト》はと言えば、すでにいる八《や》百万《およろず》の神に一つ別の神が加わろうが、そうでなかろうが大したことではないので、その神を「拝んだ」。つまり、征服民族である自分と同じ民族［日本民族］の偉大な英雄を前に、嬉々として頭を垂れたのである。

男ぶりのよい酋長　私たちが崖の上の狭い岩棚に身を寄せるようにしているところに酋長のベンリ［ペンリウク］がやってきた。がっしりとし、肩幅の広いこの年配の人物［エカシ］は、牡牛のように強そうで、男ぶりもよいが、その表情は好感をもてるものではなく、目は酒のせいで赤かった。男たちはこの人物にうやうやしく挨拶したが、その時のこの人物の態度は実に横柄だったし、叱るが早いか叩くことが少なからずあるという、後にも経験したことをこの時も目にした。自分が戻るまではいかなる質問にも答えてはならないということを、伊藤《イト》を介して、村の者たちに伝えてあったのに、伊藤は機転をきかして村人だけでなく私にも伝えなかった。そのため若者たちは［男女を問わず］私に実にいろんなことを話してくれたのだが、このことを知ってこの人物は機嫌を損ねていたのである。明らかにその母親が「告げ口」したのである。私はこの一族の中ではこの人物が一番好きになれない。よい資質もいくつかもっているし、人の信頼を集めてもいるが、これまでに出会った四、五人の外国人から影響を受けている。また、まさに獣のようであり、飲んだくれでもある。だが、今宵《こよい》はどの家にも〈酒《サケ》〉［サケ］があるために、人々は［昨晩と違い］意気消沈してはいない。　I. L. B.

第三十七報［第四十二報　未開の人々の暮らし］

未開の人々の暮らしの味気なさ――矯正できない未開の人々――アイヌの身体的特徴――女性の整った顔立ち――苦痛と装飾――子供の生活――素直さと従順

八月二四日［二六日］　蝦夷《エゾ》　平取《ビラトリ》にて

アイヌについての覚書は、できれば比較的静かで快適な佐瑠太《サルフト》で仕上げたいと思っていたが、ベンリ［ペンリウク］の戻ってくるのが遅れたのと、［開拓使の］馬が着かなかったために、もう一日泊まっていかれたら、というアイヌの人々の好意を受け入れるほかなかった。食糧が底をついていたので、茶と馬鈴薯《れいしょ》で我慢しなければならなくなるが、長く留まれることは、いくつかの点でうれしいことではあった。覚書だけでなく、収集した［アイヌの］言葉も賢い酋長《しゅうちょう》［ペンリウク］の援助を得て検証できるからだった。若者たちが話してくれたことを確認できるのはありがたかった。初めは未開の人々の暮らしに潜む味気なさが魅惑の陰に隠れていたが、その魅惑が時間の経過とともに失せていくと、動物のような生活に必要なもの以外にはこれといったもののない暮らしであることがわかった。ただ、内向きで、単調で、よいことに乏しく、暗く、退屈で、「希望をもたず、この世の神を知らない」［『新訳聖書』「エフェソの信徒への手紙」］その暮らしは、少なくとも他の多くの先住民の暮らしに比べればかなり高度でもっとよい。あえて言えば、洗礼を受け洗礼名を授けられ、最後には聖なる土地に横たえられるにもかかわらず、キリストの教えに従わないわが国の大都市の多数の堕落した人間の暮らしよりもかなり高度でもっとよい。アイヌは誠実で概して慎み深く、どこまでも人をもてなす心をもち、人に敬意を払い、老人に対して優しいからである。彼らの一大悪習である飲酒も、私たちの場合のように宗教と対立するものではなく、まさに宗教の一部をなしている。ただそれだけに、飲酒の根絶はきわめて困難だとは思われる。

アイヌの諸特徴　［三日目の二六日も］また早くも日が暮れ、囲炉裏《いろり》［アペオイ］の回りには再び長老と若者が集まり、二列に座った。若者たちはその長い列の端を占め、昨日［二日目の二五日］は上座［ロルイソ］に座り、一番最後にやってきた者として、いの一番に給仕してもらっていたピピチャリも、［今日は］最年少者として右手の列［右座、シソ］の末席［入口側］にいた。白樺の樹皮の切れ端が炎をあげてチカチカと燃え、杯《さかずき》［トゥキ］には晩の〈酒《サケ》〉が盛られ、火の神と削《けず》りかけのついた神［イナウ］に［捧酒箸《イクパスイ》によって］献酒された。例の老女は運命の三女神の一人のようにじっと座って［オヒョウの］樹皮を裂き、若い女たちは裂いた糸に撚《よ》りをかけていた。薪《たきぎ》［ニ］の火の焔が人々の顔と頭を照らすそのさまは神々しく、画家や彫刻家なら見たいと思わずにはいられないものだった。その頭にはいったい何が詰まっているのだろう、と思われた。彼らは歴史書をもたず、その伝統には伝統の名に値するものなどほとんどなく、祖先は犬だったと言う。家にも身体にもいろんな虫がたかっている。また無知の極致に陥っており、文字をもたず、千以上の数も知らない。樹皮でできた衣服［アットゥシ］やなめしていない獣皮の衣［ユクウル、セタウル］を身につけ、熊［カムイ］や太陽［チュプ］、月［クンネチュプ］、火［アペ］、水［ペ］その他わけのわからないものを崇拝している。文明化も矯正も不可能な未開の人々である。しかし、それにもかかわらず魅力的で、いくつかの点で私の心を惹きつける。その甘美な低音や、柔和な茶色の目の優しいまなざし、そして、この上なくすてきな柔和な微笑みを私は決して忘れないだろう。

黄色の肌、馬の毛のような硬い毛髪、くっきりしない瞼《まぶた》、細長い目、垂れた眉毛、平べったい鼻、［猫背のために］へこんで見える胸、モンゴル系の容貌、発育のよくない体格、上半身が揺れる男の歩き方、ちょこちょことした女の歩き方など、総じて退歩を感じさせる日本人の外見を見慣れた者［バード］の目にはアイヌは実にすばらしく映る。ほんの二、三人を別とすると、未開の民の中でもアイヌほど狂暴な感じを与えるものはいない。ところが、一見した身体的特徴にはどんなに狂暴なことでもできそうな力強さにあふれているのに、話し出したとたんその顔は女性のような優しい微笑みに輝く。とても忘れられない表情である。

ヨーロッパ人との類似点　男性の背丈は中ぐらいで、胸は分厚く、肩幅も広く、「がっしり」としている。強靭な身体つきである。また腕と脚は短くて太く、筋肉質であり、手も足も大きい。多くの場合、身体とくに手足は短い剛毛でおおわれている。これまでに見た二人の少年の背中は猫のように細く柔らかな毛でおおわれていた。頭も顔も実に印象的である。額《ひたい》はとても高くて広くひいでているので、知的な発達能力が並はずれて高い印象を一見与える。耳は小さく、その位置は低い。鼻は鼻筋が通っているが短く、小鼻が広い。口は大きいが形はよく、唇《くちびる》はほとんどの場合薄い。頸《くび》は短く、頭は丸みを帯び、頬骨が張らず、顔は上半分に比べ下半分が小さく、いわゆる「二重顎《あご》」の特徴はない。額の下には太くて濃い眉毛がほぼ真っすぐに走っている。眼はかなり窪み大きくて美しく、澄んで濃い茶色の瞳の表情は柔らかい。睫《まつ》毛《げ》は長くつややかで、密に生えている。皮膚は色こそイタリア人のオリーブ色を思

蝦夷のアイヌ［原著２巻本では第２巻の口絵（『完訳 日本奥地紀行３』口絵）］

わせるが、たいていはそんなに濃くなく明るいので、頬の色の変化がわかるほどである。歯並びのよい歯は小さく真っ白で、普通の日本人とは違い、門歯や「犬歯」が不釣り合いに大きいということがない。また顎の突出も皆無で、日本人の上瞼《うわまぶた》を隠している外皮の襞《ひだ》［蒙古襞］はまったくない。その［身体的］

アイヌの長老［エカシ］

特徴や表情・容貌はアジア的というよりはヨーロッパ的である。

　男たちの容貌に「未開人の凶暴さ」が感じられるのは、柔らかい黒髪がぼうぼうに生え、真ん中で分けたその髪の毛が肩近くまでふさふさと垂れているためである。家の外では髪の毛が顔にかからないように眉のあたりを鉢巻［マタンプシ］で縛っている。顎鬚《あごひげ》［レク］も同じように豊かで実に立派であり、一般にはちぢれて波打っている。老人の場合だと、喫煙とあまり清潔でないために黄ばんでいるにもかかわらず、長老らしさと威厳のある風貌を醸《かも》し出している。毛髪［オトプ］と顎鬚がぼうぼうで、眉毛［ララ］も濃いので野蛮な感じがするけれども、その感じは、夢見るような茶色の瞳［シクラマッ］の柔和さによって和《やわ》らいでいるし、それにも勝る優しい微笑みによって完全に払拭されている。この微笑みはすべての男に多少とも認められる。

　この村［平取］の成人男性三〇人の身長を計測したところ、五フィート四インチ～五フィート六・五インチ［約一六二センチ～一六八センチ］だった。また頭の周長の平均は二二・一インチ［五六センチ］、耳から耳までの円弧の長さの平均は一三インチ［三三センチ］だった。デイヴィス氏［英国の博物学者］によると、アイヌの成人男性の脳の平均重量は、その頭蓋骨の測定によれば四五・九オンス［一三〇〇グラム］で、インド平原のヒンドゥー教徒やイスラム教徒のどの種族よりも、またインドやセイロン［スリランカ］のどの先住民よりも重く、ヒマラヤ山脈の人種やシャム［タイ］人、中国人、ビルマ人だけがこれに匹敵するという。デイヴィス氏はまた、アジアの諸民族の脳の平均重量をもしのいでいると言う。だが、これらのことにもかかわらず、アイヌは愚かな人々ではある！

　札幌《サッポロ》への道［札幌本道］で数人のアイヌの女性を見かけた［西洋の］旅人たちが、とても醜いが、勤勉にして貞節であることはその醜さを補って余りあると話すのを耳にしたことがある。しかし、後者は疑いの余地がないものの、前者については認めたいとは思わない。醜く見えるのは入墨《アート》［ヌイェ］と汚れのせいである。その身長が五フィート〇・五インチ［一五三センチ］を超えることはめったにないが、体型は美しい。すらりとし、しなやかで、よく発達している。手足は小さく、足の甲はよい具合にアーチ状になり、四肢は丸みを帯び、胸はよく発達し、歩き方は［日本人の女性と違って］しっかりとし元気である。頭と顔は小さいが、髪の毛は男性と同じように豊かにあり、やはり男性同様、顔の両側にふさふさと垂れている。歯は実にすばらしく、笑う時には［日本人の女性と違って］歯を屈託なく見せる。口はやや大きめではあるが、形がよく、唇も［本来は］赤みを帯びて美しい。ただ、口の上にも下にも入墨を帯状にしているせいで本来の美しさが損なわれている。口の上と下の入墨が両端で一つになっているために、口は実際以上に大きくかつ幅広く見えてしまうのである。白老《シラオウイ》《しらおい》で出会ったある少女は何らかの理由で入墨をしていなかったこともあって、目鼻立ちや血色、生まれつきの優美さのどれをとってもこの上なく美しかった。長い間目にしなかったような美人だった。女性の肌の色は男性のものよりもずっと明るい。ここには肌の色がわがヨーロッパの色黒《ブルネット》の人よりも黒い人はそれほどいない。数人の女性は、線状の入墨によって左右の眉毛を結ぶので、一本の線のように見えた。男性と同じように、髪の毛を襟足の上二、三インチ［五〜七・五センチ］の部分で切ってはいるが［男性のように］鉢巻［マタンプシ］はせず、額のところで二つに分けた髪を後頭部で一つに束ねている。

入墨　女性はすべて、口の上下に幅広く帯状に入墨をするだけでなく、指関節の付け根にも帯状に入墨する。そして後者は手の甲の凝った模様に続いた後、［手首から］肘までは腕輪状の入墨になってい

入墨された女性の手

る。美しさを損ねるこの処置［入墨］は五歳の時に始まるが、その被害者にはまだ乳離れしていないような幼女もいる。私は今朝［八月二六日］一人の愛らしく賢そうな少女が入墨されるのを見た。一人の女が、手にした歯先の鋭い大きな小刀［マキリ］で上唇に数本の水平方向の傷を実にすばやくつけていったあと、とても愛らしい口許までその曲線に沿うような傷をつけた。そして、わずかの出血が止まらないうちに、囲炉裏《いろり》の上に釣り下げられた簀《す》［キ］に付いた真っ黒の煤《すす》［ウパラ］を少量、注意深くすりこんだ。二、三日たつと傷をつけられた唇を樹皮の煎《せん》じ汁で洗って模様を固定する。こうして多くの人が絵具を塗り付けたと見紛うような青い模様になっていく。昨日［八月二五日］二回目の施術を受けた別の子供［少女］の唇はぞっとするほどはれ上がっていた。炎症を起こしていたのである。一番新しい被害者［今朝初めて入墨された少女］は、傷をつけられる間、両手をしっかりと握りしめていたが、泣くようなことはまったくなかった。両唇の回りの模様は結婚するまで毎年深く広くされていき、腕の腕輪状の模様も同じようにして広げられていく。男たちはこの習俗が一般化した理由《わけ》を説明できず、古くからの習俗であり、信仰の一部をなし、入墨のない女は絶対に結婚できないと言う。ベンリ［ペンリウク］は和人［日本人の女］が歯を黒く染める習俗［お歯黒］に当たるものだと漠然と考えているが、これは普通、結婚の後に行われるものだから、その考えは間違っている。アイヌは少女が五、六歳になる頃から腕の入墨を開始し、肘から下に向かって施していくのである。近年［明治四年］入墨が禁止されたために、悲嘆にくれ困惑しておりますと口々に言った。神々の怒りを買うことになるし、女たちは入墨なくしては結婚できないというわけである。そしてフォン・シーボルト氏にも私にも、この点について日本政府［開拓使］をとりなしてくださいと嘆願した。彼らは他のことはともかくこの点だけは無関心ではいられず、「これ［入墨］は私たちの信仰の一部なのです」と何度も繰り返した。

　子供たちはとても可愛く魅力的で、顔には大人には認められない知性の片鱗が窺える。たいへんかわいがられており、愛撫されたり、愛撫を求めたりする。内陸《マウンテン》アイヌは生後まもなく雑穀の粒を乳児の口に含ませるし、海辺《コースト》のアイヌは塩魚［塩鮭《ざけ》］を一口含ませる。また生まれた時刻を問わず、一晩経過するまでは何も与えない［乳を飲ませない］ことが「習慣」としてある。少なくとも三歳になるまでは乳離れをしない。女の子よりも男の子が喜ばれるが、いずれであれとても大事にされる。それで、子供を産めない妻は離婚されることがある。子供には四、五歳になるまで名前がない。この頃になって初めて父親が名前を選び、それがその後の名前になる。母親は外出時には赤ん坊を網に入れて背負ったり、ゆるめた着物の内側に入れて［おぶいひも（イエオマプ）で］背負うが、いずれの場合もその重みを額にかけた幅広のひも［タリペ］で支える。男が赤ん坊を連れて出る時には抱っこしていく。幼児は髪を剃られており、五歳頃から一五歳までの少年は大きく剃ったり、耳の上［前］の部分の髪を房状に残したりしている。一方、女の子は頭全体に髪を伸ばしてもよいことになっている。

親愛の情にあふれた態度　子供には、ひたすら従順で、従順であることを喜びとするよう幼い時から求められる。またごく小さな頃から物をとってきたり運んだり、使い走りをさせられる。私は二歳にもなっていないような子供たちが薪《たきぎ》を取りにやらされるのを見てきた。こんな歳でもう礼儀作法を守るよう実にきちんとしつけられているので、やっと歩けるようになった赤ん坊でさえ、家からよちよちと出ていく際に、家の中にいる母親以外のすべての大人にきちんと挨拶していくし、家に入ってくる時にも同様にきちんと挨拶する。子供は七、八歳になるまでは何も着ず、この歳でやっと着る着物は大人が着るものを小さくしただけのものである。両親に対する態度は親愛の情にあふれている。今日でさえ、畏敬《いけい》の念を起こさせる酋長［ペンリウク］がいるところで、茶色の大きな瞳を輝かせて囲炉裏の火を見つめながら二時間もの間じっと座っていた愛くるしい素裸の少女は、母親が部屋に入ってきたのを認めると駆け出していって出迎え、母親に抱きついた。すると母親は、みるからに母親らしい慈愛に満ちた眼差しを向け、口づけをした。底抜けの無邪気さ、美しい顔、汚れているために、悲しいことに本来の色より黒くみえるが、オリーブ色の肌、この上ない素直さ、そして［和人の子供と違って］人をじろじろと見るようなこともない事実――これらのかわいい子供たちは本当に魅惑に満ちている。みな、銀や白目の飾りを紺の木綿の紐《ひも》に付けた首飾り［レクトゥンペ］をしている。見た限りでは、百日咳や麻疹《はしか》のような、子供がよくかかる病気で苦しんでいるアイヌ［の子供たち］はいない。ただ乳歯が生える際にひどい歯痛になる子供や皮膚病を患っている子供はいる。もっともこの疾患は、一〇歳か一一歳にもなると自然に治っていく。

第三十七報（続）［第四十二報（続）　衣類と習俗］

アイヌの衣類――晴れ着――家屋の建築――家の神々――日本の骨董――生活必需品――粘土で作る汁――毒矢――仕掛け矢――女の仕事――樹皮で作った着物――織物の技術

衣類と装身具　アイヌの衣類は未開の民［のもの］としては例外的なほどによい。冬には毛皮の上着［ユㇰウㇽ］を一、二枚着、時にはもっと重ね着し、同じ毛皮の頭巾［コンチ］をかぶる。そして狩猟に出かける時はこれらに加えて、作りの粗い鹿皮靴［ユㇰケリ］をはく。夏には〈着物《キモノ》〉を着る。これはゆったりとした上着［アットゥㇱ］で、森に生える木［オヒョウ］の皮［アッ］を裂いて［作った糸を］織った布でできている。この布は、濃淡さまざまな黄褐色のもみ革のような布で、耐久性に富み、美しい。［英国の］手芸職人によく知られている「パナマ布」にやや似ている。この下に皮革や樹皮でできた肌着［モウㇽ］を着るが、着ないこともある。男たちが着るこの上着［アットゥㇱ］は丈が膝下少しまであり、右側を下に左側を上にして着、同じ布で作った幅の狭い帯［アットゥㇱクッ］を腰でしめる。帯には、柄《つか》［ニㇷ゚］と鞘《さや》［シㇼカ］に彫刻のある造りの粗い短剣状の小刀［マキリ］を一つ差している。煙草《たばこ》を吸う習慣があまりないので、日本人の場合とは違って、煙管《きせる》［キセリ］や煙草入れ［タンパクオㇷ゚］は男の普段の装身具の一部にはなっていない。また樹皮や皮革で作った脛《すね》の太さにきっちり合った脚絆《きゃはん》［ホㇱ］をまとうが、靴や草鞋《わらじ》ははかない。脚絆は女もまとう。女の上着は丈が膝とくるぶしの中間まであり、帯はしめないが、［裾から］鎖骨のところまで全部がはだけないようになっている。アイヌの女は［和人とは違い］着物を常に着ているだけではなく、一人でいる時か暗がりにいる時でない限りは決して脱がない。先般佐瑠太《サルフト》でこんな話を聞いたことがある。自分の家にアイヌの女性を連れてきた和人の女性が風呂に入るよう勧めたところ、この女性は嫌がり、風呂場を衝立《ついたて》で完全に仕切ってしまうとやっと入ったものの、どうしているのかと少し経ってから戻ってみると、何と衣類［モウㇽ］を着たまま座った姿勢で湯に浸《つ》かっていたので諫《いさ》めると、着物を脱いで入っているのを神様に見られたら叱られますと言ったという！

晴れ着［アエシユㇰアミㇷ゚］の多くはことのほかすばらしい。ざっくりとした紺の木綿地には「幾何学」文様があしらわれ、部分的に「雷文」文様［シッケウヌ・モレウ］が付いている。また緋色と白色の糸で巧みな刺繡《ししゅう》が施されている。最高の晴れ着だと製作に半年を要するものがある。男の衣裳は、これまた手の込んだ文様のある縦長の前垂れ［マンタリ］を付けて仕上がる。これら未開の男たちは身体つきが堂々としている上に顔立ちもよいので、晴れ着に身を包むと実に立派に見える。また、目にした限りでは、男の子であれ女の子であれ九歳にもなれば［和人の子供とは違って］必ずやきちんと衣類を着る。女性の「宝飾品」には輪の端に古風な文様のある飾りの付いた銀や白目の大きな耳飾り［ニンカリ］や、銀の首飾り［レクトゥンペ］があり、真鍮《しんちゅう》の腕輪［テクンカニ］をずっとはめている者も少しいる。女たちは赤系統の色には目がない。それで私はトルコ赤で染めた赤い木綿地の一枚の大きなハンカチを切って分け与えて親しくなった。それを受け取った女性は着物の飾りとしてもう使っている。

寝床　ここ［平取］にやってくるまでの［沙流川流域の］五つの村［コタン］の家《ドウエリング》はとても立派で

ある。そしてこの点では、すぐ近くに［和人の］酒屋が数軒あるせいで先住民［アイヌ］が貧しく家もよくない白老《シラオウイ》《しらおい》の場合は別として、［海辺にある］幌別《ホロベツ》の［アイヌの］家も同じである。ただ、これら［内陸］の家は、私がこれまで［海辺］で見てきた家とは多くの点で異なっており、最も似ているのはハワイの先住民の草葺きの家《グラス・ハウス》［正しくはヤシの葉で葺いた家］である。変化させたり刷新させたりすることが慣習的に認められていないようであり、造りはすべて同じで、違うのは規模と家具調度品だけである。その住まいは厳しい気候に向いていないように思われるが、同じことは日本人の住まいについても言える。顔がそうであるのと同様、家に関しても、アイヌは彼らを征服した者［和人］よりもヨーロッパ人のものに近い。家には玄関や窓、そしてスコットランドの高地人《ハイランダー》のものと同様、真ん中に炉《いろり》［囲炉裏］があり、寝床は床よりも一段高くなっているのである。

　普通は、大きい方の家［チセ］の手前に小さな家［セム］が付いている。この小さな家は入口の間ないし控えの間であり、葭《よし》［正しくは蒲《がま》、シキナ］で作った重たい茣蓙《ござ》［トマ］で仕切った低い入口［チセアパ］から入る。ここには、粟《あわ》［アマㇺ］を粉にするのに使う大きな木の臼《うす》［ニス］と両端で搗《つ》く杵《きね》［イユタニ］、黍を入れておく木製の容器［シントコ］、網や狩猟具、そして、屋根や壁の補修に用いる茅《かや》［ラペンペ］を束ねたものなどが置かれている。この部屋には窓［プヤㇻ］は一つもない。ここから入口［チセアパ］を通って中の大きな部屋に入っていくが、この部分には葭［正しくは蒲、シキナ］で作った重たい茣蓙が革ひもで釣り下げられている。この大きな部屋は、ベンㇼ［ペンㇼウク］の家の場合だと、奥行が三五フィート［約一〇・五メートル、約六間］、間口が二五フィート［約七・五メートル、約四間］あり、最も狭い場合でも、それぞれ二〇フィート［六メートル］、一五フィート［四・五メートル］ある。

これに対し、小さい方の部屋の広さは、ベンリの家の場合、四五平方フィート［四平方メートル］である。その大きい方の部屋に入ると、天井が大変高くて屋根の勾配が大変きついこと、とりわけ壁の高さとの釣り合いがまったくとれていないことに驚かされる［挿絵］。

家の骨組みは、高さ四フィート一〇インチ［約一・五メートル］の柱を四フィート［約一・二メートル］間隔にし、若干内側に傾けて立ててできている。壁［チセトゥマム］の高さは用いられる葭［正しくは茅《かや》、ラペンペ］の長さに規定されていることが一見してわかる。そしてこれは必ずや四フィート一〇インチよりも短いから、壁もこれ以上高くはならない。柱の上端は削ってあり、その上に、重い丸太［行桁《ゆきげた》と横桁］を溝に合わせながら載せていき、壁から上の部分を作る。次に、柱にもっと細い丸太［横垂木《たるき》］を水平方向に［葡萄蔓《ぶどうづる》、ハップンカラで］連結させていく。壁は二重になっている。外側は葭《よし》［正しくは茅《かや》、ラペンペ］を小さく揃えて束ねたものを垂木に非常にきっちりと結び合わせてあり、内側は葭［正しくは茅］だけをばらばらに貼り付けている。柱の上端ときっちり組み合わせた梁桁《はりげた》からは、やや細い丸太が上に伸び、高さ二二フィート［六・七メートル］のところにある、一本の重たくて荒削りの棟木《むなぎ》としっかりと結び合わされ、屋根の骨格をなす。その棟木の片方の端の下には、煙を出すための三角の大きな開口部［煙出《けむだ》し穴、リクンスイ］が付いている。二本の非常にがっしりとした荒削りの梁が行桁に掛け渡されており、壁を支える柱と床に差し込まれた支柱もこれを支えている。またこれ以外にも何本もの横木が同じ高さで掛け渡してあり、これがあるおかげで来客があった時だけに用いる間に合わせの天井が即席で作られる。これらの横木は棚と同じ役割も果たす。屋根の外観にも実に配慮が払われている。茅を襞《ひだ》飾りのように段差をつけて葺いた屋根は、驚くばかりこざっぱりして美しい。棟木も萱で非

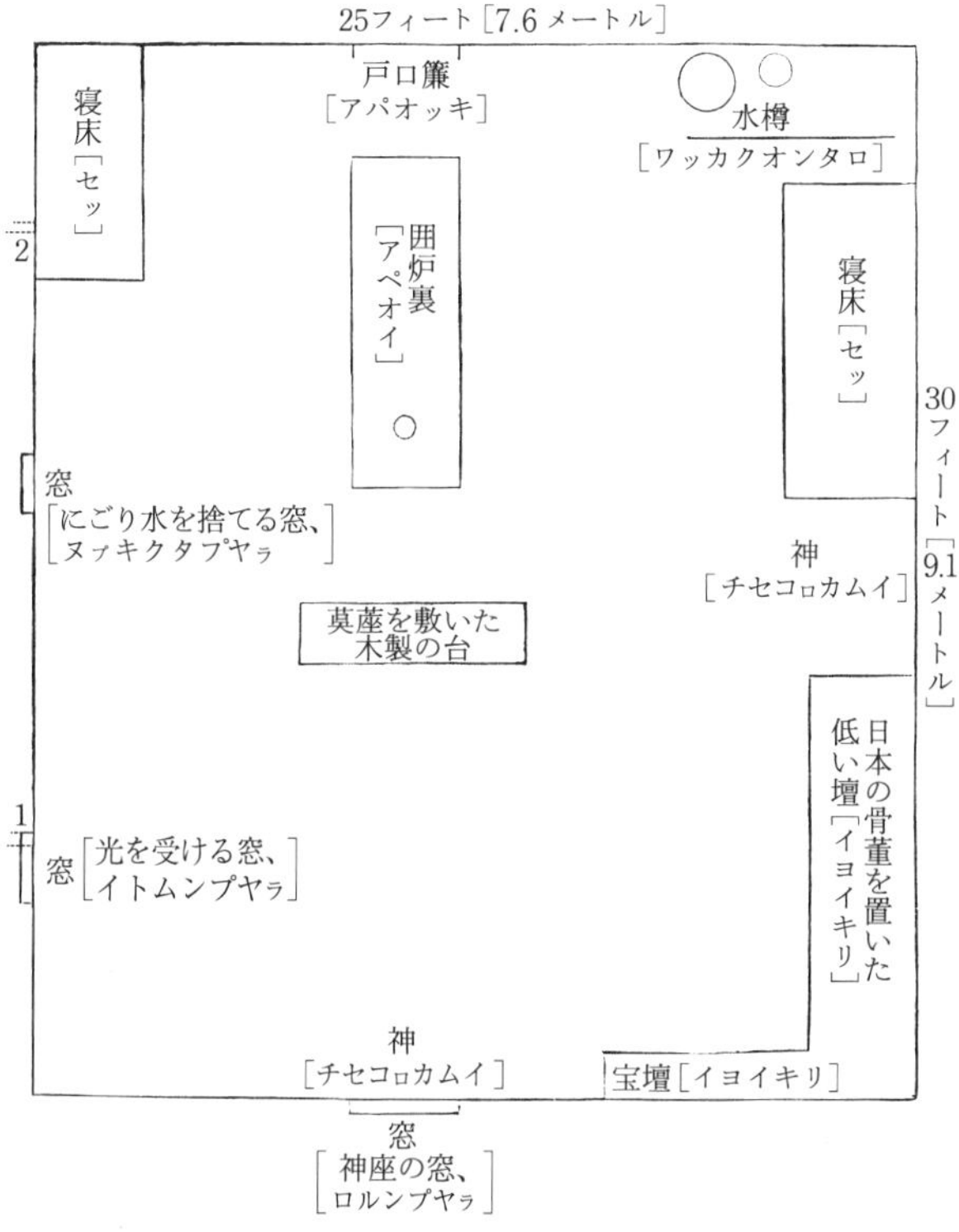

あるアイヌ［ペンリウク］の家の平面図［中央の台はバードがここに座って調査をした台であり、通常はない］

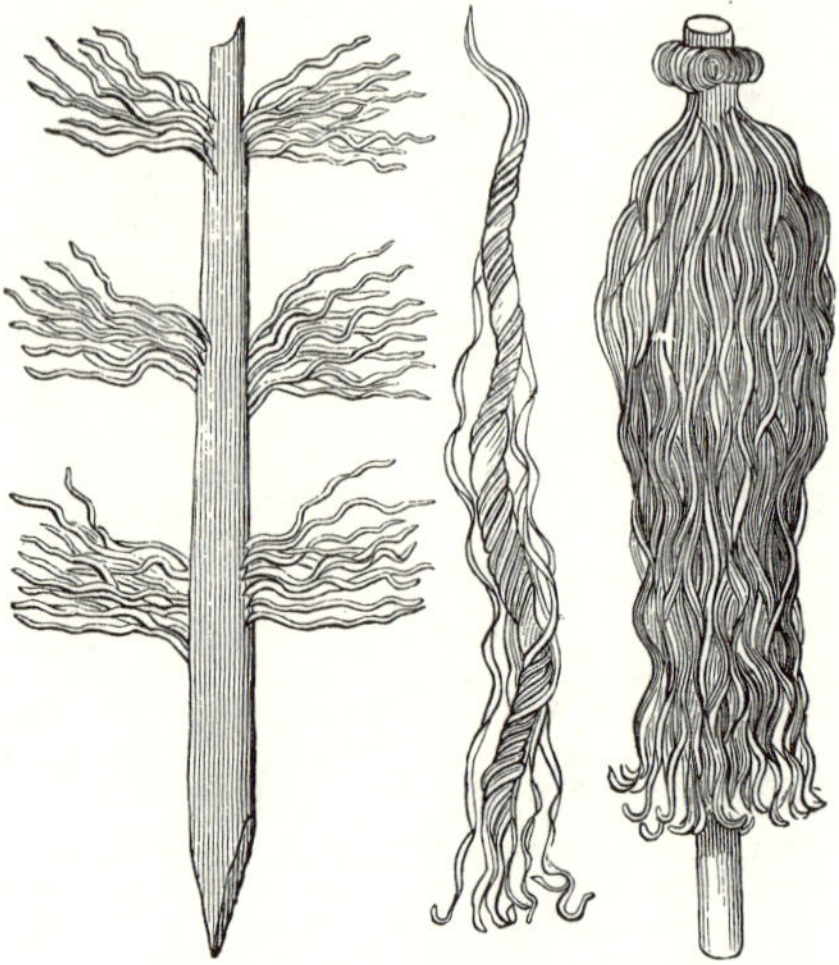

アイヌの神々［イナウ］

常に厚くおおわれ、この部分と両端には樹皮［アッ］をはいだ丈夫な小枝が精巧に編み込んである。部屋には多くのところに横木が掛け渡してあるので、身をかがめないといけない。さもないと、横木で頭をうち、槍や弓矢、仕掛け矢［マカニッアイ］その他の原始的な［狩猟］道具が落ちてしまう。屋根［裏、チセパラカ］も垂木も木が燃える時に出る煙の煤《すす》で黒光りしている。部屋の奥［上座］と片側［左座側］には垂木のすぐ下に小さな四角い窓が設けられ、夜には木の扉［簾《すだれ》、プッキ］で閉められ、日中は紐《ひも》で釣り上げられていた。アイヌにとっては、［上座の］窓からのぞき込まれることほど侮辱的なことはないのである。

［主屋の］入口の左端には木でできた固定式の台が必ずある。一八インチ［四六センチ］の高さに設置されたこの台は寝床になり、上

には一枚の茣蓙［トマ］が敷いてある。枕［エニヌイペ］はどれも小さくて硬い長枕で、飾りのある茣蓙［イナウソ］を巻いてある。もし家族の人数が多いと、このような寝床が数床にまで増える。寝床の手前側には上に適当な距離をおいてそれぞれ横木が一本渡してあり、そこから茣蓙がぶら下がっていて部屋の他の部分から寝ている人が見えないようになっている。この茣蓙は内側は無地だが、部屋の側から見える外側は菱形文様が鈍い赤と茶色で織り込まれている。床には、とてもざわっとした感じの茣蓙が、半インチ［一センチ強］の隙間をもって一面に敷き詰められているほか、六フィート［一・八メートル］の長さの細長い囲炉裏［アペオイ］がある。そしてこの上方にある、手の込んだ造りの真っ黒の火棚［トゥナ］には、光沢のある黒い簀《す》［キ］がのっている。これに付いた煤［ウパㇻ］は入墨の原料になるが、その第一の役割は煙が真っすぐ立ち上っていくのを防ぎ、部屋全体にまんべんなく拡散させることにある。［囲炉裏の上の］炉鈎［アワッ］からは煮炊きに使いアイヌの暮らしになくてはならない大鍋［ポロス］が釣り下がっている。

骨董品の来歴　家の種々の守り神はどの家にあってもなくてはならないものになっている［挿絵］。この家［ペンリウクの家］でも入口の左手に、上端から削《けず》りかけが垂れた白い棒［イナウ］が一〇本、壁のところに突き刺してあるし、朝日の当たる窓［ロルンプヤㇻ］からも一本のイナウが突き出ている。また、［入口から見て］左手には、囲炉裏から離れ、主人の寝床と［その奥の］低くて幅の広い壇［宝壇、イヨイキリ］の間の壁際に、高さ二フィート［六〇センチ］の白い棒［イナウ］が、床に突き刺した状態で必ずある。その上端から削りかけ［キケ］が渦巻き状に垂れ下がっているこの棒［イナウ］は、家の守護神［チセコㇿカムイ］である。この壇はアイヌの家の一大特徴をなしており、海辺《コースト》のアイヌ、内陸《マウンテン》アイヌの別なく、また貧富の如何を問わずどの家にも備わっている。そこには日本の骨董品が置かれている。湿気と埃《ほこり》のせいでかなり傷んではいるけれど、その多くは非常に値打ちのある古美術品である。これらは北方の先住民の住居にあって異彩を放っており、壁を背に整然と並べられていて、厳《おごそ》かささえも感じさせる。この家には二四もの漆《うるし》製の脚付きシントコ［ケマウシペ、行器《ほかい》］がある。そして、繊細な装飾文様のある真鍮をかぶせた四本の小さな脚［ケマ］がついた、壺のようにも茶箱のようにも腰掛けのようにもみえる高さ二フィートのこの容器の後ろには、八つの漆器《しっき》の桶［ワッチレウェプ］やたくさんの鉢［パッチ］や漆塗りの膳［オッチケ］がある。その上には象眼の柄《つか》の付いた槍［オプ］や、すばらしい加賀［九谷］焼や粟田《あわた》焼［近世～明治中期の京焼の代表。東山山麓の粟田口で生産］の鉢が置かれている。漆器はすばらしく、数個の壺［のように見えるシントコ］には〈大名《ダイミョウ》〉の家紋が金泥《きんでい》で施されている。それぞれ一つある蓋付きの大きな鉢［プタウンパッチ］と壺［のように見えるシントコ］は鮑《あわび》の貝殻で美しく象眼されている。大きな壺［のように見えるシントコ］はどの家でも目にする。さらには、象眼を施された鎧兜《よろいかぶと》や、柄の部分に象眼、刀身に彫り物、そして鞘《さや》に浮き出し模様のある刀もある。収集家なら何が何でも入手したくなる逸品である。しかし、お金ならいくらでも出しますと言っても、決してこれらの骨董品を売ろうとはしない。例の低く歌うような声で、「私たちの祖先に親切だった人々から贈られたものなのです。お売りするわけにはいきません。贈り物なのですから」と答えるのである。そのため、蒔絵《まきえ》の漆器や、真珠貝の象眼細工、黒金の象眼細工、そしてまた〈大名《ダイミョウ》〉の家紋を金で施した骨董が、煤けた暗闇の中で輝き続けることになる。これらの品々の中に、蝦夷《エゾ》征服の直後に、祖先が将軍の代理と松前藩主に貢《みつ》ぎ物を持参した見返りとして拝受したものがあることは確実だが、その他に先の反乱［箱館戦争］の折にこの地に逃げのびてきた〈士族《サムライ》〉から贈り物としてもらったものや、物々交換で入手したものも含まれているにちがいない。これらだけは〈酒《サケ》〉［サケ］のために交換などしない。手放すのは酋長《しゅうちょう》の命により罰金を支払う時や、娘の持参金代わりにする時だけである。

　客のために一枚の莫蓙《ござ》を敷くのがやっとという貧しい家を別とすれば、囲炉裏［アペオイ］の四方には簀《す》［キ］の上に莫蓙［トマ］を敷く。これらの莫蓙とあつしの着物［アットゥシ］こそはアイヌが道具を用いて製作する唯一のものである。莫蓙は良質の蒲《がま》［シキナ］で作られる。長さ六フィート［一・八メートル］、幅三フィート六インチ［一・一メートル］で、暗赤色や茶色の縞《しま》文様［市松模様］がついている。一枚編むのに一人の女性で八日かかる。どの家にも長さ六フィート、幅四フィート［一・二メートル］、高さ一四インチ［三五センチ］の可動式の寝床が一つないし二つある。これを囲炉裏の上座［ロルンソ］に置き、熊の毛皮や上等の莫蓙を敷いた上で客人は座ったり寝たりするのである。また、多くの家には高さが二、三インチ［五〜八センチ］ほどある幅の広い座が設《しつら》えられており、そこに長老たちが胡坐《あぐら》をかいて座る。胡坐が慣習的な座り方であり、日本人のように正座はしない。［主屋への］入口の傍らの台には水樽［ワッカクオンタロ］が必ず置いてある。また、日常に食すための干魚や鹿・熊の乾燥肉が、毛皮とともに、何本もの梁《はり》からぶら下がっている。これらの他にもなくてはならないものがいくつかある。食物を入れたり〈酒《サケ》〉を注ぐ漆塗りや白木の椀《わん》［イタンキ］や杯《さかずき》［トゥキ］、まな板［メノコイタ］、造りの粗い包丁［スケマキリ］、裂いたウダイカンバの皮［チノイェタッ］を［灯火用に］燃やす際に使う先を［二つに］割った棒［スネニ］、ごくまれに油を浸《ひた》した灯心を燃やすのに使う陶器片［正しくは帆立貝、アッケテッ］をのせる［先が］三つ股になった棒［ラッチャコ］、いくつかの部品からなる原始的な機《はた》、着物［アットゥシ］の素材にする［オヒョウの］樹皮、そして莫蓙［トマ］の材料になる蒲［シキナ］などであり、彼らの生活必需品の目録は以上でほぼ足りる。家［チセ］を作る際には［釘などの］鉄類は一切用いず、非常に強靭な［木の］繊維がその役をする。

調理については前に書いたことがあるが、主食は「いろいろな忌まわしいもの」［『旧約聖書』「イザヤ書」］の汁［ルㇽ］である。食べ物には塩魚、鮮魚や干し魚、海草、ウミウシや、集落の回りの荒れ放題の畑で背の高い雑草に混じって生えている種々の野菜や、各種根菜類、野苺や山葡萄［ハッ］、そして鹿や熊の生肉や乾肉がある。祭には〈酒《サケ》〉を飲み、熊の生肉、海藻や種々の茸《きのこ》のほか、毒にならないものなら手に入る限りのものを汁［ルㇽ］の具として食べる。それをかき混ぜるのには杓子［ルㇽカスㇷ゚］を用い、箸［イペパスイ］で食べる。決まった食事は日に二回だが、腹いっぱい食べる。これまで摘記した食べ物に加えて、パテのような粘土を用いて作るとろみのある汁も飲む。ほんの一、二カ所の谷間にある土を野生の百合の球根［百合根］と一緒に煮、粘土がほとんど沈殿してしまったあと、非常にとろっとしたその上澄みをすくって飲むのである。北方の地ではこの土を産出する谷間を「チェ・トイ・ナイ」と呼ぶが、その意味は「食べる土の谷」である。

毒と仕掛け矢　男たちは秋から春にかけては鹿狩りと熊狩りをして過ごす。貢ぎ物や税の一部は［獲物の］毛皮で支払い、肉は乾し肉に［も］して食べる。先頃までアイヌは毒矢［スㇽクアイ］や仕掛け矢［マカニッアイ］、落とし穴によってこれらの獣を獲《と》ってきたが、日本政府［開拓使］は［二年前に］毒と仕掛け矢を禁じてしまった。そして男たちが言うには、銃声の音で野獣が山の奥へどんどん追いやられるので、狩猟がきわめて困難になってきている。ただ彼らは、「日本政府［開拓使］の目はどこまでも届くわけではありません！」と意味ありげに付け加えもした。

彼らの弓［ク］は長さがわずか三フィート［九〇センチ］しかないうえ、皮がついたままの丈夫な［イチイの］若木でできており、［皮をはいで］軽くしたり、両端を削って形を整えるというようなことはしていない。弾力性も不思議なほどない。矢［アイ］（私は何本か手に入れた）はきわめて特殊で、三つの部分からなっている。そのうち先端は骨を鋭く尖らしたもので、骨の片側には毒を塗り付けておくための細長い窪みがついている。この先端の矢尻［ルム］は、長さが約四インチ［約一〇センチ］の紡錘形《ぼうすい》の骨片［矢骨、マカニッ］を樹皮製の細い紐《ひも》でごく軽く縛った上で、長さが約一四インチ［約三五センチ］ある矢柄［アイスㇷ゚］に縛り付ける。さらにこの矢柄の反対側の端には三立羽［矢羽、アイラㇷ゚］が付いている。この矢羽はないこともある。

毒は矢尻の細長い窪みに入れる時には非常に柔らかいが、あとで固まる。矢尻によっては、茶匙《さじ》半分もの毒が優に入る。矢尻は矢柄にごくゆるく結んであるので、命中すると、矢柄が外れても、矢尻は小さな傷口にしっかりと突きささったままになる。

ピピチャリは私に糊《のり》状の毒を少し分けてくれたうえ、根がその原料となる植物を見せに連れて行ってくれた。鳥兜《とりかぶと》［奥鳥兜］は、高い茎の先に花穂《かすい》状の青い花をつけ、藪《やぶ》一面に鮮やかに生い茂っていた。その根は、砕いた鉄鉱石のような赤みを帯びた土と混ぜ合わせながらつぶしてどろどろにしたうえで、獣脂と混ぜ合わせ矢に装塡《そうてん》するのである。この毒は土中に埋めておいてから使うものだと言われてきているが、ベンリ［ペンリウク］はそんな必要などありませんと言う。また彼らが言うには、一カ所傷を負わせれば熊でも一〇分で死ぬだけでなく、その肉は食べても別に問題はないものの、用心のため、傷の回りは大きく切除してしまうとのことである。

エルドリッジ医師［明治五～七年の函館病院の外科医長で、後に横浜十全病院に転じた米国人医師］は、かつて函館にいた時、少量の毒を入手して若干の実験を行い、ジャワの原住民やブッシュマン、さらにはアマゾンやオリノコ川流域の一部の種族が同じ目的のために使う毒に比べ毒性が弱いという結論を得た。ただアイヌが言うには、もし万一人間に毒矢が刺さった場合には、その部位をすぐに切除するほかないとのことである。

政府［開拓使］が仕掛け矢［マカニッアイ］を禁じたのはもっともだと思う。これがあるために［アイヌ以外の者の］移動に危険が伴ったし、ここから少しでも北の地方では、猟をする者への監視の目がことよりも行き及ばないために、今も危険はなくなっていないのである。罠は毒矢を仕掛けた大きな弓［クワリ］と一本の延べ糸［ノㇷ゚カ］からなっており、歩いている熊［カムイ］がその糸に触れると毒矢が熊に命中する仕掛けになっている。私は一軒の家にこれが五〇もあるのを見たことがある。この装置は単純にしてきわめて巧妙で、これに刺されたものを音もなく死に至らしめるのである。

先にも記したが［アイヌの］女たちは一日中仕事をしている。また楽しそうだし、微笑む表情には陽気な感じさえする。年齢よりも早く老けた感じになる日本人［の女たち］のようなことはない。それは一つには、家の換気がよいうえに、炭を使うことと無縁なためかもしれない。また実によく働くことにはちがいないが、ほとんどのアイヌの女性《サヴェッジ・ウイメン》が強いられている辛く単調な仕事をさせられているようには思われない。ただ男たちは、女がよそ者と話をするのを嫌がり、女の本分は働くことと子供を育てることだと思っている。［もっとも、］女たちは［和人とは違って］男たちと同じものを一緒に食べるし、男たちがいるところでも笑うし、話もする。そして歳をとると男と同じように扶養され尊敬される。茣蓙を売ったり、樹皮を布にしたり、それで着物［アットゥシ］を作って売りもするが、男たちはその収入を横取りなどしない。アイヌの女性はすべてがこの作り方を知っている。男たちは［オヒョウの］外皮を取り除いた樹皮を五フィート［一・五メートル］の長さに細長く切って家に持ち帰る。この内皮ははぐと簡単に数枚の薄い層になる。それを歳のいった女たちが非常に細く裂いた上で実に器用につないでいき、一ポンド［四五四グラム］ほどの重さの糸玉［カタク］に巻き取っていく。樹皮［ヤラ］にも糸［カ］にも織りやすくするための下準備をすることは一切ないが、一部の女たちが糸を樹皮の煎じ汁に浸けて褐色に染め、もみ皮のような風合いを出しているのを目にしたことはある。

機織　あつし織機［アットゥシカラペ］の造りはごく簡単で、説明するとかえって複雑なものである印象を与えるのではと危惧される。これは、床に固定したしっかりした杭［経糸《たて》巻杭、ウライニ］、片方を織子の腰に結んだ帯［イシトムシプ］、足首の辺りに設置され糸が通る櫛《くし》のような枠［筬《おさ》、ウォサ］、上下の糸が絡まらないようにしておく中空の撚《よ》り子［糸開き、カマカプ］、彫り物のある木製の篦《へら》［ペラ］

織子の篦
［アットゥシペラ］

［挿絵］、そして、織った布を巻き取っていく棒［布巻取り棒、トゥマムンニ］から成っている。このうち杭は、織布の先の方の糸［経糸《たて》］がゆるまないようにするためのものであり、布を織る女性は、巧みな手さばきで必要な張りを与えながら織っていく。織布は幅が一五インチ［三八センチ］で、長さが一五フィート［四・五メートル］ある。織り方は実にしっかりしており、糸の結び目は必ず布の裏側にくるようにされる。* 本当にゆっくりとしか進まない骨の折れる仕事であり、一人の女性が一日に織れる長さはせいぜい一フィート［三〇センチ］である。布を織る女性はすべての道具を腰につけて床に座り、織機――そう言ってよければの話だが――を足元に据える。背中をピンと伸ばして必要な張りを与えながら織っていけるようになるためには長年の経験が要《い》る。作業が進むにつれて、布を織る女性は知らず知らずのうちに経糸巻杭の方に寄っていくかたちになる。この家や他の大きな家では、朝のうちに二、三人の女たちが織布を持ち込み、経糸巻杭を据え付けて一日中織っているし、あっし織機［アットゥシカラペ］を家の中に据えられない狭い家の場合は、このような経糸巻杭を地面に突き刺して日向《ひなた》で織っている。織布と織機はわずか二分でくるくると巻いた状態にしてソファーにかける編み毛布のように簡単に持ち出すことができる。造りがこれほど簡単で、原始的な形態の手機《てばた》はないし、櫛状のもの［筬、ウオサ］も篦［ペラ］も布巻取り棒［トゥマムンニ］もすべてありきたりの小刀［マキリ］一つでこしらえられるのである。

＊ どの植物学者に聞いても糸を作るための樹皮をとる植物の名前を教えてもらえなかったが、シナノキ科の植物であるように思われる。

兵庫《ヒオゴ》大仏［原著２巻本では第51報に収載（『完訳　日本奥地紀行４』68頁）］

第三十七報（続々）［第四十二報（続々）アイヌの信仰］

素朴な自然崇拝――アイヌの神々――祭の歌――信仰としての酩酊――熊崇拝――年に一度の熊祭［熊送り］――来世――結婚と離婚――楽器――作法――酋長《しゅうちょう》の地位――死と埋葬――長老――道徳的特質

自然崇拝　アイヌの宗教観ほど漠としてとらえどころのないものはないように思われる。山の上には義経《ヨシツネ》を祀《まつ》る日本風の建築様式の神社があるものの、これを別とすれば、アイヌは［和人のように］寺社をもたないし、聖職者をもつことも犠牲《いけにえ》を捧げることもなく、礼拝もしない。その〈宗教的儀式《カルト》〉が、太古の昔から、この上なく素朴で原始的な自然崇拝だったことは明らかである。木や川や岩や山を、漠然としたものながら神聖さの宿るものとして崇めたり、海や森、火、そして太陽や月をも、これまた漠然としたものながら善霊や悪霊の力を宿すものとして崇めているのである。ただ、その素朴な自然崇拝がおそらくは和人が信じる神道《シントウ》の原初形態であるとは思うものの、アイヌに祖先神格化の痕跡があるのかどうかはよくわからない。生物・無生物を問わず自然を崇拝する中にあって、義経崇拝は唯一の例外をなすように思われる。彼らは義経のおかげを大いにこうむっていると信じており、これからも自分たちのために力になってくれると思っている者も一部にいる。*アイヌの神々、すなわちその信仰の外的象徴［イナウ］は、神道の〈御幣《ゴヘイ》〉にほぼ当たるとみてよい。［樹木の］外皮をはいだ棒状のものであり、最上部近くまで削《けず》られ、そこから削りかけ［イナウキケ］が白い巻き毛のように垂れ下がっている。これは、家［チセ］の中に時に二〇本も立ててあるだけでなく、崖っ縁にも大小の川の岸にも峠にも立てられているし、急流や危険な場所を下る時には川に投げ入れられる。佐瑠太《サルフト》からここ［平取《びらとり》］に来る道中の上り坂で私の駄馬が転んだ所にはこのような棒［イナウ］が四本立てられ、帰りに通った時にもそのままになっていた。彼らは［西洋人にとっての］宗教思想のようなものは持ち合わせないから、それについて書くことは無意味だし、年齢を重ねただけの子供のような人々が信仰しているものについて書くのも同じである。アイヌの信条を系統立てて述べる旅行者は、「それを自分の内にある心象から引き出さ」ねばならない。私は、彼らの宗教観がいかなるものなのかを彼ら自身から聞き出そうと最大限の努力を払ってきた。事実、シノンディ［シノンテ］も、自分たちが知っていることはすべてお話ししました、と言う。それはつまるところ、漠たる恐怖心や希望、そして自分たちを取り巻いているものの中に自分たちよりももっと力の強いものが存在するということを感じ取るということであり、〈酒《サケ》〉［サケ］を捧げることによって、そのよい力を授かったり、悪い力を回避できるということなのである。

＊　義経《ヨシツネ》は日本史上最も人気のある英雄であり、とくに少年たちの間に人気がある。彼は［源］頼朝《ヨリトモ》の弟であり、頼朝は、一一九二年［建久三］に、いくつもの戦《いくさ》に勝って天皇《ミカド》から〈征夷大将軍《セイイタイショウグン》〉（夷狄《いてき》を征服した偉大な将軍）に任じられた。つまり、この後に続く大将軍の最初の人物となったのであるが、これら大将軍のことを日本の「世俗の帝《みかど》」だと私たちヨーロッパ人が考えるのは曲解である。義経《ヨシツネ》こそがいくつもの戦《いくさ》の真の栄誉を受けるべきだったのに、兄の嫉《ねた》みと憎しみの対象となり、国から国へと追われていき、一般に信じられているところでは、妻子を殺したあと〈切腹《ハラキリ》〉をし、その首は腐らないように〈酒《サケ》〉に漬けられて鎌倉《カマクラ》にいる兄のもと

に送られたという。しかし、彼がいつ、どこでどのように死んだのかについての学者の見解は一致していないし、彼が蝦夷に逃れて何年もの間アイヌの人々と暮らし、一二世紀の末に死んだと信じている人も多い。とりわけアイヌはこのことを固く信じており、義経が自分たちの祖先に、文字や数字とともにさまざまな文明の術を授けたり、正法をもたらしてくれたと言ってはばからない。事実、義経は判官という名の下に多くのアイヌから崇敬されているのである。私は平取《ピラトリ》や有珠《ウス》、礼文華《レブンゲ》の長老［エカシ］たちから次のようなことを聞かされた。曰《いわ》く、後にやってきた和人［シャモ］の征服者が文明の術を記した書物を持ち去ってしまい、それ以来文明の術そのものが失われて今のような状態に陥ってしまったのです！と。そこで私が、小刀［マキリ］や槍［オプ］だけでなく鉄製や陶器の鍋もなぜ作らないのですかと尋ねると、その答えは決まって「和人が書物を持ち去ってしまったからです」というものだった。

礼拝という言葉を用いると、その言葉自体が誤解を与える。私がこの言葉をこれら未開の人々［アイヌ］に対して用いる時には、この言葉は、杯《さかずき》［トゥキ］をもった腕をゆらしながら〈酒《サケ》〉を捧げるという行為のみを意味するのであり、災いがないようにとの祈りや哀願のような精神的な意味合いをもつ行為は、そこには含まれていない。このような意味合いにおいてのみ彼らは太陽や月（ただ、星だけは別）、また森や海を崇拝するのである。この他、狼［ホロケウ］や黒蛇［キナスッ］、梟《ふくろう》［カムイチカッポ］など数種の鳥獣にも、神のことである〈カムイ〉という言葉をつけ、狼だと「狼神」［ホロケウカムイ］、梟だと「神々の鳥」［カムイチカッポ］、黒蛇だと「ぬれ葉色の神」［キナスッカムイ］と呼ぶ。しかし今ではだれもこれらのものを「崇拝」せず、狼「崇拝」もごく最近に廃《すた》れてしまった。［これに対して］「神々の声」である雷《かみなり》［カムイフム］は今でも恐怖感を呼び起こす。また、彼らが言うには、最高の神は太陽［トカプチュプ］であり、その次の神は火［アペ］であるが、その神性は、彼らがこの二つの神からきわめて大きな恩恵を受けている［と考えている］ことに由来する。彼らの素朴な観念のなかには感謝の念と言ってよいものが染み付いている。義経《ヨシツネ》「崇拝」はその好例である。また狩猟や漁撈《ぎょろう》の季節の終わりに各地で行われる祭《サツルナリア》で詠唱される次のような素朴な吟唱の言葉の一つにも、このような感謝の念がよく表れている。

「我らを育んでくださる海に、また我らを護《まも》ってくださる森に、我らは心からの感謝を捧げます。あなた方は一人の子供を育てる母であります。ですから、我らがたとえどちらか一方のもとを去って他へ行きましても決してお怒りにならないでください」

「アイヌは森と海をこれからも常に誇りとしよう」

彼ら［アイヌ］が行う犠牲を捧げる行為は、雀にいくぶん似た無益な鳥［チカプ］の死骸を、皮をはいだ何本もの棒［イナウ］の一本の傍らに置き、腐乱するまで放置しておくことだけである。そして、主たる「礼拝」行為は「神のために［酒を］飲むこと」なので、酩酊と宗教儀式とが不可分に結びつくことになり、アイヌにとっては、〈酒《サケ》〉を飲むほどに信仰が深く、神々の喜びも大きいということになる。神々を喜ばせる価値を十分にもつものは〈酒《サケ》〉以外には何もないようである。火［の神］と皮をはいだ棒［イナウ］への献酒が省かれることは決してなく、〈酒《サケ》〉を盛った杯［トゥキ］を手前にゆらしながらそれを行う。

熊崇拝　この素朴な俗信の極みが、各種の熊の中でも最もすばらしいものの一つである蝦夷《エゾ》の熊［羆《ひぐま》、キムンカムイ］を崇める熊「崇拝」である。しかしアイヌを熊「崇拝」に駆り立てるその気持ちを理解することは［私には］とてもできない。アイヌはその流儀に従って熊を崇拝し、その頭を集落に据えるのに、それを罠にかけて殺し、肉を食べ、毛皮［カムイルシ］は売ってしまうからである。だが、アイヌが自然の諸力のうちの無生物的なものよりもこの野生動物に強い崇拝の念を抱いていることは明白であり、彼らは熊崇拝者として他［の民族］と区別される。その最大の宗教上の祭が熊祭［熊送り、イヨマンテ］である。彼らは穏やかで平和を好む一方で、猛々しさと勇気を絶賛する。彼らが知っている最も強くて猛々しく、最も勇敢な動物である熊は、きっとあらゆる時代を通じてアイヌに崇拝の念を抱かせてきたのであろう。彼らの素朴な歌には熊を讃えるものがあり、男への最高の賛辞は熊に譬《たと》えることである。例えばシノンディ［シノンテ］は酋長のベンリ［ペンリウク］を「酋長は熊のように強い」と言い、例の年老いた運命の女神［ペンリウクの母］はピピチャリを「若い熊」［ハイカンヌプ］と呼んで称賛した。

アイヌの集落［コタン］には必ず、特に酋長［コタンコロクル］の家の近くには、肉を取り去った頭骨［サパポネ］を天辺《てっぺん》に据えた数本の高い棒［熊頭木、カムイサパウンニ］が立っている。またたいていの集落には、がっしりした丸太を井桁《いげた》に組んだ大きな檻《おり》［ヘペレセッ］が一つ、地面から二、三フィート［約六〇～九〇センチ］のところに設けられている。この檻には、早春に捕まえた時にはごく小さかったものの、今ではよく育った子熊［ヘペレ、カムイオポイシオン］が入っている。捕獲された子熊は、普通は酋長か副酋長の家に連れていかれ、そこで一人の女性に乳を飲ませてもらい、子供たちと遊んで過ごし、大きくなり荒々しくなって家の中で飼えなくなると丈夫な檻に移される。聞いたところでは、翌年の秋までそこで飼育され、よく成長し強くなったのを見計らって熊送りが執り行われる。この祭の風習には場所によりかなり大きな違いがあり、熊を殺す方法も内陸《マウンテン》アイヌと海辺《コースト》のアイヌとの間で異なりはするが、人々が大勢集まってくる点はどこでも同じである。これは［アイヌの］一番の祭であり、たくさんの〈酒《サケ》〉がふるまわれ、男だけが変わった踊り［アイヌペウレプ］に加わる。

［この儀式では］叫んだりはやしたりして熊を興奮させ、錯乱状態になったのを見計らって酋長が一本の矢［花矢、へペライ］を射る。このため軽い傷を負った熊は逆上し、檻の数本の横木を上げてやると、荒れ狂って飛び出す。するとアイヌはさまざまな武器を持って熊に近づき、われ先に傷を負わせようとする。傷口の血が幸運をもたらす［と考えている］からである。熊が力尽きて倒れると同時に頭を落とされ、熊に傷を負わせた武器［花矢］が熊［の死骸］に捧げられ、その武器に熊が復讐するようにと願う。この後、興奮のるつぼの中、その死骸は人々に分け与えられる。そしてにぎやかな祝宴の中で［熊の］頭は棒［熊頭木、カムイサパウンニ］の先に据えられ、人々はそれに向かって〈酒《サケ》〉を捧げ、礼拝する。こうしてこの熊祭［熊送り］は全員が酩酊するなかで幕を閉じる。一部の村［コタン］では、熊［子熊、へペレ］を乳母として育ててきた女性が、その熊が男たちの手にかかって殺されていく間ずっと泣き叫び、殺された後でその男たちを木の枝で一人一人叩くという習慣がある。《後日［九月六日］、噴火湾［内浦湾］の有珠《ウス》では、長老たちから、自分たちの祭［熊送り、イヨマンテ］では熊を違った方法で殺しますという話を聞いた。それによると、熊を檻から放つとすぐに二人の男がその耳のところをつかまえ、同時に、他の男たちが丈夫な長い棒で熊の首筋を押さえつけ、何人もの男が馬乗りになる。すると、長くもがき苦しんだ後に熊の頸《くび》の骨が折れ、最期が近づくと、男たちは「我らはそなたを殺す。熊よ、アイヌ［人間］になってすぐに戻ってこられよ！」と一斉に叫ぶという》。熊を罠で仕留めたり矢で射

る狩猟者たちは、熊に詫びるような、また熊をなだめるような儀式を行う。彼らは素朴な輪廻《りんね》観のようなものをもっているように思われる。有珠《うす》アイヌのこの祈りの言葉やいくつかの素朴な伝承にその証がある。ただこれらの輪廻観が土着のものなのか、後に仏教との接触の中で生まれたものなのかは定かではない。

来世の欠落　来世についてはアイヌははっきりとした観念を持ち合わせていない。またこの問題が彼らにとって愉快なものでないことは明らかである。彼らにはこのような観念がほとんどなく、かつ混乱したものである。友人の霊が狼や蛇になると思っている者もいれば、森をさ迷うと思っている者もいて幽霊を非常に恐れている。一部には、自分たちの行い次第で「天国にも地獄にも」行くと思っている者もいる。しかしシノンディ［シノンテ］は私に、「そんなこと、どうしてわかるのでしょう。そこから戻ってきて私たちに話した者などだれ一人いないのですから」と言った。その言葉には無限の悲哀が感じられた。そこで悪い行いとはどんなことかと尋ねると、「親不孝と、人のものを盗むことと、嘘をつくことです」と答えた。しかし、彼ら［アイヌ］の頭の中には来世というものはかけらもない。彼らが幽霊を恐れていることからすると、彼らが肉体と霊魂を識別していることはわかるけれども、［西洋人のように］霊魂の不滅を信じているとはとうてい言えない。

彼らの社会慣習はたいへん単純である。結婚は娘は一七歳になるまで、青年は二一歳になるまでは絶対しない。青年が結婚したいと思う時には、特定の娘を想定しており、その娘をもらってよいかどうかを酋長に尋ね、もし許可が得られると、「仲人」を介するか自分自身で娘をくださいとその父親に頼む。そしてもし同意が得られると、花婿［になる青年］は父親に一つの贈り物をする。これには普通、日本の「骨董品」が用いられる。これで婚約が成立し、このあとすぐに結婚式となる。結婚式では賑やかな祝宴が催され、〈大酒《マッチ・サケ》〉を飲む。新婦は新郎からの贈り物として耳飾り［ニンカリ］と豊かな装飾を施した〈着物《キモノ》〉［チカラカラペ］をもらう。夫［となる新郎］が妻［となる新婦］を迎える家を用立てることは不可欠である。各夫婦［ウムレク］が個別に住み、長男「キヤンネポ」であっても父親［オナ］の家に新婦を迎えることはないからである。また、一夫多妻は二つの場合にのみ認められる。その一つは酋長の場合で、三人の妻［マッ］をもってもよいが、それぞれに別の家を与えねばならない。ベンリ［ペンリウク］は二人の妻をもっているが、二人目の妻をもったのは一人目の妻［ノモ］に子供ができなかったためのようである。《［後に聞いた］有珠《ウス》アイヌの話だと、噴火湾［内浦湾］岸の部族［アイヌ］は、酋長でも複数の妻をもたないようである》。第二は［酋長でなくても］妻に子供がない場合であるが、平取《ビラトリ》にはこのような例は皆無である。男たちによると、妻が二人いると喧嘩するから一人の方がよいとのことである。

未亡人［シオンピセラ］は酋長の同意が得られれば再婚してもよいが、この辺りの内陸《マウンテン》アイヌの場合だと、妻は亡夫の家に六カ月ないし一二カ月の間引きこもっていなければならない。ときどきは戸口［セムアパ］の外に出るが、それは戸口の左右に酒を振り掛けるためである。男の場合もこのように喪に服すが、その期間は三〇日間である。《このような慣習は地域によって大きく異なり、噴火湾周辺［有珠］で私が確認したところだと、妻の場合も喪に服す期間はわずか三〇日であり、夫［ホク］の場合だと二五日である。また、父親が亡くなった場合だと、三〇日間喪に服したあとで、その父親が住んでいた家を焼き払う。そして未亡人と子供たちは知人の家で三年間を過ごした後、元の場所に家［チセ］

を再建する》。

もし男が妻を嫌いになったら、酋長の同意を得て離婚〔ウオスㇽパ〕できるが、親元に帰す時にはたくさんの立派な衣服を持たせねばならないし、子供たちがいる場合には離婚は事実上不可能で、めったに行われない。夫に対する貞節はアイヌ女性の美徳であるが、不貞があった場合、被害を被った夫は、その愛人が独り者であれば妻をその男にくれてやってもよいが、その際に、愛人が支払うべき損害賠償金は酋長によって決められる。普通は、高価な日本の骨董品が渡される。

老人と盲人〔シㇰナックㇽ〕は子供たちに全面的に面倒をみてもらい、亡くなるその日まで敬愛され、尽くしてもらえる。

他人の物を盗んだ者は、それを返さねばならない上に、被害者に贈り物をせねばならないが、その額も酋長が決める。

ここの人々と生活をともにしてきたので、あなた〔妹ヘンリエッタ〕には彼らの暮らしぶりがもうわかっていると思うけれど、私は今もここでもてなしを受けている。人をもてなすことはすべてのアイヌの「慣習」となっている。彼らは私の場合だけでなく客人はだれであれ迎え入れ、最善を尽くす。最上の座〔横座〕をあてがい、贈り物をし、帰っていく時には雑穀を蒸して作った団子〔シト〕を持たせるのである。

楽器　ごくわずかの祭を別とすれば、彼らには娯楽というものがほとんどない。先ほど私に敬意を表し披露してくれた踊りはゆっくりとして哀調を帯びたもので、歌は〔西洋の〕詠唱《チャント》や叙唱《レシタティーヴ》である。彼らは浜辺に打ち上げられた鯨《くじら》の腱《けん》〔フンペリッ〕で作った、弦が三本ないし五、六本ついたギターに似た楽器［トンコリ］を持っている。もう一つの楽器［口琴《こうきん》、ムックリ］は彼ら固有のものと信じられているもので、薄い木片でできており、長さ五インチ［一二・七センチ］、幅二・五インチ［六・四センチ］ほどで、その真ん中に幅二ライン［四ミリ］、長さ一六ライン［三・五センチ］ほどの三方に溝のある尖った木片が固定されている。これを口に当て歌を歌うようにすると、息の動きによって弁が動き音が出るようになっている。それほどよく通らないその音は、ユダヤのハープの音にいくぶん似て耳ざわりである。男の一人が歌の伴奏にこの楽器を用いていた。彼らはこの楽器を譲りたがらないが、それは彼らによると、細く裂いて弁を作るのに必要な木片を見つけにくいからだという。

彼らほどお互いの間で礼儀正しい人々はいないのではないか。家に出入りする時や、道で出会った時、また他の人から物をもらった時や、親切な言葉をかけてもらったり誉めてもらった時など頻繁に挨拶をする。しかし女性に対してはこのような挨拶をして謝意を表すことは一切ない。普通の挨拶は、前に伸ばした両手を自分の方に一回以上曲げるように振ってから顎鬚《あごひげ》［レク］をなでる。また、改まった挨拶は、両手を自分の方に弧を描くように曲げながら頭の高さまでもっていったあと下げるということを二、三度繰り返したのち、顎鬚［レク］を数回なでる。酋長に対しては後者の挨拶をもっと改まって行う。若者が長老に向かってする挨拶も同じである。女性にはこのような「作法」がない［とのことである］！

彼ら［アイヌ］には呪医はいない。また薬草があることは知っているが、その特別の効能や使用方法は知らない。熊の胆嚢《たんのう》［ニンケ］を乾燥させて粉にしたもの［熊胆《くまのい》］が特効薬になっており、腹痛その他の痛みにはこれに頼っている。彼らは健康な民族である。この村［コタン］の住民は三〇〇人を数えるが、気管支炎を患っている者が一人いるのと、子供たちの間に数種の皮膚病があるだけで、慢性病を患っている者は一人もいない。またこの村にも、私が訪れたほかの五つの大きな村［コタン］でも奇形児は皆無だった。片脚が少し短い少女が一人いただけである。

彼らはある種の木の根から一種のアルコール飲料を作るほか、自分たちが栽培する雑穀や日本人［和人］が栽培する米からも酒を作る。しかし、好むのは日本の〈酒《サケ》〉［清酒］だけである。それで、稼ぎのすべてをこれに費やし、ものすごい量を飲む。これは彼らが知る、あるいは考えつくことのできる最高によいものとなっている。泥酔することがこの哀れな未開の人間があこがれる最高の幸福になっており、彼らからすると、この状態が「神々のために飲む」という作り話の下で正当化されるのである。この悪習には男だけでなく女も染まっているが、ピピチャリのようにごく一部には絶対に酒を飲まない者がいる。このような者は両手に杯《さかずき》［トゥキ］をもって神々への献酒をしたあと、その杯を次の人に回してしまう。どうして〈酒《サケ》〉を飲まないのかとピピチャリに尋ねると、「酒を飲むと犬のようになりますから」と答えた。簡潔で正直な答えだった。

酋長［ペンリウク］が二頭の馬［ウンマ］を持っているのを除くと、彼らが持っている家畜は非常に大きな黄色い犬［アイヌ犬］だけである。これを彼らは狩猟に使うのだが、家［チセ］の中には決して入れない。

人々は礼を失さないきちんとした身なりをしてはいるが、清潔なわけではない。女性は日に一回しか手を洗わないし、身体を洗うという観念はない。衣類を洗うこともなく、昼も夜も同じものを着ている。そのふさふさした黒髪がどうなっているのかと思うと心配になる。彼らはわが国の大衆がとても不潔なのと同じだと言ってよい。家［チセ］にも蚤《のみ》［タイキ］がうようよいる。だが、日本の〈宿屋《ヤドヤ》〉ほどにはひどくない。そして山間《やまあい》［内陸］の集落［コタン］は見かけ上はどれも実に清潔で、［本州の村とは違って］塵芥《ごみ》が散らかったり山積みになっておらず、肥溜《こえだめ》もない。乱雑さは皆無である。悪臭も家の内外を問わずまったくない。家の通気性がよく、煙で燻《いぶ》され、塩漬けの魚や肉は足高倉［プ］で保管されているからである。ただ、本来なら雪のように白いはずの老人たちの髪の毛と顎鬚は、煙と汚れのために黄ばんでいる。

彼らは時間を計る術《すべ》を知らないので、自分の年齢も知らない。彼らにとっては過去は死んだものであるが、他の征服され蔑《さげす》まれた民族がそうであるように、はるか昔には偉大な民族だったという観念に取り憑《つ》かれている。彼らには伝統的に内乱がなく、争いの術もはるか昔に失われてしまったようである。私がベンリ［ペンリウク］にこの点について尋ねると、彼は、昔は弓矢だけでなく槍や小刀を用いて戦っておりましたが、我らの英雄神義経が戦争は永遠にしてはならぬと命じられましたので、それ以来、長さ九フィート［二・七メートル］の柄《つか》の付いた両刃の槍は、熊狩りに使うだけになっております、と答えた。

絶対的な権限　日本政府［開拓使］はアイヌに対しても、他の臣民［和人］に対するのと同じような権限を行使しているが、アイヌ内部の問題や部族間の問題には干渉するのを嫌っているので、この外的制約の下で、絶対的な権限が酋長に与えられている。アイヌは村落共同体［コタン］の中で暮らしており、各共同体にはその最高権者たる酋長がいる。私にはこの酋長制は家父長制が拡大したものにすぎず、したがって当該村の家族は一つの単位として統治されているように思われる。私がその家で過ごさせてもらっているベンリ［ペンリウク］は平取《ピラトリ》の酋長であり、どの村人の態度にもベンリに対する絶大な敬意の念がみて取れる。その職は名目上は終身職ということになってはいるが、もし目が見えなくなったり、身体が弱って歩き回ることができなくなると、後継者を指名する。もし酋長に「できのよい」息子がおり、その子供が人々の信頼を集めると判断したならば、その子供を指名する。そのような子供がいない場合には、村内で最もふさわしい人物を選ぶ。そして人々はこの選択を承認するよう求められるが、彼らがそれを追認しないということはまったくない。この職はこの村に限らず一代限りのものである。

ベンリは非常に厳しい父親のような権限を行使しているように思われる。村人に対する態度は奴隷に対する主人の態度を思わせる。彼に話をする時にはだれもが頭《こうべ》を垂れるし、その承認なしには結婚できない。家を建てる時には彼がその場所を選ぶ。また民事上や刑事上のもめごとが起こった時にはその判断は完全に彼に委ねられるし、帝国政府［開拓使］の役人に報告しなければならないような重大な刑事事件なら別だが、そのようなものはめったにない。彼は盗んだものを返させたり、罪を犯した者が払わねばならない罰金の額をすべての場合に定める。また、狩猟の段取りや祭を取り仕切ったりもする。彼の留守中に若者たちが彼の怒りを買うことがないかととても恐れていたのは明々白々だった。

日本人［和人］の場合とは違ってアイヌでは長男［キャンネポ］が有利な権利をもつようなことはないようである。長男だからといって家や［家宝である］骨董品を相続するとは限らないし、後者も分割せずに父親が「一番できがよい」と見なした子供に家とともに譲られる。正式の養子縁組も行われており、ピピチャリは養子である。そしてベンリの財産は自分の子供たちをさしおいて彼に相続されそうである。私には［伊藤が］「できのよさ」と訳した言葉の意味がよくわからないが、総合的な能力を意味すると理解している。先にも述べたように、内陸《マウンテン》アイヌの間では酋長は三人の妻をもつことが許されているが、これ以外では権限を行使することが彼の唯一の特権になっているように思われる。

　アイヌは異常なほどに蛇〔キナスッ〕を怖がる。この上なく勇敢な者でさえも蛇を見ると逃げる。ある男によれば、蛇にかまれた時の治療法を知らないからということなのだが、毒蛇でないとわかっている場合でも逃げ出すことからすると、これ以外の理由があるにちがいない。

　彼らは死者に対しても同じような恐怖心を抱いている。死は彼らにとってはまさしく「人間の畏怖心の影」〔テニスンの詩の一節〕のようである。最も多い死因は年老いて気管支炎にかかるものであるが、死が訪れると、屍《しかばね》は最も立派な衣裳〔カパリミプ〕を着せられて一〜三日間、〔炉端に〕敷いた莫蓙の上に安置される。そして女性の場合には生前身につけていた装身具類が、男性の場合には小刀〔マキリ〕や捧酒箸〔イクパスイ〕が、そして男性が煙草のみだった場合には喫煙具類〔ニキセリ、タンパクオプ〕も副葬される。屍体はこれらと一緒に莫蓙〔棺筵、オッ〕にくるみ、〔紐《ひも》で縛り、〕棒に吊して人里離れた墓地〔トゥシリ〕へと運ばれ、横臥《おうが》の状態で埋葬される。アイヌは一人で墓地に近づこうとは決してしない。たとえ有用な鳥や動物が近くに転がっていても、それを拾いにいこうとも決してしない。死者に対する漠たる恐怖が常にある。天国を夢にも思わないアイヌには、「地獄の暗闇」から逃れるすべがないのである。

　ベンリ〔ペンリウク〕はアイヌとしては聡明である。函館のデニング氏が二年前〔一八七六年〕にここ〔平取〕にやってきて、我らすべての人間を作り給うたのは唯一神であると彼に言った時には、「あなた方を作ったという神が私たちも作ったのなら、どうしてあなた方と私たちはこんなにも違い、あなた方は豊かなのに私たちはこんなにも貧しいのですか」と鋭く言い返したという。その彼に、骨董品の壇に飾ってあるすばらしい漆器《しっき》や象眼細工についてどうやって手に入れたのですかと尋ねると、少なくとも父の代、祖父の代、曾祖父の代にはすでにありました、と答えた。蝦夷《エゾ》が征服されてすぐに松前の〈大名《ダイミョウ》〉から贈られたものと考えているのである。大酒呑みのため表情は険しいが、堂々とした男である。家には十分な空間があるので、今朝［八月二六日］、槍の使い方を見せてもらえますかと頼んだのを受けて見せてくれたベンリは、実に堂々たる野人だった。槍［オプ］を携えて十分後ろに下がったかと思うと、次の瞬間には跳ぶように前進して攻撃に転じた。その手足は鋼《はがね》と化し、筋肉は隆々と盛り上がり、身体全体が興奮で震え、ふさふさとした髪の毛が額《ひたい》から垂れ下がり、眼には獲物を追う炎が宿っていた。私は攻撃目標に見立てられている自分の従者［伊藤］を思い身震いした。それほどに熱のこもったすばらしい演技だった。

思いもしなかった恐怖心　私が今このように書いている間、七人の長老［エカシ］が炉端に［胡坐をかいて］座っている。その黄ばみふさふさした顎鬚はゆらぎながら腰の辺りまで垂れている。歳のせいで少し禿《は》げているために、得《え》も言われぬ風格を感じさせるだけでなく、高い額の美しさを際立たせている。それで私は一番いい顔をした長老の一人をざっと素描してからその人に見せながら、よかったらさしあげましょうかと尋ねた。するとその長老は楽しんだり喜んだりするどころか、顔に恐怖の色を浮かべ、これによって不幸がもたらされ死んでしまうことになりますからどうか燃やしてくださいと懇願した。そこで伊藤《イト》がその長老をなだめ、幸運を意味すると思われる漢字を一字書いてやると、その素描を受け取りはしたものの、他の長老たちは「描いてくださるな」と懇願した。ただピピチャリだけは例外で、スタッグハウンドのように［上座にいる］私の足元で寝そべっていた。

黒い髪の毛がぼうぼうに生えているのと、眼に独特の鋭さがあるうえに、手足も毛深く、〈体軀〉に希有《けう》なまでの力がみなぎっているために、［一見］大変野蛮な感じがするけれど、「愛らしさと明るさ」［M・アーノルド］が眼と口元にあふれたその微笑みや、かつて耳にしたことがなかったほど柔らかく心地よい音楽的な低い声のせいで、私は、時として、彼らがまったくの未開の民だということを忘れてしまう。長老たちの威厳に満ちた顔つきは、その物腰の不思議なほどの品位や丁重さともよく調和している。しかしその大きな頭を見ていると、また、アイヌが理解力の片鱗も示さず、子供がそのまま大人になったようであることに思いを至すと、その脳には知力よりは水がたまっているのではとさえ思われてくる。また彼らの顔の表情がヨーロッパ人的であるという思いがどんどんするようになってきている。その表情には正直さや率直さ、そして男らしさがある。だが、その表情と声の響きは同時に哀感を強く帯びている。

これら長老［エカシ］たちを前にしてベンリ［ペンリウク］は、自分の留守中、不快に思ったことは何もなかったかと私に尋ねた。厳しい口調だった。若い男や女どもが不作法に群がらなかったか心配だったとも言った。そこで私はほめたたえるようなことを言った。すると、長老［エカシ］たちはみな両手を揺り動かし、威厳に満ちた顎鬚をなでて感謝の気持ちを表した。

アイヌが文明化していない民族の中では高い位置を占めることは疑うべくもない。だが、最も荒々しい遊牧民族と同様で、教化することはまったく不可能であり、文明の存在するところで文明と接触しても堕落させるだけである。［明治五年に］数人のアイヌの若者が東京に送られていろいろ教育や訓練を受けたものの、蝦夷《エゾ》に戻ってくるとすぐに未開の状態に逆戻りしてしまい、残ったのは日本語の知識だけだった。彼らには多くの点で魅力があるが、その愚かさと無関心、見込みのなさには嘆かわしいものがある。そしてなお一層嘆かわしいのは、その人口が再び増えそうなことである。〈体軀〉が非常にしっかりしているので、現在のところはこの民族が絶滅しそうな様子はない。

彼らは家庭生活らしきものをもっており、その点で多くの先住民よりも確実に優れている。彼らには〈家《ハウス》〉に当たる言葉［チセ］と〈家族《ホーム》〉に当たる言葉［チセウンウタラ、チセコロウタラ］があるほか、英語のハズバンド［夫］に当たる彼らの言葉［チセコロクル］は、家の責務《ハウス・バンド》という言葉に非常に近い。彼らには誠実さこそが価値を有するのであり、この点においてこそ彼らはいくつかの民族に優っている。間引きは知られておらず、高齢者は子供たちから親として敬われ親切にされ養ってもらえる。彼らの社会関係や家族関係には称賛に値するものが多い。

唐突だが、［開拓使が用立てた］馬の用意ができているし、できることなら、今にも来そうな嵐がやって来る前にいくつもの川を渡らなければならないので、ここでこの報《レター》を終えねばならない。

I. L. B.

第三十八報［第四十三報　酔っ払いの現場］

餞別――ご馳走――気前のよさ――海辺の集落［コタン］――ピピチャリの忠言――泥酔する人々――伊藤《イト》の予言――戸長《コウチョウ》《こちょう》の病気――特許薬

八月二七日［二八日、水曜日］　蝦夷《エゾ》　佐瑠太《サルフト》にて

細やかな心づかい

私は昨日［二七日、平取の］アイヌのもとを辞した。着たきりで眠り、身体も洗えなかったためにとても疲れたのは事実だが、ほんとうに名残り惜しかった。ベンリ［ペンリウク］の二人の妻は、粟《あわ》［アマム］を搗《つ》いて肌理《きめ》の粗い粉にする骨の折れる仕事を早朝にすませ、私が出発する前に、その粉を捏《こ》ねて薄汚れた指で形よく団子［シト］にまるめ、それを、「いろいろな忌まわしいもの」［『旧約聖書』「イザヤ書」］の汁［ルル］を作る鍋［ルルス］を洗いもせず、その中に入れて茹《ゆ》でた。そしてできた団子を漆《うるし》の盆［イタ］に載せ、食べてくださいといって差し出した。彼らの風習に従ったのである。そして私がそれを食べないので困り果て、一人の女性が少し離れた集落［コタン］まで行き、私のご馳走にといって鹿肉の一番いいところを少し手に入れてきてくれた。私に何度も会ったことのある人々は皆、私にお別れを言いたいと、手に手に土産をもってやってきた（その中には立派な熊の毛皮もあった）。もしその半分でももらったとしたら、馬をもう一頭増やさねばならなくなるほどのたいへんな量だった。

私は、門別《モンベツ》［門別川河口の太平洋に臨む村。明治一〇年に駅逓所が北西約六キロの佐瑠太に移転］までの一二マイル［二〇キロ弱］を馬に乗って行った。森を抜ける旅だったが、私の馬が最悪だったために五時間もかかってしまった。ここは日曜日［八月二五日］を過ごすつもりにしていたところである。朝からずっとどんよりとした鬱陶しい天気で、今にも嵐が来そうだった。そして森を抜け水楢《みずなら》の雑木林におおわれた砂山に出ると猛烈な風に見舞われた。これまでに見てきた中でも最も心に残る光景だった。眼下には、何も生えず漂白されたような砂だけが堆積する陰気な感じの砂丘が展開し、その陰には、二、三軒の土色《グレー》の家が集まっていた。土色《グレー》の砂がうず高く堆積し延々と続く浜辺では、白い波が灰褐色《ブラウン・グレー》の海から次々と音高く打ち寄せていた。寄せては引き、引いては寄せる波のうねりが霧と混じり合い、暗雲が海との境のはっきりしない空を飛ぶように流れていく光景が、風で飛び散る砂の先に垣間《かいま》見えた。

雑木林の中にある一軒の家では、何人もの男たちが大声をあげて〈酒《サケ》〉［サケ］を飲んでいたが、実に見栄《みば》えのよいアイヌの男が外に出てきて、千鳥足で数ヤード［数メートル］歩いたと思ったとたん、ひっくり返ってしまった。雑草の上に倒れたその姿は堕落そのものだった。前に書き落としていたが、平取《ピラトリ》を去る前に、集まったアイヌに〈酒《サケ》〉を恒常的に飲むとどんな結果になるかについて話し強く戒めたが、それに対する答えは、「私たちは神のために飲むのです。そうしないと死んでしまいます」というものだった。これに対して、ピピチャリは「いいことをおっしゃってくださいました。神に献酒するだけにして飲まないようにしましょう」と言ったものの、この勇気ある発言のために［養父の］ベンリ［ペンリウク］からひどく叱られてしまった。

門別《モンベツ》は強風が吹きつける場所に当たり、アイヌと和人のぼろ家が合わせて二七戸［四七九頁の表参照］

寄り集まるこの上なく惨めなところだった。ここでは今、［鰯《いわし》を獲《と》って］魚油を作ったり海藻［昆布］を採る短期の仕事の最盛期で、余所《よそ》からやってきた多数のアイヌと和人が雇われている。しかし、波が高くて舟を出せないために、大酒を飲んで酔い潰れていた。至る所に〈酒《サケ》〉の匂いがあふれ、酔っ払いの男たちが千鳥足でうろついたり、地面に大の字になって倒れていた。酔いが覚めるまで、犬のように寝転んでいるのである。アイヌの女たちは酔っ払った夫を家に連れ戻そうと無駄骨を折っていた。男たちはアイヌであれ和人であれ獣も同然の状態だった。私は日曜日［八月二五日］を過ごすつもりにしていた〈宿屋《ヤドヤ》〉に行った。しかし嫌になるほど汚いだけでなく、〈酒《サケ》〉の商いを一手に引き受けているために、土間には酔って騒ぐ者から泥酔し分別をなくしてしまった者まで、さまざまな酔っ払いがあふれていた。嘆かわしい光景だった。これは土曜日の午後にスコットランドの幾多の地で見られる光景と同じだった。〈戸長《コウチヨウ》《こちょう》〉から聞いた話だと、アイヌは和人の四、五倍飲んでも千鳥足にはならないという。とすると、この地では〈酒《サケ》〉は［英国の］カップ一杯分が八ペンス［一八銭六厘］もするから、千鳥足になっているアイヌは六、七シリング［一円六八銭〜一円九六銭］もの金を〈酒《サケ》〉に費やしてしまったことになる！

思いとどまらせんとの反対　私は〈台所《ダイドコロ》〉で茶を少し飲み、卵をいくつか食べた。そして、もし東海岸をこのまま進んでいくと、雨が降ったら「荒れ川」と化す幾多の川の土手で何日も足止めを喰ってしまう可能性が高くなり、そうなれば、約束の日までに伊藤《イト》をマリーズ氏に返すという約束［第三十四報］を破ってしまう恐れがあることがわかったので、このような計画を全面的に変更することにした。ただ、その見返りとなるものがなければこの計画を放棄しはしないのだが、それがあるのである。旅の距離を一〇〇マイル［一六〇キロ］延長して、噴火湾のほとんど使われていない道をたどれば、海辺《コースト》のアイヌが住むきわめて原始的な地域を訪れることができるのである。伊藤《イト》はこれ［この変更計画］に猛反対である。平取では自分の満足を十分犠牲にしてきたと考えているからである。それで、［その道沿いには］「渡るのがやっかいな川がたくさんあります」とか、「〈宿屋《ヤドヤ》〉がありません」とか、「どこの役所［駅逓所］に行っても米も卵も手に入れられません！」といった話をしきりにする。馬を手に入れることができずに戻ってきた一人の年寄の話を根拠にしてのことですというが、こんな企《たくら》みは実にばからしい。というのも、伊藤《イト》は室蘭《モロラン》《むろらん》の宿の娘にべた惚れになっていて、その娘に荷物の一部を預かってもらっており、違う道を行くことに反対するその心の底には、その娘にもう一度会いたい気持ちがあるのである。

〈月曜日〉［正しくは水曜日］——私の馬は門別《モンベツ》から先［東］へは行こうとしなかったし、実際行くこともできなかったので、荷物だけを先に［馬で］送り、私は水楢の林を散策し、人気《ひとけ》のない静寂を楽しんだ。ただ、アイヌが〈酒《サケ》〉に溺れているのを思い返すと悲しい気持ちになった。昨日［二七日、火曜日］は雨風がひどい恐ろしい嵐だったので、なじみの宿で静かにしていた。正午にはピピチャリが現れた。表向きは例の病気の女性の具合を知らせ、自分の足にもう一度包帯をしてもらうということだったが、女性は回復しつつあり、自分の足もほとんど治っており、本当は自分が彫った小刀［マキリ］の鞘《さや》を私にくれるためにやってきたのである。彼は午後遅くまで私の部屋の片隅の茣蓙《ござ》の上で横になっていたので、私は彼からもっとたくさんの言葉を聞き出すことができた。佐瑠太《サルフト》の〈戸長〉でもある宿の主人がやってきて丁重に挨拶していったが、夕方には、「身体の具合が非常に悪く、熱が出そう」なので薬をもらえればありがたいのですが、と人づてに言ってきた。［そこで部屋に行ってみると、］ひどい風邪をひいてしまってのどがヒリヒリし、手足がひどく痛むということで、嘆き悲しんでいた。夫の身の上を案じている妻を安心させるためにこの病人にコックル錠剤［当時未開地に行く人が重用した万能薬］を少し与え、「一パイント［〇・五七リットル］の湯に唐辛子一摘《つま》み」を入れて飲む猟師の治療法を教えてから患者の休む部屋を出たが、その患者がうめきながら〈布団《フトン》〉にくるまって寝ているその部屋はほとんど閉めきられているため、〈火鉢《ヒバチ》〉の炭で空気が汚れていた。今朝［水曜日、八月二八日］その部屋に行き、患者の様子を心から心配しているとわかる声で尋ねると、妻は、すっかりよくなって外に出ていきました、とてもうれしそうに答えた。そして、昨日くださった薬をもう少しわけてほしいと言って二五銭置いていきました、とも言った。そこで私がダンカン・フロックハート社［エディンパラの製薬会社］製のこの上なく辛い唐辛子をとてももったいぶって少量渡し、一回にどれほど使うかを教えた。するとこの女性はこれに満足せず、これまでに一箱だけで六人を「奇跡的に治してきた」コックル錠剤を少し欲しいと言った。この薬は特許薬の製造会社の懐《ふところ》を潤し、大いに喜ばせるにちがいない！　I. L. B.

六角堂《ロツクカド》《ろつかくどう》［原著２巻本では第52報に収載（『完訳　日本奥地紀行４』77頁）］

第三十九報［第四十四報　火山探訪］

うれしい贈り物――最近の［地形］変化――火山現象――興味深い凝灰岩丘《ぎょうかいがんきゅう》――免れた絞め殺し――熊の落とし穴への転落――白老《シラオウイ》《しらおい》アイヌ――調教と虐待

九月二日［月曜日］　蝦夷　噴火湾　元室蘭《モロラン》《むろらん》にて

うれしい贈り物

日曜日［九月一日］は嵐だったが、翌月曜日［二日］はくもり空で風の音もなく静かだった。木々におおわれた山々は深い藍《あい》色に染まっていた。私は浜茄子《はまなす》の間を気性の激しい馬に乗ってゆっくりと一七マイル［二七キロ］走り、［八月二八日］勇払《ユウベツ》《ゆうふつ》に着いた。前［二二日］もそうだったが、この地の言葉に尽くせない静寂感に心惹かれ、またもや一泊することにした。［夜には］烈しい風が吹き、雨が叩きつけていた。翌朝［二九日］には前日と同じように馬で七マイル［一一キロ］ゆっくりと走って苫小牧《トマコマイ》に着いた。ここで私は私が乗ることになっていた〈人力車《クルマ》〉に再会し、かなり待たされたものの、三人のアイヌは私を乗せると白老《シラオウイ》《しらおい》まで走ってくれた。そこでは「雨の後の澄みきった陽《ひ》の光」［『旧約聖書』「サムエル記下」］も、レモン色の空を背にする山々もこの上なく美しく、太平洋だけがあたかも罪人の所業のように落ち着きを欠いていた。私は激しく打ち寄せる波の音とひどい寒さのために［眠れず］疲れきってしまい、翌日［三〇日］は先に進むのを断念した。そんなところにフォン・シーボルト氏とディスバハ伯爵があわただしくやって来て、ありがたいことに一羽の鶏をくださった。

私は［八月二九日に着いた］白老《シラオウイ》《しらおい》がとても気に入っている。もっと丈夫だったら、きっとここを［北海道の］内陸の一部を探検する基地にしたと思う。内陸には探検者に報いるものがたくさんある。この辺りの蝦夷《エゾ》［北海道］の［地形］変化は明らかにかなり新しく、それを生み出したエネルギーは今なお終息していない。この辺りの海岸は全体として海に向かって二、三マイル［約三～五キロ］前進している。入江や岬にはかつての汀線《ていせん》が認められ、景観上の一大特徴をなしている。広大に展開するこの新しい地層は軽石層をなし、表面は植物性の腐植土で薄くおおわれているが、このようになってからは五〇年も経っていないと思われる。この軽石は白老《シラオウイ》のすぐ近くにある樽前《タルマイ》《たるまえ》火山の噴火によって降り積もったものであるが、幾多の河川によって内陸の山々と河谷からも大量に運搬されてきているし、波によって海から打ち上げられたものもある。この前［四年前］の爆発の時には蝦夷《エゾ》［北海道］のこの地方一帯に平均で三フィート六インチ［約一メートル］もの厚さに降り積もった［と言われる］。深い峡谷をなす両岸に、明るい色の軽石層が、上を厚さ二、三インチ［五センチ前後］の肥沃な黒い植物性土壌、下を厚さ数フィートの黒い海砂ではさまれて厚く堆積する断面が、ほとんどの川でよく見られる。私が白老《シラオウイ》に泊まった一日目［八月二九日］の夜に洪水が発生し、たった一つの川［白老川］が内陸の山々から少なくとも一五マイル［約二五キロ］押し流されてきた軽石で九インチ［二三センチ］もおおわれてしまった。

内陸を見やると右手には樽前《タルマイ》火山が見えた。［双眼鏡でのぞくと］灰色の頂きには何も生えず、両側の森も一部が爆発によって欠けていた。また、視界の左手にかけては、深い森におおわれ、すばらしい山峡の裂け目がいくつもある山並みが、内陸に向かって複雑に折り重なるように展開し、まるで絵のようだった。それらの山峡はあちこちで峡谷へと続いていくのである。内陸は全体が密林をなし、そこへは、浅くて流れの速い川や、アイヌが獲物を獲《と》るのに開いた消え入りそうな踏み分け道によって、ほんの二、三マイル［約三～五キロ］ほど入って行けるだけである［という］。この地の全体的な地形を見ているうちに、山並みの間に横たわっている侵食の進んだ尾根筋が古い時代の凝灰岩丘《ぎょうかいがんきゅう》の連なりなのかどうかを確かめたいという気持ちが湧き起こってきた。そこでよい馬を一頭と馬で案内するアイヌの案内人を雇い入れ、伊藤《イト》には一人で遊んでいるようにと言い残して出かけることにした。天気も最高のこの日のほとんど丸一日を費やし、調査しながら火山の背後をめぐって内陸に至ろうとしたのである。そこには見るべきもの、学ぶべきことがあふれているはずである。ああ、私にその体力があることを！と祈った。何時間もの退屈極まりなく疲れ果てる行程を経て、煙と蒸気が吹き出し、時折、地下で爆鳴がとどろく巨大な割れ目がいくつか集まる地点に到達した。この爆鳴は、煙が激しく吹き出す側面の小さな隙間の片側から出ていた。軽石は一面にあったが、新しい溶岩やスコリア［多孔質な火山砕屑物］のようなものはまったくなかった。一つの割れ目に硫黄のみごとな針状結晶が線状にびっしりと付着していたが、ちょっと触ると壊れてしまった。また少し下の方には温泉が二つ湧き出ており、その縁《ふち》には硫黄分がたまり、ガスの泡が吹いていた。そのガスは強烈なニンニク臭からすると硫化水素だと思われる。この方向にこれ以上進むのは開拓者の力なくしては無理だった。高度がほんの五〇〇フィート［一五〇メートル］ほどの地にあるいくつかの深い割れ目に手を入れてみたが、とても熱かったために即座に引っ込めねばならなかった。そこには［五年前にハワイの島で見た］熱帯性羊歯《しだ》の標本のような美しい羊歯が生えていた。高度が同じところで温泉に出会ったが、とても高温で、華氏の沸点よりも上まで目盛りのある温度計が壊れてしまった。また、卵を一つハンカチで包み、棒につるして熱湯の中に入れてみると、八分半で硬くゆで上がってしまったし、湯から取り出したハンカチの水分は瞬時に蒸発し、ハンカチには何の澱《おり》も残らなかった。温泉の縁にも湯垢《あか》はまったくなく、大変な勢いで沸騰し、泡を立てていた。

報いられた労苦　そのあと三時間以上もくたびれ果てながら進み、馬も二頭ともへとへとになった時、私たちは例の尾根筋だとはっきりわかるところに辿り着いた。これが凝灰岩丘が連なったものであることがわかり、うれしかった。その比高は二〇〇〜三五〇フィート［六〇〜一〇〇メートル］、さらには四〇〇フィート［一二〇メートル］もありそうだった。これらはかなりの樹齢の木々と肥沃な腐植土でびっしりおおわれていたが、それでもその円錐形の形状は実に明瞭に認められた。そのあと、案内のアイヌがナイフを精力的に使いながら巨大な植物が絡まり合うようになった森を抜け、必死の思いで一時間進んでいくと、ようやく火山円錐丘の頂きに辿り着いた。そして輪郭がはっきりとした噴火口状の非常に深いカルデラを発見できたので、十分に報われた。側面に植物が生い茂ったこの非常に深いカルデラは、［五年前に訪れた］カウアイ島［ハワイ諸島北西の島］の古い火山円錐丘のものにとてもよく似ていた。この火山円錐丘の一部を巻くように細い川が流れ、一部では、開削によって赤と黒の火山灰からなる土手が露出していた。白老《シラオウイ／しらおい》の北方では、火山地域でよく見られるおそらくすべての現象を眼にすることができると思われた。将来のいつの日かこれらの現象が注意深い調査の対象になればと思う。

死ぬかと思うほどへとへとに疲れたけれども、私はわずかながらあの「探険調査」［アメリカ合衆国が一八三八〜四二年に行った太平洋地域の探険調査］以上の楽しみも味わった。日本人は話し相手がいないとぞっとするような調子外れの歌［鼻歌］を口ずさむが、今日は伊藤《イト》を残し、アイヌと出かけてきたのでその恐れはなかった。この男はもの静かな上に信頼がおけ、忠実でもあった。私がこのアイヌに与えた指示は、奥地から白老《シラオウイ》に向かって赤い小石の堆積する河床を泡立ちながら流れ下ってくる二本の川の一つ「樽前川」を遡り、私が「白老《シラオウイ》」と言うまで私が指示する方向に山間《やまあい》を分け入っていくというものだった。朝の天気も、スコットランドの高地地方《スコッチ・ハイランズ》で雨が降る前に時たまあるようなすばらしい快晴だった。空は澄みわたり一片の雲もなく、視界は最高で、空も山も青く染まり、露がしっとりと草を濡らし、太陽が光り輝いていた。そのため、そうでなくとも美しい風景は、いっそう魅惑に満ちていた。

蔓《つる》植物「山葡萄《やまぶどう》、ハッ」はとても厄介なものなので、馬に乗った私たちは四六時中、身をかがめねばならなかった。また、その枝を後ろに追いやったり、それに顔を打たれたり引っ掻かれたりしないようにしたので、私の犬皮製の分厚い手袋は文字どおり擦り切れてしまっただけでなく、両手と顔に何ヵ所か傷を負い、戻ってきた時には出血し腫れていた。幸いにも帰り道でのことだったが、一本の巨大な蔓植物「山葡萄」を避《よ》けようとして身をかがめた時に、輪のようになった別の葡萄蔓で鼻をかすった。その瞬間、乗り慣らされていない馬を急停止させることができなかったために、輪のようになった蔓が私ののど元にひっかかって窒息しそうになり、声をあげる間もなく鞍《くら》から地面に引きずり落とされた。気がついた時には一本の木と馬の後脚の間の隙間に投げ出されていた。馬は「何事もなかったかのように」静かに草を食《は》んでいた。私がいないのに気づいて戻ってきたアイヌは、一言も言わずに私を助け起こし、大きな木《こ》の葉に水を入れてきて飲ませてくれたり、笠をとってくれたりしたが、その顔も傷だらけだった。そのあと、私たちは再び馬に乗って進んでいった。落馬してもほとんど平気だった私だったが、鏡を借りて見たその顔は、顔じゅう引っ掻き傷と擦り傷だらけだっただけではなく、のど元には吊し首にされたかのような痕《あと》が青黒く残っていた！　たくさんの枝には案内のアイヌのふさふさとした髪の毛が引っ掛かっていた。もしあなた［妹ヘンリエッタ］がこの森で私に出会ったら、私がこの毛むくじゃらでいかつい顔立ちをした未開人に先導してもらっているのを見て、きっと面白がったと思う。何しろこのアイヌは、外側に被毛のある皮の上着［ユクウル］を着、鹿皮を敷いた荷鞍の上に、毛むくじゃらの両足を馬の頸《くび》の上で組むようにして座っていたのである。これがアイヌの馬の乗り方であり、どんな馬であろうとどんな地形であろうとこうして乗って平然としている。

熊を獲る古い落とし穴

美しさの点ではすばらしい所だった。ここの河床から眺めた風景ほど美しい風景は日本では初めてだった。［樽前川の］河床からは、凝灰岩からなり太古の植生でおおわれた巨大な凝灰岩丘が連なっている状況が間近に見え、背後には火山そのもの［外輪山］が高くそびえ、ごつごつした峰々には火山灰が青空を背に赤く輝いていた。また手前では、明るい水流が原始の森をきらきらと流れていた。大雨のために川岸が深くえぐられていたので、私たちは森から川に三、四フィート［一メートル前後］も飛び降りたり、よじ登ったりということを繰り返さねばならなかったし、白老川《シラオウイ》《しらおい》［正しくは樽前川］だけでも二〇回以上も渡らねばならなかった。巨大な木々が倒れて森が通れなくなっているために、危険の潜む河床や勢いよく水が流れる川を通って行かねばならないこともしばしばだった。馬は私たちが川に飛び降りるのを見ると、二頭とも後退りして向きを変えようとし、そのあと、意を決したように急に飛び降りたり飛び上がったりした。踏み分け道の痕跡がいよいよ消えてしまった時、私はアイヌに、このまま先に進むよう身振りで示した。それからあとの「探検」は、一時間に［わずか］一マイル［一・六キロ］という速度で行われた。森がない所では頑強な草［薄《すすき》］が八フィート［二・四メートル］にも生い茂り、赤っぽいその柔らかな羽毛が微風にそよいでいた。アイヌが先に草むらの中に無理やり分け入っても、草は元の状態にすぐに戻ってしまう。それで、前を行く姿が隠れてしまうと、チリンチリンという馬の鈴の音によってのみ彼が近くにいることを確認できた。姿はもちろんのこと、私の馬だって鞍の前橋《ぜんきょう》しか見えなかったのである。しょっちゅう穴に転がり落ちては簡単に這い出した私たちだったが、熊を獲る古い落とし穴［カムイチセ］だったと思われる穴に、二人ともまったく思いもかけず馬の頭から突っ込むように落ちてしまい、馬も私たちも羽毛のような草［薄《すすき》。スプ］にまみれてその狭い空間から這い出ようともがいたことが一度あった。その時は、案内人と言葉が通じないために、災難のただ中にあったにもかかわらず、また、ちょっとした傷を負ったにもかかわらず、この状況の滑稽な感じがまさり、笑いこけてしまった。もっとも、この落とし穴から脱出するのは本当に大変だったので、二度と落ちたいとは思わなかった。またこの時も、蝦夷《エゾ》の馬が蹄鉄《ていてつ》をしていなくてよかったと思ったものだった。このような丈の高い草［薄］の生い茂る草むらを抜けてようやく私たちは凝灰岩丘に辿り着いた。［樽前山の］赤いギザギザの峰が碧《あお》い空に映えていた。

得も言われぬ景色だったし、こんなに遠くまでやってきたので、川［樽前川など］の水源を何とか探検したいと思った。だが、多くの困難があるうえ時間もかかってしまったのであきらめた。この大変なエネルギーを要する企てを行うには身体もとうていもたなかった。ただ、探検への情熱とその魅力は直観的に感じたし、探検家がそのためには命までもかける気持ちも理解できた。凝灰岩丘とギザギザの峰を後ろ髪をひかれる思いで後にし、疲れた馬に乗って四苦八苦して進んだ。だが、そのうち私の馬が完全にのびてしまったので［馬をひいて］歩かねばならなかったし、最後の一時間は川の浅瀬も歩かねばならなかった。［白老に］戻った時には夕方になっており、伊藤《イト》はといえば、私の荷物をすべて荷造りし終え、あとは幌別《ホロベツ》に向かって出発するだけにして、昼からずっと待っていた。それで、その荷物を解かねばならなくなるとすっかり機嫌を損ねた。とても疲れたし、傷もひどいから明日［八月三一日］もここでじっと休んでいなければならないと告げると、すっかり怒ってしまった。そして、「あなたが〈開拓使《カイタクシ》〉の〈人力車《クルマ》〉の手筈を整えられた時には、道をはずれてあんな森にまで入っていくなんて思いもしませんでした！」と憤然と言った。私たちはこれまで数頭の鹿［ユク］とたくさんの雉《きじ》を見かけたが、腕のよい猟師が立派な雄鹿［アプカ］を仕留めて持ってきてくれたので、夕食には鹿肉のステーキを食べ、とても満ち足りた。ただ食事の間中ずっと伊藤《イト》が噴火湾沿いのルートは通行できないなどという作り話を巧妙にしたのには閉口した。

白老《シラオウイ》には〈本陣《ホンジン》〉という、その昔〈大名《ダイミョウ》〉とその御供《おとも》が宿泊に用いた大きな〈宿屋《ヤドヤ》〉と一一軒ほどの和人の家があるが、そのほとんどは〈酒《サケ》《さか》〉屋である。これこそは少し離れた海辺に遠慮するかのようにたっている五二戸の家からなるアイヌ集落［コタン］のみすぼらしさの原因になっている。海岸部の漁村の例にもれず、この村でも農耕が見られず、魚油と魚肥が大量に生産される。その最盛期でもない今も、辺り一面には「腐った魚のような悪臭」［シェイクスピアの『あらし』の一節］が立ちこめている。

この地のアイヌの家［チセ］は平取のものと比べるとずっと小さく、粗末で汚い。私は多くの家を訪れ人々と話をした。人々の多くは日本語がわかる。一部の家はまるで獣の住みかのようだった。ある家を訪れた時には雨が降っていたので、夫と妻そして五、六人の子供たちが［囲炉裏《いろり》の］火の回りに集まっていた。子供たちはみな裸で、よくもまあこんなに、と思うほど薄汚く、そのぼうぼうの髪の毛はまるで櫛《くし》を入れない小妖精の髪の毛のようだった。しかし、見た目には汚くいやな臭いがするにしろ、炉端は家族団欒《だんらん》の場であり神聖である。そしてみな煙で煤《すす》け汚くなっているこの群れは［紛れもなく］一つの家族、しかも、例えば［モルモン教徒が住む］ソルトレークシティの社会生活などよりは進んだ生活を営む家族なのである。家の屋根は内陸《マウンテン》アイヌのものよりも勾配がずっとゆるい。倉［プ］がほとんどないので、たくさんの魚や「生」の獣皮、鹿肉などが垂木《たるき》からぶらさがっており、それらの臭いと煙で眼がヒリヒリし、とてもつらかった。賓客《ひんきゃく》のための座［上座］のある家はごく一部だけだったが、私が雨宿りを請うと、どんなに貧しい家であっても、人々は持っている一番上等の茣蓙《ござ》を床の上に敷き、「そうしていただくのがアイヌの習慣ですから」と言って、靴のままでその上を歩くように勧め、泥だらけの靴をはいている私を困らせた。どんなにむさくるしい家であっても幅の広い壇［宝壇、イョイキリ］が必ずあり、日本の骨董品が並べてあった。身体が弱ったら酋長《しゅうちょう》が後継者を指名するのが習わしになっていると前に［第三十七報（続々）］記したが、そのような場面に出くわした。道を間違え、玄関脇にある熊［子熊］の大きな檻《おり》［ヘペレセッ］が空っぽの家に来てしまったのである。前の酋長の家だった。酋長だと思って挨拶すると、「私は年をとって目が見えず、外も歩けません。もうその役にはありません」と言って後継者の家を教えてくれた。この集落［コタン］で調べたことからすると、和人が近接しているのは［アイヌにとって］有害であり、日本の文明との接触によって益のないまま不利益だけを被ってきたことは明白である。

和人による馬の調教《ジャパニーズ・ホースブレーキング》　その晩［八月三〇日］、私は蝦夷《エゾ》［北海道］で行われている和人の馬の調教の実例を目にした。一人の和人が集落の表通りに一頭の立派で元気のよい若駒を連れてきた。その馬には日本の〈前橋の低い鞍〉と残酷きわまりない強力な調教用はみが付けてあった。この男は［馬からすれば」実に残酷な拍車を付けたうえ、長さ二フィート［六〇センチ］、幅六インチ［一五センチ］の丈夫な板切れを護身用に持っていた。この馬にはまだだれも乗ったことがなく怯《おび》えていたが、癖の悪い馬ではまったくなかった。なのに、その馬が襲歩で走るように拍車を当て、表通りを全速力で行ったり来たりさせたり、速度を落とさぬまま向きを変えたりさせた。そのため馬は後軀から崩れ落ちた。すると男はまた拍車で責め、例の板で耳や目の辺りを出血のため目が見えなくなるまで情け容赦《ようしゃ》なくたたいて脅した。そして馬が疲れきって止まろうとするとまたもや拍車で責めたり、手綱をぐいと引いて止めたり、鞭《むち》打ったりした。そしてついには、馬の体じゅうが吹き出した汗と泡と血でおおわれ、口からも血を吐き、その血が道路に飛び散り、よろめきふらついた挙げ句、倒れてしまった。すると乗っていた男はこともなげに馬から離れた。そして、その馬が何とか立ち上がれるや否や、馬小屋へ引っぱって行かれた。よろよろだった。そこで朝まで餌《えさ》も与えられず放っておかれ、朝になれば子供だって自在に操ることができるようになる［という］。この調教によって馬は「目茶苦茶にされてしまった」。本来の馬らしさは実に効率よく叩きのめされ、二度と使いものにならないほどにされてしまったのである。これは、情け容赦のない残忍きわまりない見せ物であり、よくある暴力の勝利の一例である。

第三十九報（続）［第四十四報（続）］　雨の中の旅

万国共通の言葉——蝦夷《エゾ》［北海道］の〈囲い柵〉——「台風性の雨《タイフーン・レイン》」——難路——うらやむまでもない馬の旅——衣服の乾燥——［アイヌ］女性の慈悲

今朝［九月一日］早く、私は親切で愉快な二人の未開の民［アイヌ］がひく〈人力車《クルマ》〉に乗って［白老《しらおい》を］出発した。道が雨のためにひどく傷《いた》んでいたので、しょっちゅう［人力車から］降りねばならなかったが、乗るたびに私の空気枕を背に当てたり、毛布を掛けたりしてくれた。また、ある荒れ川に出た時には、一人が、自分の背中を踏み台のようにして自分の馬に乗せて輪縄をつかめるようにしてくれ、もう一人が、私の腕を支え、体がぐらつかないようにしてくれた。山道では、どんな上りであれ下りであれ絶対に歩かせず、私を乗せたまま進んだ。言葉では意が通じない中にあっても、親切さと礼儀正しさという万国共通の言葉はちゃんと理解できたし、彼ら未開人の顔に浮かぶ優しい微笑みは、わが国の田舎の人々の優しい微笑みと同じで、よくわかった。本当にうれしくありがたかった！　二人はこれまで〈人力車《クルマ》〉をひいたことがなかったので、梶棒のバランスの取り方を教えると子供のように喜んだ。そして、創造力がないわけではないことがわかった。［車を］ひいて楽しむことに飽きると、馬と〈人力車《クルマ》〉を綱で結び、二人のうちの一人が馬に乗って「不規則走《スクランブル》」し、もう一人が梶棒を支えるだけの状態で走ったのである。すばらしいやり方だった。

荒天

幌別《ホロベツ》は一八戸の和人の家と四七戸のアイヌの家からなる、古くさくさびれた感じの漁村である。アイヌの家［チセ］は白老《シラオウイ》《しらおい》のものよりもずっと大きく、その非常に急勾配の屋根は造りがとても美しい。陰気な天気で、霧が山を隠し、海にも重く立ちこめていた。しかし雨になるとはだれも思わなかったので、私は〈人力車《クルマ》〉を［新］室蘭《モロラン》《むろらん》に返し、馬を複数確保した。馬を選ぶに当たっては常々自分で〈囲い柵〉に出かけていき、できることなら背中に傷を負っていない馬を選ぶようにしているのだが、まったくの「野生」馬か、そうでない場合には、私の手が入るほどのへこみが背中にあったり、背骨が出てしまっている馬を選ぶしかないことがしょっちゅうだった。私がすることがすぐには効果を結ぶことはないが、このような残虐な行為は非難されるべきであるという外国の見識を日本人［和人］に示すことによって、そのうちには改善がもたらされるかもしれない。幌別《ホロベツ》［の囲い柵］には二〇頭の馬がいたが、その中に手に入れたいと思うような馬は一頭もいなかった。できることならすべて射殺してやりたいと思うほど［に哀れ］だった。安いうえ豊富にいるので、大切にされないのである。多数の他の馬が山から連れてこられたので、これまで日本で見たことがなかったような大きく立派で、元気がよく活発な馬を選んだ。しかし、すぐに脚が弱いことがわかった。私たちはほどなくして幹道［札幌本道］を外れ、雨が激しく降りしきる中、「未踏の地《アンビートウン・トラックス》」に入った。そして一つのひどい沼沢地《しょうたくち》やひどく増水したいくつもの荒れ川をぬけて山地に入っていき、八マイル［一三キロ］にわたって荒れ果てた一本道をぬっていった。文字どおりの「〈荒〉天」だった。真っ暗で風の音ひとつしなかったのが、黒っぽい霧が立ちこめたかと思うと激しい雨となった。紙［桐油紙《とうゆがみ》］の雨合羽《あまがっぱ》は使いものにならなくなったので捨ててしまった。それで着ていたものはもちろんずぶぬれになってしまい、自分の〈証文《ショモン》《しょうもん》〉と紙幣がただの溶けた紙のようになってしまわないようにするのに苦労した。台風《タイフーン》は蝦夷《エゾ》［北海道］のような北国では知られていないのだが、この雨は彼らのいう、大風《タイフーン》［ルヤンペ・ルイ］を伴わない「台風性の雨《タイフーン・レイン》」［ルヤㇷ゚ト、豪雨］だった。このため細流は瞬く間に渡るのも大変な激流と化し、道はずたずたに寸断され、道とは名ばかりの水路になっていた。激流はかなり大きな石を押し流しながら流れて道を破壊し、それらの石に馬が一再ならずぶつかるために、馬を激流に立ち向かわせるのは容易なことではなかった。水流が両岸を数フィートの厚さにわたってえぐり、道を寸断させてしまう状態が広がるために、馬が何とか歩けるのは、一頭がやっと歩ける二フィート［六〇センチ］の幅もないような石だらけの裂け目だった。しかも、後からは水や石が激しく流れてくるうえに、頭上にはあらゆる種類の蔓《つる》植物が絡まっているので、それに首がひっかからないようにしたり、脚《あし》の弱った馬を何とか歩かせながら行くのは、並大抵のことではなかった。私が乗った脚の弱い馬は石を踏み誤って五回も倒れ、そのうちの一回では、倒れたはずみで私は左手首をひどくくじいてしまった。［母国の］多くの人々が日本での私の旅をうらやんでいることを思い出し、こんな馬の旅をしている私でもうらやむだろうかと思ったことだった！

　このような状況が四時間にわたって続いたのち、道は山腹を急に下るようにして元室蘭《モロラン》《むろらん》に至った。ここは三〇戸のアイヌの家と九戸の和人の家とからなる村［集落、コタン］で、場所自体は愛らしい入江に臨みすばらしいものの、何の期待ももてそうにない所だった。アイヌの［一間《ひとま》作りの］小屋風の家は小さく貧相で、異常な数の熊の頭骨が［祭壇、ヌササンの］棒［カムイサパウンニ］にかかっていた。老朽化した二棟の細長い建物［旧駅逓所］が集落の主たる建物としてあり、そこでは何人もの男たちが網を補修していた。集落は見るからに衰微しており、暮らしも惨めで貧しそうだった。しかし、泊まった

「商家」［富士屋旅館］にはすばらしい部屋が一部屋あった。その部屋は両側が障子になって弱い光が差し込み、一方は集落に面し、他方からは勾配のきつい小さな斜面の向こうに海が見えた。そしてその斜面には古風で趣のある小さな庭があり、松の盆栽や芳香性のある数本の樹木のほか、赤い葉牡丹《はぼたん》が一つ「観葉植物」として誇らしげに植えてあった。

今は真夜中近くだが、私の［折り畳み式］ベッドも寝具も非常に湿っているので、まだ寝ずに起きており、火鉢にかぶせるようになった木枠の上に寝具を一枚ずつ広げて乾かしている。退屈で時間がかかる。火鉢があるお陰で部屋は乾燥し暖かい。何時間もずぶぬれだったのに乾いた衣服を持たない者にとって、乾燥と暖かさは不可欠だった。［今日こんなことがあった。］伊藤《イト》が私の夕食のために買ってきた一羽の鶏を一時間後につぶそうとしたまさにその時、飼い主だった女性が沈痛な面持ちでやってきて、今まで育ててきましたので、殺されるのを見るのは耐えられませんと言いながら、お金を返したのである。その時私はこの未開で辺鄙《へんぴ》な土地がすばらしい場所だと直感した。浜には海の大きなうねりの重々しい音が今も響き渡り、土砂降りの雨も続いている。

I. L. B.

第四十報［第四十五報　驚愕］

「至福の安らぎ」――地勢の厳しさ――有珠岳《ウスタキ》《うすだけ》――泳いで渡った長流川《オシャル》《おさる》――夢のような美しさ――夕陽の効果――夜中の驚愕――海辺のアイヌ

九月六日［金曜日］　蝦夷《エゾ》　噴火湾　礼文華《レブンゲ》にて

「浜辺ですすり泣き、呻《うめ》くがごとき波収まり、
風止みて、ついに来たらん安らぎの時」

申し分ない一日

実際はこれに勝る至福の安らぎだった。まるで天国のような［九月六日の］朝だった。紺碧《こんぺき》の空には一点の雲もなく、ダイヤモンドのような輝きと「きらめくような微笑み」に満ちた真っ青な海は、愛らしい入江の金色に輝く砂浜にさざ波を寄せていた。また、四〇マイル［六五キロ］の彼方には、噴火湾の南西端を占める駒ヶ岳《コモノタキ》《こまがたけ》火山がその頂きをピンクに染め、青みがかった柔らかな靄《もや》がヴェールのようにかかるその上にそびえていた。心地よい微風が空をよぎり、［こちらの］山は黄褐色に輝き、森はところどころ金色に色づき、ちらほらと見える紅葉は来たりくる秋を知らせているようだった。一日がこうして始まり、そして終わった。過ぎ行く時を引き止めたいと思ったことだった。一瞬一瞬が本当に楽しみだった。［九月二日には］かなり多くの室蘭《モロラン》《むろらん》アイヌを訪ね、よく育った［子］熊が檻《おり》［ヘペㇾセッ］にいるのを目にした。［九月三日の］昼には本当に後ろ髪を引かれる思いでこの地［元室蘭］を後にした。そし

て急な山や背の低い水楢《みずなら》［正しくは柏］の林を抜け、琥珀《こはく》色の砂浜を走る道を通り、数本の小さな川を渡り、稀府《マリプ》《まれっぷ》というアイヌのうらさびれた集落を通過した。左手には海《オーシャン》が、右手には森におおわれた山々が続いた。すると前方に、有珠岳《ウスタキ》《だけ》［洞爺湖の南縁にある高度七三三メートルの活火山。通称、有珠山《うすざん》］という威圧感のある火山が、その先への進行を妨げる障壁のようにそびえ立っているのが目に入った。一気に三〇〇〇フィート［九〇〇メートル］に達するかと思われた。

第一の島［本州］でもそうだったが、蝦夷《エゾ》［北海道］も同じで、先の道筋についてはほとんど何も教えてもらえない。和人はとぼけたような表情をし、薄笑いを浮かべたり、帯に両手の親指を差し込んだり衿《えり》を正したりしたあと、十中八九は一度ならず足を運んだことがある場合でも、何も知らないと言ったり、いいかげんな受け売りの話をしたりするのである。人が尋ねる目的を怪しんでのことなのか、自分が答えることによって身に累が及ぶようになるのを恐れてのことなのか、心の内はわからないが、いずれにしろ、旅する者にとってはこの上なく腹立たしい。蝦夷《エゾ》［北海道］の沿岸部をくまなく歩いたことのあるブラキストン大尉［英国の博物学者、貿易商］に函館で会いそこねた私が［元室蘭から有珠に至る］この道筋に関して知りえたことといえば、次のようなことだけだった――曰《いわ》く、沿岸にはアイヌがまばらに住んでいるだけである。曰く、政府［開拓使］の馬［官馬］がいて、借りることができ、借りた所［駅逓所］で宿泊もできる。曰く、食べられるものはご飯と塩魚だけである。曰く、たくさんの「荒れ川」があるし、「ひどい山々」を越えねばならない。曰く、政府［開拓使］の役人が年に二度通るだけの道筋である。曰く、一日に四マイル［六・五キロ］進むのがやっとで、峠越えの道は「大きな石だらけ」である――。そのために、この有珠岳《ウスタキ》《だけ》を見た私は驚きでいっぱいになり、これまでしっかりと練り上げてきたこの地方についての考えは大きく混乱し、その状態からしばらくは抜け出せなかった。火山に関しては、この湾［噴火湾］沿いでは駒ヶ岳《コモノタキ》《こまがたけ》が森《モリ》［集落］の近くにあるだけだと聞かされてきたし、そこへはまだ八〇マイル［一三〇キロ］あると思っていたのに、眼前二マイル［三キロ］もないところに、この壮大にして朱色のギザギザの山頂をもつ火山が［突如］姿を現したのである。その姿は、〈これぞ火山〉《ザ・ボルケーノ》の神々しさをはるかにしのぐものだった。幕のように広がる手前［の山腹］には谷や沢の深い切れ目がいくつも刻まれ、真昼の太陽の下でさえ光が射さずに紫色の陰になっていた。二つある嶺のうちの一つ［大有珠］は、深い噴火口から黒煙を吹き上げ、もう一つの嶺［小有珠］にあるいくつもの割れ目からは蒸気と白煙が吹き上がり、朱色の嶺、煙そして蒸気のすべてが真っ青の空を突くようだった。空気が非常に澄んでいたので、展開している現象のすべてが実にはっきりと捉えられたのである。とくに幕のように広がる前山よりも高い地点に至った時にはよく見えた。この火山の地勢を正確に捉えるには二日でというわけにはいかなかったが、これが駒ヶ岳《コモノタキ》ではないということだけはすぐにわかった！　活発な火山活動が認められるのである。昨夜は三〇マイル［五〇キロ］離れたところから一条の閃光が立ち上るのが見えた。アイヌはその山が「神」だと言ったが、神の名前はだれも知らなかったし、その山陰で暮らしている和人も同様だった。この火山よりももっと奥の方にはドームのような形をした巨大な山、尻別山《シリベツサン》［正しくは羊蹄山《ようていざん》］があり、その全景は雄大である［とのことである］。

紋鼈《モンベツ》のすぐ先に長流川《オシャル》《おさる》が流れている。蝦夷《エゾ》の小河川のうちでは最も大きなものの一つである。前日の雨でたいへん増水し、渡し舟が流されてしまっていたので泳いで渡らねばならなかった。大変な距離を泳いだように感じられた。もちろん、荷物もろともずぶぬれになってしまった。［案内の］アイヌが、渦巻き増水した幅の広いこの川は、歩いてでなく泳いで渡りますと事前に断ることもなく、平然と案内したそのそっけなさが何とも滑稽だった。

長流川《オシャルガワ おさる》を渡り急坂を上って頂きに至ると、その向こうに非常に美しい湖のようなものが目に入った。回りには木立におおわれた崖や小さな複数の入江、細密画にあるような小さな岩の岬、そして小さな高みがあり、そこには黄褐色の屋根を葺《ふ》いたアイヌの家が集まっている。頂きから先は道が急な下りとなった。出たところは湖のほとりではなく、有珠《ウス》湾だった。これは太平洋［噴火湾］に臨む一つの入江であり、その中がまたいくつもの小さな入江に分かれていた。湾口部が非常に狭く、ほんの二、三地点からしか見えないのである。道が湾のほとりに出ると、道端《みちばた》におおいをされた輪蔵《りんぞう》があった。また海辺には梵字《ぼんじ》を刻んだとても大きな石碑がたっており、石段と門に通じていた。門は広大な石垣に組み込まれていた。その様子は辺り一面荒涼としたこの地にはまったくそぐわない感じだった［善光寺］。森に包まれた入江に突き出た岩だらけの岬に一軒の家［旧有珠会所］があった。複雑な形をした大きな家ではあるが、手入れがまったくなされておらず、一人の和人とその息子が住んでいた。彼らは開拓使の権益を守るために任じられ、この異郷で五〇〇人のアイヌに囲まれて暮らしているのである。かつては立派だったと思われるいくつもの部屋には今は鼠が出入りするが、私は複雑に配された部屋の中から、［剪定《せんてい》によって］形を歪められた一位《いちい》が数本植わった中庭に面する一部屋を選んだ。ところが、大きな門にも〈雨戸《アマド》〉にも閂《かんぬき》が付いていないので、悪い気さえおこせばだれもが何でも盗《と》っていけそうであることに気づいた。しかし、アイヌに混じって一〇年も暮らし、アイヌ語を話せる主人とその息子は、盗られたものなど何一つありませんし、アイヌは実に正直で悪事などいたしませんと言った。

もしこのように保証してもらえなかったら、門の辺りに座ったり立ったりしている顎鬚《あごひげ》を生やした男たちは腕に子供を抱いているのでまだしも、［入墨で］口が大きく開いた［ように見える］多数の若い女たちには疑いの目を向けたにちがいない。所在なげに、また特有の虚ろな表情でたむろしていたからである。

有珠《ウス》は夢のように美しく、平和である。この湾は干満の差が大してないので、水面から一フィート［三〇センチ］ほど出ている岩が、海中に揺らぐヒバマタ属の海藻［ヒバマタ］で金色を帯びていなかったら、いっそう湖と錯覚しかねないように思われた。私が一泊したまことに美しいこの入江では木々や蔓植物が水面に垂れ下がり、その影が水面に映っていた。木々や蔓植物の緑とその濃い影の先には、金色とピンクに染まる夕焼けが鋭い対照をなして広がっていた。金色に光る小さな砂浜には、厚板をひもで縛り、船縁《ふなべり》を高くした丸木舟［チプ］が引き上げられていた。最も影の濃い入江には船体が大変丸みをおびた古びた帆掛船が一艘木につながれ、「幽霊船のように浮かんでいた」。木が繁ったり岩が露出する小山、そこに建つアイヌの家、沈みゆく夕陽を浴びていっそう赤みを増す有珠岳《ウスタキだけ》の赤い嶺、網を繕《つくろ》ったり食用の海草［昆布］を広げて干している数人のアイヌ、金色に輝く鏡のような入江に航跡を残して音もなく滑ってゆく一艘の丸木舟、「優しい目に憂いを秘めた」［A・テニスンの詩の一節］表情を浮かべ静かに歩いている二、三のアイヌ、夕方の静けさと溶け合うようなその光景、寺の鐘のこの世のものとも思えぬ甘美な響き――これがすべてであるその光景は、私がこれまで日本で見てきたなかで最高に美しいものだった。

釈迦牟尼　［せっかくの］特別のご馳走がまずくなってしまいますよ、と伊藤《イト》が忠告するようにまた不満げに言ったにもかかわらず、私は鼠が出入りし、金箔の光沢が失せ、がたぴしする〈襖《フスマ》〉で仕切られた部屋をあとにして外に出た。ピンクとレモン色の輝きの終わりを見届けるためだった。石垣を切って延びる階段を上まで上ると、幅の広い立派な石畳の道が大きな寺院［善光寺］へと通じていた。私は扉が開けっ放しになった本堂に入り、しばらくの間たった一人で座っていた。熊を崇拝する人々［アイヌ］に向かって夕暮れを虚しく告げる美しい鐘の音はすでに途絶え、すばらしい静寂が包んでいた。この寺院は、私が函館を離れて以来、記憶にある限り、和人の信仰の象徴としての寺院の最初のものであるが、信者たちはとっくの昔に、木陰に包まれ苔むしたこの境内から離れていってしまっていた。今やこの寺院はただインド人の偉大な教えを広めるためにここに建っているのである。そして異教徒であるアイヌもまた世代を越えて次々とこの教えから離れていっている。青銅の鐘がその音を響かせ、須弥壇の灯明が点され、線香が仏の前で永遠に点されるだけである。この寺院の大鐘に記された次のような銘は、［本州で見た］他の寺院の鐘に刻まれたものと同じであり、二四〇〇年にわたって威厳を保持してきていると言われている。

「諸行無常
生者必滅
寂滅為楽」

本堂は造りが実に立派で、須弥壇上部の天蓋も壮麗である。内陣の青銅や真鍮《しんちゅう》の仏具はことのほかすばらしい。陽の光が大きく射し込んで畳を照らし、金色の厨子《ずし》の中の釈迦牟尼《サキャムニ》《しゃかむに》の像［阿弥陀如来］にふり注いでいる。とちょうどその時、くすんだ緑地に金襴《きんらん》のある法衣［五条袈裟《げさ》］を身にまとった剃髪《ていはつ》の僧侶［中野梵耕］が陽《ひ》の光の帯の下をしずしずと通り過ぎ、須弥壇の蠟燭［と線香］に火を灯した。すると線香の眠りを誘うような芳香が本堂に立ちこめた。実に印象的な光景だった。この僧は明らかに私に対する好奇心で勤行《ごんぎょう》を端折《はしょ》って私のもとにやってきた。そして、これまでどこにおられたのかと、またどこに行かれるのかと尋ねた。それに対してはもちろん日本語でうまく答えたものの、そのあとは行きづまってしまった。

　石畳の参道の傍らには、浄《きよ》めの水を湛《たた》えたありふれた石の水盤［手水鉢《ちょうずばち》］の他に千手《せんじゅ》観音像と釈迦像［地蔵菩薩《ぼさつ》］がある。非常にすばらしい浮彫の観音像と道を隔てて反対側にある仏陀像は、［司教が持つ］鉄の牧杖《ぼくじょう》によく似た鉄の棒［錫杖《しゃくじょう》］を携え、永遠なる蓮華座の上に［跪坐《きざ》の姿で］座っている。その顔だちには悟りが浮かんでいる。悟りこそはすべての仏教徒が望む最高の願いなのである。私は林を抜けていったが、山側には悲しみを誘う墓がいくつか並んでいた。寺院からは大きな青銅の鐘の甘美な音色と、大きな太鼓を打つ音が伝わってきた。さらに、先ほどの僧侶があの世の死者の言葉の一節を［南無阿弥陀仏、南無阿弥陀仏と］果てるともなく繰り返し唱えながらたたく小さな鐘と木魚の音も、もっと微《かす》かに流れてきた。造りは堂々としているが人気《ひとけ》のないこの寺院には無限の哀愁が漂っていた。アイヌは多数いるのに、参拝者の姿は一人とて見かけなかった。彼らは今なお［和人の］大衆が信仰する仏教に帰依《きえ》するよりも迷信の世界にもっと深く沈潜しているのである。私は、有珠《ウス》岳《タキ》《だけ》からピンクの輝きが完全に消え、波一つない海からレモン色の縞《しま》が完全に消えてしまうまで、入江のほとりの岩に腰を下ろしていた。森におおわれた山にかかっていた美しい三日月が姿を現し、満天の星が輝いていた。まさに

「空には満天の星

その光は海にも映《は》え、
笑窪《えくぼ》を湛《たた》えるような波は
空に躍る
あたかも星を抱くかのごとく
波にゆらめかすかのごとく」［A・C・ウェルビーの詩の一節］

という光景だった。

有珠《ウス》湾の淋しさにはそこはかとないすばらしさがある。たった二人の和人が住んでいるだけで空き部屋だらけの朽ちかけた一軒家、五〇〇人のアイヌに囲まれてあるこの和人の一軒家は、だが、私が〈雨《アマ》戸《ド》〉にも玄関にも閂《かんぬき》をせずに眠りについた唯一の家だった。ところが夜中にその雨戸《アマド》が、〈障子《ショウジ》〉もろとも私の上に倒れてきた。すり減った溝を外れたのである。すさまじい音がした。伊藤《イト》を呼び起こすと寝ぼけ眼《まなこ》で飛び込んできたが、残忍だと思っているアイヌのことが脳裏をかすめたようだった。実に愚かなことにこの時まで知らなかったのだが、この横滑りの木製の戸［雨戸］には、人一人がくぐり抜けられる〈地震戸《ジシンド》〉と言われる小さな潜《くぐ》り戸が付いていた。この戸は地震が起こって〈雨戸《アマド》〉が溝の中で動かなくなってしまったり、閂の具合が悪くなった時に出口となるのである。そういえば日本の家には必ずこのような戸が付いているように思われる。

崇拝の対象　翌朝［九月四日］もこの夕方と同じようによく晴れ、黄金色とピンクだったのがばら色と黄金色へと変わり、美しかった。陽が高くなってしまう前に私は何軒ものアイヌの家を訪ね、熊［子熊］も一頭見かけ、酋長《しゅうちょう》にも会った。この酋長も他のアイヌと同じように一夫一婦主義者だった。

朝食後には、私の頼みに応じて自分たちが知っていることを教えるために数人の長老［エカシ］がやってきた。歳を重ね威厳のある彼らは縁側に胡坐《あぐら》をかいて座り、ありがたいことに通訳をしてくれた宿の主人の息子は、その傍らに日本式に［正座して］座った。またこの後ろには三〇人のアイヌが座ったが、そのほとんどは幼児を連れた女性だった。私は平取《ピラトリ》で調べたのと同じ内容について約二時間をかけて調査し、［アイヌの］言葉についても調べ、新しい言葉も採録した。その中にはすでに採録した言葉との同意語もいくつかあった。この地のアイヌの間でひどく目立ったのは〈ch《チ》〉で始まる言葉はその前に〈ts《ツ》〉という〈舌打ち音《クリック》〉がつく点である。彼らの習俗には［平取のような］内陸部の同胞のものとは少し違う点がいくつかある。その最たるものは死者が出た後の喪中の期間や、一夫多妻が酋長でも認められないこと、年一回の熊祭［熊送り、イヨマンテ］の際の熊［カムイ］の殺し方などである。また輪廻転生という観念をもっとはっきりともっているが、これは仏教が身近にあり、その影響を受けてのことだと思われる。彼らが言うには、熊は自分たちの最も主なる神であり、太陽と火がこれに次ぐ。また、狼はもはや崇拝の対象ではないし、火山その他多くのものを〈カモイ〉［カムイ］つまり神と呼ぶものの、これらも崇拝していないとのことだった。それで私は、彼らにとって崇拝するとは〈酒《サケ》〉を捧げて「神のために飲む」ことにすぎず、祈願という、声に出したり心に念じたりする行為を伴うものではないことを、はっきりと確信した。

この地のアイヌはスペイン南部の人と同じくらいに浅黒く、非常に毛深い。またその表情には生真面目さがあり哀愁を帯びている。私が彼らの言葉をうまく発音できない時に微笑むその顔には心を打つ優しさが浮かぶ。その美しさはアジア人的ではなくヨーロッパ人的である。彼ら自身は、長年にわたり人口の減少がみられたものの今は増加しつつあると感じている。私は秋の真昼の美しさに包まれて眠っているような有珠《ウス》を後にした。後ろ髪をひかれる思いだった。これほどまでに私を魅了した場所はこれまでなかった。

私の車夫［原著2巻本では第55報に収載（『完訳 日本奥地紀行4』116頁）］

第四十報（続）［第四十五報（続）　ぽつんと建つ家］

海岸――「毛深いアイヌ」――馬の喧嘩――蝦夷《エゾ》［北海道］の馬――「ひどい山道」――ちょっとした事故――最高の景色――色の褪《あ》せた宿――かび臭い部屋――アイヌの「礼儀正しさ」

次の区間には「越えねばならないひどい山地」［五年前のロッキー山脈の旅の記録中の表現］があるので料金は一里［四キロ］当たり三銭余分にかかるということで［大変な道なのだろうと］覚悟を決めた私だったが、実際、馬にとっては、私がこれまで出会ったことがないようなひどい道が何マイルも続いた。この二倍の値段を請求されたとしても苦情を言わなかったと思われるような道だった。もっとも、そのぶん風景はこれまでの旅で出会ったうちで最高に美しいものの一つだった。とはいえ、しばらくの間は、海沿いの楽な道が続いた。大きくうねり、波頭が嶺のようになった青い波が、大きな音をたてて戯れるように打ち寄せていた。いくつかのアイヌの小さな集落［コタン］を過ぎて、虻田《アブタ》というアイヌの集落［コタン］にやってきた。六〇戸からなり、かなり豊かな感じのする所だった。これまでよりも入念な耕作が行われ、保有する馬の数も多かった。数軒の家の回りには先が叉《また》のようになった複数の高い棒［カムイサパウンニ］に、歯をむいた熊の頭骨が突きさったもの［ヌササン］があった。また悲運の時、神となる時を待つ、よく育った熊［子熊］が一頭いた。ほとんどどの家でも女が一人、家から数フィート離れた地面に打ち込んだ杭《くい》で織布がずれないようにした織機［アットゥシカラペ］を使って樹皮の布［アットゥシ］を織っていた。［弁辺《べんべ》を過ぎると］貫気別《ノブコペツ》《ぬきべつ》川という川が、海に迫った山地から流れ出てきていたが、私たちは水深の深いこの川を一人のアイヌが操る渡し舟で渡った。この男は全身が毛でおおわれ、肩にはレトリヴァーのようなくせ毛が生えていた。身体をおおうにしろ保温のためにしろ衣類を着る必要はまったくないかのようだった。また、ふさふさとしたその顎鬚《あごひげ》は、毛皮のようなその胸を経て［座っている］腰の近くにまで波打つように垂れ下がり、黒髪も肩の下までふさふさと垂れ下がっていた。その微笑みと目のすばらしさがなかったなら、まったくの未開の民に見えただろう。噴火湾のアイヌは［平取アイヌのような］内陸《マウンテン》アイヌよりもずっと毛深い。しかし彼らの間にさえ強健なヨーロッパ人ほどには毛深くない人をごく普通に見かけることからすると、毛深いのがこの民族の目立った特徴だとするのは、一つにはつるつるの肌をした日本人によって誇張されてきたことのように思われる。

馬の喧嘩　私たちの四頭の馬が喧嘩を始めたために平底の渡し舟は転覆しそうになった。一頭がもう一頭の肩をかんだのが発端となって、次には、やられた馬が鋭くいなないて前脚で蹴り返した。するとその後は蹴ったりかんだりと〈目茶苦茶〉になり、いくつものひどい傷を負うまで続いた。私は〈囲い柵〉の中で馬がこのような喧嘩をもっともっとするのを毎日見てきた。蝦夷《エゾ》［北海道］の馬のみじめな状況は蝦夷を旅する上で大きな支障になっている。馬は無茶苦茶な使われ方をしており、ひどい傷が体じゅうにある。腹帯をつけないままで粗末な荷鞍《にぐら》を担《にな》って速い「不規則走《スクランブル》」をさせられるうえに、重い荷物が背中で揺れ動くせいでできる傷である。そのうえ、目や耳のあたりを重たい棒で情け容赦なく叩かれもする。伊藤《イト》は、私たちが蝦夷《エゾ》にやってきて以来ずっと、このおとなしいのに大事にされることのほとんどない動物に対してひどいことをしてきている。伊藤《イト》がすることのうち、これほど腹立たしいことはない。本州では、馬が怖かったのかその飼い主が怖かったのかはともかくとして、鞭《むち》を持とうともしなかったのだから、なおさらである。今日［九月四日］も駄馬を情け容赦なく［鞭で］打ったので、馬に乗ったまま戻り、「おまえは弱い者いじめだ、弱い者いじめをする者がみなそうであるように臆病者《カワード》だ」と言って厳しく叱責し、その行為をやめさせた。それで、そのすぐあとの休憩時に伊藤《イト》がいつものように帳面を取り出し、「ブリー」という言葉と「カワード」という言葉の意味について平然と尋ねた時には、想像がつくと思うが怒り心頭に発し、説明もままならなかった。それで、ブリーという言葉はおまえを呼ぶのに使ういちばんひどい言葉であり、カワードという言葉は、最も卑劣な人間をさす言葉だと言ってやった。すると癪《しゃく》にさわるこの召使《ボーイ》は、「ブリーという言葉はデヴィル［悪魔］という言葉よりひどいのですか」と尋ねたので、私は「そう。もっとひどい」と答えた。するとこれが相当こたえたようで、しゅんとなり、その後は、少なくとも私の目の届くところでは自分が乗る馬を［鞭で］打つようなことはしなくなった。

調教とはいっても、私が白老《しらおい》《シラオウイ》で見た［第三十九報］ように、一時間や二時間にもわたって残虐きわまりないやり方で馬が本来もっている元気さを打ち砕くだけのものであり、馬は最後には口からも鼻からも血を吹き、吹き出た血と泡とで体がおおわれて倒れこんでしまう。馬の使い方もとてもひどい。それで、馬の方もありとあらゆる悪さをする。浅瀬を渡っている時に寝転んだり、頭から突っ込むようにしたり、荷物や乗っている者を揺すって振り落とそうとしたり、跳ね上がったりする。一列縦隊以外で進むのには抵抗しようとするのである。また、轡《くつわ》の代わりに口の両端に木の棒がつけられ、鼻と顎《あご》に回した綱で外れないようにされているので、轡を使って調教された馬が襲歩《ギャロップ》で走る時には、馬は鼻と耳が水平になるまで頭を上げる形にする。こうなると止めることも進ませることもできなくなってしまう。馬はまた山麓や海辺に馬の群れがいるとそれに加わりたがる。そのような群れの中から必要に応じて連れ出されただけだからである。蝦夷《エゾ》ではどの村でも、夜があけると四、五〇頭もの馬が疾走してくる音をまず耳にする。一人のアイヌが山で捜し出して追い込んできた馬である。馬の値段は最も安いものだと二八シリング［約八円］である。脚に怪我をしてさえいなければ馬の足どりは非常にしっかりしており、不安定な板の上を歩いて小川や岩の割れ目を渡るし、川や切り立った谷川が下の方を流れている狭い岩棚も、怖がりもせずに歩いていく。その足には何も付けておらず、蹄《ひづめ》は非常に硬い。第一の島［本州］の馬だと、大事にされるあまり、しょっちゅう草鞋《わらじ》をはかせたりはき替えさせたりしなければならないが、そのような面倒がここではないのが非常にありがたい。料金は、三頭の馬とその一頭に乗った一人［のアイヌ］を合わせて二・五マイル［四キロ、一里］当たり六ペンス［五〇銭］にすぎない。今は、伊藤《イト》が自分が乗る馬を［鞭で］打ったり虐待したりできないように、私の前を行かせるようにしている。

貫気別《ノブコベツ》《ぬきべつ》川を渡る時の馬の喧嘩のことから話が横道に大きく逸《そ》れてしまったが、元に戻すと、その後私たちは一気に「ひどい山地」に入っていき、礼文華《レブンゲ》峠《トゲ》《とうげ》と総称される三つのすさまじい峠［蝦夷三険の一つ］も越えていった。人々の話ではその馬道はもう使われておらず通れないということだったが、通れないということを別とすれば大げさでなく、至難の道だった。最初の峠でまず一頭が後脚の腱《けん》を痛めてしまったので、代わりの馬を得るために［案内の］アイヌに［虻田まで］戻ってもらった。このため、ずいぶん遅れてしまった。これらの実に大変な峠は高度的には一五〇〇フィート［四五〇メートル］もなさそうだったが、道は鬱蒼とした森の続くものすごい上り勾配かと思うと、次には険しい下りとなり、そのあとは侵食のためにズタズタになった九十九折《つづら》や、梯子《はしご》のような真っすぐの上りとなった。後者には、底に大小さまざまな角張った石が詰まった溝があったり、頭上に大きな枝や蔓《つる》類がものすごく絡まった岩棚が張り出したりしていた。そんなところでは、馬が一フィート［三〇センチ］ほどの幅がある岩の深い割れ目に埋まる石の間を、戸惑ったり、つまずいたり、転ぶようになりながら進んでいき、その間、乗っている者は馬の頭の上にかがみ込むような姿勢をとらねばならなかった。また馬の胸にも届こうかという高さの、崩れた岩が階段のようになっているところでは、実に不自然な格好でよじ上っていった。私たちが一時間に一マイル［一・六キロ］という速度で這うように進んでいった状況はほぼ以上のとおりだった。

　最悪の難所の一つで私のすぐ前を行く［案内の］アイヌが乗っていた馬が［馬の］胸ほどもあろうかという崩れた岩棚をよじ上ろうとしていた時に後ろ向きに倒れ、私が乗っていた馬も倒しそうになった。そのはずみでその馬の荷物の一部だった折り畳み式ベッド《ストレッチャー》の足が私のくるぶしの上を強打した。数分間は骨折したのではと思［う痛さだ］った。くるぶしの部分がひどく切れ、傷口からかなり出血した。私はたまらず鞍から転げ落ちた。伊藤《イト》の馬も三回倒れた。それで、最後には四頭をロープでつないだ。蝦《エ》夷《ゾ》の旅ではこんな〈余興〉も時にはある。

　楽園《パラダイス》　だが、何とすばらしかったことか！　景色は最高で、まさに楽園《パラダイス》だった。ここにはすべてが揃っている――樹木がすばらしく繁茂する岬［茶津岬］。緑色の大波が力強く打ち寄せる深く小さな入江。どんなにすさまじい蔓類でさえも根張りを見つけられないほど垂直にそそり立つ巨大な灰色の断崖［海食崖］。切り立った絶壁やその地先にある杉［正しくは青椴松《とど》］の木のそそり立つ岩。陽《ひ》の光を浴びてさざ波をたてたり、その泡が羊歯《しだ》や蔓類のまにまに花輪のように飛び散るのがチラチラ見える青く輝く海。森におおわれた内陸の山並み。海上に浮かぶ穴の開いた岩［ウトルチクシ］。六フィート［一・八メートル］もないような小さな平坦面がのっている高さの不揃いな灰色《グレー》の岩［岩礁］の列。深い木陰を作る杉［正しくは青椴松《とどまつ》］の木立。暗がりを花がパッと咲いたように明るく照らす真っ赤な楓《かえで》［山紅葉《もみじ》］や深紅色の山葡萄。内陸の山中には、ほとんど人を寄せ付けない狼や熊、鹿などのねぐらのある森や、それを切って流れるものすごい峡谷がある。このような内陸の景色はどこまでも続くように思われた。森におおわれた山々も光の入らない峡谷も無限に続くようだった。植生の豊かさは、繁茂し絡みつくような熱帯の植生と瓜二つだった。樵《きこり》が斧《おの》をふるう音など響いたことのない太古のままの植生だった。扇形の小さな葉をもつ美しい銀杏《サリスブリア・アディアンティフォリア》をはじめとする巨木、また、強靭な蔓植物が一面にまつわり付く太くて樹高の高い巨木が、低いと言っても七フィート［二メートル］もあるような、濃緑《こみどり》の葉の笹［九枚笹《くまいざさ》］が足を踏み込めないほど密生する下生えの上に、天を突くように伸びていた。一面が、薄暗く荘厳で静まりかえり、野生動物と、この上なく鮮やかな色の蝶や蜻蛉《とんぼ》のすみかとなっていた。熱のない光がさし、木の葉や小川が輝いていた。第一の島［本州］のむせ返るような緑樹が生み出すあの息苦しくなるような感覚はなかった。はるか眼下には太平洋［噴火湾］が陽の光を一面に浴びて美しく輝いているのがしばしば見え、道を下ると、杉［青椴松］が生え、急崖をもつ岬や離れ岩のある小さな入江に思いがけず出くわすことがたまにあり、大きな波がうねり、雷のように響き渡る音をたてながら打ち寄せ、その音だけが静けさに包まれたこの地の静寂を破っていたからである。

一つのものすごい下り坂［礼文華コタンに至る坂］に出くわしたので馬を降りて歩いた。しかし、歩くのさえままならないほどの急勾配だったのと、轍《わだち》のような岩の割れ目が深く狭すぎ、自分の馬の横を歩くことができなかった。それで、馬の後ろから尻尾と鞍の間によじのぼり、這いつくばるようにして下りていった――こう言えば、どれほど急勾配だったかわかってもらえよう！

太陽はすでに海に没し、露がしっとりとおりていた。道は流れの速い急勾配の水路のようなところになったかと思うと、人気《ひとけ》がなくてとても美しい小さな湾に出た。両手も使って歩かないことには下りて行けないほどの勾配だった。またこの湾の向こう側にはとても通れそうにない岬［イコリ崎］が壁のように立ちはだかり、湾自体もやはり通れそうにもない深い森におおわれた河谷への入口に当たり、その河谷は深い森におおわれた山々へと続いていた。海辺は灰色《グレー》の小さな砂浜をなし、巨大な鯨の骨が白骨をさらしていたほか、舷側に丈夫な繊維で板を付けた大きな「丸木舟」が二、三艘と、白っぽくなった流木が数本あった。そしてこれらの手前にはだだっ広い古ぼけた一軒家［礼文華駅逓所］があったが、元は土色《グレー》だったこの家も他のすべてのものと同様、［色褪《あ》せ］白っぽくなっていた。ここには三人の和人と一人の年老いたアイヌの召使が、どんなものなのか定かではないが、「政府［開拓使］の権益」を守るために住んでいた。そして開拓使の吏員のために部屋と馬とを管理していた――私のような行き暮れた旅人にとっては実にありがたいことだった。今年この礼文華《レブンゲ》を通ったのは、二人の役人と一人の巡査を別にするとわずかに一人［ということ］だった。

よい味の料理　水面にはまだ夕映えの赤みが残っており、新月《ヤング・ムーン》［正しくは三日月に近い半月］の一端が岬［美の岬］の森の上に現れた。だがそれにまさる淋しさと孤独感が感じられ、果てるともなく打ち寄せては砕ける波のために大声を張り上げねば人の声が聞こえないこんな所にいつまでも閉じ込められたら、きっと気が狂ってしまうのではと思われた。海から半マイル［〇・八キロ］離れた森の中に三〇戸のアイヌの集落［コタン］があるが、今その未開人が二、三人、黄昏の浜辺を音もなく滑るように歩いていく姿が見えると、辺りの風景の薄気味悪さと淋しさはいや増した。［私が浜辺から］宿［礼文華駅逓所］に着いた時には、馬の荷はすでに降ろされており、数人の礼儀正しいアイヌが部屋に案内してくれた。その部屋は小さな中庭に面しており、重々しい門がついていた。部屋はかび臭く、めったに使われていないようで蜘蛛《くも》の巣だらけだった。魚油［鰯油］の入った皿の灯心を灯すと暗かったのが少し明るくなり、暗い哀愁を帯びた顔をしたアイヌが縁側に並んで座っているのがぼんやりと目に映った。そして私がお休みと言うと、［例の］優美な挨拶をして音もなく引き下がった。食事にはほとんど期待していなかったのだが、ご飯と馬鈴薯、同量の塩水と糖蜜で煮た黒豆を用意してくれており、味もとてもよかった。明け方、寒さのために昨日の切り傷や打撲傷がとても痛くなってきたので、ここに留まらざるをえなかった。

I. L. B.

一身田《イッシンデン／いしんでん》［正しくは鎌倉の建長寺］の山門［原著２巻本では第57報に収載（『完訳日本奥地紀行４』145頁）］

第四十一報［第四十六報　失われた環］

父親たち——礼文華《レブンゲ》アイヌ——銀杏《サリスブリア・アディアンティフォリア》——ある家族——失われた環《かん》——長万部《オシャマンベ》——始末に負えない馬——遊楽部《ユラプ》《ゆうらっぷ》川——海辺——アイヌの丸木舟［チプ］——最後の朝——避けたいヨーロッパ人

九月一二日［木曜日］　函館にて

礼文華《れぶんげ》アイヌ　礼文華《レブンゲ》は恐ろしいほど孤立した所であるが、このことがこの上ない魅力をなす。宿の主人［斎藤義道］は心優しい人物で、アイヌにとても愛着を抱いている。アイヌに関わる任務を負う役人が有珠《ウス》や礼文華の役人［駅逓所取扱人］のように友愛の情をもってアイヌに接するなら、嘆かわしい状況はもっと減るにちがいない。この主人もアイヌが正直で悪意がないことを大変ほめた。そして、出発なさる前に会ってやってもらえますかと尋ね、私が了解すると、二〇人の男たちが馬と一緒に中庭に入ってきた。ほとんどは子供連れで、子供はとても可愛かった。彼らは外国人に会うのは今日が初めてなのに、関心がないせいか礼儀正しいせいか、日本人とは違ってじろじろ見たり押し寄せてきたりしなかった。その挨拶はいつもながらていねいだった。私の鞍《くら》の熊皮製の敷物や、はいている黒く染めていない皮製ブーツをとても気に入ったようで、ブーツについては自分たちが冬の狩猟にはく鹿皮の靴［ユクケリ］に似ていますと言った。そう言う彼らの声はこれまで耳にしたことがないほど低く、音楽的で、毛深くて強そうな男が発する声とは思えないような声だった。子供の可愛がりようは大変で、優しく愛撫したり、私の目にとまるように高く掲げたりした。そして私が褐色の肌と黒っぽい目をした愛くるしい子供たちをほめちぎっていると、宿の主人が男たちに教えてやると、その顔は喜びに輝き、私に向かって感謝の挨拶を繰り返した。ただ、気に入らないことがあると、他のアイヌもそうだったが、短い金切り声を発する。そのような時には彼らがやはり未開の民なのだなとわかる。

彼ら礼文華《レブンゲ》アイヌは、［平取《ぴらとり》をはじめとする］東部の村々のアイヌとはかなり異なっている。私は、ここでは多くの言葉の語頭の発音が明瞭で、ts《ツ》という舌打音で始まることに気づいた。また、その肌はベドウィンのように浅黒く、額《ひたい》はややのっぺりし、目の彫りはとても深く、背はもっと低く、髪の毛はもっとふさふさし、せつなく哀愁をたたえた表情はもっと目立つ。丸木舟［チプ］を造る荒仕事を裸でしていた二人のアイヌは、ほとんど全身が短く黒い毛でおおわれており、肩と背中はとくに毛深く地肌が完全に隠れ、何も着る必要がないとさえ思われた。胸板が桁外れに厚く、手足の筋肉も実に隆々としていることにも気づいた。またここのアイヌはだれもが、額から二インチ［五センチ］は髪の毛を剃っており、一インチ［二・五センチ］伸びると剃ってしまう［という］。中庭には、きちんとした身なりのアイヌに混じって日本人［和人］が一人いたが、顔も肌も［毛がなく］ツルツルで、胸がへこんだようになり、腕が細長く、肌が黄色いこの男だけは、アイヌなら上着［アットゥシ］と脚絆［ホシ］の上に身につける樹皮製で刺繍《ししゅう》を施した前掛け［マンタリ］だけを身につけていた。私は、これらのもの静かで友好的な未開人に案内してもらって彼らの家［チセ］を訪ねたが、いずれも小さく貧相で、どの点からみても［平取などの］内陸《マウンテン》アイヌの家に比べ見劣りした。女たちも背が低くてずんぐりし、顔もたいへん不細工だった。

この集落［礼文華］で彼らと別れた私は、駅間距離としては最長で、噂では最悪だという［長万部《おしやまんべ》までの］一七マイル［二七キロ］の旅を開始した。［静狩《しずかり》までの］最初の一〇マイル［一六キロ］は山越えの道だった。とても淋しくまた［札幌本道の開通後］使われなくなった道なので、ここまでの四日間、道で出会った人間はだれひとりいなかった。歩いて渡れる浅瀬のある小川や足場の悪い場所がいくつもある礼文華《レブンゲ》川の河谷は深い木立におおわれていたが、ここでこれぞ　銀　杏《サリスブリア・アディアンティフォリア》　といえるような一本の銀杏《いちょう》の大木に出くわした。地面から三フィート［一メートル］のところで、直径が二フィート五インチ［七〇センチ］以上もある八つの幹に分岐していた。生長が早いこの木はわが国の気候にもよく合っているので、なぜ大規模に導入されてこなかったのか不思議である。キュー・ガーデンではだれもが見られるようになっているのである。もう一種類、巨木になる木としてまるい葉が対《つい》になって付いている木［桂］があった。

この河谷を抜けると道は、石だらけで荒れ果てた礼文華《レブンゲ》峠《トゲ》《とうげ》［磯谷《いそや》山地］の西側の山道となり、木々や蔓《つる》植物が鬱蒼と茂る森を抜けながら高度二〇〇〇フィート［六〇〇メートル］くらいまで上っていった。高度的にはこれがほぼ限界で、その後はちょっとした起伏を伴いながら、海に向かう山地［磯谷山地］の狭い尾根筋に沿って続いていった。その間、鬱蒼と茂る笹［九枚笹《くまいざさ》］が高い壁のように続いた。この日の旅では、山といわず河谷といわず、また、でこぼこの尾根であれ谷であれ、この笹が下生えとなっていた。景色は昨日と同様すばらしかった。案内人［のアイヌ］は必要不可欠だった。道があるところで急に立ち消えになってしまって、馬がしばらくの間、激しく流れ下る澄み切った川の流れに沿ってよたよたと進まなければならなかったし、その両岸には笹が生い茂り、流れの中には深いくぼみがいっぱいあったからである。木が流れを横切るように倒れているのも大変だった。他の馬と同じ速度で進むことができなかったために伊藤《イト》はここで置いてけぼりをくい、道に迷ってしまった。この結果、二時間の遅れが生じた。この二日間の馬の旅で私が見た森は、これまでで最高にすばらしいものだった。

道は最後にはものすごい断崖を下っていって海のほとりに出たが、私たちが分け入って初めてどうにか通れるようになった道だった。この辺りの海は［陸化の進行によって］明らかに後退していた。それからは［長万部まで］道は六マイル［一〇キロ］にわたって平坦で幅の狭い砂地の海辺を進んでいった。海の近くは高さが五インチ［一三センチ］ほどの笹でおおわれ、それよりも内陸側は浜茄子《はまなす》と釣鐘人参が一面に咲いていていた。

この断崖のような急坂の麓［静狩］に、荒れ果てた日本風の家があり、そこにアイヌの一家族が、山道を越えてきた人に、だれかれとなくねぐらと休憩の場を提供するために住まわされていた。朱塗りの〈弁当箱《ベントウバコ》〉を開くと中には冷たくなった青白い馬鈴薯が数個入っていた。私はこれを食べお茶を少し飲んで、うんざりしながら伊藤《イト》を待った。案内のアイヌは伊藤を探しに出かけていった。この家も住人も見ものだった。天井はなくなっていたし、黒く煤《すす》けた複数の垂木《たるき》からはいろんなものがぶらさがっていたが、そのどれもが、どうみても使えそうには思えない代物《しろもの》だった。すべて毀《こわ》れたり朽ちたりしており、埃《ほこり》にまみれていた。樹皮を裂いて繊維を作っている女が一人いたが、その醜いことといったらとても人間とは思えなかった。いくつもある日本風の〈囲炉裏《イロリ》〉の一つのそばに、堂々たる風采《ふうさい》の年老いた男が湯の煮えたぎる鍋を無表情に見つめて座り込んでいた。がらくたに囲まれて座っているこの老人は、いかなる歴史書ももたずに生き、いかなる記念物も残さぬまま絶えゆくこの民族［アイヌ］の運命を象徴するかのようだった。そしてもう一つの〈囲炉裏《イロリ》〉のそばにはこれぞ「失われた環《かん》《ミッシング・リンク》」が座っていた。否、うずくまっていると言った方がむしろよかった。最初に目に入った時はぎょっとした。人間《マン》と言えるのだろうか。あの醜い女の夫《ハズバンド》とも書けず、〈つがい《メイト》〉と記す。歳は五〇ほどだった。前頭部を三インチ［八センチ］ほど剃り込んでいるので、そうでなくとも高い額はいっそう高く見えた。毛髪はくしゃくしゃに垂れているというよりも、くねる蛇が束になって垂れ下がるような感じで、灰色《グレー》のもつれた顎《あご》鬚《ひげ》と絡まっていた。黒い目はうつろで、顔の表情も感情に欠け、捕われた獣の顔に時として浮かぶあの哀しみだけが満ちた表情そのものだった。手足が不自然に細長いこの人間は、膝を脇に抱えるような格好で座っていた。手足にも胴体にも両側の一部分を除いて一インチ［二・五センチ］もあるような細くて黒い毛が薄く一面に生え、肩の部分は軽い巻き毛になっていた。私が飲むお茶の湯を沸かしていることだけが知性の証であるかのようだった。［遅れて］やってきた伊藤《イト》は「アイヌはただの犬。先祖は犬だったのです」と言いながら、この人物を嫌悪感もあらわに見た。アイヌの起源に関するアイヌ自身の伝説を暗にさしたのである。

長万部《オシャマンベ》　山地のあとの［噴火湾西岸を南下する］平地［の旅］は快適だった。駈歩《くほ》で楽に進んで長万《オシャマ》部《ンベ》に着いた。道はここで森［集落］から札幌《サッポロ》への旧道と合している。背骨の具合がとても悪かったので、背骨を休ませるためにここで一日休むことにした。長万部《オシャマンベ》は晴天の下でさえ暗い感じがし、荒廃し、酒への浪費が目立つように感じられる所だった。多数の人間が何をするともなくぶらぶらし、うつろな目には〈酒《サケ》〉の飲みすぎが見てとれた。焼けつくような日差しだったので、〈宿屋《ヤドヤ》〉［駅逓所］でこの暑さから逃れられるのはありがたかった。老朽化し、人で込み合ったこの宿では黒豆はなく、卵にいたってはそれを使うことさえも知らないようだった。泊まった部屋は〈障子《ショウジ》〉で仕切られただけだったので指で穴だらけにされ、そこに目を当ててのぞき込まれない時は一日のうち五分とはなかった。夜中には障子の一枚が倒れてきた。だがこの時目にしたのは六人の日本人［和人］が木枕を並べて寝ている光景だった。

山道で見たような荘厳な風景はなくなったが、輝く太陽の下での長万部《オシャマンベ》から森までの二日間の馬旅は景色もそれなりによく、楽しかった。最初のうちは進むのが非常にゆっくりしたものとなった。私が借りた四頭の馬の傍らを、家路につく四頭の馬がひかれていき、喧嘩を始めて綱をもつれさせ、時には横になって転げたりしたためだった。また、傍らを三頭の子馬が母馬に従うように歩き、母馬は母馬で子馬が遅れるといななき、尻込みして先に進もうとしないし、逆に、子馬が母馬の前の方でふざけると、どの母馬もそれに気をとられてしまったからでもある。しかも、道中で馬の群れを見ると、どの馬も乗り手のことなどほったらかしにして、それに加わろうとするのである。これにはまったく辟易したので、しばらくは我慢していたけれども、それなりに大きな川［紋別川］に着いた時、伊藤《イト》と私の馬を平底の渡し舟に乗せ、これらの始末に負えない馬の群はあとからゆっくりこさせるようにした。

遊楽部《ユラップ》《ゆうらっぷ》には三〇戸からなるアイヌの集落［コタン］があるが、私たちが先住民［アイヌ］に会ったのはここが最後だった。それで、旅の関心もここで失せてしまった。高潮線より下に展開する硬い砂層の帯［砂丘・砂《さ》堆《たい》列］、何列もの浜茄子《はまなす》、森におおわれた山並み、深い川や浅い川、流木が散乱する灰色《グレー》の砂浜にたつ土色《グレー》の古びた家々からなるいくつかの集落を見ながら、ついに遊楽部《ユラップ》《ゆうらっぷ》川にやってきた。川幅が広く水深が深く、［内陸］一四マイル［二二キロ］までは丸木舟［チプ］で遡行できる川である。快晴の午後の遅い時間の風景は本当に美しかった。延々と続く青い波がうねるように浜辺に打ち寄せ、砕ける前に輝く波頭を立てながら弧を描き、あとは雪のように白く引いていった。そのような光景が、轟《とどろ》くような低音を奏《かな》でながら何マイルにもわたって続いた。他方、内陸側は、木々が鬱蒼と生い茂ってみごとな山並みが、開析《かいせき》が進み谷によって六つに分断されて続き、洞穴もあったが、その背後には、木の生えていない灰色《グレー》の峰々が不思議なほど澄みきった碧空《あおぞら》に向かってそそり立っていた。私は遊楽部川を舟で遡行したくてしかたなかった。この川はいくつもの峡谷を経て荘厳な山懐《やまふところ》へと入っていくからである。だが、その願望を実行に移すだけの体力がこの時の私にはなかった。

ここで私はもの静かで低い声で歌を歌うように話すアイヌの案内人と別れ、耳ざわりな騒々しい声でひっきりなしにしゃべる日本人［和人］の案内に切り替えた。海辺の小集落である山越内《ヤマクシノイ》《やまこしない》で一泊した。ここには感じのよい静かな〈宿屋《ヤドヤ》〉［駅逓所］があったうえに、魚・卵・黒豆というもっと実質的な喜びもあった。しかもその宿は森をなす崖を背にした好地にあり、崖の上の澄んだ空には三日月がかかっていた。こうして、噴火湾沿いで過ごした一週間はひもじい食事の出るみじめな宿に出くわすこともなく、最高の食事に恵まれ、［この点では］これまでの日本北部の旅のうちでは言うまでもなく最も快適な一週間だった。

翌日［九月一〇日］も晴天で、森《モリ》［集落］への馬の旅には好都合だった。ただ、不運なことに私の馬がどの駅逓所のものもよくなかった上に、和人の案内人は気難しく、意地悪だった。ちょっとないことだった。落部《オトシベ》や「腐った魚のような悪臭」［シェイクスピアの『あらし』の一節］のする土色《グレー》の家々からなる二、三の小さな集落が海辺に横たわっていた。漁期にはずいぶん賑わうのだろうが、今は見捨てられ荒れ果てたような姿だった。ただ、海辺沿いにはあちこちにかなりの数の家が散らばっており、家の回りでは野菜や花卉《かき》類が実に豊かに栽培されていた。これらは〈開拓使《カイタクシ》〉が気前よく配給する七重《ナナイ》《ななえ》の実験農場と養樹場［七重官園］の種を育てたものである。森［集落］への道中ではかなりの往来があるのに、大半の部分で道といえるような道がない。人々は、硬化した粘土や黄色の礫岩からなる崖下に続く軟らかい砂浜や小石だらけの海際《ぎわ》を、多くの小さな川を越えながら進まねばならないのである。海の中さえ進まねばならないこともあり疲れ切った。河川には黒い火山灰層を深く抉《えぐ》って流れているものもいくつかあった。私が蝦夷《エゾ》［北海道］の沿岸部でこれまで渡ってきた川は小さな川まで含めれば一〇〇ほどにもなるが、大きな川にはきわめて顕著な特異性がある。海に近づくと、南に向きを転じてしばらくの間海に平行に進み、そのあとやっと、海岸を形成し行く手をさえぎっている砂丘を切って出口を見つけ、海に注ぐのである。砂丘には砂の粒の粗《あら》いものもある。

やかましい自己主張

［森への］道中で私は丸木舟［チプ］に乗った二人のアイヌが、磯波を浴びながら浜に上がるのを見た。彼らは一〇〇マイル［一六〇キロ］近くもこれを操ってきたという。川用の丸木舟は一本の丸太を削り込んで作られ、一艘作るのに二人で五日もあればできるが、長さが二五フィート［七・五メートル］あるこの舟を調べてみると、舟は二つの部分からなり、舳《へ》先《さき》から艫《とも》までずっと非常に強力な樹皮でつながれていて、舟縁《ふなべり》も同じようにつなぎ合わせて高くしてあることがわかった。彼らは、このような二つの部分からなる舟を作ることによって、自分たちが荒海や磯波を受けるところでも十分耐えることができると考えているのである。彼らが作る樹皮の網［ヤ］は見事であり、細い撚《より》

糸《いと》から九インチ［二三センチ］もの太さのある太綱まで、あらゆる太さに編む。

青い海は美しいには美しいが、もううんざりしてしまった。馬が、泡立つ波の飛沫《しぶき》を浴びながら歩いていったり、崖と海の間を一団になって進むために、大波がくるたびに私の足元がぬれ、腹立たしいことに顔まで飛沫を浴びるからである。また、うねりくる波がものすごい音を轟《とどろ》かせながら岸に打ち寄せたかと思うと、同じようにものすごい音をたてて小石を運び去りながら引いていく――その動きが果てることなく続くからである。何とがさつでうるさいこと。ひたすら己れの力を誇示しているかのようであり、むこうみずであり、粗野であり、意固地であり、思いやりのかけらもない！　あてもない力の誇示、絶えることのない力の浪費、そしてやかましい自己主張――鼻もちならないことこの上ない！

いくつもの橋のない川の最後になった川［茂《も》無部《なしべ》川］を渡って私たちは、三週間前［八月二〇日］に出発した森［集落］に着き、ここで宿をとった。この間、失望とも災難ともこれといった不満とも無縁なままに目的を達成できたのは本当にありがたいことだった。伊藤《イト》を彼を雇っていた主人［マリーズ］の下に決められた日までに返すという約束をしていなかったなら、もう六週間、蝦夷《エゾ》［北海道］の未開地で過ごしたいところである。気候はいいし、風景は美しいし、興味をそそるものがたくさんあるからである。

翌日［九月一一日］もいい天気だったので森から峠下《トゲノシタ》《とうげした》までの馬の旅もうまくいき、ここで一夜を過ごした。この二日間の私の馬はことのほかよい馬だった。だが、伊藤《イト》が乗った馬は猛スピードの「不規則走」をしていた時に、蝿を避けようとしたはずみに三度も倒れ、ひっくり返ってしまった。森［集落］と蓴菜沼《ギンサイノマ》《じゅんさいぬま》（複数の湖）［大沼・小沼を含めてのこと］との間の森は、前に［往路で］見た時には陰気な曇天だったので感動しなかったが、今回は明るいところは実に明るく、影は影ではっきりとし、陽の輝きにも満ちていた。そのうえ、葉が緋《ひ》色の小枝や深紅の蔓草も多く、谷間には楓《かえで》が燃えるようだったから、これらの色彩が織り成す音楽に酔いしれた。峠の頂きからは湖の彼方に、木がまったくない［駒ヶ岳］火山の雄姿が望まれた。また手前には、溶岩の広がる所や、軽石が堆積する所、さらにはその裾野の森に抱かれた大《お》沼《おヌマ》や小沼《コヌマ》、そして蓴菜沼《ギンサイノマ》が見えた。また別の峠の頂きからは風がよく吹く函館の美しい姿が、ジブラルタル［イベリア半島最南端の英国直轄植民地］に似た岬とともに望めた。今いる山の斜面は、アイヌが矢の毒の原料にする鳥兜《とりかぶと》におおわれていた。

人目を避けて

峠下《トゲエノシタ》の〈宿屋《ヤドヤ》〉はとても快適だったし、親切でもあった。昨日［九月一一日］の朝、私を起こしながら、伊藤《イト》は「最後の朝になりました。残念ではありませんか。私はそうなのですが」と言った。その時、私は、私たちは同じことを考えているのだなと思った。残念ではありませんか。私もまた、楽しかった蝦夷《エゾ》［北海道］の旅がこれで終わりかと思うと、とても残念だったし、以前よりずっと役に立ち、かけがえのない存在へと成長したこの従者《ボーイ》と別れるのはとても残念だった。函館が見えるようになってからの一二マイル［一九キロ］には非常にうんざりした。湾の向こう側のその地までごく近そうなのに、実際には函館の町がある岬［正しくは陸繋島《りくけいとう》］を［蝦夷の］本土と結んでいる、平坦で石ころだらけの所［陸繋砂州《さす》］がだらだらと続いたからである。約三マイル［五キロ］ほどの道が砕石で粗く舗装されていたので、蹄鉄《ていてつ》も藁沓《わらぐつ》もしていなかった馬はこの道に入るとすぐにすべての脚の具合が悪いのではないかと思うような状態になった。つまずいたり、脚を引きずるようにしたり、道の端に寄ったり、空地を見るたびに走っていこうとした。それで、どこまで続くのかと思えるような表通りに出た時、私宛の手紙を受け取るために伊藤《イト》を〔英国〕領事館に向かわせ、私自身は馬を降りた。ちょうど雨が降っていたので外国人には会わないだろうと思い、そう期待していたのに、不運に見舞われた。最初はデニング氏に出くわし、次には〔ユースデン〕領事とヘボン医師がこちらにやってくるのが見えた。明らかに旗艦での晩餐会に出るために正装しており、きちんとめかし込んでいた。それで、会わずにすむよう横道にすばやくそれたのだが、見つかってしまった。しかし二人は私が見つからないように隠れたがったわけを悟ったようだった。〈別当《ベット》《べっとう》〉がかぶる使い古した笠や油紙〔桐油紙〕製の着古した緑の雨合羽《あまがっぱ》という格好で、乗馬スカートにもブーツにも、泥が跳ね上がっているばかりか「こびりついて」いたからである。私はどこから見ても「荒野から帰ったばかりの者」だった。

I. L. B.

蝦夷［北海道］の旅程

	戸数		距離		
	日本人（和人）	**アイヌ**	**里**	**町**	**［キロ］**
函館から					
蓴菜沼	4	7	7	18	［29.4］
森	105		4		［15.7］
室蘭	57		11		［43.2］
幌別	18	47	5	1	［19.7］
白老	11	51	6	32	［27.0］
苫小牧	38		5	21	［21.9］
勇払	7	3	3	5	［12.3］
佐瑠太	63	7	5		［19.6］
平取		53	5		［19.6］
門別	27		5	1	［19.7］
幌別から					
元室蘭	9	30	4	28	［18.7］
有珠	3	99	6	2	［23.8］
礼文華	1	27	5	22	［22.0］
長万部	56	38	6	34	［27.3］
山越内	40		4	18	［17.7］
落部	40		2	3	［ 8.2］
森	105		3	29	［14.9］
峠下	55		6	7	［24.3］
函館	37,000（人）		3	29	［14.9］
		［計］	358 マイル*		［399.9**］
			［573 キロ*］		

訳注　**が*より170キロ以上少ないのは、**には門別—元室蘭間の距離が含まれていないことにもよるが、その計測値97キロを加えても*より76キロ少ない。そこで、表中の区間の全距離を計測すると529キロになり、依然44キロ少ないが、樽前山に出かけた際の推定距離＝片道約19キロを加えると573キロに近似する。バードは平取から二風谷の先までと函館から大野までも訪れたが、これらは含んでいないと判断される。函館への距離が14.9キロの地点七飯であるとか、長万部—山越内間の距離が37キロであるなど、部分的には不正確な値もあるが、特に往路の合計値は正確である。

第四十二報［第四十八報　挨拶状］

最後の印象のよさ――帆掛船――伊藤《イト》との別れ――私の礼状

一八七八年九月一四日［土曜日］　蝦夷《エゾ》　函館にて

今日で蝦夷《エゾ》［北海道］ともお別れである。風がよく吹き土色《グレー》をしたこの都［函館］に太陽がさんさんと輝き、このため、駒ヶ岳[コモノタキ]のピンクの山頂は赤みを増し、私の印象も最初がそうであったように、最後となる今も晴々として心地よい。影になる部分が紫の斑点のように見える［函館］湾の藍《あい》色の海には、六〇艘ほどの帆掛船《ジャンク》が錨《いかり》を下ろして浮かんでいる。帆装が日本のものでない船も見えるが、私を魅了するのは、静かに浮かんだり大きな白帆をあげて港に入ってくる淡い色合の帆掛船である。江戸［東京］湾でそれを最初に目にした時と同じである。古めかしく感じられ、絵のように美しい。荒海と闘うより、絵に趣を与えるのにこそふさわしい。

たいていが一二〇トン積《づみ》［の百石船］で、全長は一〇〇フィート［約三〇メートル］、そして最大幅は二五フィート［約七・五メートル］で、船尾にごく近い部分で最も広くなっている。船首［水押《みよし》］が長く、ローマのガレー船に似てその反《そ》りが大きく、先端は嘴《くちばし》状に尖り、帆柱の前檣《ぜんしょう》前支索を固定している。そして嘴状になった先端部分には両側に大きなぎょろ目が各一つ描かれている。帆柱は高さが五〇フィート［一五メートル］のどっしりとした円材で、松材を釘と膠《にかわ》と箍《たが》を用いて一つに合わせている。船体中央部には一本の重そうな帆桁《ほげた》がさがっている。帆は、丈夫な白い木綿を縫い合わさず縦方向に何枚もひもで縛って〈襞《ひだ》寄せ〉し、広幅の長方形にしたものである。その技は芸術的でさえある。帆布と帆布の間には装飾的なひもを使って六インチ［一五センチ］幅の隙間をもたせるようにしてある。そして強風下では帆を縮めないで、帆布をつないでいるひもを解いて外し、帆幅を水平方向ではなく垂直方向に狭《せば》めるのである。帆には多くの場合二つの青い天球が飾られている。帆柱はかなり船尾［艫《とも》］寄りに取り付けられており、船の針路を左右に切り替えるには帆を逆にしさえすればよい。順風時には長い船首［水押］が船首縦帆の役をする。古風な彫刻が施され、高いだけでなく後ろほどせりあがり、造りががっしりとした船尾や、格子造りの舷側［上部の垣立《かきたつ》］はすばらしい。船尾に突き出した舵《かじ》の巨大さや舵柄《づか》の長さにも驚かされる。錨［碇］は四爪型［四爪碇《よつめいかり》］で、船首に装備されその数は大型の帆掛船［弁才船］の場合だと六～八個にもなる。これによって海縁《うみべり》の碇泊地の状態がよくないことが窺われる。この船［弁才船］は「足を小さくされた」中国女性の足［纏足《てんそく》］の形にとてもよく似ており、操船は非常に難しそうに思われる。船体はペンキを塗らない木［白木］でできており、どことなく寒々しく、薄気味悪い感じがする。*

＊ 帆掛船［弁才船］が払う税［船役］は二五トン［約一六七石］当たり四シリング［一円一二銭］である。これに対し、西洋帆船や洋式艤装船の税は一〇〇トン当たり二ポンド［一一円一七銭］で、汽船だとこれが三ポンド［一六円七六銭］になる。

別れ　今日［九月一四日］とうとう伊藤《イト》と別れた。とても名残惜しかった。忠実に仕えてくれたし、通常のことに関してはほとんどの場合、どの外国人よりも伊藤《イト》から多くの情報を得ることができた。今日もいつものごとく、荷造りいたしますと言ってきかず、すべての持ち物を片づけてくれた。今はすでにおらずさびしい。驚くほど才気にあふれていた。これから立派で男らしい主人［マリーズ］の下に行くが、この人なら伊藤《イト》が立派になる手助けをしてくださるだろうし、範を垂れもするだろう。それは私の本懐である。去っていく前には、私たちのために〈人力車《クルマ》〉の使用その他の便宜を計ってくれたことに対する室蘭《むろらん》《モロラン》［開拓使室蘭出張所］の長［松尾友三］に宛てた礼状を私に代わって書いてくれた。

I. L. B.

第四十三報［第四十九報　台風《サイクロン》］

好天との予報——惨めな失望——遭遇した台風——濃霧——人騒がせな噂——東京《トウキョウ》での歓迎——反乱者たちの最期

九月二一日［土曜日］　江戸［東京］　英国公使館にて

海が荒れ狂ったあと風がおさまって穏やかになったうえ、安定した高気圧におおわれたので、五〇時間の航海で確実に横浜に着くということだった。ヘボン医師夫妻と私が一四日［土曜日］の晩、月光に照らされながら函館を発《た》ち、兵庫丸《ヒオゴマル》《ひょうご》の唯一の客［一等船客］となると、快活にして温和なムーア船長が、高速で楽しい航海が待っていますよ、よかったですねと挨拶した。深夜になって私たちは楽しい語らいや用事に思いを馳せつつ別れ［部屋に戻っ］た。

しかし、そのあと今まで経験したことがなかったような悲惨な航海になった。私たちがそれぞれの船室を這い出して互いに声をかけあったのは、何と［三日後の］一七日の午後のことだった。出航して二日目［一五日］には息がつまりそうな猛烈な暑さとなり、水銀柱は華氏八五度［摂氏二九度］にまで上った。そして北緯三八度、東経一四一度三〇分の海上で私たちは台風《タイフーン》に巻き込まれてしまった。他では「サイクロン」と言ったり、「旋回性ハリケーン」と言ったりするこの暴風は、何と二五時間にわたって船を巻き込んだ。船荷は「投げ捨て」られた。ムーア船長は私に、この暴風の進行を示す非常に興味深い図を描いてくれた。そして、本来のコースをとれば命を落とすことになったこの渦に巻き込まれないようにするためにいろんな策を試みたことや、できる限りその外側になるコースをとったことを説明してくれた。この台風の後には濃霧に襲われた。このため五〇時間［の予定］だった航海は七二時間［丸三日］にもなり、横浜に上陸した時には一七日［火曜日］の真夜中近くになっていた。そしてさまざまな災害の爪痕を知ることになった。低地はことごとく浸水し、横浜と首都［東京］を結ぶ鉄道は不通となり、米の不作が憂慮され、巷《ちまた》には人騒がせな噂があふれ、五月に来日した当時はほぼ額面どおりだった紙幣の価値は一三パーセントも目減りしていた。そしてこの数値は今年（一八八〇年）の初期には四二パーセントにもなった。

［一八日の］午後遅くになって鉄道が復旧したので、私はウィルキンソン氏［英国代理領事］と一緒にここ［英国公使館］にやってきた。ありがたいことに、ここでしばらくの間、心からのもてなしを受けながらゆっくり休めることになったのである。午後はよく晴れて明るい陽射《ひざ》しに満ちていたので、東京《トウキョウ》は最高に美しく見えた。何本もの道に沿って延々と続いている〈大名屋敷《ヤシキ》〉も立派に見え、城［皇居］の濠《ほり》は蓮《はす》の巨大な葉で埋め尽くされ、水もほとんど見えないほどだった。また、内濠の土塁は草におおわれて緑に輝き、そこに生える松の木は真っ青な空に向かって堂々とそびえていた。そして公使館が立っている高台はじめじめした感じがなく、気持ちよさそうだった。何よりもうれしかったのは最高の歓迎を受け、この家を異国の我が家にさせてくださったことだった。

今東京《トウキョウ》は落ち着いている。心配の種は、米が不作になり〈札《サツ》〉が下落するのではという恐れだけである。軍の反乱者は裁判にかけられたというが、巷では拷問を受け、五二人がすでに銃殺されたとの噂で

東京芝［増上寺境内］にある七代将軍［徳川家継］有章院霊廟入口［勅額門］［原著2巻本では「東京に関する覚書」に収載（『完訳 日本奥地紀行4』27頁）］

ある。今年の夏はこの数年のうちで最悪だった〔という〕。今も曇天で蒸し暑い残暑が続き、雨がほとんどひっきりなしに降る。夏の間〔六〜九月〕中ずっと「雨に降られてきた」〔『旧約聖書』「アーモス書」〕人々は、「そのうちにはきっとよくなりますよ」と言うが、もう三月《みつき》もの間、同じことを言い続けてきているのである。

I. L. B.

第四十四報［第五十九報　火葬］

好天――日本における火葬――東京《トウキョウ》［府］知事――答えにくい質問――しがない建物――葬式費用の節約――簡便な火葬の手順――日本の見納め

一二月一八日［水曜日］　江戸［東京］　英国公使館にて

私は［日本での］最後の一〇日間を好天が続いたここ［東京］で過ごした。気候が例年どおりだったら、二カ月前にはもうこのような天気になっていたとのことである。あちこちに行楽に出かけたり、買物をしたり、上流社会の晩餐会に何度か出かけたり、別れの挨拶にまわったり、チェンバレン氏の同行を得て、いくつかの有名な杜《もり》、池上《イケガミ》の寺院［池上本門寺］や、江ノ島《エノシマ》と鎌倉《カマクラ》を訪ねたりしているうちに、時間は流れるように過ぎていった。池上の寺院では客間の一室で僧正と複数の僧侶の接待を受けた。江ノ島と鎌倉は「俗っぽい」行楽地ではあるが、背後に［神々しい］富士山《フジサン》がそびえ立っているおかげで、俗悪化しきらずにすんでいる［挿絵］。

日本における火葬　ここでは、外国人がおよそ訪れるようなところではないために時間をかけて調べてようやくその所在を確認できたある「見もの」についてのみ記す。仏教徒、特に門徒《モント》の間では火葬が広く行われていたが、五年前［明治六年］に禁止された。ヨーロッパ人の偏見をおもんぱかってのことだと言う人もいる。ところが三年前にこの禁止が解かれ、それ以後の短期間に荼毘《だび》に付された人の数

東海道の村から見た富士山《フジサン》

は年間九〇〇〇〇人近くに達した。H・パークス卿は五つある火葬場の一つ桐ヶ谷《キリガヤ》火葬場に行ってみたいという私の願いが許可されるよう申請してくださった。その結果二、三日遅れで東京府知事［楠本正隆］から許可証が下りた。森［有礼《ありのり》］氏の要請によるものだった。それで、昨日［一二月一七日］、私は［英国］公使館の語学［日本語］のできる人に付き添ってもらい、東京府の立派な〈屋敷《ヤシキ》〉［東京府庁］に出向いたところ、思いもかけないことに知事の拝謁を賜った。その人楠本《クサモト》《くすもと》氏は上品な紳士で、その表情には、氏がこれまで発揮してきたことの証となる活力と能力がにじんでいた。洋服の着こなしが上手で、態度にも身ぶりにもゆったりとした感じだけでなく威厳があった。北方への私の旅とアイヌについていろいろと尋ねたあとで、氏は、忌憚のないご意見を聞かせてほしいと言った。だが、東洋ではその言葉を真に受けてはならないので、私は、他の分野の進歩に比べ道路が遅れをとっていますと言うにとどめた。それに対して氏はいろいろ説明したが、それはこの国の道路の過去の歴史にはたしかにあてはまるものではある。氏は火葬と大都市におけるその「必要性」について語り、話の最後に、自分が乗っている馬車で政府の通訳の一人を付けて［火葬場のある］目黒まで送らせますので、お連れの通訳と乗ってこられた〈人力車《クルマ》〉をお返しくださいと言った。そして、英国公使のお客さまにこのようなことをさせていただけるのはありがたいことです、公使のお人柄と日本へのご貢献を高く評価させていただいております、と実に丁重に付け加えた。

火葬場　〈別当《べっとう》《ベット》〉［御者］が発するとびきり大きな掛け声を耳にしながら一時間馬車で走ると、台地と谷間の低地からなる町はずれにやってきた。杉の林を背にする赤い椿と羽毛のような竹のある風景は、一面灰色《グレー》の英国の単調な冬の景色とは対照的だった。凸凹がひどくて行けないので農道のところで馬車を降りた私たちは畑や低木の生け垣を歩いて通り抜け、一つの建物に着いた。一見したところ、［火葬という］厳粛な用途のためのものとは思えないようなささやかな建物だった。細部にもおどろおどろしさを想像させるものは何もなかった。建物は［英国］北部の農家によく似て「小舞壁」造りであり、横に長く、屋根にはケント州［イングランド東南端の州］の「ホップ乾燥所」のものによく似た高い煙突が付いていた。しかも周囲が農村風なので、「火葬場」というよりも「農家」を思わせ、中に恐ろしいものがあることは外からは一切わからないようになっていた。

建物の道路側の端には小さなお堂があり、多くの仏像や、遺族が買い求める素焼きの赤くて小さな壺や火箸が並んでいる。奥には土間と土壁の部屋が四室あるが、天井が高く尖っているのと壁が薄黒くなっている以外にはこれといった特徴はなかった。真ん中の二つの大部屋には御影石《みかげいし》の台［火炉］が数基、等間隔で置かれており、小部屋には一基だけある。目に入ったのはまさにこれだけだった。大部屋では同時に数体の亡骸《なきがら》が火葬されるが、その料金はわずか一円、すなわち三シリング八ペンスであり、［小部屋で］一体だけを火葬する場合の料金は五円である。燃料は薪束で、普通、一シリング分の薪束があれば亡骸は十分灰になってしまう。家で葬式を済ませた後、亡骸は火葬場に運ばれ担当者に委ねられる。この人物は、なるほどと思えるが、陰鬱な表情をし、顔は煙で煤《すす》けていた。［遺族が］金持ちの場合には茶毘《だび》に付す間、僧侶に金を払って傍らに付いてもらうこともあるが、めったに行われない。大部屋の一つには竹で箍《たが》をした松材製の「早桶」［粗末な棺桶］が五つ安置されており、人夫の亡骸が収められていた。また二つの小部屋には中流階級［旧士族］の亡骸を収める松材製の寝棺が二、三安置されていた。棺桶は午後八時にすべて石の台［火炉］に載せられ、その下の薪束に火が入れられ、一晩中継ぎ足される。すると翌朝の六時には亡骸は小さな灰の山になっており、親戚の者がその灰を壺に入れて手厚く埋葬する。故人を悼むこの最後の務めには僧侶が伴うこともある。私が訪問した前の晩には一三体が茶毘《だび》に付されたが、建物の中にも辺りにも悪臭は全くなかった。そして通訳の説明によると、煙突が高いので、茶毘に付している最中でさえも付近の住民は不快な思いをすることがないとのことだった。装置の簡素さはまことに注目に値する。この装置がどんなに複雑なものにも匹敵する（それ以上ではないにしろ）だけでなく、亡骸を無害かつ完全に形のないもの［灰］にする目的にかなうものであることには疑問の余地がない。しかも、安い費用で行えるので、普通の葬式だと費用負担がきわめて大きくなる階級の人々でも無理なくできる。* 今朝［一二月一八日の朝］、知事［楠本］は事務官を私の許によこし、日本での火葬の導入と実施に関する興味深い文書を英語に翻訳したものをくださった。

＊　この遠出については以下のような大変不正確だが面白い記事が『読売新聞《ヨミウリシンブン》』に掲載された［一二月一九日］。この新聞は最高級というわけではないが、東京で最大の発行部数を誇る日刊紙であり、役人や商人が購読している。以下はチェンバレン氏の直訳である――

「昨日［一二月一八日］本紙が「バードという英国人」として述べた人は、英国はスコットランドの婦人である。この婦人は旅をして過ごしており、両［南北］アメリカ大陸を後にしてサンドイッチ諸島に立ち寄り、五月上旬に日本へ来た。そして全国を巡り、北海道《ホッカイドウ》にも五カ月滞留し、この地の習俗物産を調べた。昨日の桐《キリ》ヶ谷《ガヤ》の火葬場視察も［火葬という］死体の処理法の良いことを知り、同じ方法を英国にも導入したいと思ったことによる（！）という。この婦人は多くの書物を出版しているほどの識者なので、知事閣下は昨日喜んで面会して懇《ねんご》ろに取り扱われ、自分の馬車で桐ヶ谷《キリガヤ》まで遣ったので、婦人もその厚意を喜んだという（！）」。

一八七八年クリスマスイヴ［一二月二四日］汽船ヴォルガ号［フランスの汽船］にて――私たちが一二月一九日［木曜日］に横浜港を出航した時、ミシシッピ湾［根岸湾］岸の紫色の森の背後には富士山《フジサン》がそびえ、その雪をかぶった頂きは朝日に赤く輝いていた。そしてその三日後が日本を目にした最後だった――冬の海の波打ち寄せる荒々しい海岸が続いていた。

I. L. B.

解説

金坂清則

はじめに

本解説では、『完訳 日本奥地紀行』全四巻（以下、『完訳』）の完結を踏まえ『新訳 日本奥地紀行』（以下、『新訳』ないし本書）を上梓した理由・意義、『新訳』を読むに当たって留意いただきたい点、そして『新訳』の底本をめぐって記す。

原著者イザベラ・ルーシー・バードの人生や、六期に区分しうる半世紀近くに及ぶ海外の旅の歴程《れきてい》、その中での日本の旅については、『完訳』第三巻の解説に委ね、ここでは古くに指摘した二つの事実を補うに留めたい――その一つは、今でこそバードは史上屈指の旅行家の一人、少なくともヴィクトリア朝を代表する旅行家と評価されてよい女性であるという理解が定着しつつあるが、かつては世界の旅行史・探険史の中にも、ヴィクトリア朝の紀行文学の中にも、必ずしも登場する人物ではなかった(1)という事実。そして今一つは、バードの海外の旅と冒険の人生において、少なくとも結果的には第三期の日本の旅が最も大きな展開をもたらすものになった(2)という事実である――。以下、冒頭の諸点について記す。

『新訳』の底本と既往の訳書、とくに『日本奥地紀行』

『完訳』は一八八〇年に刊行された Isabella L. Bird, *Unbeaten Tracks in Japan: An Account of Travels in the Interior, Including Visits to the Aborigines of Yezo and the Shrines of Nikkô and Isé*, 2 vols.（以下、完全本原著。二巻本原著に同じ）を底本とする。これに対し、『新訳』はこの完全本原著の五年後の一八八五年に同じくジョン・マレー社から刊行された Isabella L. Bird, *Unbeaten Tracks in Japan: An Account of Travels in the Interior, Including Visits to the Aborigines of Yezo and the Shrine of Nikkô*, 1 vol.（以下、簡略本原著）を底本としている。

こう記すと、高梨健吉訳『日本奥地紀行』平凡社東洋文庫[3]を丁寧に読んだことのある読者は、底本が同じことに気づき、この訳書がほぼ四〇年もの間読み継がれ、平凡社ライブラリーにも入った[4]のに、なぜ本書が必要なのかと思うに違いない。だが、底本は確かに同じだし、二種類の高梨本が日本におけるバードへの関心を生んできた貢献を認めつつも、高梨本をもってバードの日本の旅や簡略本原著が理解されてはならない理由がある。一言で言えば、高梨本は簡略本原著を忠実かつ正確に日本語の書物にしたものとは言い難いのである。その根拠を三つに要約する。

その一つは、高梨本における図版が簡略本原著から採ったとは考えられない不鮮明なものであるのみならず、簡略本原著収載の四〇点の図版のうち八点を省き、しかも残りの三二点中一九点は底本とは違うところに収めていることである。

バードの旅に基づく一二種一五巻の書物（写真集二冊を除く）や書物の形をとらない膨大な旅行記・論文・評論その他の著作の流れ＝推移を踏まえる時、版画は第二期以降の旅に関する作品で登場し、第五期の旅の産物の一つ『中国奥地紀行』ではほぼ完全に写真に取って代わられるという事実が認められる。[5] そしてこの事実は、臨場感にあふれた写実的記述を得意とし重視もしたバードにあっては、そのような記述の特質を、まず版画、次には写真で補うという意図の反映なのである。

それゆえ原著における版画がもつ意味は重要で、高梨本の版画が不鮮明でその美しさが再現されていないのみならず、底本に入っているものを省いたり、本来の収載位置を動かしているために、読者には簡略本原著本来の形がわからず、誤解してしまうものになったり、味わえないものになっているのは問題である。たとえば、簡略本原著の口絵を飾るのは、完全本原著第一巻の口絵でもあった「日光東照宮陽明門」の版画は銅版画と見紛う精緻さを特徴とする木口木版《こぐちもくはん》であり、こうなっているのは、日光東照宮を副題に組み込んでいることに対応する特別の重要性と結びついているからである。だから、高梨氏が、その口絵をバードの写真、しかも彼女の身体的特徴を誤解させる晩年の写真に置き換え、それを日光東照宮に関する第八信に移しているのは、原著のメッセージを無視して読者に伝えず、かつ誤ったバードのイメージを伝えるという二重の問題を生んでいる。[6] それだけではない。

実は、全二巻八二一頁もの完全本原著の頁数を半分以下の三六〇頁に減じる中で、[7] バードは四二点あった図版について、実質的には一点のみを省いただけであるという事実があり、この点も無視してはならない。高梨氏は、「原本には四十枚のスケッチが入っているが、本書ではそのうち原文にかかわりのあるものを選んだ」と記すが、正しくない。スケッチでなく版画であるのはともかく、スケッチを版画にしたものはむしろ少数で、四〇点の版画の多くは既存の写真[8]を版画、厳密には木口木版にしたものなのである。

しかも、削除した八点中、三点には対応する原文がある上に、「大黒」の図版にしろ「パークス卿《サー・ハリー》の手紙配達人」の版画にしろ、「アイヌの小屋風の家（日本人の絵より）」の版画にしろ、底本には入っていることを読者が知ったなら、「これらも入っていたらよかったのに」と思うに違いないものなのである(9)。

さらに、「琵琶湖の茶屋」「兵庫大仏」「六角堂」「一身田の山門」の四点だけは確かに当該報の文とは関係のないものではあるけれども、そのことはバードもマレーもわかっていたわけだから、高梨氏がこれらを削除するに当たって考えねばならなかったのは、ではなぜこれらが底本に収載されているのかという点である。こう考える時、これら四点には当該報の文末に収載されているという共通性があるので、最終頁の余白を利用していることに気づく。そして、当該報の文章と直接関係がないことを承知の上で収載したのは、単に余白を無駄にしないという理由ではなく、当時にあっては珍しかった日本の風景の一端を読者に示すことが「旅と冒険の本」（後述）として出版する簡略本原著にとっては積極的な意味を有すると判断したためだと考えられる。関連して言えば、高梨本では省かず収められているが、「僧侶」の版画も当該報の原文とは関係ないものであり、当該報の文章の後の余白を生かして採録されているのは、この版画も含め九点もある。図版には文章中に挿入されているものと、文末に収載されているものの両方があるのは故《ゆえ》なきことではなく、この点に注目せねばならない。

以上のように考える時、簡略本原著の次の三点の図版はなぜ収載されなかったのかが関心をひく。まずその一つ、完全本原著第四十一報中の「シノンディとシンリチ」は、写真から作成された木口木版である「蝦夷のアイヌ」と題する第二巻の口絵ないしその基となった写真自体を若干の修正を加えてスケッチしたものを版画（木口木版）にしたものであるからだと考えられる。つまり完全本原著では明らかに重複していたのを踏まえ、簡略本原著では口絵を完全本原著で言えば第四十二報[10]になる第三十七報に移して収めたのに伴って削除されたのである。またもう一点は日本地図なので、これを別とすると、図版は実質的にはわずかに一点だけが削除されたにすぎない。その「巴」と題する図版は、大津祭の光景に関わって掲載されていたものの、これに関する報が削除され、単なる図案でもあるために削除されたと解釈できる。つまり、簡略本原著が地図以外の図版について「巴」を例外として削除しなかったのは、日本の風景を図版で示すことに積極的な意味を有したからだという先の指摘と呼応するのである。

他方、日本地図を削除したのは、完全本原著にとっては不可欠だったものの簡略本原著ではそうではなくなったこと、一言でいえば、蝦夷《えぞ》（北海道）への旅と関西・伊勢方面への旅からなる二つの旅と、都合二カ月にもなった東京滞在中[11]の経験を通して、日本がどのような国なのか、いかなる問題を抱えているのかを、キリスト教の普及の可能性も含めて記した完全本原著から蝦夷への「旅と冒険の本」へと性格を変えたからだと考えられる。結論の章「日本の国政」と序章を省き、かつ関西・伊勢方面への旅を完全に削除した簡略本原著にとって日本地図はテキストに対応するものでなくなり、しかも東京以北と北海道だけを一つの連続する地図として描き直さないことには不自然なものになる点を考慮した結果だと考えられるのである。簡略本原著は二一・五×一四・〇センチだった完全本原著をわずかに小さくしただけ（一九・七×一三・〇センチ）だから、サイズ的には日本地図を巻末に収めるのは可能だった。

以上、高梨本が底本に忠実でないことの第一の点について説明したが、忠実でないことは、簡略本原著に収められている索引が削除されてしまっていることからもわかる。この二つ目の事実は、旅に基づくバードの書物を通覧する時、日本の旅以前の旅の記録にはなかった索引が、完全本原著では九頁にわたって付され、しかも、簡略本原著でも、大幅な削除によって文章量を約半分に減じたにもかかわらず、削除するどころか八頁を割《さ》き、相対的にはむしろ充実させているという事実に照らせば、無視できない。その上、バードは索引項目も完全本原著のものに依拠せず全面的に見直しを行っているのである。

このような事実は、著者バードおよび出版人マレーが、この書物を読者が読むに当たっては索引が必要だと認識していたことを示す。それは、この旅の記録の特質の一面（後述）が簡略本にあっても変わっていないこと、日本の旅以前に出版した五冊の著書とは異なることと関連すると考えられる。と同時に、これ以後の著書（旅行記）には、小チベットの旅に関する小さな本と二冊の写真集を除いて必ず索引が付されている事実に照らしても無視できない。

高梨本を読んで、索引があればよいのにと思った読者は少なからずいたはずであり、このような要求に原著は簡略本にあっても応えていたのに、高梨氏がそのことを無視し必要ないと判断したのは、この書物の特質ないし書物に込められた原著者のねらいを正しく認識していなかったこととも結びついている。高梨氏が解説で触れる復刻版の一つタトル版[12]でも索引は省かれてなどいない。氏が省いたのは最初の復刻本であるヘロン・ブックス本[13]によったとも推察されるが、認められることでは決してない。

私は

「旅行記を読むとは、その基になった旅を読み、
旅する人を読み、旅した場所・地域を読み、
旅した時代を読むことである[14]」

と考え、翻訳に当たっては、原文の一文一語について、このような旅行記の読みの定理を認識することによって初めて正確ないし的確な翻訳になり、翻訳する者に求められる文化の媒介をなし得ると考える。『完訳』でもこれを実践した。ところが、高梨氏はこのような認識を欠き、原文を安易に日本語に置き換えるだけの翻訳に留まっているために、その訳は、極めて高い能力と強い使命感に基づき「正確であることを旨と」する原著者バードが正しく記していることを正確に伝えるものに基本的になっていない。

　高梨本が底本に忠実でないと考えられるこの最後の根拠は、より本質的である。いわゆるケアレスミスとは片付けられないこのような問題点があることは、『完訳』の解題や訳注でもごく一部について例証し、また『完訳』と読み比べていただければわかるので繰り返さないが、明白である。それを象徴するのが、簡略本原著に明記されている長い副題を完全に無視してしまっていることであるが、この点については後に項を改めて述べるとし、以上によって導かれる事実を、本項の最後に指摘したい。

　それは、簡略本原著で削除された完全本原著のうちの、「報《レター》」の単位で完全に削除された部分だけを訳した（しかも完全にはカバーしていない）楠家《くすや》重敏・橋本かほる・宮崎路子訳『バード日本紀行』[15]は、簡略本については高梨本を読めばよいということを大前提にしている点自体が間違っていることである。また、簡略本原著の限界を超えるということなら楠家氏らが訳出すべきなのにしなかった部分削除の箇所だけを訳出した高畑美代子訳・解説『イザベラ・バード「日本の未踏路」』[16]に至っては、高梨本も楠家本も正しいことを大前提とし、この三冊を併せ読めば原著を日本語で読んだことになると考えているが、この大前提も容認できないし、三冊三種類の本を併せ読みつつ、バードの日本の旅を読み楽しむことなどできることではなく、バードの削除は時に段落の途中だけを削る複雑なものであるから、なおのこと不可能であるということである。いくら完全本原著が大部だからといって、自らの研究のためならともかく、一般読者に購入して読んでもらう以上、既存の訳がある部分はそれを読めばよい、正しいのだからという考え自体が認められない。つまり、高梨本の問題は新たな訳書の出現によって、結果として高梨本自体の問題を超えるものとさえなったのである。

本書が『新訳 日本奥地紀行』と題するのは、高梨本に替わる簡略本原著の「新訳」であるからだが、『完訳』の解題で指摘したように、何よりも実質的には同じである二つの原著の主題と副題と『日本奥地紀行』という邦題が定着していることを踏まえれば、この表題が最も適切だと考えられるからである。(17) 関連して言えば、*Unbeaten Tracks in Japan* という主題は、バードに日本の旅を要請し、その完遂・成功のために内地旅行免状の取得をはじめさまざまに援助した公使パークスの提案による。このことはバードからマレーへの一八七九年五月三〇日付と六月一三日付の手紙でわかるが、完全本原著にしろ簡略本原著にしろ Beaten Track(s) と対比して何度も用いられる Unbeaten Track(s) という表現は、この主題がパークスだけではなく、バードにとっても適切なもので、実質的には二人の考えによって決まったとみなすのがよいだろう。

『新訳』上梓の理由と意義、読むに当たっての留意点

『新訳』を上梓した理由については以上によってわかっていただけたと思う。だが、以上は上梓の理由のすべてではない。まず留意すべきは、早くも一八八二年に出版されたドイツ語版(18)のように、削除しなかった部分については完全本原著の記述をバードがそのまま用いているという点である。したがって、

「旅行記の読みの定理」（前述）に則って分析＝科学し、その成果を訳注として付す一方訳文に反映させて初めて、明治初期という時代の日本の現状と文化を読者に伝える正確な訳文になることを明らかにした成果（『完訳』全四巻）を踏まえた書物であることが、簡略本原著の訳書にも求められる。このことが本書を上梓するもう一つの理由であり、意義である。

本書には『完訳』に付した膨大な訳注は省く一方で、原文が誤っている場合はもちろん、原文の意味を明示しておくことが読者に有益であると判断する原文、たとえば『聖書』や既往の文学作品など原文の出典について、最小限必要な説明を本文中の当該箇所の下に［　］を伴って小活字で記してあるので、読者は完訳とは異なる一つの独立した作品として本書を読み、楽しんでいただけるはずである。もちろん、本書を読んで、記されていることをもう少し深く確認したいと思われる読者には、『完訳』を開き、該当箇所の訳注を読んでいただければ、「なるほど！　そういうことか！」と納得してもらえると思う。実は、そのようなことを想定し、かつ一巻本としての出版を大前提として注記は付してある。

本書を読むに当たって留意いただきたいのは、簡略本原著はLETTER I（第一報）からLETTER XLIV（第四十四報）までの数字でのみ構成が示されているが、これでは記述の流れ、旅の展開がわかり難いということにもまして、完全本原著の大幅な削除のために数字はLETTER IV（第四報）以降は完全本原著のものとは異なり、本来連続するわけではないのに連続するかのようになっているという問題があることである。端的な例を挙げれば、LETTER VLIII（第四十三報）の次のLETTER XLIV（第四十四報）は完全本原著ではそれぞれLETTER XLIX（第四十九報）とLETTERL IX（第五十九報）であり、その日付はそれぞれ九月二一日と一二月一八日なのである。

そこで、本書では、各報の数字の下に原著二巻本の本来の数字を小さな活字で併記し、かつ、パトナム版の完全本原著では数字に代わって表題だけが記されている点に着目し、『完訳』において「第三十三報（続）子供の遊び」というように数字と表題を併記したのにならい、「第二十八報〔第三十三報（続）子供の遊び〕」というように表記した。

従来の訳書ではいずれも無視している原著の柱に記されている見出し語を本文中に補い、『完訳』でも『新訳』でも原著の段落を恣意的に変更などしていないこともあり、『新訳』の該当箇所を『完訳』で見つけることは容易である。[19] 本書におけるこのような配慮は何よりも読者の読みやすさに資すると考えてのことなので、ぜひとも留意いただきたい。これは、二種類の原著それぞれの内容を日本語版の読者に少しでもよりよくわかってもらいたいという、私のバード研究者としての真摯な願いでもある。

全一巻の「旅と冒険の本」にしてほしいとの出版人マレー三世からの依頼を受けてバードが行った削除がいかなるものだったのか、おそらくは全体の分量を半分程度にすることを目標として、削除に伴う不自然さが少しでもわからないようにすべく、バードがいかに複雑な削除を行ったかは、『完訳』と『新訳』を丹念に比べれば痛感される。また、私は二種類の原著を完全に照合して『簡略本』の原稿を作成したので、読者が読み比べてバードの苦心がいかなるものだったかを確認してみるのも面白いということもわかっている。だが、『完訳』のどの部分が削除されているかを逐一明示することはしなかった。一般読者が『新訳』や『完訳』のそれぞれをまとまった作品として読み楽しむに当たってはそのようなことを明示する必要などないからである。

簡略本原著における完全本原著からの削除

ただ、『完訳』を読まずこの『新訳』を初めて読むという読者もおられるだろうし、そのような人にとっては、いかなる削除が行われてこの簡略本原著が成ったのかの概要を示し、その点に留意して読んでもらうことは有意義だと考えられるので、簡単にまとめておく。

完全本原著は、「七カ月間日本に滞在し、アイヌの拠点平取《びらとり》をめざす旅と関西・伊勢方面への旅という二つの旅、より正確に言えば「内地旅行」を敢行したその「旅の記録」をベースとし、東京、蝦夷（北海道）、伊勢神宮、神道、食べ物と料理、そしてキリスト教伝道活動の実態など日本がどのようなところなのか、いかなる状況にあるのかを英米の読者に伝える上で重要だと考えたトピックを、「旅の記録」の合間にそれを補完するように「覚書」として巧みに配しつつ、日本を概観する序章で始め、「日本の国政」に関する章で締めくくり、しかもこのような目的に資する四種の付録を付すことによって首尾一貫した「一つの報告」としてまとめたものである[20]」と概括できる。したがって簡略本原著にあっては、まず、「旅と冒険の本」としては必要のない序章と、元来は結論でもあった「日本の国政」の章、そして六つの覚書を削除する。また、四つの付録のうち、付録B「神道に関する覚書」と歳入・歳出に関する付録C、付録Dを削除したのは当然として、自ら採録したアイヌの言葉の一覧である付録Aさえも削除する。「旅と冒険の本」としても重要だったこの一覧をも削除したのは一義的には分量と、付録はすべて省くという方針の故であろう。だが、これだけでも分量は約半分まで減ることはない。

「旅と冒険の本」としては必ずしも削除する必要のない第二の旅をすべて削除し、第一の旅に限定した書物にしたのは、少なくとも一義的にはこのような理由によろう。「続」や「続々」「完」「結」を含め七三もの報《レター》のうち第二の旅に関する八つの報と第二の旅に出る前の東京滞在中のことに関する一つの報のみならず、第一の旅に出る前の報についても八つのうち三つを全面削除し、第一の旅に関わる報についても五五の報のうち、四つの報を削除している。さらに来日以来第一の旅が終わるまでの六三の報のうちまったく削除していない報は一七にとどまり、三八の報については、程度の差はあるものの、部分的に削除し、時には段落内を部分的に削除するということさえ行っている。このようなことを照合作業によって確認して驚かされるのは、蝦夷（北海道）の旅に関しては一八の報のうち、全面削除した報がわずか一つ、部分削除した報も八つにとどまる一方、一切削除していない報が半数の九つもあり、しかも平取での調査に関わる五つの報については一切削除を施していないという事実である。

これによって、「旅と冒険の本」という書物にするという条件の下においてさえ、バードはその書物を単なる見聞記にはせず、特別の内地旅行免状を入手し、開拓使の援助も得て行った旅に基づく「報告書」にふさわしい書物にしたことが確認できる。と同時に、簡略本原著が、第二の旅を完全に削除して第一の旅だけの書物にしたということと、その第一の旅の最終目的地平取での参与観察に基づく調査の結果報告をもって書物の「山」とする構成が完全本原著よりも強調されたものにしたことを確認できる。

『新訳』を上梓する意義としてもう一点指摘しておきたいのは、旅行記の読みの定理を踏まえた訳にするために、バードの旅のルートを正確に押さえるのみならず、いわゆるツイン・タイム・トラベルに基づくフィールドワークを伴って訳出を行った『完訳』の成果を組み込んだ訳本になっているので、『新訳』はこれを携えてツイン・タイム・トラベルするのに役立つものになっている点である。かつては基本的には机上で読むだけであった『日本奥地紀行』の読み方を変えることの意義を、私が写真展やそれに関わる講演において地図化の成果も示して明らかにし、そのことがテレビ番組を通して何度も放送され[21]て以後、急に新しい読み方や活用の仕方が普及したこと、関心の在り方が変わったこと自体は大変喜ばしいが、高梨本や楠家本、高畑本のみならず、完全本原著二巻本の最初の日本語訳である時岡敬子訳『イザベラ・バードの日本紀行 上下[22]』も、遺憾ながらフィールドワークも伴って旅と旅行記を科学し、バードの旅のルートを明確化した上で日本語にしたものではないために、実際には「バードの道を辿る」といった要求に応え得るものではない。これに対して、『新訳』は『完訳』同様、このような要求に応えることを前提としている[23]。『完訳』において詳細な訳注を施したのはそのようなツイン・タイム・トラベルに際しても、訳注が有意義な情報になることを想定してのことである。

『新訳』の底本と簡略本原著の定着

最後に、『新訳』の底本に関する書誌的補足と、底本以後簡略本原著が完全本原著に取って代わって定着したこと、およびその影響について説明しておこう。まず指摘せねばならないのは、従来の訳本のうち高畑本を除くすべての訳本が無視しているが（高畑本は誤解している）、原著には先に記したように、主題の後に長い副題が付いており、*Unbeaten Tracks in Japan* という主題だけでは原著の目的や特質は理解できず、これと副題が相まって初めてバードの旅の本質や原著のねらい、意味がわかることである。訳書である以上書くのが当然なのに、これまでの訳者が副題を明記しなかったのは、その前半の *Account of Travels in the Interior* の *Interior* が開港場と開市場から半径一〇里＝四〇キロ、すなわち一般の外国人が自由に移動できた外国人遊歩区域より以遠の範囲という意味を有した「内地」のことであり、An Accountとはこのような通常は行えない旅を、特別な内地旅行免状を付与されて実施した上での「報告」という意味が込められていることを理解できなかったために無視したと考える他ない。そして理解できなかったのは、この旅をあくまでも好奇心旺盛な女性の個人的な旅であり、原著は「妹への手紙」をもとに編集して成ったものであると理解していたこととも関係する。

だが、『完訳』ですでに証明したように、バードの日本の旅は個人的なものではなく、特に、蝦夷(北海道)への旅と関西・伊勢神宮への旅という二つのうち、少なくとも最初の蝦夷(北海道)への旅は一種の責務を帯び、その記録は、旅先から妹に送った個人的な手紙などではなく、旅先で手紙形式で書いた、あくまでも報告だったのである——原文LETTERを妹への個人的な手紙だと解して「信」とする理解を正し「報」としたのもその故である。従来の訳者たちが認識できず無視したり誤解した副題が実質的には簡略本原著においても何も変わっていないことは、半分近い削除によって完全本原著の本来の特質を大きく変え、「旅と冒険の本」「旅の見聞記」にはしたけれども、単なる見聞記をはるかに超えたものになっており、公的な意味合いを有する「内地の旅の報告書」という完全本原著の特質が簡略本原著にも踏襲されていることの証である。この点を見逃してはならない。

では、出版人マレー三世が簡略本原著の出版を意図し、その要請を一八八四年に受けたバードが大幅かつ細部にまで配慮した削除を行い[24]、その作業の完了から九カ月後の一八八五年六月に簡略本原著が刊行されたのはなぜなのだろうか。また復刻本のほとんどがこの簡略本原著を復刻してきているのはなぜなのだろうか。一九九四年夏にジョン・マレー社での調査で収集した資料に基づいて記してみよう[25]。

まず指摘すべきことは、完全本原著の販売が不振だったために簡略本原著の出版を企図したわけではまったくないことである。すなわち一八八〇年一〇月に刊行された完全本原著は、ともにベストセラーとなった『サンドイッチ諸島の六ヵ月』の一二五〇部、『英国女性ロッキー山脈滞在記』の二五〇〇部を大きく上回る四〇〇〇部もの部数が印刷製本されたことが示すように、大きな反響を呼ぶことを事前に想定しての出版だったし、事実、一八八〇年一二月までに、初版一五四五部、二版一〇三〇部、三版一〇三〇部まで出版された。そして翌八一年に五一〇部が出版された第四版もこの時点ですでに製作されていたし、八一年六月時点で在庫部数はわずかに二一三部までになり、その後八二年六月末までに一三〇部、一年後には五六部売れて、八四年六月末時点の在庫はわずか二四部にまでなっていたのである。つまり、マレーがバードに一巻本の簡略本原著の出版のための削除作業を依頼したのは、依頼の時期からすると、完全本原著がほぼ完売状態になったのを踏まえてのことだったのである。

『クォータリー・レヴュー』『セント・ジェームズ・ガゼット』『スコッツマン』『アテナイオン』『コンテンポラリー・レヴュー』ほか多くの新聞・雑誌で絶賛され、公使パークスや書記官サトウのみならず、パークスの前任者である初代駐日英国公使オールコックからも高い評価を得、さらには資料分析の結果、この本だけで、バードは一二三五ポンド一八シリング三ペンスもの印税収入を得、マレーの取分も六一七ポンド一ペンス（当時の日本円に換算すると、それぞれ七万五八八四円、三万七八八四円[26]）もあったことがわかるから、バードもマレーも名実ともに大きな果実をこの書物によってすでに得ていたということになる。

したがって、このような事態を踏まえて出版人マレーが大幅な削除を施して「旅と冒険の本」、安価な旅の見聞記にして出版することによって、新たな販路拡張をねらったことは当然だった。二四シリングもした完訳本原著に比べて、簡略本原著の価格が七シリング六ペンスにすぎなかったという事実、一九〇五年に刊行された廉価版の価格は何と一シリングにすぎなかったという事実もこの理解を裏づける。
マレーには、ブラキストンの揚子江流域の探険の書物をかつて出版したという関係があり、函館に長く住み旅を重ね蝦夷の事情に明るい学者でもあったそのブラキストンが完全本原著に加えた厳しい批判をかわす必要もあった。このことが簡略本原著出版の一因になったと考えられる一方で、これへの対応だけでは大幅な削除にならないのは自明なことからすると、大幅な削除によって新たな一巻本を出版し更なる販路拡張をねらうという積極的な企画の下でこの批判に対応しようとしたと考えるのがよい。

このことに関連して簡略本出版をマレーが企図した理由としてもう一つ指摘しておきたいのは、完全本原著の分量が、その直前に対をなす書物としてやはり二巻本で出したリードの *Japan, Its History, Traditions, and Religions with the Narrative of a Visit in 1879* とほぼ同じものである一方で、これまでに出ていずれもベストセラーになったバードの二冊の旅行記に比べるとあまりに大部であることを踏まえ、この二冊の旅行記に近い分量の書物として日本の「旅と冒険の本」を出し直そうとしたと考えられるということである。完全本原著がベストセラーになり、ほとんど完売していた状況は、このような企図を実現する上での十分な根拠になったに違いない。出版された簡略本原著は、ハワイとロッキー山脈の旅の二冊の旅行記よりは大きいが基本的には同じである。また、完全本原著をわずかながら小振《こぶり》にし（前述）つつ、装丁は、大きな評判を得た完全本原著のものをそのまま生かしたのは故なきことではない。落ち着いた深緑の地に墨（黒）で竹を巧みに描き、その背後に満月がぽっかりと浮かんでいるという状況を、中央やや下部に満月を金色で配し、その上に竹にかからないようにUNBEATEN

TRACKS IN JAPANという表題を金色で描くデザインは、伝統日本を象徴する趣のあるものとして人々を引付けていたに違いないからである。簡略本は二巻本原著にとってかわるものとして出版されたのである。

重要なことは、後に名称が変わる（後述）ことも踏まえて、私が簡略本原著と記すこの一巻本が、最初はNew Edition, Abridgedすなわち「新版 縮約本」という名称で出版され、以後ジョン・マレーはこの縮約本を出版していき、そしてこのことが、一九七一年以降原著の復刻版が出版されて以降、最近まではすべてこの縮約版が底本とされた理由と考えられるのである。もう少し補足しよう。

一八八五年の最初の印刷部数は一〇三〇部で、以後八八年と九三年に各七五〇部印刷されたが、八八年と九三年に印刷されたものはNew Edition, Abridgedという名称に代わって、それぞれThird Edition, Fourth Editionとなり、バードが没した翌年の一九〇五年版ではPopular Editionとなり、一九〇五年・〇七年、一一年に出版された廉価本ではこの名称もなくなり、しかも完全本原著の序文の最後にあったISABELLA L. BIRD September, 1880という記載からSeptember, 1880も消えてしまった。このためにあたかもこの本が日本の旅行記の元来の形であるような誤った理解を読者に植え付けることになったが、同時にこの本によっていっそう最初の簡略本原著をもって日本の旅の記録の底本とするということが当然であるという考えが決定的になったと考えられるのである。

このような変化は、装丁の変化とも対応していた。一八八五年の「新版 縮約本」の趣のある装丁が、マレー三世の死去で出版人が四世に移った翌九三年に出た「第四版」本までは採用されていたが、一九〇五年の普及版ではやや類似した緑の無地にし、背表紙にUNBEATEN TRACKS IN JAPAN

BISHOP および JOHN MURRAY という活字と、王立スコットランド地理学協会、王立地理学協会、北京東方学会の名誉会員というバードが得た三つの栄誉を顕彰して FRGS, FRSGS, OSP という頭文字を金文字で美しくデザインしたものに改められ、さらにサイズを小さくした廉価本では地を朱色の無地にし、背表紙もジョン・マレーのロゴを配するだけのシンプルなものにしたのである。こうして *Unbeaten Tracks in Japan* はハワイやロッキー山脈の旅行記と同じボリュームの書となり、バード没後、その意志の働かないところで新たな歴史を刻んでいった。

一八九五年以降については印刷部数の記載がないが、製本部数がこの年に一〇〇部、九四年と九六年に各一〇〇部、九七年に七五部、九八年に一〇〇部、九九年に二〇部、一九〇〇年に五〇部、〇一年に七五部、〇三年に一〇〇部であったのが、〇五年には九五六部製本されていることからすると、一九〇三年までは一八九三年に印刷されたものを製本したこと、〇五年には普及本の印刷が行われ九五六部が製本され、その後も二五年までに九回にわたって八三九六部もの製本が行われていたことが確認できる。「旅と冒険の書」として新たな読者層を開拓するというマレー三世の企図は成功し、息子のマレー四世へと引き継がれたのである。そして今一度述べれば、このようにして簡略本原著は完全本原著に取って代わってバードの日本の旅の記録として定着してしまい、そのような誤解が、復刻本を通して今日にまで世界中で再生産されてきているのである。[27]

だが、バード自身は完全本原著をもって日本の旅の記録であると考えていたとみられる点にも留意しておかねばならない。一八九四〜九七年の極東の旅の間に母国に代わるいわばベースキャンプとして都合一年以上滞在した日本についても書物を出したいと考え、それをジョン・マレーでなく、ジョージ・

ニューンズから出版した際、一八八五年に出た簡略本原著でなく一八八〇年に出版した完全本原著を底本としたのはその証である。この書に記された NEW EDITION には一八八五年の NEW EDITION, ABRIDGED とは異なる、二〇年前の一八八〇年に刊行した完全本原著の新しい形であるとのバードの思いがこもっている。(28)(29) 楠家氏は「一八七九（明治十二）年十月二十四日付のバードの手紙には、以前売り出した『ロッキー山脈踏破行』の格安版のようなものを日本滞在記の場合にも出したい、とある。初版刊行直前にも、出版社とバードは普及版の出版を考えていたのである」と記す(30)が、この日付の手紙は今日確認できない。またバードが完成した手書原稿の大半をトーバモーリからマレーに送ったのは一八八〇年四月二九日の直前だったことが二九日付のマレーへの手紙でわかるし、公使パークスが外国貿易に関する統計をバードに送ったのが八月一七日であるのは例外としても、『完訳』の「日本の国政」などの訳注で示したように、完全本原著には一八八〇年七月現在の数値なども記されているので、七九年一〇月は初版刊行直前ではなかったことは明らかで、将来の予定としての話だったと解すのが妥当である。少なくともマレーが正式に依頼し、バードがこれを受けて作業を行ったのは一八八四年夏のことで、しかもこの企図はバードではなく、マレーのものと考えられる。すでに明らかにしたように完全本原著がほぼ完売し、大きな利益を双方ともに得、マレーとしては簡略本によって新たな読者の獲得をめざそうとしたことこそが重視されねばならない。

それはともかく、一つの旅から完全本とその分量を半分に減じることによって、本来のものとは異なるイメージの本である簡略本原著が生まれ、これが本解説で明らかにした事情によって完全本原著に取って代わり、さらにその一七、八年後の日本滞在と新しく獲得した写真という表現手段を組み込んだ書物を合わせ、三種類もの書物が生み出されたことは稀有《けう》なことである。そのようなことを知った上で[31]『新訳』を読む時、読者は簡略本原著が独自の魅力と意義を有することをより深く実感できるであろう。[32]

注

（1） 金坂清則「J・ビショップ夫人の揚子江流域紀行――イザベラ・バード論のための基礎作業としての旅行記の部分訳を中心に」『大阪大学教養部研究集録（人文・社会科学）』第四二輯、一九九四。

（2） 金坂清則「旅する女性《ひと》」原田平作・溝口宏平編『性のポリフォニー』世界思想社、一九九〇。この論文は私のイザベラ・バード論の出発点をなすと共に、彼女とその事績や旅行記全般を科学する意義を世界に先駆けて指摘したものであるが、その後に現れる出版物ではほぼ完全に無視されてきている。

（3） イサベラ・バード著、高梨健吉訳『日本奥地紀行』平凡社東洋文庫二四〇、一九七三。

（4） イザベラ・バード著、高梨健吉訳『日本奥地紀行』平凡社ライブラリー三二九、二〇〇〇。

（5） イザベラ・バード著、金坂清則訳『中国奥地紀行2』平凡社東洋文庫、二〇〇二。

（6） 最初の復刻本であり、バードに関する著作のあるパット・バーが序文を書いた Isabella L. Bird, *Unbeaten Tracks in Japan*, Geneva, Heron Books, 1971 もバードの写真を口絵にし、「日光東照宮陽明門」の図版を Letter VIII に収めているので、高梨氏はこれにヒントを得るとともに、バードの写真については版権の関係でこれから採らず、一九〇六年に出版されたストッダートによるバードの伝記 Anna M. Stoddart, *The Life of Isabella Bird* (*Mrs. Bishop*), John Murray, 1906 に収載された写真を採ったと推察される。氏は晩年の写真とするが、一八九三年当時ニューキャッスルで撮影されたものである。なお、この復刻本に採録された写真は日本の旅から三年後の結婚当時のものと推察され、高梨本の口絵のような時期的な問題はない。

（7） 組版を一頁三五行から四〇行に変え、一行の文字数も増やしたため、実際の削除率はこれより低い。

（8） 写真から作製した版画が多いことについては、イザベラ・バード著、金坂清則訳注『完訳 日本奥地紀行1〜4』の版画の訳注を参照されたい。なお、高畑美代子「イザベラ・バードの生前に出版された *Unbeaten Tracks in Japan* の4種の版における違い——思考・行動の変化を反映した改訂」弘前大学大学院地域社会研究科年報7、二〇一〇は注13で「私自身か日本人が撮った写真」とし、バードも写真を撮影したかのように記しているが、誤訳であり、正しくは「自分が描いたスケッチか日本人が撮った写真」である。バードが写真を撮影した最初はずっと後年ペルシアの旅においてであった。私はすでに一九九五年の論文「イザベラ・バード論のための関係資料と基礎的検討」『旅の文化研究所研究報告』Vol. 3以後、イザベラ・バード著、金坂清則編『イザベラ・バード 極東の旅2』平凡社東洋文庫、二〇〇五の解説などでも指摘した。

（9） 大黒の図版はバードが実に八回にもわたって大黒について言及していることによって、パークス卿の手紙配達人の図版は彼女が待ち望んでいた手紙を旅に出て一泊目の粕壁《かすかべ》の宿に持ってきた人物に係わることによって、またアイヌの小屋風の家（日本人の絵より）の図版はアイヌの部分の重要性によって、あればよいのにと思うに違いないものである。なお、大黒の図版の重要性はこれがパトナム版の表紙を飾っていることからも裏づけられる。

（10） 日本地図については『完訳 日本奥地紀行3』平凡社東洋文庫、二〇一二所収の「日本地図解説」を参照のこと。

（11） これについてはすでに一九九四年の論文（前注1）や金坂清則「*Unbeaten Tracks in Japan* (1880)に描かれた新潟」、木下良・沢田清・島田正彦編『北陸道の景観と変貌』古今書院、一九九五、同年の金坂清則前注8で指摘し、前注1では、バードの旅と旅行史を日本の旅に力点を置いて紹介する富士川義之「アジアに魅せられた英国女性——イザベラ・バード」『図書』447、一九八六は重要な論点を含むがキリスト教への言及がない問題を指摘した。

(12) Isabella L. Bird, *Unbeaten Tracks in Japan: An Account of Travels in the Interior, Including Visits to the Aborigines of Yezo and the Shrine of Nikko*, 1 vol. Rutland & Tokyo, 1973.

(13) 前注6参照。

(14) イザベラ・バード著、金坂清則編『イザベラ・バード 極東の旅2』平凡社東洋文庫、二〇〇五、金坂清則「旅行記と写真展――イザベラ・バード論の展開（後編）」『地理』55-4、二〇一〇ほか。

(15) 楠家重敏・橋本かほる・宮崎路子訳『バード日本紀行』雄松堂出版、二〇〇二。

(16) 高畑美代子訳・解説『イザベラ・バード「日本の未踏路」完全補遺』中央公論事業出版、二〇〇八。

(17) イザベラ・バード著、金坂清則訳注『完訳 日本奥地紀行1』解題。なお、原題の直訳は『日本の未踏路――蝦夷の先住民および日光東照宮（・伊勢神宮）訪問を含む内地旅行の報告』である文脈に応じ、Beaten Track(s) については文脈に応じ、「人のよく通る道」や「人がよく行く所」と訳した。

(18) Isabella L. Bird. *Unbetretene Reisepfade in Japan. Eine Reise in das Innere des Landes und nach den heiligen Stätten von Nikko und Yezo; Autorisirte deutsche Ausgabe, Aus dem Englischen, Erster Band*. Jena, Hermann Dockenoble, 1882. 2Bande in 1. XI, (1), 299 S.; VII, (1), 235, (1) S. このドイツ語版では関西・伊勢神宮への旅についても収め、日本地図もドイツ語訳して収めている。削除したのは序章や東京と蝦夷、伊勢神宮に関する覚書以外の覚書、日本の国政、すべての付録と三つの旅程表、索引である。図版は第一報の「富士山」を除きすべて収載している。これを除いたのは「東海道の村から見た富士山」との重複を避け、かつ正確なものでないとの判断によろう。この版は原著全二巻を全一巻にしているが、頁はそれぞれに付して原著が二巻本であることを示すとともに、旅の進行を報の数値でのみ表示し、元の第一巻をI~XXXI、第二巻をXXII~LVIというように通し番号で示す。元の二つの報を合体しつつ書き改める方針で翻訳されたと考えられ、簡略本としての、また「旅と冒険の本」としての統一性はバードによる簡略本原著よりも高い。バードがこうしなかったのは、このような書物では完全本原著の意義、蝦夷への旅の詳細な記述に基づく本来の形を損なうので、蝦夷への旅については極力削除せず、関西への旅を完全に削除するのがよいからだと考えられるが、時間的にも全面的書き改めをするゆとりなどなかったこともある。ドイツ語版よりももっと紙幅を減じなければ完全本原著の分量を半分にはできなかったのである。従来まったく等閑視されてきたが、装丁にも独自性を有し、純粋な「旅と冒険の本」の最初のものと位置づけられるドイツ語版を抜きにして *Unbeaten Tracks in Japan* の版の多様性を論じることはできない。

(19)　見出し語は原著の右側（奇数頁）に付されていることや簡略本原著における削除のために、削除されていない部分にあっても、簡略本原著の見出し語は完全本原著の見出し語と異なっている。

(20)　金坂清則前注17。

(21)　二〇〇四年一〇月に上山市で開催された写真展にかかわって二回講演するとともに、その折NHK仙台放送局によって制作された番組「クローズアップ東北」は二〇一〇年一〇月二二日に放送されて以後、何度も放映された。

(22)　イザベラ・バード著、時岡敬子訳『イザベラ・バードの日本紀行　上下』講談社、二〇〇八。なお、高畑本や時岡本がですます調で訳したのはその誤解の反映であるし、諸本における索引の無視や不正確・不十分な訳などにも反映したと考えられる。原著第一巻にあっては「英語に同義語のない日本語解説」と「食べ物と料理に関する覚書」の計一二頁と日本地図が、第二巻にあっては「蝦夷の平取と有珠で採録したアイヌの言葉」「神道に関する覚書」「一八七九―八〇会計年（明治一二年度）歳入・歳出予算表」「外国貿易」からなる付録のすべてと「索引」の計三五頁、総計四七頁と日本地図が、私の考えではいずれも大切であるにもかかわらず、訳されることなく省かれてしまっていて、せっかく二巻本原著を底本としたのに、この二巻本――完全本の本当の形を読者に伝えていないという問題もある。このことは、時岡氏がこの旅と旅行記の特質を理解せず、個人的な旅であり、妹に書き送った手紙をまとめたものであると見なしていることにもよると考えられ、翻訳を妹に語るように「ですます調」にしていることとも連動し、看過できない。その内容が個人的な手紙とは相容れないものであることは、私の『完訳』や『新訳』を読めばいっそう明白である。

(23) そのような要求にさらに応え得る書物についても、遅からず刊行したいと考えている。

(24) 結婚した一八八一年に敗血症に罹り、以後、一時的に回復することはあっても、この病に苦しむ、愛する夫を抱える中での削除作業でもあった。

(25) その成果の一部については金坂清則前注8の一九九五年論文参照。

(26) 明治一一年当時の太政大臣三条実美《さねとみ》の月給が八〇〇円、英国公使の年俸が七〇〇〇〇円だった(大崎清重編『明治官員録 全』山口安兵衛、明治一一)。

(27) 金坂清則前注1、17。

(28) 最終章と統計からなる三つの付録および日本語語彙を除き、写真一四点を挿入し、新たな序を加えた。私は従来注目されることのなかったこの書が、彼女の旅の歴程、とりわけ第五期の旅においてもつ重要性にすでに一九九五年の論文(前注8)で注目し、金坂清則前注14でその「新版序文」を訳出し、写真一四点について解説するとともに、解題も行った。金坂清則前注17参照。

(29) 新たに書き下ろした序文の最後のやや強がりな記述はこのような思いを想起する時、よく理解できるように私には思われる。

(30) 楠家重敏・橋本かほる・宮崎路子訳前注15解説。

(31) 簡略本原著はそれはそれで十分面白く、そのことも一因になって今日まで世界中でこの本が復刻されてきているわけであるが、これが本来の書物ではないということを知った上で読まれることが望まれるし、バードが簡略版原著で記していることの真の意味を知るには、復刻版を読むだけでは無理があることは否定できない。ここに『新訳』の意義がある。

(32) 本解説四九四~九七頁に記す原著の図版については、銅版画でなく木口木版であるとのご教示を木口木版に詳しい神谷武夫氏より頂いたのを踏まえ、修正した。記して御礼申し上げます。

訳者あとがき

イザベラ・バードは一八三一年一〇月一五日に誕生し、七三回目の誕生日を目前とする一九〇四年一〇月七日に昇天した。それから九八年目に当たる二〇〇二年の一〇月二四日に彼女が書き下ろした最後の大著の前半を『中国奥地紀行1』として平凡社東洋文庫から出し、その三年後、一〇一回目の命日に『イザベラ・バード 極東の旅2』を同文庫から出したのに続いて、この度一〇月一〇日に『新訳 日本奥地紀行』を出せることは感慨深い。高梨健吉訳『日本奥地紀行』が同文庫から刊行された一九七三年一〇月一六日から丸四〇年に当たるからでもあるが、それだけでもない。

その一つは、『極東の旅2』において、日本の旅に関する三冊目の書物になる *Unbeaten Tracks in Japan, New Edition* の序文を訳出し、新しい表現手段として収載された写真一四点について考証するとともに、都合一年に及んだ日本滞在を一八九四〜九七年の旅（第五期の旅）の中で位置づけながら紹介したのに続いて、昨年（二〇一二年）三月から丸一年をかけて、日本の旅に関する一冊目の書物を『完訳 日本奥地紀行』全四巻として東洋文庫から刊行し、これを踏まえ、今ここに二冊目の書物を『新訳 日本奥地紀行』として出すことにより、*Unbeaten Tracks in Japan* という題名だけで言えば同じながら内容は異なる三種類の書物のすべてについて日本語で読めるようにする仕事を終わらせることができたからである。

また、一九九〇年に論文「旅する女性《ひと》」(『性のポリフォニー』所収)によって、イザベラ・バードという女性とその事績を科学の対象とすることができることと、イザベラ・バード論という形で包括するその内容を明示して以来の私の著作物について――おそらくは地理学に対する無理解もあって――、全体から細部に至るプライオリティやオリジナリティを隠蔽《いんぺい》したり矮小化《わいしょうか》したりする作品が相次ぐ悲しみ――私だけのものではない――を乗り越え、世界巡回写真展を含むイザベラ・バード論を展開し、日本人のバード研究者に課せられた責務の一部を果たすことができたからでもある。

それだけに、「バードについての著書を」という、まことにありがたい要請に対して、その前に本書を刊行する必要性を訴える私の考えを甘受してくださった平凡社編集部、とりわけ、東洋文庫と平凡社新書の担当の直井祐二・及川道比古両氏には心より感謝したい。と同時に、待っていただいている、古くから着手している仕事を一日でも早く著書として上梓し、年来の要請に応えたく思う。

机上で読むのであれ、本書を携えてツイン・タイム・トラベルする中で読むのであれ、バードが記すことを味わい楽しみ理解するに当たって索引は不可欠である。その意味で、京都大学大学院人間・環境学研究科助教安藤哲郎氏の援助はありがたかった。妻信子への感謝とともに明記する。本書と『完訳』がバードの日本の旅に関する真の理解と彼女への関心の高まりに資することを願いつつ。

二〇一三年八月

イザベラが一三五年前に訪れた京都粟田口の寓居にて　　金坂清則

ら行

わ行

や行

ま行

は行

な行

た行

さ行

か行

索引

本書の理解に資するよう原著の索引を修正補充して作成した。

あ行

金坂清則《かなさかきよのり》

1947年富山県生まれ。京都大学大学院文学研究科博士課程単位取得退学。現在、京都大学名誉教授。イザベラ・バードに関する研究と写真展等の活動により、王立地理学協会、王立スコットランド地理学協会特別会員他。

専攻　人文地理学。

著書『ツイン・タイム・トラベル イザベラ・バードの旅の世界』(平凡社)、『イザベラ・バードと日本の旅』(平凡社新書)、『イザベラ・バード 極東の旅』(編訳注)、『完訳 日本奥地紀行』(訳注、以上平凡社東洋文庫)、*Unbeaten Tracks in Japan: Revisiting Isabella Bird New Abridged Edition with Notes and Commentaries* (Nicholas Pertwee訳、Renaissance Books) 他。

オーディオブック『新訳 日本奥地紀行』(平凡社)。

新訳 日本奥地紀行　　東洋文庫 840

2013年10月10日　初版第1刷発行
2022年7月10日　初版第2刷発行

訳者　金坂清則
発行者　下中美都
印刷　創栄図書印刷株式会社
製本　大口製本印刷株式会社

発行所
電話編集 03-3230-6579
営業 03-3230-6573
振替 00180-0-29639
〒101-0051
東京都千代田区神田神保町 3-29
株式会社 平凡社

平凡社ホームページ https://www.heibonsha.co.jp/

ISBN 978-4-582-80840-7
NDC分類番号 291.09　全書判(17.5cm)　総ページ 540

《東洋文庫の関連書》

54・68・82・99・119	菅江《すがえ》真澄《ますみ》遊覧記 全五巻	菅江真澄 著／内田武志・宮本常一 編訳
87	江戸参府紀行	P.F.vonジーボルト 著／斎藤信 訳
90	日本大王国志	F・カロン 原著／幸田成友 訳著
111	日本雑事詩	黄遵憲 著／実藤恵秀・豊田穣 訳
131・147	日本事物誌 全二巻	B.H.チェンバレン 著／高梨健吉 訳
156・166・176	ヤング・ジャパン〈横浜と江戸〉 全三巻	J.R.ブラック 著／ねず・まさし・小池晴子 訳
171・172・179	日本その日その日 全三巻	E・S・モース 著／石川欣一 訳
185	月と不死	N・ネフスキー 著／岡正雄 編／加藤九祚 解説
229	日本巡察記	ヴァリニャーノ 著／松田毅一ほか 訳
292	神国日本〈解明への一試論〉	ラフカディオ・ハーン 著／柏倉俊三 訳
326・341	日本風俗備考 全二巻	フィッセル 著／庄司三男・沼田次郎 訳注
398	ジーボルト最後の日本旅行	A・ジーボルト 著／斎藤信 訳
429	パークス伝〈日本駐在の日々〉	F.V.ディキンズ 著／高梨健吉 訳
430	明治日本体験記	W.E.グリフィス 著／山下英一 訳
544・550	日本旅行日記 全二巻	アーネスト・サトウ 著／庄田元男 訳
572・573	朝鮮奥地紀行 全二巻	イサベラ・バード 著／朴尚得 訳
583	江戸参府随行記	C.P.ツュンベリー 著／高橋文 訳
597	小シーボルト蝦夷見聞記	H.vonシーボルト 著／原田信男・H・スパンシチ・J・クライナー 訳注
648	アーネスト・サトウ伝	B・M・アレン 著／庄田元男 訳
706・708	中国奥地紀行 全二巻	イザベラ・バード 著／金坂清則 訳
739・743	イザベラ・バード 極東の旅 全二巻	イザベラ・バード 著／金坂清則 編訳
756	アーネスト・サトウ 神道論	アーネスト・サトウ 著／庄田元男 編訳
776	明治日本旅行案内 東京近郊編	アーネスト・サトウ 編著／庄田元男 訳
819・823・828・833	完訳 日本奥地紀行 全四巻	イザベラ・バード 著／金坂清則 訳注